Advanced
Visual C++ 4

Advanced
Visual C++ 4

Steven Holzner

M&T BOOKS

M&T Books
A Division of MIS:Press, Inc.
A Subsidiary of Henry Holt and Company, Inc.
115 West 18th Street
New York, New York 10011
© 1996 by M&T Books

Printed in the United States of America

Library of Congress Cataloging-in-Publication Data

Holzner, Steven.
    Advanced Visual C++ 4 / by Steven Holzner.
        p.   cm.
    ISBN 1-55851-481-3
    1. C++ (Computer program language) 2. Microsoft Visual C++.
I. Title.
QA76.73.C153H629   1996
005.26'2--dc20   96-10925
                                                                          CIP

10 9 8 7 6 5 4 3 2

Associate Publisher: Paul Farrell   **Managing Editor:** Cary Sullivan
Editor: Michael Sprague   **Technical Editor:** Scott Ladd
Copy Edit Manager: Shari Chappell   **Copy Editor:** Betsy Hardinger
                       Production Editor: Pat Heard

Dedication

"To my mother, with the greatest love"

Acknowledgements

There are literally dozens of people involved in creating a book. Many of them pass unnoticed. I'd like to take the space here to thank a few of them that frequently fade into the background. Thanks to Kurt Andrews for keeping the book on schedule with the printer. Thanks to Pat Heard for making each page look its best. And finally, thanks to the entire M&T Books team for believing in my work.

CONTENTS

CHAPTER 5: 32-BIT MEMORY HANDLING 249

CHAPTER 6: DYNAMIC LINK LIBRARIES 319

INTRODUCTION

Welcome to *Advanced Visual C++ 4*. In this book, we'll work on pushing Microsoft's Visual C++ to the limits—finding out what it can do and adding as much power as possible to our programs.

You'll learn techniques that every advanced programmer should know. You'll master the established Visual C++ methods as well as peek behind the curtain to discover additional ways to enhance the applications you develop with Visual C++.

Visual C++ is an invaluable tool for Windows programming. Its MFC class library gives you a superb set of predefined classes. Knowing how, when, and why to use MFC with save you hours of programming time as you let Microsoft do much of the programming for you. Although there are other programming packages out there, none is as powerful as Visual C++. We're going to put that power to work.

What's in this Book

We'll cover many in-depth Visual C++ topics in this book, but we won't exhaust every possibility—doing so would take many books. However, we will examine the best Visual C++ has to offer. Here's an overview of some of the topics we'll cover:

- Customizing the toolbar by adding a dropdown combo box
- Status bar prompts
- Status bar indicators
- Tool tips
- How to capture the mouse
- Scrolling windows
- Splitter windows
- Registering a new window class
- Subclassing a window
- Using dialog boxes as main windows

- Creating topmost windows
- Expanding dialog boxes on the fly
- How screen capture works
- Owner-draw list boxes
- Using metafiles for automatic window refreshing
- How to draw anywhere on the screen
- Win32 memory handling
- How to allocate large amounts of memory
- How virtual and physical memory allocation work
- How to scan through memory to see what module is where
- How to use memory-mapped files to pass data between processes
- How to use custom 32-bit heaps for C++ objects
- Dynamic link libraries
- How to read Windows messages from a dynamic link library
- How to share memory between DLLs
- How to export an entire class from a DLL
- Windows hooks
- Using a journal hook
- Using a keyboard hook to make a hotkey program
- Using a hook procedure to send messages to a window
- Multithreaded, multitasking programs
- Coordination between threads
- Thread synchronization techniques
- Unicode
- The Windows registry
- OCX controls

As you can see, there is a great deal of programming power here; our goal in this book is to go from standard Visual C++ programs to professional ones, and from there to the legendary.

What You'll Need

This book is designed for Microsoft Visual C++ 4.0 under Windows 95 (although the material applies to Windows NT as well); using this book with an earlier edition of Visual C++ is not recommended, because Visual C++ has changed so much in each version, and many new things have been added. On the other hand, if you are using Visual C++ 4.0 already, you have all you need to use this book profitably, since we will use the Microsoft Developer Studio to develop and build our programs. In addition, you should have a basic knowledge of Visual C++. This is an advanced book, and we assume you know how to create Visual C++ programs, although that information is reviewed in Chapter 1. If you can work through Chapter 1 without problems, the rest of the book should not present too much trouble (and we hope will be rewarding). With that in mind, then, let's turn to Chapter 1, where we review Visual C++ and come up to speed.

3

CHAPTER 1

Reviewing Visual C++

Welcome to *Advanced Visual C++ 4*. This book will help you take advantage of what Microsoft Visual C++ has to offer. You'll learn how to use Windows hooks when you're creating programs that pop up when you type a hotkey. You'll discover how to pass data from one program to another using shared memory, how to use Windows threads for multitasking, and how to subclass windows to modify their behavior. You'll learn about other Visual C++ features, including capturing graphics from the screen and making a window a "topmost" window so that it stays on top of others. You'll find out why customized heaps help conserve memory and how to export MFC extension classes from DLLs—and much more. Visual C++ is the premier tool for Windows programming today, and we will go far with it.

Why Visual C++?

Programming Windows, even to create simple programs, used to be a complex task. The programming was in C, and the overall style of Windows programming was questionable (even to the point of being built on a backbone of a single giant switch statement that could go on for many pages). In addition, programmers were dismayed by the complexity of the Windows interface. They had to specify dozens and dozens of options anytime they wanted to work with it.

The complexity of Windows programming demanded a solution, and that's where C++ comes in. As a programming language, C++ is expressly designed for larger programs, and, although some programmers still program Windows in C, C++ is far more naturally suited to this task. To create a window in C, programmers must specify option after option: the window style, how much extra data space is required, Windows handles, and so on.

In C++, everything can be wrapped up into predefined window classes (a process called *encapsulation*). When programmers want to create a window of a particular predefined class, they simply create an object of that class; all the details are handled automatically. This is the job of the C++ classes defined in the Microsoft Foundation Class (MFC) library.

This book focuses on two things: the MFC class library and the set of Windows function calls, the Windows Application Programming Interface (API). Although we will rely on the C++ language, it is the MFC library that largely makes Visual C++ what it is, encapsulating as it does so much programming power in the hundreds of available classes. In addition, the Windows API provides something like 1500 functions under Windows 95. The Windows API has only grown in complexity since the early days of Windows programming, and becoming an advanced Windows programmer often means having a knowledge of hundreds of these functions. For this reason, much of this book will be about functions that have become programmers' favorites, including WindowFromPt(), BringWindowToTop(), SetWindowPos(), SetForegroundWindow(), and many others.

Bringing together the MFC library and the Windows API is Visual C++ itself. Visual C++ will be our vehicle as we explore the world of Windows programming. A knowledge of Visual C++ techniques will be essential, and we will review Visual C++ programming and programs in this chapter. Even if you are a proficient Visual C++ programmer, it's beneficial to review the structure of a Visual C++ program, so let's start that review now.

ShowKeys: Our First Visual C++ Program

Start Visual C++ as shown in Figure 1.1, the Microsoft Developer Studio. Visual C++ has grown in complexity through the years. For example, there are now eight toolbars you can display in addition to the three in Figure 1.1. (To add or remove toolbars, use the **View|Toolbars** menu item.) But in many ways, Visual C++ has never been easier or more intuitive to use. For example, to create a new Visual C++ program, we simply select the **File|New** menu item; we will do that soon.

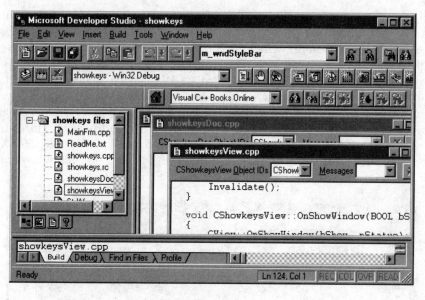

FIGURE 1.1 VISUAL C++.

To start our review, let's dissect the parts of a standard Visual C++ program. Our first program simply accepts keys as the user types them and displays the characters in our window's client area:

```
-------------------------------------
| ShowKeys                          |
|-----------------------------------|
|This is a test...                  |
|                                   |
|                                   |
|                                   |
|                                   |
|                                   |
|                                   |
    -------------------------------
```

8

This program will let us examine the four major parts of a Visual C++ program and review how a Visual C++ program handles Windows messages. Let's create this program, which we'll call ShowKeys, now. Select **File | New** in Visual C++, opening a dialog box named New. Select the **Project Workspace** item, opening the New Project Workspace dialog box. We use AppWizard to create Visual C++ projects (AppWizard, which writes a program's skeleton for us, is one of the advantages of using Visual C++); a project can be compiled into an executable EXE file, a Windows dynamic link library, an OCX OLE-based control, or other options. For **SHOWKEYS.EXE**, we select **MFC AppWizard(exe)**. Give this project the name **ShowKeys** and click **Create**, opening AppWizard, as shown in Figure 1.2.

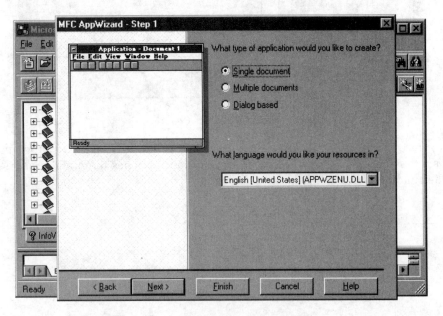

FIGURE 1.2 THE MFC APPWIZARD CREATES PROJECTS.

AppWizard uses six steps to take you through the process of creating a Visual C++ project. We will accept all the default options that AppWizard offers except one. The MFC AppWizard default is to create an EXE file that supports the multiple document interface (MDI), which means that it presents the user with a single large window that encloses other child windows. We do not need this complication in our first program. Click **Single Document** in the MFC AppWizard - Step 1 dialog box, as shown in Figure 1.2. To create the skeleton of our program's code, you can either click the **Finish** button now, skipping the remaining five steps of the AppWizard process, or work through them by successively clicking the button marked **Next>**. (The steps present you with options such as OLE support.) When you reach the end of the six steps, AppWizard presents the New Project Information dialog box, summarizing the options you have accepted; click **OK** in this box to create the SHOWKEYS project.

AppWizard produces a number of code, header, and project files that constitute our project. A summary of the files is created in the **README.TXT** file, also generated by AppWizard. We include it here because it provides a quick overview of our project files as created by AppWizard:

```
==============================================================================

    MICROSOFT FOUNDATION CLASS LIBRARY : showkeys

==============================================================================


AppWizard has created this showkeys application for you.  This application
not only demonstrates the basics of using the Microsoft Foundation classes
but is also a starting point for writing your application.

This file contains a summary of what you will find in each of the files that
make up your showkeys application.

showkeys.h
    This is the main header file for the application.  It includes other
    project specific headers (including Resource.h) and declares the
    CShowkeysApp application class.

showkeys.cpp
    This is the main application source file that contains the application
    class CShowkeysApp.

showkeys.rc
    This is a listing of all of the Microsoft Windows resources that the
    program uses.  It includes the icons, bitmaps, and cursors that are stored
    in the RES subdirectory.  This file can be directly edited in Microsoft
        Developer Studio.

res\showkeys.ico
    This is an icon file, which is used as the application's icon.  This
    icon is included by the main resource file showkeys.rc.
```

res\showkeys.rc2
>   This file contains resources that are not edited by Microsoft
>   Developer Studio. You should place all resources not
>   editable by the resource editor in this file.

showkeys.clw
>   This file contains information used by ClassWizard to edit existing
>   classes or add new classes. ClassWizard also uses this file to store
>   information needed to create and edit message maps and dialog data
>   maps and to create prototype member functions.

///

For the main frame window:

MainFrm.h, MainFrm.cpp
>   These files contain the frame class CMainFrame, which is derived from
>   CFrameWnd and controls all SDI frame features.

res\Toolbar.bmp
>   This bitmap file is used to create tiled images for the toolbar.
>   The initial toolbar and status bar are constructed in the
>   CMainFrame class. Edit this toolbar bitmap along with the
>   array in MainFrm.cpp to add more toolbar buttons.

///

AppWizard creates one document type and one view:

showkeysDoc.h, showkeysDoc.cpp - the document
>   These files contain your CShowkeysDoc class. Edit these files to
>   add your special document data and to implement file saving and loading
>   (via CShowkeysDoc::Serialize).

showkeysView.h, showkeysView.cpp - the view of the document
>   These files contain your CShowkeysView class.
>   CShowkeysView objects are used to view CShowkeysDoc objects.

```
///////////////////////////////////////////////////////////////////////////
Other standard files:


StdAfx.h, StdAfx.cpp
    These files are used to build a precompiled header (PCH) file
    named showkeys.pch and a precompiled types file named StdAfx.obj.


Resource.h
    This is the standard header file, which defines new resource IDs.
    Microsoft Developer Studio reads and updates this file.


///////////////////////////////////////////////////////////////////////////
Other notes:


AppWizard uses "TODO:" to indicate parts of the source code you
should add to or customize.


If your application uses MFC in a shared DLL, and your application is
in a language other than the operating system's current language, you
will need to copy the corresponding localized resources MFC40XXX.DLL
from the Microsoft Visual C++ CD-ROM onto the system or system32 directory,
and rename it to be MFCLOC.DLL.  ("XXX" stands for the language abbreviation.
For example, MFC40DEU.DLL contains resources translated to German.)  If you
don't do this, some of the UI elements of your application will remain in the
language of the operating system.


///////////////////////////////////////////////////////////////////////////
```

Now let's examine the structure of our program.

The Structure of a Visual C++ Program

There are four major components in a Visual C++ program: the application object, the main window object, the document object, and the view object. They are all tied together, and each one has its own function:

```
 ------------------------         ------------------------
| Application Object     |       | Main Window Object     |
|                        |       |                        |
| Handles the interface  |       | Handles the main       |
| to Windows             |-------| window itself          |
|                        |       |                        |
 ------------------------         ------------------------
            |                                |
 ------------------------         ------------------------
| Document Object        |       | View Object            |
|                        |       |                        |
| Handles storing of     |-------| Handles displaying     |
| the program data       |       | the program data       |
|                        |       |                        |
 ------------------------         ------------------------
```

The application object connects our program to Windows; the main window object handles our program's window, the document object stores our data, and the view object displays our program's data (In a single document program such as SHOWKEYS, the view is a window that covers the main window's client area.) With this framework in mind, let's add to the skeleton program the code that will make SHOWKEYS perform properly. After we get the program working, we will dissect each of the four parts of SHOWKEYS to make sure we are properly grounded in understanding a Visual C++ program.

Adding Code to SHOWKEYS to Store Data

Our plan in SHOWKEYS is to read typed characters and display them in a window. To save the keys as they are typed, we will use our first MFC class—the CString class—a handy class that holds and manipulates a string of characters. We will create a new CString object named CStringData and place it into our program's document. The *document* is a document object of class CShowkeysDoc, which was derived by AppWizard from the base class CDocument. Storing our string data in the document will work something like this:

```
CShowkeysDoc object
- - - - - - - - - - - - - - -
    |               |
    |               |
    |               |
    |CStringData    |
    |               |
    |               |
    |               |
- - - - - - - - - - - - - - -
```

To place the CString object into the document, select and open the file **SHOWKEYSDOC.H** in the Developer Studio now; select the **Files** tab to see what files are in the project and double-click **SHOWKEYSDOC.H** to open it, as shown in Figure 1.3.

FIGURE 1.3 OPENING A FILE IN THE DEVELOPER STUDIO.

Next, add this line near the top of the file and save the file to disk:

```
// showkeysDoc.h : interface of the CShowkeysDoc class
//
/////////////////////////////////////////////////////////////////////
////

class CShowkeysDoc : public CDocument
{
protected: // create from serialization only
        CShowkeysDoc();
        DECLARE_DYNCREATE(CShowkeysDoc)
-->     CString CStringData;

        .

        .

        .
```

We have now added the CString object CStringData as a data member in our CShowKeysDoc document class. By calling it CStringData, we indicate something about the new object's type. Careful naming is a good idea in Windows, where variables can proliferate astonishingly in a large program. The conventions for Windows variable naming prefixes appear in Table 1.1. For example, lpszDataString is a long pointer to a zero-terminated character string.

TABLE 1.1 PREFIX CONVENTIONS FOR WINDOWS VARIABLES.

Prefix	Stands for
a	array
b	BOOL
c	char
cr	color reference value
cx, cy	count of x, y length
dw	dword
f	flag (BOOL)
fn	function
h	handle
I	integer
m_	data member of a class
n	int

p	pointer
pt	point
s	string
sz	string terminated with a zero
tm	TEXTMETRIC
w	word

Now that we have a place to store data as the user types it, let's initialize it to an empty string, "". Open the document's constructor, which is in the file **CSHOWKEYSDOC.CPP**, and add the indicated line to the document's constructor:

```
CShowkeysDoc::CShowkeysDoc()
{
-->     CStringData = "";
}
```

One useful aspect of programming with AppWizard MFC EXE projects is that much of the file handling is added automatically; in particular, we can let the user save the data to disk and retrieve it. We pipe our CStringData object to the archive object referenced in the Serialize() function (which is also in **SHOWKEYSDOC.CPP**). Find that function and add these lines of code to enable disk storage of data:

```
void CShowkeysDoc::Serialize(CArchive& ar)
{
        if (ar.IsStoring())
        {
-->             ar << CStringData;
        }
        else
        {
-->             ar >> CStringData;
        }
}
```

Next, let's see how to read and store keys as the user types. That's done in the view object, and we'll turn to that now.

Adding Code to Read Keys

As we know, communication in Windows is built on the idea of sending and receiving Windows *messages*. When the user presses a key, for example, Windows sends a WM_KEYDOWN message to our program (as long as our program has the focus). When the user releases the key, a WM_KEYUP message is sent to us by Windows. We will not use these messages to read keys in SHOWKEYS. (We will use them in later programs in this book, notably when we install Windows hook programs and read keys from DLL functions.) Instead, we will intercept the WM_CHAR message. (This message is not sent directly to us by Windows but rather is generated after the WM_KEYDOWN and WM_KEYUP messages are interpreted by calling the function TranslateMessage(), a detail that is handled by the MFC framework.) To intercept the WM_CHAR message, we will use the Visual C++ tool ClassWizard to add a new function named OnChar() to our view class. When the user types a key, OnChar() is called and we can determine which key was typed.

Our view class, created by AppWizard and named CShowkeysView, is usually responsible for maintaining the interface with the user, often gathering data from the user and displaying it. To add the OnChar() function to the view class, open ClassWizard either by clicking its button or by selecting it in the View menu, as shown in Figure 1.4.

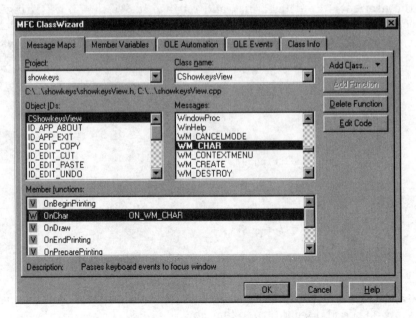

FIGURE 1.4 CLASSWIZARD ADDS MESSAGE HANDLERS TO PROGRAMS.

Make sure that the class you want to work with, CShowkeysView, is selected in the Class Name box, as shown in Figure 1.4. Next, select **WM_CHAR** in the Messages box, click **Add Function**, and accept the default name that ClassWizard gives this function: OnChar(). The new function appears in the **Member functions** box, as shown in Figure 1.4; double-click the **OnChar()** entry to open the new member function:

```
void CShowkeysView::OnChar(UINT nChar, UINT nRepCnt, UINT nFlags)
{
        // TODO: Add your message handler code here and/or call default
        CView::OnChar(nChar, nRepCnt, nFlags);
}
```

This is the function CShowkeysView::OnChar() that we have added to our view class. When the user types a key, we will be notified of it in this function. The value passed in the parameter nCode is the character code of the struck key, and we add that to our CString object CStringData, which is in the document. Although the document object is separate from the view, we can get a pointer to the document using the GetDocument() function. We store in pDoc the resulting pointer to the document:

```
void CShowkeysView::OnChar(UINT nChar, UINT nRepCnt, UINT nFlags)
{
        CView::OnChar(nChar, nRepCnt, nFlags);
  -->   CShowkeysDoc* pDoc = GetDocument();
  -->   ASSERT_VALID(pDoc);
             .
             .
             .
}
```

We can now refer to CStringData like this: pDoc->CStringData. We add the newly typed character to the document:

```
void CShowkeysView::OnChar(UINT nChar, UINT nRepCnt, UINT nFlags)
{
        CView::OnChar(nChar, nRepCnt, nFlags);
        CShowkeysDoc* pDoc - GetDocument();
        ASSERT_VALID(pDoc);
-->     pDoc->CStringData += nChar;

         .
         .
         .

}
```

Now that we've stored the data internally, we'll display it using the view class's OnDraw() function. To make sure that this function is called to update the displayed data, we use the Invalidate() function here in OnChar() to *invalidate* our entire client area. Doing so makes Windows call OnDraw() to refresh the display:

```
void CShowkeysView::OnChar(UINT nChar, UINT nRepCnt, UINT nFlags)
{
        CView::OnChar(nChar, nRepCnt, nFlags);
        CShowkeysDoc* pDoc - GetDocument();
        ASSERT_VALID(pDoc);
        pDoc->CStringData += nChar;
-->     Invalidate();
}
```

The final step, then, is to make sure that the data is displayed in OnDraw().

Adding Code to Display Data

The OnDraw() function is called so often that it is built into our view class support file, **SHOWKEYSVIEW.CPP**:

```
void CShowkeysView::OnDraw(CDC* pDC)
{
        // TODO: add draw code for native data here
        CShowkeysDoc* pDoc = GetDocument();
        ASSERT_VALID(pDoc);
}
```

19

As you can see, AppWizard has provided us with a pointer to the document in anticipation of displaying the document's data. This means that we will print the character string in CStringData in the view (the client area of our main window) using the TextOut() function. This function is a member function of the CDC MFC class. (The "DC" stands for device context.) As you know, drawing in Windows takes place in device contexts. Our first requirement is to get a device context corresponding to our view, a task that MFC has already done for us. MFC passes a pointer, pDC, to the device context corresponding to the view when it calls the OnDraw() function. We use that pointer to display our text:

```
void CShowkeysView::OnDraw(CDC* pDC)
{
        CShowkeysDoc* pDoc = GetDocument();
        ASSERT_VALID(pDoc);
-->     pDC->TextOut(0, 0, pDoc->CStringData);
}
```

That's it—we have stored our data in the document and have also displayed it. To create **SHOWKEYS.EXE**, select the **Build | Build showkeys.exe** menu item; to run the program, select **Build | Execute showkeys.exe**. Our first program, **SHOWKEYS.EXE**, appears in Figure 1.5.

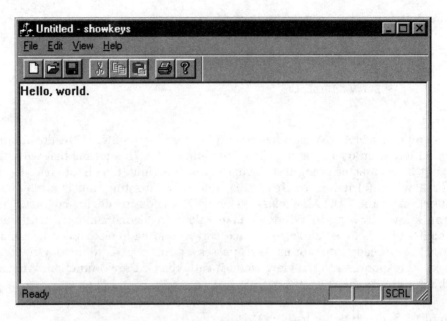

FIGURE 1.5 OUR FIRST VISUAL C++ PROGRAM.

When we type a message ("Hello, world."), it appears in the program's client area, as expected. Our program is a success. The next step is to dissect it and see what makes it tick. These are the files we'll be looking at, in order, when we discuss the four major parts of this program: the application object (**SHOWKEYS.H**, **SHOWKEYS.CPP**), the mainframe window (**MAIN-FRM.H**, **MAINFRM.CPP**), the document object (**SHOWKEYSDOC.H**, **SHOWKEYSDOC.CPP**), and the view object (**SHOWKEYSVIEW.H**, **SHOWKEYSVIEW.CPP**).

Here's how these parts are tied together in our program:

```
Windows messages
|
|     ------------------------------------------------------------------
|    | Application              Mainframe Window            View         |
|    | --------------------     --------------------    ---------------  |
|    ||    CShowKeysApp     |   |    CMainFrame      |  | CShowkeysView | |
|    ||                     |   |                    |  |               | |
|    ||                     |   |    GetActiveView|---->|               | |
|    ||                     |   |                    |  |               | |
|    ||                     |   |                    |<----|GetParent    | |
|    ||                     |   |                    |---->|OnDraw       | |
|    ||Run() contains the   |   |                    |---->|OnActivateView| |
|    ||message loop:        |   |                    |---->|OnUpdate<----------
|    ||                     |   |                    | -->|         | | |
|    ||         -----       |   |                    |  | GetDocument | | |
|    ||        |    |-------->|                      |  |  -----|-------- | |
 -------->|    V      |   |                          |  |     V Document | |
|    ||        |--    |   |                          |  | --------------- | |
|    ||        ----   |   |   |                      |  | | CShowkeysDoc | | |
|    ||               |   |   |                      |  | |             | | |
|    ||               |   |   |  GetActiveDocument|-|-->|             | | |
|    ||               |   |   |                      |  | |           | | |
|    ||               |   |   |                      |  | |UpDateAllViews------
|    ||               |   |   |                      |  ---|GetFirstViewPos| |
|    ||               |   |   |                      |---->|OnOpenDocument | |
|    ||               |   |   |                      |---->|OnNewDocument  | |
|    ||               |   |   |                      |---->|OnSaveDocument | |
|    | ----------------|----    --------------------     ---------------  |
|     ----------------|------------------------------    --------------------
|                     |        SHOWKEYS.EXE
|                     V
|             Terminate
|             the program
```

The first object we will examine is the application object, whose support files are **SHOWKEYS.H** and **SHOWKEYS.CPP**.

The Application Object

The application object, derived from the MFC class CWinApp, is responsible for our interface to Windows. If you have done any Windows programming in C, then you will know that the function WinMain() is the backbone of any Windows program. WinMain() is encapsulated in the application object:

```
        ----------------------          ----------------------
  -->   | Application Object  |         | Main Window Object  |
        |                     |         |                     |
        | Handles the interface|        | Handles the main    |
        | to Windows          |--------| window itself       |
        |                     |         |                     |
        ----------------------          ----------------------
                  |                               |
        ----------------------          ----------------------
        | Document Object     |         | View Object         |
        |                     |         |                     |
        | Handles storing of  |--------| Handles displaying  |
        | the program data    |         | the program data    |
        |                     |         |                     |
        ----------------------          ----------------------
```

AppWizard has declared one object of our application class, CShowkeysApp (derived from CWinApp), in our program:

```
/////////////////////////////////////////////////////////////////////////
// The one and only CShowkeysApp object

CShowkeysApp theApp;
```

This object's constructor stores a pointer to the object so that WinMain() can call the object's two most important functions: InitInstance() and Run(). In InitInstance() we can see how our program is initialized (and override what we don't like). The CWinApp::Run() function, rarely seen by programmers, is where an MFC EXE program spends most of its time; after WinMain() calls InitInstance(), it calls Run(), and the program runs (the message loop is in Run(), and it is Run() that calls ExitInstance() when the program ends). One of the first things that our program will do in the Run() function is to assemble the remaining three objects—the mainframe object, the view object, and the document object—and place a window on the screen. CShowkeysApp::Run() knows which classes to use for these objects from the *document template*, an important part of the program. This template is created in the CShowkeysApp::InitInstance() function:

```
BOOL CShowkeysApp::InitInstance()
{
        // Standard initialization
        // If you are not using these features and wish to reduce the size
        // of your final executable, you should remove from the following
        // the specific initialization routines you do not need.

#ifdef _AFXDLL
        Enable3dControls();    // Call this when using MFC in a shared DLL
#else
        Enable3dControlsStatic();  // Call this when linking to MFC statically
#endif

        LoadStdProfileSettings();  // Load standard INI file options

        // Register the application's document templates.  Document templates
        //  serve as the connection between documents, frame windows and views.

-->     CSingleDocTemplate* pDocTemplate;
-->     pDocTemplate = new CSingleDocTemplate(
-->             IDR_MAINFRAME,
-->             RUNTIME_CLASS(CShowkeysDoc),
-->             RUNTIME_CLASS(CMainFrame),        // main SDI frame window
-->             RUNTIME_CLASS(CShowkeysView));
-->     AddDocTemplate(pDocTemplate);

        // Parse command line for standard shell commands, DDE, file open
        CCommandLineInfo cmdInfo;
        ParseCommandLine(cmdInfo);
```

```
        // Dispatch commands specified on the command line
        if (!ProcessShellCommand(cmdInfo))
                return FALSE;

        return TRUE;
}
```

When the program runs, these classes will be connected together for our mainframe window, document, and view. We will have occasion to change the classes specified in a document template as early as next chapter, when we derive classes from the default view class and install them in our program. From a programmer's point of view, InitInstance() is usually the most interesting of the CWinApp functions (although even Run() can be overridden), and we'll see how to work with it soon.

This completes our overview of the application object: this object gets the program started, and it connects the program to Windows. Its support files appear in Listing 1.1.

LISTING 1.1 SHOWKEYS.H, SHOWKEYS.CPP

```
// showkeys.h : main header file for the SHOWKEYS application
//

#ifndef __AFXWIN_H__
        #error include 'stdafx.h' before including this file for PCH
#endif

#include "resource.h"        // main symbols


/////////////////////////////////////////////////////////////////////////
// CShowkeysApp:
// See showkeys.cpp for the implementation of this class
//

class CShowkeysApp : public CWinApp
{
public:
        CShowkeysApp();
```

```
// Overrides
        // ClassWizard generated virtual function overrides
        //{{AFX_VIRTUAL(CShowkeysApp)
        public:
        virtual BOOL InitInstance();
        //}}AFX_VIRTUAL

// Implementation

        //{{AFX_MSG(CShowkeysApp)
        afx_msg void OnAppAbout();
        // NOTE - the ClassWizard will add and remove member functions here.
        //     DO NOT EDIT what you see in these blocks of generated code !
        //}}AFX_MSG
        DECLARE_MESSAGE_MAP()
};


/////////////////////////////////////////////////////////////////////////
// showkeys.cpp : Defines the class behaviors for the application.
//

#include "stdafx.h"
#include "showkeys.h"

#include "MainFrm.h"
#include "showkeysDoc.h"
#include "showkeysView.h"

#ifdef _DEBUG
#define new DEBUG_NEW
#undef THIS_FILE
static char THIS_FILE[] = __FILE__;
#endif

/////////////////////////////////////////////////////////////////////////
// CShowkeysApp
```

```
BEGIN_MESSAGE_MAP(CShowkeysApp, CWinApp)
        //{{AFX_MSG_MAP(CShowkeysApp)
        ON_COMMAND(ID_APP_ABOUT, OnAppAbout)
        // NOTE - the ClassWizard will add and remove mapping macros here.
        //    DO NOT EDIT what you see in these blocks of generated code!
        //}}AFX_MSG_MAP
        // Standard file based document commands
        ON_COMMAND(ID_FILE_NEW, CWinApp::OnFileNew)
        ON_COMMAND(ID_FILE_OPEN, CWinApp::OnFileOpen)
        // Standard print setup command
        ON_COMMAND(ID_FILE_PRINT_SETUP, CWinApp::OnFilePrintSetup)
END_MESSAGE_MAP()


/////////////////////////////////////////////////////////////////////////////
// CShowkeysApp construction

CShowkeysApp::CShowkeysApp()
{
        // TODO: add construction code here,
        // Place all significant initialization in InitInstance
}


/////////////////////////////////////////////////////////////////////////////
// The one and only CShowkeysApp object

CShowkeysApp theApp;

/////////////////////////////////////////////////////////////////////////////
// CShowkeysApp initialization

BOOL CShowkeysApp::InitInstance()
{
        // Standard initialization
        // If you are not using these features and wish to reduce the size
        //  of your final executable, you should remove from the following
        //  the specific initialization routines you do not need.

#ifdef _AFXDLL
        Enable3dControls();    // Call this when using MFC in a shared DLL
```

```
#else
        Enable3dControlsStatic();  // Call this when linking to MFC statically
#endif

        LoadStdProfileSettings();  // Load standard INI file options

        // Register the application's document templates.  Document templates
        //  serve as the connection between documents, frame windows and views.

        CSingleDocTemplate* pDocTemplate;
        pDocTemplate = new CSingleDocTemplate(
                IDR_MAINFRAME,
                RUNTIME_CLASS(CShowkeysDoc),
                RUNTIME_CLASS(CMainFrame),          // main SDI frame window
                RUNTIME_CLASS(CShowkeysView));
        AddDocTemplate(pDocTemplate);

        // Parse command line for standard shell commands, DDE, file open
        CCommandLineInfo cmdInfo;
        ParseCommandLine(cmdInfo);

        // Dispatch commands specified on the command line
        if (!ProcessShellCommand(cmdInfo))
                return FALSE;

        return TRUE;
}


/////////////////////////////////////////////////////////////////////////////
// CAboutDlg dialog used for App About

class CAboutDlg : public CDialog
{
public:
        CAboutDlg();

// Dialog Data
        //{{AFX_DATA(CAboutDlg)
        enum { IDD = IDD_ABOUTBOX };
```

```
        //}}AFX_DATA

        // ClassWizard generated virtual function overrides
        //{{AFX_VIRTUAL(CAboutDlg)
        protected:
        virtual void DoDataExchange(CDataExchange* pDX);     // DDX/DDV support
        //}}AFX_VIRTUAL

// Implementation
protected:
        //{{AFX_MSG(CAboutDlg)
                // No message handlers
        //}}AFX_MSG
        DECLARE_MESSAGE_MAP()
};

CAboutDlg::CAboutDlg() : CDialog(CAboutDlg::IDD)
{
        //{{AFX_DATA_INIT(CAboutDlg)
        //}}AFX_DATA_INIT
}

void CAboutDlg::DoDataExchange(CDataExchange* pDX)
{
        CDialog::DoDataExchange(pDX);
        //{{AFX_DATA_MAP(CAboutDlg)
        //}}AFX_DATA_MAP
}

BEGIN_MESSAGE_MAP(CAboutDlg, CDialog)
        //{{AFX_MSG_MAP(CAboutDlg)
                // No message handlers
        //}}AFX_MSG_MAP
END_MESSAGE_MAP()

// App command to run the dialog
```

```
void CShowkeysApp::OnAppAbout()
{
    CAboutDlg aboutDlg;
    aboutDlg.DoModal();
}
```

```
//////////////////////////////////////////////////////////////////////////
// CShowkeysApp commands
```

The next object we will review is the mainframe object (support files **MAIN-FRM.H** and **MAINFRM.CPP**), the object responsible for our window.

The Mainframe Object

A programmer should never confuse a program's window with the program itself. As we have just seen, our program loads a mainframe window, together with the associated view and document classes, and then displays it—but a Windows program need never display a window at all. Most of the programs in this book will display windows, however, and the foundation of that window is the mainframe object:

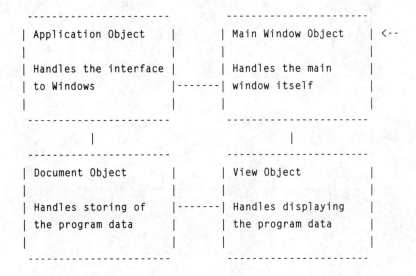

The main window in a single document interface (SDI) program simply displays the view window in its client area, and programmers are often responsible only for handling the client area of a Windows program. For an MDI program, the mainframe window is an MDI frame window that holds various MDI child windows. In our program, the mainframe object is of class CMainFrame, derived by AppWizard from the CFrameWnd class. (All four main classes in our program are derived from MFC base classes so that we can customize them and override members.) The main point is that our window is built on the CFrameWnd class and is associated with the program through the document template. The CFrameWnd class handles most of the operations that display and manage our window, including resizing, maximizing, minimizing, and others. This class deals with the nonclient area in our SDI program (including the title bar, the menu bar, the toolbar, and the status bar), and we are more interested in the client area:

```
 ------------------------------------------
|ShowKeys    (Title bar)                   |
|-----------------------------------------|
|File Edit View Help (Menu bar)            |
|-----------------------------------------|
|[] [] []    (Toolbar)                     |
|-----------------------------------------|
|                                          |
|                                          |
|                                          |
|                                          |
|            Client Area                   |
|                                          |
|                                          |
|                                          |
|                                          |
|-----------------------------------------|
|Ready        (Status bar)                 |
 ------------------------------------------
```

Because Visual C++ programs usually confine their operations to the client area (handled by the view object), most of our work with the mainframe class is to customize its appearance. We use two functions, CMainFrame::PreCreateWindow() and CMainFrame::OnCreate(). In CMainFrame::PreCreateWindow(), we get the chance to change the mainframe's class and window style before the mainframe window is created (from **MAINFRM.CPP**):

```
BOOL CMainFrame::PreCreateWindow(CREATESTRUCT& cs)
{
        // TODO: Modify the Window class or styles here by modifying
        //   the CREATESTRUCT cs

        return CFrameWnd::PreCreateWindow(cs);
}
```

We'll see how this works when we work in PreCreateWindow() to change the default mouse cursor used in a window.

The other function of note here is CMainFrame::OnCreate(). (Objects derived from the basic MFC CWnd class are created in two steps: declaring the object and then calling the object's Create() member function.) In this function, we get the chance to work with the parameters specified in the window's CREATESTRUCT structure (such as its size and placement on the screen), and the toolbar and status bar of the window are loaded:

```
int CMainFrame::OnCreate(LPCREATESTRUCT lpCreateStruct)
{
        if (CFrameWnd::OnCreate(lpCreateStruct) == -1)
                return -1;

        if (!m_wndToolBar.Create(this) ||
                !m_wndToolBar.LoadToolBar(IDR_MAINFRAME))
        {
                TRACE0("Failed to create toolbar\n");
                return -1;      // fail to create
        }
```

```
if (!m_wndStatusBar.Create(this) ||
        !m_wndStatusBar.SetIndicators(indicators,
          sizeof(indicators)/sizeof(UINT)))
{

        TRACE0("Failed to create status bar\n");
        return -1;      // fail to create
}


// TODO: Remove if you don't want tool tips or a resizeable toolbar
m_wndToolBar.SetBarStyle(m_wndToolBar.GetBarStyle() |
        CBRS_TOOLTIPS | CBRS_FLYBY | CBRS_SIZE_DYNAMIC);


// TODO: Delete these three lines if you don't want the toolbar to
//  be dockable
m_wndToolBar.EnableDocking(CBRS_ALIGN_ANY);
EnableDocking(CBRS_ALIGN_ANY);
DockControlBar(&m_wndToolBar);


return 0;
}
```

We'll see how to work with this function when we customize a toolbar to display a combo box (this task is not directly supported by the various wizards of Visual C++).

The mainframe window contains much of the functionality provided to our program by Visual C++ before we write a line of code, including the toolbar (complete with working buttons), the menu bar (complete with items for file handling, an About dialog box, and more), and the status bar (complete with status bar indicators, ready to be used). This support is another asset of using Visual C++, and it is also flexible enough that you can customize these elements. For example, if you want to do your own file handling, you can override functions tied to the File menu, such as CWinApp::OnFileNew() and CWinApp::OnFileOpen(). From the mainframe window object, you can reach the application object with AfxGetApp(), the document with CFrameWnd::GetActiveDocument(), and the view with CFrameWnd::GetActiveView().

We've completed our overview of the mainframe window; the support files for this window—**MAINFRM.H** and **MAINFRM.CPP**—appear in Listing 1.2.

LISTING 1.2 MAINFRM.H. MAINFRM.CPP

```
// MainFrm.h : interface of the CMainFrame class
//
//////////////////////////////////////////////////////////////////////

class CMainFrame : public CFrameWnd
{
protected: // create from serialization only
        CMainFrame();
        DECLARE_DYNCREATE(CMainFrame)

// Attributes
public:

// Operations
public:

// Overrides
        // ClassWizard generated virtual function overrides
        //{{AFX_VIRTUAL(CMainFrame)
        public:
        virtual BOOL PreCreateWindow(CREATESTRUCT& cs);
        virtual void ActivateFrame(int nCmdShow = -1);
        //}}AFX_VIRTUAL

// Implementation
public:
        virtual ~CMainFrame();
#ifdef _DEBUG
        virtual void AssertValid() const;
        virtual void Dump(CDumpContext& dc) const;
#endif

protected:  // control bar embedded members
        CStatusBar  m_wndStatusBar;
        CToolBar    m_wndToolBar;

// Generated message map functions
protected:
```

```
        //{{AFX_MSG(CMainFrame)
        afx_msg int OnCreate(LPCREATESTRUCT lpCreateStruct);
        afx_msg void OnShowWindow(BOOL bShow, UINT nStatus);
        afx_msg void OnActivate(UINT nState, CWnd* pWndOther, BOOL bMinimized);
        //}}AFX_MSG
        DECLARE_MESSAGE_MAP()
};


/////////////////////////////////////////////////////////////////////////////
// MainFrm.cpp : implementation of the CMainFrame class
//

#include "stdafx.h"
#include "showkeys.h"

#include "MainFrm.h"

#ifdef _DEBUG
#define new DEBUG_NEW
#undef THIS_FILE
static char THIS_FILE[] = __FILE__;
#endif

/////////////////////////////////////////////////////////////////////////////
// CMainFrame

IMPLEMENT_DYNCREATE(CMainFrame, CFrameWnd)

BEGIN_MESSAGE_MAP(CMainFrame, CFrameWnd)
        //{{AFX_MSG_MAP(CMainFrame)
        ON_WM_CREATE()
        ON_WM_SHOWWINDOW()
        ON_WM_ACTIVATE()
        //}}AFX_MSG_MAP
END_MESSAGE_MAP()

static UINT indicators[] =
{
        ID_SEPARATOR,            // status line indicator
```

```
            ID_INDICATOR_CAPS,
            ID_INDICATOR_NUM,
            ID_INDICATOR_SCRL,
};


/////////////////////////////////////////////////////////////////////////////
// CMainFrame construction/destruction

CMainFrame::CMainFrame()
{
        // TODO: add member initialization code here

}


CMainFrame::~CMainFrame()
{
}


int CMainFrame::OnCreate(LPCREATESTRUCT lpCreateStruct)
{
        if (CFrameWnd::OnCreate(lpCreateStruct) == -1)
                return -1;

        if (!m_wndToolBar.Create(this) ||
                !m_wndToolBar.LoadToolBar(IDR_MAINFRAME))
        {
                TRACE0("Failed to create toolbar\n");
                return -1;      // fail to create
        }

        if (!m_wndStatusBar.Create(this) ||
                !m_wndStatusBar.SetIndicators(indicators,
                  sizeof(indicators)/sizeof(UINT)))
        {
                TRACE0("Failed to create status bar\n");
                return -1;      // fail to create
        }

        // TODO: Remove if you don't want tool tips or a resizeable toolbar
```

```
        m_wndToolBar.SetBarStyle(m_wndToolBar.GetBarStyle() |
                CBRS_TOOLTIPS | CBRS_FLYBY | CBRS_SIZE_DYNAMIC);

        // TODO: Delete these three lines if you don't want the toolbar to
        //  be dockable
        m_wndToolBar.EnableDocking(CBRS_ALIGN_ANY);
        EnableDocking(CBRS_ALIGN_ANY);
        DockControlBar(&m_wndToolBar);

        return 0;
}

BOOL CMainFrame::PreCreateWindow(CREATESTRUCT& cs)
{
        // TODO: Modify the Window class or styles here by modifying
        //  the CREATESTRUCT cs

        return CFrameWnd::PreCreateWindow(cs);
}

/////////////////////////////////////////////////////////////////////////////
// CMainFrame diagnostics

#ifdef _DEBUG
void CMainFrame::AssertValid() const
{
        CFrameWnd::AssertValid();
}

void CMainFrame::Dump(CDumpContext& dc) const
{
        CFrameWnd::Dump(dc);
}

#endif //_DEBUG

/////////////////////////////////////////////////////////////////////////////
// CMainFrame message handlers
```

Next, we'll take a look at our program's document object (support files **SHOWKEYSDOC.H** and **SHOWKEYSDOC.CPP**).

The Document Object

The document object is responsible for storing our program's data:

```
 ----------------------          ----------------------
| Application Object   |        | Main Window Object   |
|                      |        |                      |
| Handles the interface|        | Handles the main     |
| to Windows           |--------| window itself        |
|                      |        |                      |
 ----------------------          ----------------------
           |                               |
 ----------------------          ----------------------
-->| Document Object  |        | View Object          |
|                      |        |                      |
| Handles storing of   |--------| Handles displaying   |
| the program data     |        | the program data     |
|                      |        |                      |
 ----------------------          ----------------------
```

In our case, AppWizard has derived a class named CShowkeysDoc from the MFC base class CDocument. The document manages our data and works with the MFC file-handling operations to store (serialize) it on disk.

The AppWizard framework of our program provides support for serialization and for creating new documents, but it is up to us to customize the rest of the document. We do that by embedding objects in the document to store our data; to store SHOWKEY's data in the document, we add the CString object CStringData to CShowkeysDoc:

```
CShowkeysDoc object
 ---------------
|               |
|               |
|               |
|CStringData    |
|               |
|               |
|               |
 ---------------
```

In code, we add CStringData to the file **SHOWKEYSDOC.H**:

```
// showkeysDoc.h : interface of the CShowkeysDoc class
//
/////////////////////////////////////////////////////////////////////////////

class CShowkeysDoc : public CDocument
{
protected: // create from serialization only
        CShowkeysDoc();
        DECLARE_DYNCREATE(CShowkeysDoc)
-->     CString CStringData;

        .

        .

        .
```

Next, we initialize CStringData in the document's constructor,
CShowkeysDoc::CShowkeysDoc():

```
ShowkeysDoc::CShowkeysDoc()
{
        CStringData = "";
}
```

To enable the document serialization operations, we also specify that our
CStringData object be read to disk and out from disk with the rest of the
document:

```
void CShowkeysDoc::Serialize(CArchive& ar)
{
        if (ar.IsStoring())
        {
                ar << CStringData;
        }
        else
        {
                ar >> CStringData;
        }
}
```

In an SDI program, there is only one document, but an MDI program can have many documents. From the document, you can reach the application object using AfxGetApp(). You can reach the view object using CDocument::GetFirstViewPosition() to get the first view attached to this document (a document may have multiple views open into it), followed by CDocument::GetNextView() to get the next and additional views. You can reach the mainframe object by using GetParent() from the view class.

This completes our overview of the document. The support files—**SHOWKEYSDOC.H** and **SHOWKEYSDOC.CPP**—appear in Listing 1.3.

LISTING 1.3 SHOWKEYSDOC.H, SHOWKEYSDOC.CPP

```
// showkeysDoc.h : interface of the CShowkeysDoc class
//
/////////////////////////////////////////////////////////////////////////////

class CShowkeysDoc : public CDocument
{
protected: // create from serialization only
        CShowkeysDoc();
        DECLARE_DYNCREATE(CShowkeysDoc)
        CString CStringData;

// Attributes
public:

// Operations
public:

// Overrides
        // ClassWizard generated virtual function overrides
        //{{AFX_VIRTUAL(CShowkeysDoc)
        public:
        virtual BOOL OnNewDocument();
        virtual void Serialize(CArchive& ar);
        //}}AFX_VIRTUAL
```

```
// Implementation
public:
        virtual ~CShowkeysDoc();
#ifdef _DEBUG
        virtual void AssertValid() const;
        virtual void Dump(CDumpContext& dc) const;
#endif

protected:

// Generated message map functions
protected:
        //{{AFX_MSG(CShowkeysDoc)
        // NOTE - the ClassWizard will add and remove member functions here.
        //      DO NOT EDIT what you see in these blocks of generated code !
        //}}AFX_MSG
        DECLARE_MESSAGE_MAP()
};

// showkeysDoc.cpp : implementation of the CShowkeysDoc class
//

#include "stdafx.h"
#include "showkeys.h"

#include "showkeysDoc.h"

#ifdef _DEBUG
#define new DEBUG_NEW
#undef THIS_FILE
static char THIS_FILE[] = __FILE__;
#endif

/////////////////////////////////////////////////////////////////////////////
// CShowkeysDoc

IMPLEMENT_DYNCREATE(CShowkeysDoc, CDocument)

BEGIN_MESSAGE_MAP(CShowkeysDoc, CDocument)
```

```
        //{{AFX_MSG_MAP(CShowkeysDoc)
        // NOTE - the ClassWizard will add and remove mapping macros here.
        //    DO NOT EDIT what you see in these blocks of generated code!
        //}}AFX_MSG_MAP
END_MESSAGE_MAP()


/////////////////////////////////////////////////////////////////////////
// CShowkeysDoc construction/destruction

CShowkeysDoc::CShowkeysDoc()
{
        CStringData = "";
        SetTitle("ShowKeys");
}


CShowkeysDoc::~CShowkeysDoc()
{
}


BOOL CShowkeysDoc::OnNewDocument()
{
        if (!CDocument::OnNewDocument())
                return FALSE;

        // TODO: add reinitialization code here
        // (SDI documents will reuse this document)

        return TRUE;
}


/////////////////////////////////////////////////////////////////////////
// CShowkeysDoc serialization

void CShowkeysDoc::Serialize(CArchive& ar)
{
        if (ar.IsStoring())
        {
                ar << CStringData;
        }
```

```
        else
        {
                ar >> CStringData;
        }
}


/////////////////////////////////////////////////////////////////////////
// CShowkeysDoc diagnostics

#ifdef _DEBUG
void CShowkeysDoc::AssertValid() const
{
        CDocument::AssertValid();
}

void CShowkeysDoc::Dump(CDumpContext& dc) const
{
        CDocument::Dump(dc);
}
#endif //_DEBUG


/////////////////////////////////////////////////////////////////////////
// CShowkeysDoc commands
```

Next, we'll review our program's view object; its support files are
SHOWKEYSVIEW.H and **SHOWKEYSVIEW.CPP**.

The View Object

The view object is responsible for displaying our program's data and, usu-
ally, for handling user input:

```
----------------------------          ----------------------------
| Application Object     |          | Main Window Object     |
|                        |          |                        |
| Handles the interface  |          | Handles the main       |
| to Windows             |--------| window itself          |
|                        |          |                        |
----------------------------          ----------------------------
            |                                      |
----------------------------          ----------------------------
| Document Object        |          | View Object            |  <--
|                        |          |                        |
| Handles storing of     |--------| Handles displaying     |
| the program data       |          | the program data       |
|                        |          |                        |
----------------------------          ----------------------------
```

We have intercepted the WM_CHAR message and had the program call the CShowkeysView::OnChar() function. ClassWizard usually maintains such message-handling functions for us using a *message map*. Message maps tie together Windows messages and the functions in our program (removing the need for an old Windows programming favorite: message cracker macros). In our view class's header file, **SHOWKEYSVIEW.H**, ClassWizard has added the necessary declaration of our function OnChar():

```
// Generated message map functions
protected:
        //{{AFX_MSG(CShowkeysView)
        afx_msg void OnChar(UINT nChar, UINT nRepCnt, UINT nFlags);
        //}}AFX_MSG
        DECLARE_MESSAGE_MAP()
};
```

In the view's implementation file, **SHOWKEYSVIEW.CPP**, ClassWizard has placed the entry ON_WM_CHAR() into the message map:

```
BEGIN_MESSAGE_MAP(CShowkeysView, CView)
        //{{AFX_MSG_MAP(CShowkeysView)
-->     ON_WM_CHAR()
        //}}AFX_MSG_MAP
        // Standard printing commands
        ON_COMMAND(ID_FILE_PRINT, CView::OnFilePrint)
        ON_COMMAND(ID_FILE_PRINT_DIRECT, CView::OnFilePrint)
        ON_COMMAND(ID_FILE_PRINT_PREVIEW, CView::OnFilePrintPreview)
END_MESSAGE_MAP()
```

This code ties the WM_CHAR message to our OnChar() function, and Visual C++ has ON_WM_XXX message map entries for most of the Windows messages, such as WM_KILLFOCUS, WM_HELPINFO, and others.

ClassWizard also adds the body of the OnChar() function, and all we have to do is to fill in the lines that get a pointer to our CStringData CString object in the document and append the new character to it:

```
void CShowkeysView::OnChar(UINT nChar, UINT nRepCnt, UINT nFlags)
{
        CView::OnChar(nChar, nRepCnt, nFlags);
        CShowkeysDoc* pDoc = GetDocument();
        ASSERT_VALID(pDoc);
-->     pDoc->CStringData += nChar;
-->     Invalidate();
}
```

This code ties the WM_XXX messages to our program. In addition to such Windows messages, we can receive messages when a menu item is selected or when controls such as buttons are clicked; ClassWizard also helps us tie these messages to functions. For example, we might add a new item, **Clear**, to the Edit menu. When selected, this item clears the data in the document:

```
------------------------------------------
|ShowKeys    (Title bar)                  |
|----------------------------------------|
|File Edit View Help (Menu bar)          |
|-----      ---------------------------- |
|[] []|Undo    |   (Toolbar)            |
|----|Cut      |----------------------- |
|    |Copy     |                        |
|    |Paste    |                        |
| -->|Clear    |                        |
|     ---------                         |
|              Client Area              |
|    |                                  |
|    |                                  |
|    |                                  |
|    |                                  |
|---------------------------------------|
|Ready        (Status bar)              |
------------------------------------------
```

How do we add this menu item? This question brings up the topic of how to work with Visual C++ resources, which we'll turn to now.

Working with Visual C++ Resources

To add a new menu item, we click the **Resources** tab in Visual C++ to display the range of resources available to us: dialogs, icons, menus, toolbars, and so on. Click the **Menu** folder to open the menus available to us in SHOWKEYS. Select the **IDR_SHOWKEYTYPE** menu, opening it as shown in Figure 1.6.

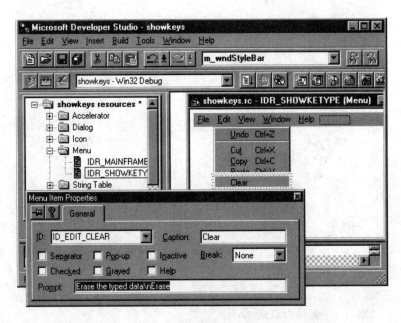

FIGURE 1.6 INSERTING A NEW MENU ITEM IN VISUAL C++.

We move to the bottom of the target menu and add the new entry, **Clear**, as shown in Figure 1.6. (To insert the new menu item between existing menu items, use the **Ins** key.) Visual C++ gives this new menu item the control ID ID_EDIT_CLEAR. Now we open ClassWizard and connect this new control ID to a function, OnEditClear(), in the same way that we added a function to handle the WM_CHAR message. Double-click the **OnEditClear()** entry in ClassWizard to open the function (from **SHOWKEYSVIEW.CPP**):

```
void CShowkeysView::OnEditClear()
{
        // TODO: Add your command handler code here


}
```

Using the CString Empty() function, we place the code here to clear the CString CStringData of any characters we have stored there:

```
void CShowkeysView::OnEditClear()
{
-->     CShowkeysDoc* pDoc = GetDocument();
-->     ASSERT_VALID(pDoc);
-->     pDC->CStringData.Empty();
}
```

47

ClassWizard alters our message map (in **SHOWKEYSVIEW.CPP**) to tie the new menu item, ID_EDIT_CLEAR, to the function OnEditClear():

```
BEGIN_MESSAGE_MAP(CShowkeysView, CView)
        //{{AFX_MSG_MAP(CShowkeysView)
        ON_WM_CHAR()
-->     ON_COMMAND(ID_EDIT_CLEAR, OnEditClear)
        //}}AFX_MSG_MAP
        // Standard printing commands
        ON_COMMAND(ID_FILE_PRINT, CView::OnFilePrint)
        ON_COMMAND(ID_FILE_PRINT_DIRECT, CView::OnFilePrint)
        ON_COMMAND(ID_FILE_PRINT_PREVIEW, CView::OnFilePrintPreview)
END_MESSAGE_MAP()
```

Because this is a menu message (actually sent to us as part of a WM_COM-MAND Windows message), there is no predefined message map entry, such as ON_WM_CHAR, for it. (If we wanted to add the Edit menu item **Install palettes**, it would be unreasonable to expect to find a Windows message WM_EDIT_INSTALLPALETTES already defined in the system.) ClassWizard must specify the name of the function to be called when the menu item is selected. There are two types of functions we connect in this way: command functions (such as those that respond to the ID_EDIT_CLEAR item), for which ClassWizard uses ON_COMMAND() entries in message maps; and command update functions, for which it uses ON_UPDATE_COMMAND_UI() entries. *Update functions* are called whenever the program is about to display a control so that we get a chance to set the control's state properly. For example, we could add an update function named OnUpdateEditClear() to our message map for the **Edit|Clear** menu item using ClassWizard:

```
BEGIN_MESSAGE_MAP(CShowkeysView, CView)
        //{{AFX_MSG_MAP(CShowkeysView)
        ON_WM_CHAR()
        ON_COMMAND(ID_EDIT_CLEAR, OnEditClear)
  -->   ON_UPDATE_COMMAND_UI(ID_EDIT_CLEAR, OnUpdateEditClear)
        //}}AFX_MSG_MAP
        // Standard printing commands
        ON_COMMAND(ID_FILE_PRINT, CView::OnFilePrint)
        ON_COMMAND(ID_FILE_PRINT_DIRECT, CView::OnFilePrint)
        ON_COMMAND(ID_FILE_PRINT_PREVIEW, CView::OnFilePrintPreview)
END_MESSAGE_MAP()
```

This function is called before the **Edit|Clear** menu item is displayed. If there were no characters stored in our document, we could disable the **Clear** item this way:

```
void CShowkeysView::OnUpdateOverstrike(CCmdUI* pCmdUI)
{
  -->   CShowkeysDoc* pDoc = GetDocument();
  -->   ASSERT_VALID(pDoc);
  -->   pCmdUI->Enable(!pDoc->CStringData.IsEmpty());
}
```

In this way, message maps tie the messages we get—Windows messages, command messages, and command update messages—to functions. Although there are stern warnings in files written by AppWizard not to edit the message maps ("DO NOT EDIT what you see in these blocks of generated code!"), there is little choice when ClassWizard can't help us. For example, SHOWKEYS comes with three toggle key indicators at the right in the status bar: one to show the state of the **Caps Lock** key, a second one for the **Num Lock** key, and a third one for the **Scroll Lock** key. These indicators are placed into an array named indicators[] in **MAINFRM.CPP**:

```
static UINT indicators[] =
{
        ID_SEPARATOR,            // status line indicator
        ID_INDICATOR_CAPS,
        ID_INDICATOR_NUM,
        ID_INDICATOR_SCRL,
};
```

However, more indicators are defined in **SHOWKEYS.RC**, such as an indicator that shows the string "OVR" for overstrike:

```
STRINGTABLE DISCARDABLE
BEGIN
      ID_INDICATOR_EXT          "EXT"
      ID_INDICATOR_CAPS         "CAP"
      ID_INDICATOR_NUM          "NUM"
      ID_INDICATOR_SCRL         "SCRL"
--> ID_INDICATOR_OVR            "OVR"
      ID_INDICATOR_REC          "REC"
END
```

We add OVR to our status bar as a fourth indicator by placing ID_INDICATOR_OVR in the array indicators[] in **MAINFRM.CPP**:

```
        static UINT indicators[] =
        {
                ID_SEPARATOR,              // status line indicator
                ID_INDICATOR_CAPS,
                ID_INDICATOR_NUM,
                ID_INDICATOR_SCRL,
  -->           ID_INDICATOR_OVR,
        };
```

Next, we make this indicator display its string, "OVR," by defining an update function for the indicator (OnUpdateOverstrike()) and enabling the indicator in the function. We make sure our overstrike indicator always displays its associated string, "OVR," by using the Enable() function:

```
void CMainFrame::OnUpdateOverstrike(CCmdUI* pCmdUI)
{
        pCmdUI->Enable(TRUE);
}
```

(If you want this indicator to match, say, the toggle state of the **Ins** key, you could cleverly define the **Ins** key as an accelerator in the SHOWKEYS program and tie it to its own command function, toggling an internal flag whenever **Ins** is pressed. You would then check that flag in OnUpdateOverstrike() to enable or disable the OVR indicator appropriately.)

The problem now is to connect OnUpdateOverstrike() to the update command for the indicator ID_INDICATOR_OVR. ClassWizard won't do that for us, because it doesn't handle indicators. Instead, we edit the list of message map functions in **MAINFRM.H**, adding OnUpdateOverstrike()'s prototype:

```
// Generated message map functions
protected:
        //{{AFX_MSG(CMainFrame)
        afx_msg int OnCreate(LPCREATESTRUCT lpCreateStruct);
        afx_msg void OnShowWindow(BOOL bShow, UINT nStatus);
        afx_msg void OnActivate(UINT nState, CWnd* pWndOther, BOOL bMinimized);
  -->   afx_msg void OnUpdateOverstrike(CCmdUI* pCmdUI);
        //}}AFX_MSG
        DECLARE_MESSAGE_MAP()
};
```

Then we make the connection between the indicator ID_INDICATOR_OVR and the function OnUpdateOverstrike() by editing the message map in **MAINFRM.CPP**. Note that because we are intercepting the update command for the indicator, we use the ON_UPDATE_COMMAND_UI macro and not ON_COMMAND:

```
BEGIN_MESSAGE_MAP(CMainFrame, CFrameWnd)
        //{{AFX_MSG_MAP(CMainFrame)
        ON_WM_CREATE()
        ON_WM_SHOWWINDOW()
        ON_WM_ACTIVATE()
  -->   ON_UPDATE_COMMAND_UI(ID_INDICATOR_OVR, OnUpdateOverstrike)
        //}}AFX_MSG_MAP
END_MESSAGE_MAP()
```

Now we've connected the indicator's ID to its function in our code. We've added the OVR indicator to our status bar by editing the message map. Note, however, that this is an advanced technique. Editing message maps should be avoided if possible, and this discussion is not meant to say otherwise. In all cases, you should let the AppWizard/ClassWizard framework of the program do its job unless there is no alternative. In this book, you'll gain the expertise to see when that is the case. Now that we've reviewed how to accept data from the user in our view class, let's review the process of displaying the data.

Displaying Data in the View

We display the data in the view's OnDraw() function. (Here, the view is a child window that covers the client area of the mainframe window.)

```
void CShowkeysView::OnDraw(CDC* pDC)
{
        CShowkeysDoc* pDoc = GetDocument();
        ASSERT_VALID(pDoc);
-->     pDC->TextOut(0, 0, pDoc->CStringData);
}
```

There is almost always code in a view class's OnDraw() function to display the data from the document. In addition to OnDraw(), other functions, such as OnUpdate() and OnSize(), can display data. It's also worth noting that we can have several views into the same document. For example, if we have a long document, the user might open several views into it to see the data at various locations. In this way, the concept of views lets the user handle very long documents indeed. Often, a program will let users scroll through a long document (as we will do in the next chapter when we see how to support scrolling a document in a view).

To reach the application from the view, use AfxGetApp(). To reach the document, use GetDocument(), and to reach the mainframe window, use GetParent().

That's it for our review of the view class. The support files for this class—**SHOWKEYSVIEW.H** and **SHOWKEYSVIEW.CPP**—appear in Listing 1.4.

LISTING 1.4 SHOWKEYSVIEW.H, SHOWKEYSVIEW.CPP

```
// showkeysView.h : interface of the CShowkeysView class
//
/////////////////////////////////////////////////////////////////////////////

class CShowkeysView : public CView
{
protected: // create from serialization only
        CShowkeysView();
        DECLARE_DYNCREATE(CShowkeysView)
```

```
// Attributes
public:
        CShowkeysDoc* GetDocument();

// Operations
public:

// Overrides
        // ClassWizard generated virtual function overrides
        //{{AFX_VIRTUAL(CShowkeysView)
        public:
        virtual void OnDraw(CDC* pDC);  // overridden to draw this view
        virtual BOOL PreCreateWindow(CREATESTRUCT& cs);
        protected:
        virtual BOOL OnPreparePrinting(CPrintInfo* pInfo);
        virtual void OnBeginPrinting(CDC* pDC, CPrintInfo* pInfo);
        virtual void OnEndPrinting(CDC* pDC, CPrintInfo* pInfo);
        //}}AFX_VIRTUAL

// Implementation
public:
        virtual ~CShowkeysView();
#ifdef _DEBUG
        virtual void AssertValid() const;
        virtual void Dump(CDumpContext& dc) const;
#endif

protected:

// Generated message map functions
protected:
        //{{AFX_MSG(CShowkeysView)
        afx_msg void OnChar(UINT nChar, UINT nRepCnt, UINT nFlags);
        afx_msg void OnShowWindow(BOOL bShow, UINT nStatus);
        //}}AFX_MSG
        DECLARE_MESSAGE_MAP()
};

#ifndef _DEBUG  // debug version in showkeysView.cpp
```

```
inline CShowkeysDoc* CShowkeysView::GetDocument()
   { return (CShowkeysDoc*)m_pDocument; }
#endif

// showkeysView.cpp : implementation of the CShowkeysView class
//

#include "stdafx.h"
#include "showkeys.h"

#include "showkeysDoc.h"
#include "showkeysView.h"

#ifdef _DEBUG
#define new DEBUG_NEW
#undef THIS_FILE
static char THIS_FILE[] = __FILE__;
#endif

/////////////////////////////////////////////////////////////////////////////
// CShowkeysView

IMPLEMENT_DYNCREATE(CShowkeysView, CView)

BEGIN_MESSAGE_MAP(CShowkeysView, CView)
        //{{AFX_MSG_MAP(CShowkeysView)
        ON_WM_CHAR()
        ON_WM_SHOWWINDOW()
        //}}AFX_MSG_MAP
        // Standard printing commands
        ON_COMMAND(ID_FILE_PRINT, CView::OnFilePrint)
        ON_COMMAND(ID_FILE_PRINT_DIRECT, CView::OnFilePrint)
        ON_COMMAND(ID_FILE_PRINT_PREVIEW, CView::OnFilePrintPreview)
END_MESSAGE_MAP()

/////////////////////////////////////////////////////////////////////////////
// CShowkeysView construction/destruction

CShowkeysView::CShowkeysView()
```

```
{
        // TODO: add construction code here

}

CShowkeysView::~CShowkeysView()
{
}

BOOL CShowkeysView::PreCreateWindow(CREATESTRUCT& cs)
{
        // TODO: Modify the Window class or styles here by modifying
        //   the CREATESTRUCT cs

        return CView::PreCreateWindow(cs);
}

/////////////////////////////////////////////////////////////////////////////
// CShowkeysView drawing

void CShowkeysView::OnDraw(CDC* pDC)
{
        CShowkeysDoc* pDoc = GetDocument();
        ASSERT_VALID(pDoc);
        pDC->TextOut(0, 0, pDoc->CStringData);
        // TODO: add draw code for native data here
}


/////////////////////////////////////////////////////////////////////////////
// CShowkeysView printing

BOOL CShowkeysView::OnPreparePrinting(CPrintInfo* pInfo)
{
        // default preparation
        return DoPreparePrinting(pInfo);
}

void CShowkeysView::OnBeginPrinting(CDC* /*pDC*/, CPrintInfo* /*pInfo*/)
{
```

```
        // TODO: add extra initialization before printing
}

void CShowkeysView::OnEndPrinting(CDC* /*pDC*/, CPrintInfo* /*pInfo*/)
{
        // TODO: add cleanup after printing
}

/////////////////////////////////////////////////////////////////////////////
// CShowkeysView diagnostics

#ifdef _DEBUG
void CShowkeysView::AssertValid() const
{
        CView::AssertValid();
}

void CShowkeysView::Dump(CDumpContext& dc) const
{
        CView::Dump(dc);
}

CShowkeysDoc* CShowkeysView::GetDocument() // non-debug version is inline
{
        ASSERT(m_pDocument->IsKindOf(RUNTIME_CLASS(CShowkeysDoc)));
        return (CShowkeysDoc*)m_pDocument;
}
#endif //_DEBUG

/////////////////////////////////////////////////////////////////////////////
// CShowkeysView message handlers

void CShowkeysView::OnChar(UINT nChar, UINT nRepCnt, UINT nFlags)
{
        // TODO: Add your message handler code here and/or call default

        CView::OnChar(nChar, nRepCnt, nFlags);
        CShowkeysDoc* pDoc = GetDocument();
        ASSERT_VALID(pDoc);
```

```
        pDoc->CStringData += nChar;
        Invalidate();
}
```

The final topic we will review is how to set up MDI programs.

MDI Programs

By default, MFC AppWizard EXE programs are multiple document programs. If we had accepted that default, we would have gotten the version of **SHOWKEYS.CPP** (the application support file) that appears in Listing 1.5.

LISTING 1.5 MDI VERSION OF SHOWKEYS.H AND SHOWKEYS.CPP

```
// showkeys.h : main header file for the SHOWKEYS application
//


#ifndef __AFXWIN_H__
        #error include 'stdafx.h' before including this file for PCH
#endif


#include "resource.h"        // main symbols


/////////////////////////////////////////////////////////////////////////
// CShowkeysApp:
// See showkeys.cpp for the implementation of this class
//

class CShowkeysApp : public CWinApp
{
public:
        CShowkeysApp();

// Overrides
        // ClassWizard generated virtual function overrides
        //{{AFX_VIRTUAL(CShowkeysApp)
        public:
        virtual BOOL InitInstance();
```

```
        //}}AFX_VIRTUAL

// Implementation

        //{{AFX_MSG(CShowkeysApp)
        afx_msg void OnAppAbout();
        // NOTE - the ClassWizard will add and remove member functions here.
        //      DO NOT EDIT what you see in these blocks of generated code !
        //}}AFX_MSG
        DECLARE_MESSAGE_MAP()
};


/////////////////////////////////////////////////////////////////////////////


// showkeys.cpp : Defines the class behaviors for the application.
//

#include "stdafx.h"
#include "showkeys.h"

#include "MainFrm.h"
#include "ChildFrm.h"
#include "showkeysDoc.h"
#include "showkeysView.h"

#ifdef _DEBUG
#define new DEBUG_NEW
#undef THIS_FILE
static char THIS_FILE[] = __FILE__;
#endif

/////////////////////////////////////////////////////////////////////////////
// CShowkeysApp

BEGIN_MESSAGE_MAP(CShowkeysApp, CWinApp)
        //{{AFX_MSG_MAP(CShowkeysApp)
        ON_COMMAND(ID_APP_ABOUT, OnAppAbout)
```

```
        // NOTE - the ClassWizard will add and remove mapping macros here.
        //    DO NOT EDIT what you see in these blocks of generated code!
        //}}AFX_MSG_MAP
        // Standard file based document commands
        ON_COMMAND(ID_FILE_NEW, CWinApp::OnFileNew)
        ON_COMMAND(ID_FILE_OPEN, CWinApp::OnFileOpen)
        // Standard print setup command
        ON_COMMAND(ID_FILE_PRINT_SETUP, CWinApp::OnFilePrintSetup)
END_MESSAGE_MAP()


/////////////////////////////////////////////////////////////////////////////
// CShowkeysApp construction

CShowkeysApp::CShowkeysApp()
{
        // TODO: add construction code here,
        // Place all significant initialization in InitInstance
}


/////////////////////////////////////////////////////////////////////////////
// The one and only CShowkeysApp object

CShowkeysApp theApp;

/////////////////////////////////////////////////////////////////////////////
// CShowkeysApp initialization

BOOL CShowkeysApp::InitInstance()
{
        // Standard initialization
        // If you are not using these features and wish to reduce the size
        // of your final executable, you should remove from the following
        // the specific initialization routines you do not need.

#ifdef _AFXDLL
        Enable3dControls();       // Call this when using MFC in a shared DLL
#else
        Enable3dControlsStatic(); // Call this when linking to MFC statically
#endif
```

```
        LoadStdProfileSettings();  // Load standard INI file options

        // Register the application's document templates.  Document templates
        //  serve as the connection between documents, frame windows and views.

        CMultiDocTemplate* pDocTemplate;
        pDocTemplate = new CMultiDocTemplate(
                IDR_SHOWKETYPE,
                RUNTIME_CLASS(CShowkeysDoc),
                RUNTIME_CLASS(CChildFrame), // custom MDI child frame
                RUNTIME_CLASS(CShowkeysView));
        AddDocTemplate(pDocTemplate);

        // create main MDI Frame window
        CMainFrame* pMainFrame = new CMainFrame;
        if (!pMainFrame->LoadFrame(IDR_MAINFRAME))
                return FALSE;
        m_pMainWnd = pMainFrame;

        // Parse command line for standard shell commands, DDE, file open
        CCommandLineInfo cmdInfo;
        ParseCommandLine(cmdInfo);

        // Dispatch commands specified on the command line
        if (!ProcessShellCommand(cmdInfo))
                return FALSE;

        // The main window has been initialized, so show and update it.
        pMainFrame->ShowWindow(m_nCmdShow);
        pMainFrame->UpdateWindow();

        return TRUE;
}


/////////////////////////////////////////////////////////////////////////////
// CAboutDlg dialog used for App About

class CAboutDlg : public CDialog
{
```

```
public:
        CAboutDlg();

// Dialog Data
        //{{AFX_DATA(CAboutDlg)
        enum { IDD = IDD_ABOUTBOX };
        //}}AFX_DATA


        // ClassWizard generated virtual function overrides
        //{{AFX_VIRTUAL(CAboutDlg)
        protected:
        virtual void DoDataExchange(CDataExchange* pDX);     // DDX/DDV support
        //}}AFX_VIRTUAL

// Implementation
protected:
        //{{AFX_MSG(CAboutDlg)
                // No message handlers
        //}}AFX_MSG
        DECLARE_MESSAGE_MAP()
};

CAboutDlg::CAboutDlg() : CDialog(CAboutDlg::IDD)
{
        //{{AFX_DATA_INIT(CAboutDlg)
        //}}AFX_DATA_INIT
}


void CAboutDlg::DoDataExchange(CDataExchange* pDX)
{
        CDialog::DoDataExchange(pDX);
        //{{AFX_DATA_MAP(CAboutDlg)
        //}}AFX_DATA_MAP
}


BEGIN_MESSAGE_MAP(CAboutDlg, CDialog)
        //{{AFX_MSG_MAP(CAboutDlg)
                // No message handlers
        //}}AFX_MSG_MAP
```

```
END_MESSAGE_MAP()

// App command to run the dialog
void CShowkeysApp::OnAppAbout()
{
        CAboutDlg aboutDlg;
        aboutDlg.DoModal();
}


/////////////////////////////////////////////////////////////////////////
// CShowkeysApp commands
```

Let's take a look at the code that is responsible for producing the document template in CShowkeysApp::InitInstance(). In our SDI program, we connected the document, mainframe, and view classes:

```
CSingleDocTemplate* pDocTemplate;
pDocTemplate = new CSingleDocTemplate(
        IDR_MAINFRAME,
        RUNTIME_CLASS(CShowkeysDoc),
        RUNTIME_CLASS(CMainFrame),          // main SDI frame window
        RUNTIME_CLASS(CShowkeysView));
AddDocTemplate(pDocTemplate);
```

If SHOWKEYS were an MDI program, the window that displays our view would not be a CFrameWnd window but rather would be an MDI child window:

```
-----------------------------------------
| ShowKeys                               |
|---------------------------------------|
|     ------------------                 |
|     |This is a test... |-              |
|     |                 | |              |
|     |                 | |              |
|     ------------------  |              |
|       ------------------                |
|                                         |
-----------------------------------------
```

This is exactly what we find in the new document template—the class CChildFrame (derived from the MFC class CMDIChildWnd) and not CMainFrame:

```
        CMultiDocTemplate* pDocTemplate;
        pDocTemplate = new CMultiDocTemplate(
                IDR_SHOWKETYPE,
                RUNTIME_CLASS(CShowkeysDoc),
  -->           RUNTIME_CLASS(CChildFrame), // custom MDI child frame
                RUNTIME_CLASS(CShowkeysView));
        AddDocTemplate(pDocTemplate);
```

The support files for this new CChildFrame class—**CHILDFRM.H** and **CHILDFRM.CPP**—appear in Listing 1.6.

LISTING 1.6 CHILDFRM.H AND CHILDFRM.CPP

```
// ChildFrm.h : interface of the CChildFrame class
//
/////////////////////////////////////////////////////////////////////////////

class CChildFrame : public CMDIChildWnd
{
        DECLARE_DYNCREATE(CChildFrame)
public:
        CChildFrame();

// Attributes
public:

// Operations
public:

// Overrides
        // ClassWizard generated virtual function overrides
        //{{AFX_VIRTUAL(CChildFrame)
        virtual BOOL PreCreateWindow(CREATESTRUCT& cs);
        //}}AFX_VIRTUAL
```

```
// Implementation
public:
        virtual ~CChildFrame();
#ifdef _DEBUG
        virtual void AssertValid() const;
        virtual void Dump(CDumpContext& dc) const;
#endif

// Generated message map functions
protected:
        //{{AFX_MSG(CChildFrame)
        // NOTE - the ClassWizard will add and remove member functions here.
        //     DO NOT EDIT what you see in these blocks of generated code!
        //}}AFX_MSG
        DECLARE_MESSAGE_MAP()
};

/////////////////////////////////////////////////////////////////////////



// ChildFrm.cpp : implementation of the CChildFrame class
//

#include "stdafx.h"
#include "showkeys.h"

#include "ChildFrm.h"

#ifdef _DEBUG
#define new DEBUG_NEW
#undef THIS_FILE
static char THIS_FILE[] = __FILE__;
#endif

/////////////////////////////////////////////////////////////////////////
// CChildFrame

IMPLEMENT_DYNCREATE(CChildFrame, CMDIChildWnd)
```

```
BEGIN_MESSAGE_MAP(CChildFrame, CMDIChildWnd)
      //{{AFX_MSG_MAP(CChildFrame)
      // NOTE - the ClassWizard will add and remove mapping macros here.
      //    DO NOT EDIT what you see in these blocks of generated code !
      //}}AFX_MSG_MAP
END_MESSAGE_MAP()


/////////////////////////////////////////////////////////////////////////
// CChildFrame construction/destruction

CChildFrame::CChildFrame()
{
      // TODO: add member initialization code here

}


CChildFrame::~CChildFrame()
{
}


BOOL CChildFrame::PreCreateWindow(CREATESTRUCT& cs)
{
      // TODO: Modify the Window class or styles here by modifying
      //  the CREATESTRUCT cs

      return CMDIChildWnd::PreCreateWindow(cs);
}


/////////////////////////////////////////////////////////////////////////
// CChildFrame diagnostics

#ifdef _DEBUG
void CChildFrame::AssertValid() const
{
      CMDIChildWnd::AssertValid();
}


void CChildFrame::Dump(CDumpContext& dc) const
{
```

```
        CMDIChildWnd::Dump(dc);
}

#endif //_DEBUG

///////////////////////////////////////////////////////////////////////////
// CChildFrame message handlers
```

As we have seen, there are three classes in a document template: the document class, the view class, and the frame window class to display the view. When SHOWKEYS was an SDI program, these classes were CShowkeysDoc, CShowkeysView, and CMainFrame. If SHOWKEYS were an MDI program, the three classes would be CShowkeysDoc, CShowkeysView, and the CChildFrame class to display the view object. Where does the MDI frame window that encloses the MDI children come from? This enclosing window still has the class name CMainFrame (although now it is an MDI mainframe window), but the program creates and displays it with some extra lines in CShowkeysApp::InitInstance():

```
        CMultiDocTemplate* pDocTemplate;
        pDocTemplate = new CMultiDocTemplate(
                IDR_SHOWKETYPE,
                RUNTIME_CLASS(CShowkeysDoc),
                RUNTIME_CLASS(CChildFrame), // custom MDI child frame
                RUNTIME_CLASS(CShowkeysView));
        AddDocTemplate(pDocTemplate);

        // create main MDI Frame window
-->     CMainFrame* pMainFrame = new CMainFrame;
-->     if (!pMainFrame->LoadFrame(IDR_MAINFRAME))
-->             return FALSE;
-->     m_pMainWnd = pMainFrame;
-->
-->     pMainFrame->ShowWindow(m_nCmdShow);
-->     pMainFrame->UpdateWindow();
```

Now our MDI mainframe window appears on the screen. When the program starts running, it calls OnNewDocument(), creating and displaying a new MDI child window. Except for that, there are remarkably few differences between an MDI program and an SDI program—using view and document classes has shielded us from almost all the work (which has been performed by the MFC framework).

Finishing Up the Review

This completes our review of Visual C++. If you've gotten along OK so far, it's time to turn to Chapter 2, in which we look at advanced window-handling techniques, including supporting pixel-by-pixel scrolling in a view. Let's turn to that now.

CHAPTER 2

Customizing Your Windows

In this chapter, we'll start taking a look at some of the ways Visual C++ gives us to customize our program's windows. Interacting with the user is one of the most important parts of Windows, and Visual C++ has an arsenal of user interface options available. For example, in this chapter we'll see how to set up a program that scrolls a view pixel by pixel, how to set up and use *splitter windows* (windows that let the user display two different parts of a document in the same view), how to use a text box as our window's view, and how to customize toolbars (including adding a combo box to a toolbar, which isn't supported by the Visual C++ wizards). Let's start by taking a look at scrolling.

Scrolling a Document in a View

Our first program in this chapter is named SCROLLER. This program has rudimentary text-entering capabilities; its aim is to introduce us to scrolling, not text entry. SCROLLER an MDI program that places a window on the screen:

```
-------------------------------------------------------
| Scroller                                            |
|-----------------------------------------------------|
| File Edit View Window Help                          |
|-----------------------------------------------------|
|                                                     |
|                                                     |
|      -----------------------------                  |
|      | Scroll1                   |                  |
|      |---------------------------|                  |
|      |                     | |   |                  |
|      | This text           |_|   |                  |
|      | may be scrolled     |_|   |                  |
|      |                     | |   |                  |
|      |---------------------|--|   |                 |
|      |  | | |              | |   |                  |
|      -----------------------------                  |
|                                                     |
|                                                     |
|                                                     |
-------------------------------------------------------
```

The user can type within the MDI child window; notice that the window has scroll bars. The program displays the characters that the user types and allows the user to use the **Enter** key to skip to the next line. After the user has entered the text, he or she can scroll that text up and down.

Start Visual C++ and create a new MDI project called SCROLLER using AppWizard. Accept all the defaults, making this an MDI program.

After the program is created, we start adding the code for the character reading and displaying. We'll read characters typed from the keyboard and store them in our program's document, so we use ClassWizard to connect OnChar() to the WM_CHAR message in our view class as we did in the last chapter. Double-click **OnChar()** in the ClassWizard Member Functions dialog box after OnChar() appears there, opening it this way:

```
void CScrollerView::OnChar(UINT nChar, UINT nRepCnt, UINT nFlags)
{
    // TODO: Add your message handler code here and/or call default
    CScrollView::OnChar(nChar, nRepCnt, nFlags);
}
```

When the user types a character, we want to do two things with it: store it in the document and display it. In other words, our document will store the data that we read from the keyboard, and we will display this data in our view; this is how the program will work. We start this process by getting a pointer to the document that AppWizard has created for us; add the following line to OnChar():

```
void CScrollerView::OnChar(UINT nChar, UINT nRepCnt, UINT nFlags)
{
--> CScrollerDoc* pDoc = GetDocument();
         .
         .
         .
```

Next, we set aside space in our document for the stored characters. In this example, we simply store each line of text in the window in its own CString object. In other words, if the user has typed five lines of text, we will store these lines in five CString objects. (This makes displaying them on the screen easier with TextOut().) We put aside an array of CStrings named character_strings[], each entry of which holds a line of text:

```
            -----------------------------------------
           |-----------------------------------------|
           | This is a test.                         | character_strings[0]
           | This is only a test.                    | character_strings[1]
           | If this had been an actual document...  | character_strings[2]
           |                                         |
            -----------------------------------------
```

We also store the current line number in a variable named current_line. In the document, then, we put aside space for as many as 50 lines of text by adding the marked lines in the following to **SCROLLERDOC.H**:

```
// scrollerdoc.h : interface of the CScrollerDoc class
//
/////////////////////////////////////////////////////////////////////////////
const MAXIMUM_NUMBER_LINES = 50;                        <--

class CScrollerDoc : public CDocument
{
```

```
protected: // create from serialization only
    CScrollerDoc();
    DECLARE_DYNCREATE(CScrollerDoc)
// Attributes
public:
    CString character_strings[MAXIMUM_NUMBER_LINES];  <--
    int current_line;                                 <--
        .
        .
        .
```

In addition, we make sure we start at the top of the document. We set the current line number to 0 in the document's constructor by adding the following line to CScrollerDoc() in **SCROLLERDOC.CPP**:

```
CScrollerDoc::CScrollerDoc()
{
    current_line = 0;            <--
}
```

Now, in OnChar(), we're ready to read the keys the user types. We first check to see whether the typed character was a carriage return—**\r** in C and C++. If it has, we skip to the next line by incrementing current_line in CScrollerView::OnChar(). (In this simple example we do not display the character insertion caret in our window, although that can be done using the functions CreateCaret(), ShowCaret(), HideCaret(), and SetCaretPos().) Add the following code to OnChar() (in **SCROLLERVIEW.CPP**):

```
void CScrollerView::OnChar(UINT nChar, UINT nRepCnt, UINT nFlags)
{
--> CScrollerDoc* pDoc = GetDocument();

--> if(nChar == '\r'){
-->     pDoc->current_line++;
--> }    .
        .
        .
```

If the typed character was not a carriage return, we store the character in the document:

```
void CScrollerView::OnChar(UINT nChar, UINT nRepCnt, UINT nFlags)
{
    CScrollerDoc* pDoc = GetDocument();

    if(nChar == '\r'){
        pDoc->current_line++;
    }
--> else{
-->     pDoc->character_strings[pDoc->current_line] += nChar;

        .

        .

        .
```

We now display the current line of text using the TextOut() function. Because we may be displaying the top line of the document or some line lower down, we need to know where to position this line vertically. The current line number is stored in the variable current_line, so our vertical position in the view is that value multiplied by the number of pixels it takes to display a line of text. We use the standard Windows function GetTextMetrics() to fill a structure of type TEXTMETRIC, which holds data about the view's device context. The TEXTMETRIC member tmHeight holds the height of the current font in pixels, so we can display the current line of text this way:

```
void CScrollerView::OnChar(UINT nChar, UINT nRepCnt, UINT nFlags)
{
    CScrollerDoc* pDoc = GetDocument();

--> CClientDC dc(this);
    if(nChar == '\r'){
        pDoc->current_line++;
    }
    else{
        pDoc->character_strings[pDoc->current_line] += nChar;
-->     TEXTMETRIC tm;
-->     dc.GetTextMetrics(&tm);
-->     dc.TextOut(0, (int) pDoc->current_line * tm.tmHeight,
-->         pDoc->character_strings[pDoc->current_line],
-->         pDoc->character_strings[pDoc->current_line].GetLength());
    }
}
```

That's it for OnChar(); at this point, we can read characters that the user types and display them.

In addition to OnChar(), we should add code to the OnDraw() function, which is called when our view is uncovered or first displayed. (OnDraw() should be a part of all programs that you release for use by others.)We show the text from our document in the view (from **SCROLLERVIEW.CPP**):

```cpp
void CScrollerView::OnDraw(CDC* pDC)
{
    CScrollerDoc* pDoc = GetDocument();
    ASSERT_VALID(pDoc);
    TEXTMETRIC tm;
    pDC->GetTextMetrics(&tm);
    int y_pos = 0;
    for(int loop_index = 0; loop_index <= pDoc->current_line; loop_index++){
        pDC->TextOut(0, y_pos, pDoc->character_strings[loop_index],
            pDoc->character_strings[loop_index].GetLength());
        y_pos += tm.tmHeight;
    }
}
```

Run the program now and enter some text, as shown in Figure 2.1. As shown, you can enter text. The view window displays a scroll bar, although it's inactive at this point.

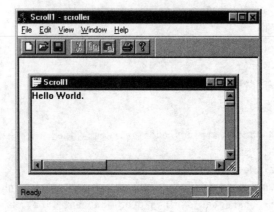

FIGURE 2.1 YOU CAN ENTER TEXT IN OUR **SCROLLER** PROGRAM.

That's fine as far as it goes, but the maximum of 50 lines that we've allowed will certainly not fit into the view at the same time. It's time to enable scroll bars.

73

Adding Scroll Bars to a Window

There's a little more effort to making scroll bars work than you might think. The idea is that the view provides a "window" into the document (hence the name *view*). Until now, our view could display all our data, but that's no longer true; in this case, the view can display only part of the document's data:

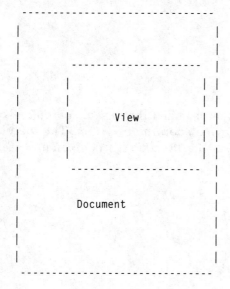

To let the user scroll around inside the document (both horizontally and vertically), we have to keep track of two coordinate systems: the document's coordinate system and the view's coordinate system. Each of these systems usually has a different origin (0, 0) in a scrolling view program:

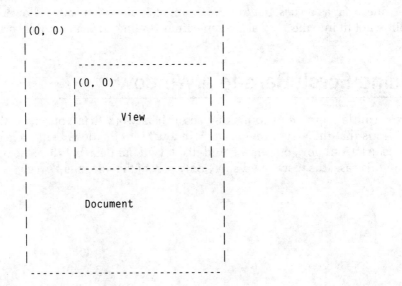

The document's coordinate system is called the *logical coordinate system*, and the view's is called the *device coordinate system*. The view draws directly on the device, whereas the document's coordinates are more "behind the scenes."

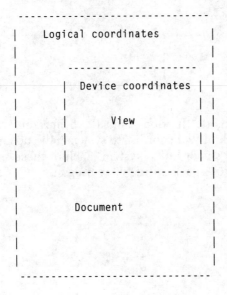

Fortunately, most of the details are handled by the MFC class CScrollView, and we can install that class as the base class of our view class now. When you open **SCROLLERVIEW.H**, you see that our view class, CScrollerView, is derived from CView:

```
// scrollerView.h : interface of the CScrollerView class
//
/////////////////////////////////////////////////////////////////////


class CScrollerView : public CView        <--
```

Change CView to CScrollView, making CScrollView the base class of our program's view:

```
// scrollerView.h : interface of the CScrollerView class
//
/////////////////////////////////////////////////////////////////////


class CScrollerView : public CScrollView          <--
```

In addition, we change CView to CScrollView in two places in the implementation file **SCROLLERVIEW.CPP** in the macros IMPLEMENT_DYNACREATE() (which allows view objects to be created from our view class on the fly as required) and BEGIN_MESSAGE_MAP:

```
/////////////////////////////////////////////////////////////////////
// CScrollerView

IMPLEMENT_DYNCREATE(CScrollerView, CScrollView) <--

BEGIN_MESSAGE_MAP(CScrollerView, CScrollView)    <--
        //{{AFX_MSG_MAP(CScrollerView)
        ON_WM_CHAR()
        ON_WM_LBUTTONDOWN()
        //}}AFX_MSG_MAP
        // Standard printing commands
        ON_COMMAND(ID_FILE_PRINT, CScrollView::OnFilePrint)
        ON_COMMAND(ID_FILE_PRINT_DIRECT, CScrollView::OnFilePrint)
        ON_COMMAND(ID_FILE_PRINT_PREVIEW, CScrollView::OnFilePrintPreview)
END_MESSAGE_MAP()
```

Finally, we change the base class call in our view's PreCreateWindow()
function (where our view's window styles are set up) from
CView::PreCreateWindow(cs) to CScrollView::PreCreateWindow(cs):

```
BOOL CScrollerView::PreCreateWindow(CREATESTRUCT& cs)
{
        // TODO: Modify the Window class or styles here by modifying
        //   the CREATESTRUCT cs

-->     return CScrollView::PreCreateWindow(cs);
}
```

That's it; we've installed CScrollView as our view's base class—as far as the
view is concerned. Now we have to work with the document. In the docu-
ment, we indicate to CScrollView which units we'll use for the document's
coordinates (we'll use pixels, the same as for the view) and then tell
CScrollView how big our document is in those units. In other words, we
assign a size, in pixels, to our document; this is to let CScrollView know
exactly where we are in the document and how far we can go when the user
scrolls. For this example, we'll assign the document a size of 400 pixels
wide and 1000 pixels high:

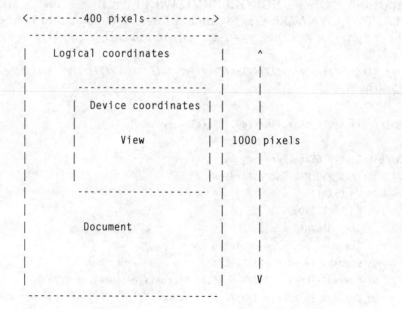

```
        <---------400 pixels----------->
        -------------------------------
        |     Logical coordinates      |    ^
        |                              |    |
        |     --------------------     |    |
        |     | Device coordinates |   |    |
        |     |                    |   |    |
        |     |      View          |   | | 1000 pixels
        |     |                    |   | |  |
        |     |                    |   | |  |
        |     --------------------     |    |
        |                              |    |
        |     Document                 |    |
        |                              |    |
        |                              |    |
        |                              |    V
        -------------------------------
```

We can store the document's size in a protected CSize object. (The MFC class CSize has two members—x and y—for the two dimensions of whatever you're storing the size of.) We name the CSize object m_sizeDoc by adding this line to **SCROLLERDOC.H**:

```
class CScrollerDoc : public CDocument
{
protected: // create from serialization only
    CScrollerDoc();
    DECLARE_DYNCREATE(CScrollerDoc)
--> CSize m_sizeDoc;
          .

          .

          .
```

Note that m_sizeDoc is a protected member—and not a public one—of the CScrollerDoc class. If it were public, any part of our program could read it. Because it is protected, however, we can use it directly only in CScrollerDoc objects or objects descended from CScrollerDoc. This is true to the spirit of C++; we hide this internal variable from the rest of the program to cut down the number of public variables and thus reduce the possibility of confusion.

Next, we load m_sizeDoc with the document's size in the document's constructor (from **SCROLLERDOC.CPP**) using this line:

```
CScrollerDoc::CScrollerDoc()
{
    current_line = 0;
--> m_sizeDoc = CSize(400, 1000);
}
```

Next, we allow other parts of the program to query the document for its size. (Because m_sizeDoc is protected, only members of the document and classes derived from the document can access m_sizeDoc directly.) We set up a function named GetDocSize(), which we make public in CScrollerDoc by adding this line to **SCROLLERDOC.H**:

```
class CScrollerDoc : public CDocument
{
protected: // create from serialization only
```

```
    CScrollerDoc();
    DECLARE_DYNCREATE(CScrollerDoc)
    CSize m_sizeDoc;
// Attributes
public:
    CString character_strings[MAXIMUM_NUMBER_LINES];
    int current_line;

--> CSize GetDocSize() {return m_sizeDoc;}
        .
        .
        .
```

This is the typical way of isolating protected or private data from the rest of the program; if some other parts of the program need to read that data, its value can be passed through a function (which means that we can restrict access to sensitive data). We'll also see this technique later in this chapter when we check the combo box we've added to the toolbar to get its current selection.

Now the document can store its size and indicate that size to other parts of the program. The next step is to let CScrollView know the size of the document; because it maintains the view itself, we don't have to tell it the size of the view on the screen. Passing the document's size to CScrollView is done in the function CScrollerView::OnInitialUpdate() (in **SCROLLERVIEW.CPP**), which AppWizard has left like this:

```
void CScrollerView::OnInitialUpdate()
{


    CScrollView::OnInitialUpdate();
}
```

OnInitialUpdate() is a useful function. It is called when the view is first displayed, and you might find many reasons to put code here. In particular, code that displays initial text or graphics works here better than in the view's constructor, because the window associated with the view doesn't yet exist when the constructor is called. We will set up our scrollable view so that it knows the size of our document in pixels on the screen—this will let it take over scrolling for us. To set up scrolling, then, we call the CScrollView function SetScrollSizes() in OnInitialUpdate():

```
void CScrollerView::OnInitialUpdate()
{
--> SetScrollSizes(MM_TEXT, GetDocument()->GetDocSize());

    CScrollView::OnInitialUpdate();
}
```

We're indicating that we want to use MM_TEXT coordinates, which are pixels. A list of the available mapping modes is shown in Table 2.1. Note that the standard pixel units on the screen use the MM_TEXT mapping mode, called MM_TEXT because the origin is at the upper left and coordinates increase to the right and down, much as one reads text:

```
            MM_TEXT
        --------------------
        |(0, 0) x--->        |
        | y                  |
        | |                  |
        | V                  |
        |                    |
        --------------------
```

TABLE 2.1 WINDOWS MAPPING MODES

Mapping Mode	Units
MM_HIENGLISH	0.001 inch
MM_HIMETRIC	0.01 mm
MM_LOENGLISH	0.01 inch
MM_TEXT	1 pixel
MM_TWIPS	1/1440th of an inch

In addition to indicating to CScrollView that we're using MM_TEXT units, we pass the size of our document to SetScrollSizes by calling GetDocument()->GetDocSize():

```
    SetScrollSizes(MM_TEXT, GetDocument()->GetDocSize());
```

At this point, then, we've informed CScrollView which units we're using for our document and the size of the document in those units. That's almost all we have to do to enable scrolling.

Notice, however, that the OnDraw() function still treats the document's text as though it started at the top left of the view and displays it that way (displaying the text starting in the view at (0, 0)), apparently disregarding the fact that we may have scrolled the view and might want to look at a different part of the document in our view:

```
void CScrollerView::OnDraw(CDC* pDC)
{
    CScrollerDoc* pDoc = GetDocument();
    ASSERT_VALID(pDoc);
    TEXTMETRIC tm;
    pDC->GetTextMetrics(&tm);
    int y_pos = 0;
    for(int loop_index = 0; loop_index <= pDoc->current_line; loop_index++){
-->     pDC->TextOut(0, y_pos, pDoc->character_strings[loop_index],
-->         pDoc->character_strings[loop_index].GetLength());
        y_pos += tm.tmHeight;
    }
}
```

In fact, CScrollView has taken care of this problem for us. It has moved the origin of the device context whose pointer is passed to us in OnDraw() (pDC) so that when we use TextOut(), the characters appear in their correct (scrolled) position. In other words, CScrollView has prepared the device context for us to use in OnDraw().

On the other hand, take a look at the OnChar() function; there, we set up the device context with a CClientDC object (from **SCROLLERVIEW.CPP**):

```
void CScrollerView::OnChar(UINT nChar, UINT nRepCnt, UINT nFlags)
{
    CScrollerDoc* pDoc = GetDocument();

--> CClientDC dc(this);
    if(nChar == '\r'){
        pDoc->current_line++;
    }
    else{
```

```
        pDoc->character_strings[pDoc->current_line] += nChar;
        TEXTMETRIC tm;
        dc.GetTextMetrics(&tm);
        dc.TextOut(0, (int) pDoc->current_line * tm.tmHeight,
            pDoc->character_strings[pDoc->current_line],
            pDoc->character_strings[pDoc->current_line].GetLength());
    }


    CScrollView::OnChar(nChar, nRepCnt, nFlags);
}
```

This device context has not been prepared for us by CScrollView; if we
print text in it as we have been doing, the top left of the document will
indeed appear at the top left of the view, no matter where we may have
scrolled inside the document. This is a problem—we may want to scroll
somewhere in the document, but the top left of the document always starts
at the top left of the view, so we can't. However, we can prepare the coordi-
nate system of our new device context in the same way that CScrollView
does in OnDraw() so that we don't have to worry before printing in our view
that it may have been scrolled. We use a call to the function OnPrepareDC():

```
void CScrollerView::OnChar(UINT nChar, UINT nRepCnt, UINT nFlags)
{
    CScrollerDoc* pDoc = GetDocument();

    CClientDC dc(this);
--> OnPrepareDC(&dc);
    if(nChar == '\r'){
        pDoc->current_line++;
    }
    else{
        pDoc->character_strings[pDoc->current_line] += nChar;
        TEXTMETRIC tm;
        dc.GetTextMetrics(&tm);
        dc.TextOut(0, (int) pDoc->current_line * tm.tmHeight,
            pDoc->character_strings[pDoc->current_line],
            pDoc->character_strings[pDoc->current_line].GetLength());
    }


    CScrollView::OnChar(nChar, nRepCnt, nFlags);
}
```

That's all it takes to set up a device context we've created. When using CScrollView, then, you do not use OnPrepareDC() in OnDraw(), but you *do* use it when you have created the device context yourself. As another example, if we want to let the user draw points in the view using the mouse, we set up a function named OnLButtonDown() to catch button presses. In that function, we display the position of the mouse click by setting a pixel in the view (using the CDC function SetPixel()), but note that we have to call OnPrepareDC() before referring to points in the (scrolled) view:

```
void CScrollerView::OnLButtonDown(UINT nFlags, CPoint point)
{
    CClientDC dc(this);
--> OnPrepareDC(&dc);

    dc.SetPixel(point.x, point.y, RGB(0, 0, 0));

    CScrollView::OnLButtonDown(nFlags, point);
}
```

That completes our scrolling program. You can see the finished program in operation in Figure 2.2 (both vertical and horizontal scroll bars work). Listing 2.1 contains **SCROLLERVIEW.H** and **SCROLLERVIEW.CPP**; **SCROLLERDOC.H** and **SCROLLERDOC.CPP** are in Listing 2.2.

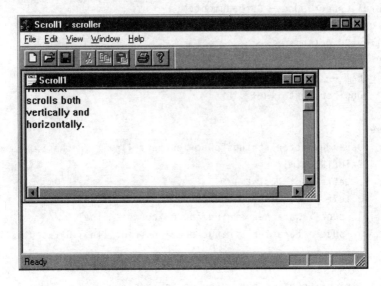

FIGURE 2.2 BOTH VERTICAL AND HORIZONTAL SCROLL BARS WORK IN OUR **SCROLLER** PROGRAM.

LISTING 2.1 SCROLLERVIEW.H AND SCROLLERVIEW.CPP

```
// scrollerView.h : interface of the CScrollerView class
//
/////////////////////////////////////////////////////////////////////////////

class CScrollerView : public CScrollView
{
protected: // create from serialization only
        CScrollerView();
        DECLARE_DYNCREATE(CScrollerView)

// Attributes
public:
        CScrollerDoc* GetDocument();

// Operations
public:

// Overrides
        // ClassWizard generated virtual function overrides
        //{{AFX_VIRTUAL(CScrollerView)
        public:
        virtual void OnDraw(CDC* pDC);  // overridden to draw this view
        virtual BOOL PreCreateWindow(CREATESTRUCT& cs);
        virtual void OnInitialUpdate();
        protected:
        virtual BOOL OnPreparePrinting(CPrintInfo* pInfo);
        virtual void OnBeginPrinting(CDC* pDC, CPrintInfo* pInfo);
        virtual void OnEndPrinting(CDC* pDC, CPrintInfo* pInfo);
        virtual void OnUpdate(CView* pSender, LPARAM lHint, CObject* pHint);
        //}}AFX_VIRTUAL

// Implementation
public:
        virtual ~CScrollerView();
#ifdef _DEBUG
        virtual void AssertValid() const;
        virtual void Dump(CDumpContext& dc) const;
```

```
#endif

protected:

// Generated message map functions
protected:
        //{{AFX_MSG(CScrollerView)
        afx_msg void OnChar(UINT nChar, UINT nRepCnt, UINT nFlags);
        afx_msg void OnLButtonDown(UINT nFlags, CPoint point);
        //}}AFX_MSG
        DECLARE_MESSAGE_MAP()
};

#ifndef _DEBUG  // debug version in scrollerView.cpp
inline CScrollerDoc* CScrollerView::GetDocument()
   { return (CScrollerDoc*)m_pDocument; }
#endif


/////////////////////////////////////////////////////////////////////////////
// scrollerView.cpp : implementation of the CScrollerView class
//

#include "stdafx.h"
#include "scroller.h"

#include "scrollerDoc.h"
#include "scrollerView.h"

#ifdef _DEBUG
#define new DEBUG_NEW
#undef THIS_FILE
static char THIS_FILE[] = __FILE__;
#endif

/////////////////////////////////////////////////////////////////////////////
// CScrollerView

IMPLEMENT_DYNCREATE(CScrollerView, CScrollView)
```

```
BEGIN_MESSAGE_MAP(CScrollerView, CScrollView)
        //{{AFX_MSG_MAP(CScrollerView)
        ON_WM_CHAR()
        ON_WM_LBUTTONDOWN()
        //}}AFX_MSG_MAP
        // Standard printing commands
        ON_COMMAND(ID_FILE_PRINT, CScrollView::OnFilePrint)
        ON_COMMAND(ID_FILE_PRINT_DIRECT, CScrollView::OnFilePrint)
        ON_COMMAND(ID_FILE_PRINT_PREVIEW, CScrollView::OnFilePrintPreview)
END_MESSAGE_MAP()

/////////////////////////////////////////////////////////////////////////////
// CScrollerView construction/destruction

CScrollerView::CScrollerView()
{
        // TODO: add construction code here


}

CScrollerView::~CScrollerView()
{
}

BOOL CScrollerView::PreCreateWindow(CREATESTRUCT& cs)
{
        // TODO: Modify the Window class or styles here by modifying
        //   the CREATESTRUCT cs

        return CScrollView::PreCreateWindow(cs);
}

/////////////////////////////////////////////////////////////////////////////
// CScrollerView drawing

void CScrollerView::OnDraw(CDC* pDC)
{
        CScrollerDoc* pDoc = GetDocument();
        ASSERT_VALID(pDoc);
```

```
        TEXTMETRIC tm;
        pDC->GetTextMetrics(&tm);
        int y_pos = 0;
    for(int loop_index = 0; loop_index <= pDoc->current_line; loop_index++){
            pDC->TextOut(0, y_pos, pDoc->character_strings[loop_index],
        pDoc->character_strings[loop_index].GetLength());
            y_pos += tm.tmHeight;
        }
}


/////////////////////////////////////////////////////////////////////////////
// CScrollerView printing

BOOL CScrollerView::OnPreparePrinting(CPrintInfo* pInfo)
{
        // default preparation
        return DoPreparePrinting(pInfo);
}


void CScrollerView::OnBeginPrinting(CDC* /*pDC*/, CPrintInfo* /*pInfo*/)
{
        // TODO: add extra initialization before printing
}


void CScrollerView::OnEndPrinting(CDC* /*pDC*/, CPrintInfo* /*pInfo*/)
{
        // TODO: add cleanup after printing
}


/////////////////////////////////////////////////////////////////////////////
// CScrollerView diagnostics

#ifdef _DEBUG
void CScrollerView::AssertValid() const
{
        CView::AssertValid();
}


void CScrollerView::Dump(CDumpContext& dc) const
```

```
{
        CView::Dump(dc);
}

CScrollerDoc* CScrollerView::GetDocument() // non-debug version is inline
{
        ASSERT(m_pDocument->IsKindOf(RUNTIME_CLASS(CScrollerDoc)));
        return (CScrollerDoc*)m_pDocument;
}
#endif //_DEBUG

/////////////////////////////////////////////////////////////////////////
// CScrollerView message handlers

void CScrollerView::OnChar(UINT nChar, UINT nRepCnt, UINT nFlags)
{
        CScrollerDoc* pDoc = GetDocument();

        CClientDC dc(this);
        OnPrepareDC(&dc);
        if(nChar == '\r'){
                pDoc->current_line++;
        }
        else{
                pDoc->character_strings[pDoc->current_line] += nChar;
                TEXTMETRIC tm;
                dc.GetTextMetrics(&tm);
                dc.TextOut(0, (int) pDoc->current_line * tm.tmHeight,
        pDoc->character_strings[pDoc->current_line],
        pDoc->character_strings[pDoc->current_line].GetLength());
        }

        pDoc->UpdateAllViews(this, OL, NULL);
        pDoc->SetModifiedFlag();

        CScrollView::OnChar(nChar, nRepCnt, nFlags);
        CView::OnChar(nChar, nRepCnt, nFlags);
}
```

```
void CScrollerView::OnInitialUpdate()
{
        SetScrollSizes(MM_TEXT, GetDocument()->GetDocSize());

        CScrollView::OnInitialUpdate();

}


void CScrollerView::OnLButtonDown(UINT nFlags, CPoint point)
{
        CClientDC dc(this);
        OnPrepareDC(&dc);

        dc.SetPixel(point.x, point.y, RGB(0, 0, 0));

        CScrollView::OnLButtonDown(nFlags, point);
}

void CScrollerView::OnUpdate(CView* pSender, LPARAM lHint, CObject* pHint)
{
        Invalidate();
}
```

LISTING 2.2 SCROLLERDOC.H AND SCROLLERDOC.CPP

```
// scrollerDoc.h : interface of the CScrollerDoc class
//
/////////////////////////////////////////////////////////////////////////////
const MAXIMUM_NUMBER_LINES = 50;

class CScrollerDoc : public CDocument
{
protected: // create from serialization only
        CScrollerDoc();
        DECLARE_DYNCREATE(CScrollerDoc)
        CSize m_sizeDoc;
```

```
// Attributes
public:

// Operations
public:
        CString character_strings[MAXIMUM_NUMBER_LINES];
        int current_line;

        CSize GetDocSize() {return m_sizeDoc;}

// Overrides
        // ClassWizard generated virtual function overrides
        //{{AFX_VIRTUAL(CScrollerDoc)
        public:
        virtual BOOL OnNewDocument();
        virtual void Serialize(CArchive& ar);
        //}}AFX_VIRTUAL

// Implementation
public:
        virtual ~CScrollerDoc();
#ifdef _DEBUG
        virtual void AssertValid() const;
        virtual void Dump(CDumpContext& dc) const;
#endif

protected:

// Generated message map functions
protected:
        //{{AFX_MSG(CScrollerDoc)
        // NOTE - the ClassWizard will add and remove member functions here.
        //      DO NOT EDIT what you see in these blocks of generated code !
        //}}AFX_MSG
        DECLARE_MESSAGE_MAP()
};

///////////////////////////////////////////////////////////////////////////
```

```
// scrollerDoc.cpp : implementation of the CScrollerDoc class
//

#include "stdafx.h"
#include "scroller.h"

#include "scrollerDoc.h"

#ifdef _DEBUG
#define new DEBUG_NEW
#undef THIS_FILE
static char THIS_FILE[] = __FILE__;
#endif


/////////////////////////////////////////////////////////////////////////////
// CScrollerDoc

IMPLEMENT_DYNCREATE(CScrollerDoc, CDocument)

BEGIN_MESSAGE_MAP(CScrollerDoc, CDocument)
        //{{AFX_MSG_MAP(CScrollerDoc)
        // NOTE - the ClassWizard will add and remove mapping macros here.
        //     DO NOT EDIT what you see in these blocks of generated code!
        //}}AFX_MSG_MAP
END_MESSAGE_MAP()

/////////////////////////////////////////////////////////////////////////////
// CScrollerDoc construction/destruction

CScrollerDoc::CScrollerDoc()
{
        current_line = 0;
        m_sizeDoc = CSize(400, 1000);
}

CScrollerDoc::~CScrollerDoc()
{
}
```

```
BOOL CScrollerDoc::OnNewDocument()
{
        if (!CDocument::OnNewDocument())
                return FALSE;

        // TODO: add reinitialization code here
        // (SDI documents will reuse this document)

        return TRUE;
}


/////////////////////////////////////////////////////////////////////////
// CScrollerDoc serialization

void CScrollerDoc::Serialize(CArchive& ar)
{
        if (ar.IsStoring())
        {
                // TODO: add storing code here
        }
        else
        {
                // TODO: add loading code here
        }
}


/////////////////////////////////////////////////////////////////////////
// CScrollerDoc diagnostics

#ifdef _DEBUG
void CScrollerDoc::AssertValid() const
{
        CDocument::AssertValid();
}

void CScrollerDoc::Dump(CDumpContext& dc) const
{
        CDocument::Dump(dc);
}
```

```
#endif //_DEBUG

//////////////////////////////////////////////////////////////////////////
// CScrollerDoc commands
```

Now that we've mastered one useful type of view—the scrolling view—let's move on to another view: splitter windows, which allow us to split view windows into multiple views.

Splitter Windows

We already know how a view—even a scrollable view—displays data:

Using splitter windows, however, the user can "split" a single window into two views, each showing the same document:

Each new view is independently scrollable. In fact, the user can split a splitter window into views horizontally, vertically, or both:

```
------------------------
|---------------------|
|Hello, Wor|Hello, World|
|          |           |
|----------|-----------|
|Hello, Wor|Hello, World|
|          |           |
|          |           |
------------------------
```

To split a window like this, you use the mouse to grab one of the *splitter boxes* above or to the right of a scroll bar and then drag it to a new position inside the scroll bar. The splitter window will split the view for you (using the splitter box location as the dividing line between views) and also allow you to scroll the view (as long as you have set up scrolling, as we have in SCROLLER).

Let's add splitter windows to SCROLLER. First, we create a new class based on the CSplitterWnd MFC class. To do that, open ClassWizard and click the **Add Class** button, selecting **New** in the menu that pops up. The Create New Class dialog box opens, as shown in Figure 2.3.

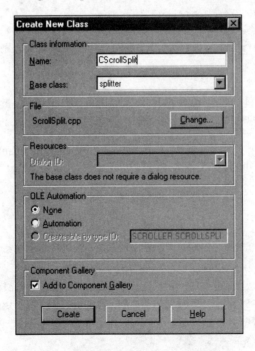

FIGURE 2.3 CREATING A NEW CLASS IN CLASSWIZARD.

In the Base Class box, select **splitter** as the base class of our new class and give this new class the name CScrollSplit, as shown in Figure 2.3. Then click **Create** to create the new class. This action creates our new splitter class, CScrollSplit, and the support files **SCROLLSPLIT.H** and **SCROLL-SPLIT.CPP**. The splitter window is a member object of the new class (from **SCROLLSPLIT.H**):

```
// ScrollSplit.h : header file
//


/////////////////////////////////////////////////////////////////////////////
// CScrollSplit frame with splitter

#ifndef __AFXEXT_H__
#include <afxext.h>
#endif

class CScrollSplit : public CMDIChildWnd
{
        DECLARE_DYNCREATE(CScrollSplit)
protected:
        CScrollSplit(); // protected constructor used by dynamic creation


// Attributes
protected:
        CSplitterWnd    m_wndSplitter;              <--
```

When we first run the program, the splitter window is created and installed in CScrollSplit::OnCreateClient(). (Recall that you need to both declare and create CWnd objects.)

```
BOOL CScrollSplit::OnCreateClient(LPCREATESTRUCT /*lpcs*/,
        CCreateContext* pContext)
{
 -->    return m_wndSplitter.Create(this,
                2, 2,        // TODO: adjust the number of rows, columns
                CSize(10, 10),  // TODO: adjust the minimum pane size
                pContext);
}
```

All we have to do now is to install the new class, CScrollSplit, as our new MDI child frame class in **SCROLLER.CPP**, the application implementation file. Currently, the InitInstance() function there uses CChildFrame as the MDI child frame window class in the document template:

```
        CMultiDocTemplate* pDocTemplate;
        pDocTemplate = new CMultiDocTemplate(
                IDR_SCROLLTYPE,
                RUNTIME_CLASS(CScrollerDoc),
  -->           RUNTIME_CLASS(CChildFrame), // custom MDI child frame
                RUNTIME_CLASS(CScrollerView));
        AddDocTemplate(pDocTemplate);

        .

        .

        .

}
```

We change that now to our new splitter class, CScrollSplit:

```
        CMultiDocTemplate* pDocTemplate;
        pDocTemplate = new CMultiDocTemplate(
                IDR_SCROLLTYPE,
                RUNTIME_CLASS(CScrollerDoc),
  -->           RUNTIME_CLASS(CScrollSplit), // custom splitter window
                RUNTIME_CLASS(CScrollerView));
        AddDocTemplate(pDocTemplate);
```

We include the appropriate header file (**SCROLLSPLIT.H**) to inform Visual C++ what kind of class we're using, so we add this line to **SCROLLER.CPP**:

```
// scroller.cpp : Defines the class behaviors for the application.
//


#include "stdafx.h"
#include "scroller.h"

#include "mainfrm.h"
#include "scrollerdoc.h"
#include "scrollerview.h"
```

```
#include "scrollsplit.h"   <--
      .
      .
      .
```

That's it—we've installed splitter windows in SCROLLER. Run the program as shown in Figure 2.4, and give the splitter windows a try.

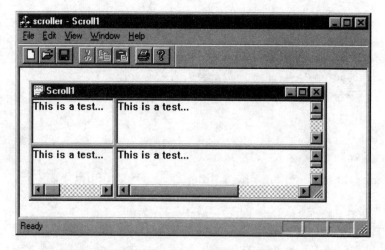

FIGURE 2.4 THE SCROLLER PROGRAM NOW HAS SPLITTER WINDOWS.

The new files **SCROLLSPLIT.H** and **SCROLLSPLIT.CPP** appear in Listing 2.3.

LISTING 2.3 SCROLLSPLIT.H AND SCROLLSPLIT.CPP

```
// ScrollSplit.h : header file
//

/////////////////////////////////////////////////////////////////////////////
// CScrollSplit frame with splitter

#ifndef __AFXEXT_H__
#include <afxext.h>
#endif

class CScrollSplit : public CMDIChildWnd
{
```

```
        DECLARE_DYNCREATE(CScrollSplit)
protected:
        CScrollSplit(); // protected constructor used by dynamic creation


// Attributes
protected:
        CSplitterWnd    m_wndSplitter;
public:


// Operations
public:


// Overrides
        // ClassWizard generated virtual function overrides
        //{{AFX_VIRTUAL(CScrollSplit)
        protected:
        virtual BOOL OnCreateClient(LPCREATESTRUCT lpcs,
        CCreateContext* pContext);
        //}}AFX_VIRTUAL


// Implementation
public:
        virtual ~CScrollSplit();

        // Generated message map functions
        //{{AFX_MSG(CScrollSplit)
        // NOTE - the ClassWizard will add and remove member functions here.
        //}}AFX_MSG
        DECLARE_MESSAGE_MAP()
};


/////////////////////////////////////////////////////////////////////////


// ScrollSplit.cpp : implementation file
//

#include "stdafx.h"
#include "scroller.h"
```

```
#include "ScrollSplit.h"

#ifdef _DEBUG
#define new DEBUG_NEW
#undef THIS_FILE
static char THIS_FILE[] = __FILE__;
#endif

/////////////////////////////////////////////////////////////////////////////
// CScrollSplit

IMPLEMENT_DYNCREATE(CScrollSplit, CMDIChildWnd)

CScrollSplit::CScrollSplit()
{
}


CScrollSplit::~CScrollSplit()
{
}


BOOL CScrollSplit::OnCreateClient(LPCREATESTRUCT /*lpcs*/,
        CCreateContext* pContext)
{
        return m_wndSplitter.Create(this,
                2, 2,        // TODO: adjust the number of rows, columns
                CSize(10, 10),  // TODO: adjust the minimum pane size
                pContext);
}



BEGIN_MESSAGE_MAP(CScrollSplit, CMDIChildWnd)
        //{{AFX_MSG_MAP(CScrollSplit)
        // NOTE - the ClassWizard will add and remove mapping macros here.
        //}}AFX_MSG_MAP
END_MESSAGE_MAP()

/////////////////////////////////////////////////////////////////////////////
// CScrollSplit message handlers
```

So far, then, we've seen how easy it is to change our view class simply by editing the files AppWizard creates. Another MFC view class—CEditView— is very useful and even more easily installed than CScrollView. CEditView covers the client area of our window with a text box, and it manages its data internally so that we don't have to modify or prepare the document specially. Let's take a quick look at CEditView.

The CEditView Class

To create a new AppWizard SDI EXE project named EDITWND, we install the CEditView MFC class as our view class's base class by editing the view class's header file, **EDITWNDVIEW.H**, and changing CView to CEditView there:

```
// editwndView.h : interface of the CEditwndView class
//
/////////////////////////////////////////////////////////////////////////

class CEditwndView : public CEditView          <--
{
protected: // create from serialization only
        CEditwndView();
        DECLARE_DYNCREATE(CEditwndView)
```

Next, in the view class's implementation file, **EDITWNDVIEW.CPP**, we replace CView with CEditView in the IMPLEMENT_DYNCREATE and BEGIN_MESSAGE_MAP macros:

```
// editwndView.cpp : implementation of the CEditwndView class
//

#include "stdafx.h"
#include "editwnd.h"

#include "editwndDoc.h"
#include "editwndView.h"

#ifdef _DEBUG
#define new DEBUG_NEW
```

```
#undef THIS_FILE
static char THIS_FILE[] = __FILE__;
#endif


/////////////////////////////////////////////////////////////////////////////
// CEditwndView

IMPLEMENT_DYNCREATE(CEditwndView, CEditView)      <--

BEGIN_MESSAGE_MAP(CEditwndView, CEditView)        <--
        //{{AFX_MSG_MAP(CEditwndView)
        ON_WM_CHAR()
        //}}AFX_MSG_MAP
        // Standard printing commands
        ON_COMMAND(ID_FILE_PRINT, CView::OnFilePrint)
        ON_COMMAND(ID_FILE_PRINT_DIRECT, CView::OnFilePrint)
        ON_COMMAND(ID_FILE_PRINT_PREVIEW, CView::OnFilePrintPreview)
END_MESSAGE_MAP()
```

Finally, we make sure that CEditwndView::PreCreateWindow() calls
CEditView::PreCreateWindow() and not CView::PreCreateWindow() (from
EDITWNDVIEW.CPP):

```
BOOL CEditwndView::PreCreateWindow(CREATESTRUCT& cs)
{
        // TODO: Modify the Window class or styles here by modifying
        //   the CREATESTRUCT cs

  -->     return CEditView::PreCreateWindow(cs);
}
```

That's all there is to it; if you run the program, you'll see that a text box cov-
ers the client area, as shown in Figure 2.5.

FIGURE 2.5 USING THE CEDITVIEW CLASS FOR EASY TEXT ENTRY.

One problem here is that the text box's data is held internally and not in our document. On the other hand, messages such as WM_CUT and WM_PASTE sent to our view will work now, so entries such as **Cut** and **Paste** in our program's Edit menu will work. This means that we get all the text in the text box, and we can select it and copy it if we wish. In addition, CEditView has a member function, SerializeRaw(), that serializes the text held in the text box and that you can use in the document's Serialize() function.

As we've seen, then, one good way of customizing a program is to use some of the predefined MFC view classes. Next, let's turn to the process of customizing another important part of our window: toolbars.

Customizing Toolbars

In the next example, we'll see how to add a combo box to a toolbar (as in the toolbars in the Microsoft Developer Studio), as well as add a new button to the toolbar. We'll also discuss how to use *tooltips*, the small yellow prompts that appear when a user holds the mouse cursor over a toolbar button.

We'll write a new program named BOXER, which lets us draw boxes in various colors. The new button in the toolbar will be the **boxing tool**, which, when clicked, lets the user draw boxes in the program's client area by dragging the mouse. In our toolbar's dropdown combo box, we'll list several different drawing colors the user can select from. In addition, we will enable tooltips for both the new combo box and the new button as well as status bar entries for both of these controls.

Create an AppWizard SDI EXE project named BOXER. To add a combo box to BOXER's toolbar will take some work, because none of the Visual C++ wizards will handle such a task. Instead, we'll customize the toolbar ourselves. The toolbar has been created and installed in the CMainFrame::OnCreate() function in **MAINFRM.CPP**. Notice the lines having to do with m_wndToolBar, our program's toolbar:

```
int CMainFrame::OnCreate(LPCREATESTRUCT lpCreateStruct)
{
        if (CFrameWnd::OnCreate(lpCreateStruct) == -1)
                return -1;

        if (!m_wndToolBar.Create(this) ||
                !m_wndToolBar.LoadToolBar(IDR_MAINFRAME))
        {
                TRACE0("Failed to create toolbar\n");
                return -1;        // fail to create
        }

        if (!m_wndStatusBar.Create(this) ||
                !m_wndStatusBar.SetIndicators(indicators,
                  sizeof(indicators)/sizeof(UINT)))
        {
                TRACE0("Failed to create status bar\n");
                return -1;        // fail to create
        }

        // TODO: Remove this if you don't want tool tips or a toolbar
        m_wndToolBar.SetBarStyle(m_wndToolBar.GetBarStyle() |
                CBRS_TOOLTIPS | CBRS_FLYBY | CBRS_SIZE_DYNAMIC);

        // TODO: Delete these three lines if you don't want the toolbar to
        // be dockable
        m_wndToolBar.EnableDocking(CBRS_ALIGN_ANY);
        EnableDocking(CBRS_ALIGN_ANY);
        DockControlBar(&m_wndToolBar);

        return 0;
}
```

This standard toolbar, m_wndToolBar, is declared in **MAINFRM.H** and derived from the MFC toolbar class CToolBar:

```
class CMainFrame : public CFrameWnd
{
        .

        .

        .

protected:  // control bar embedded members
        CStatusBar  m_wndStatusBar;
  -->   CToolBar    m_wndToolBar;
```

This toolbar knows nothing about combo boxes, especially the one we wish to add. Adding the combo box as a child window in the parent toolbar, then, will be our first task.

Adding a Combo Box to a Toolbar

To add a combo box, we define a new toolbar class that has a combo box member object. We do that at the top of **MAINFRM.H**, calling the new combo box toolbar CComboToolBar. Note that we embed our combo box as an object of the MFC class CComboBox:

```
class CComboToolBar : public CToolBar
{
public:
        CComboBox   m_comboBox;
};
```

We'll use this toolbar class, and not CToolbar, in Boxer. For that reason, we replace the declaration of the standard toolbar m_wndToolBar with the new toolbar of our new class CComboToolBar. Let's call this new toolbar objectm_wndComboToolbar:

```
class CMainFrame : public CFrameWnd
{
        .

        .

        .
```

```
protected:  // control bar embedded members
        CStatusBar   m_wndStatusBar;
  -->   CComboToolBar   m_wndComboToolBar;
```

This means that in CMainFrame::OnCreate(), we have to replace
m_wndToolBar with m_wndComboToolBar:

```
int CMainFrame::OnCreate(LPCREATESTRUCT lpCreateStruct)
{
        if (CFrameWnd::OnCreate(lpCreateStruct) == -1)
                return -1;

  -->   if (!m_wndComboToolBar.Create(this) ||
                !m_wndComboToolBar.LoadToolBar(IDR_MAINFRAME))
        {
                TRACE0("Failed to create toolbar\n");
                return -1;      // fail to create
        }

        if (!m_wndStatusBar.Create(this) ||
                !m_wndStatusBar.SetIndicators(indicators,
                   sizeof(indicators)/sizeof(UINT)))
        {
                TRACE0("Failed to create status bar\n");
                return -1;      // fail to create
        }

        // TODO: Remove this if you don't want tool tips or a toolbar
  -->   m_wndComboToolBar.SetBarStyle(m_wndComboToolBar.GetBarStyle() |
                CBRS_TOOLTIPS | CBRS_FLYBY | CBRS_SIZE_DYNAMIC);

        // TODO: Delete these three lines if you don't want the toolbar to
        //   be dockable
  -->   m_wndComboToolBar.EnableDocking(CBRS_ALIGN_ANY);
        EnableDocking(CBRS_ALIGN_ANY);
  -->   DockControlBar(&m_wndComboToolBar);

        return 0;
}
```

There is still more to do here. To create our combo box, we call its Create() member function. We also fill it with the drawing colors we want to be available to the user and reserve space for the combo box in the toolbar. We start by giving the combo box its own ID value, IDC_COMBO, in the file that holds these numbers (**RESOURCE.H**):

```
// Microsoft Developer Studio generated include file.
// Used by boxer.rc
//
#define IDD_ABOUTBOX             100
#define IDC_COMBO                102    <--
#define IDR_MAINFRAME            128
```

Next, we associate status bar and tooltip strings with this new control in **BOXER.RC**. The status bar prompt appears when the mouse cursor is over our combo box and explains the function of our combo box; its text read "Select new drawing color." The tooltip that appears will read "Drawing Color" if we set up that string in **BOXER.RC**:

```
STRINGTABLE PRELOAD DISCARDABLE
BEGIN
--> IDC_COMBO              "Select new drawing color\nDrawing Color"
    IDS_DEFAULT_FONT       "MS Sans Serif"
END
```

To add tooltip text, include it directly after **\n**, which follows the status bar prompt in a string whose resource ID is the control's ID.

Now we are ready to reserve space in the toolbar for our combo box. We use the CToolBar member function SetButtonInfo(), which sets the dimensions and ID numbers of buttons in the toolbar. To tell the toolbar to reserve space for our combo box, we pass the value TBBS_SEPARATOR to SetButtonInfo() as the type of our button; this inserts blank space into the toolbar. Toolbar measurements are always in pixels. We call SetButtonInfo() to reserve 100 pixels in the toolbar for our combo bar and add a separator of 12 pixels (the toolbar standard) between our combo bar and the next button in CMainFrame::OnCreate():

```
int CMainFrame::OnCreate(LPCREATESTRUCT lpCreateStruct)
{
        if (CFrameWnd::OnCreate(lpCreateStruct) == -1)
```

```
              return -1;

      if (!m_wndComboToolBar.Create(this) ||
              !m_wndComboToolBar.LoadToolBar(IDR_MAINFRAME))
      {
              TRACE0("Failed to create toolbar\n");
              return -1;       // fail to create
      }

-->   m_wndComboToolBar.SetButtonInfo(0, IDC_COMBO, TBBS_SEPARATOR, 100);
-->   m_wndComboToolBar.SetButtonInfo(1, ID_SEPARATOR, TBBS_SEPARATOR, 12);
      .
      .
      .
```

Now we are ready to create the combo box. We start by finding the rectangle
that will contain the combo box. This includes the height of the dropdown
list that opens when the user clicks the combo box's arrow; this height is
called the *drop height*, and we'll make it 100 pixels. We find the dimensions
of the reserved rectangle using the CToolBar GetItemRect() function and
position our combo box in it, filling a CRect object named rectCombo with
the final dimensions of our combo box:

```
int CMainFrame::OnCreate(LPCREATESTRUCT lpCreateStruct)
{
      if (CFrameWnd::OnCreate(lpCreateStruct) == -1)
              return -1;
              .
              .
              .
-->   const int nDropHt = 100;

      m_wndComboToolBar.SetButtonInfo(0, IDC_COMBO, TBBS_SEPARATOR, 100);
      m_wndComboToolBar.SetButtonInfo(1, ID_SEPARATOR, TBBS_SEPARATOR, 12);
-->   CRect rectCombo;
-->   m_wndComboToolBar.GetItemRect(0, &rect);
-->   rectCombo.top = 3;
-->   rectCombo.bottom = rectCombo.top + nDropHt;
```

Now all we have to do is to call the combo box's Create() function. Recall that we embedded the combo box as the member object m_comboBox in our CComboToolBar class. We call the function m_wndComboToolBar.m_comboBox.Create() and pass it the rectangle in which the combo box should be created. We also pass the style of combo box we want, a pointer to the combo box's parent window (m_wndComboToolBar), and the ID of the combo box:

```
int CMainFrame::OnCreate(LPCREATESTRUCT lpCreateStruct)
{
        if (CFrameWnd::OnCreate(lpCreateStruct) == -1)
                return -1;

                .

                .

                .

        const int nDropHt = 100;

        m_wndComboToolBar.SetButtonInfo(0, IDC_COMBO, TBBS_SEPARATOR, 100);
        m_wndComboToolBar.SetButtonInfo(1, ID_SEPARATOR, TBBS_SEPARATOR, 12);
        CRect rectCombo;
        m_wndComboToolBar.GetItemRect(0, &rect);
        rectCombo.top = 3;
        rectCombo.bottom = rectCombo.top + nDropHt;
-->     if (!m_wndComboToolBar.m_comboBox.Create(
-->                     CBS_DROPDOWNLIST|WS_VISIBLE|WS_TABSTOP,
-->                     rectCombo, &m_wndComboToolBar, IDC_COMBO)){
-->             MessageBox("Failed to create combo box.");
-->             return -1;
        }
```

That's it—we've created and installed our combo box in the rectangle rectCombo in its parent window, which is our toolbar.

The final step is to fill the combo box with the drawing colors we want the user to be able to use. In this example, we'll choose red, green, blue, and black. We set up strings for the combo box in **BOXER.RC** (and we give these new constants unique values in **resource.h**, just as we did for IDC_COMBO):

```
STRINGTABLE DISCARDABLE
BEGIN
    AFX_IDS_SCRESTORE           "Restore the window to normal size"
    AFX_IDS_SCTASKLIST          "Activate Task List"
--> IDS_RED                     "Red"
--> IDS_GREEN                   "Green"
--> IDS_BLUE                    "Blue"
--> IDS_BLACK                   "Black"
END
```

To load these strings into the dropdown list in the combo box, we call the combo box's AddString() function. We load our new string resources into a CString object and pass that to AddString():

```
int CMainFrame::OnCreate(LPCREATESTRUCT lpCreateStruct)
{
        if (CFrameWnd::OnCreate(lpCreateStruct) == -1)
                return -1;
                .
                .
                .
        const int nDropHt = 100;

        m_wndComboToolBar.SetButtonInfo(0, IDC_COMBO, TBBS_SEPARATOR, 100);
        m_wndComboToolBar.SetButtonInfo(1, ID_SEPARATOR, TBBS_SEPARATOR, 12);
        CRect rectCombo;
        m_wndComboToolBar.GetItemRect(0, &rect);
        rectCombo.top = 3;
        rectCombo.bottom = rectCombo.top + nDropHt;
        if (!m_wndComboToolBar.m_comboBox.Create(
                    CBS_DROPDOWNLIST|WS_VISIBLE|WS_TABSTOP,
                    rectCombo, &m_wndComboToolBar, IDC_COMBO)){
                MessageBox("Failed to create combo box.");
                return -1;
        }

-->     CString CStringStyle;
-->     if (CStringStyle.LoadString(IDS_RED))
-->             m_wndComboToolBar.m_comboBox.AddString((LPCTSTR)CStringStyle);
```

```
-->     if (CStringStyle.LoadString(IDS_GREEN))
-->         m_wndComboToolBar.m_comboBox.AddString((LPCTSTR)CStringStyle);
-->     if (CStringStyle.LoadString(IDS_BLUE))
-->         m_wndComboToolBar.m_comboBox.AddString((LPCTSTR)CStringStyle);
-->     if (CStringStyle.LoadString(IDS_BLACK))
-->         m_wndComboToolBar.m_comboBox.AddString((LPCTSTR)CStringStyle);
                .
                .
                .
```

Now the combo box's list will hold our drawing colors: red, green, blue, and black. The user can specify the drawing color by making a selection in the combo box—and we should make that selection available to the rest of the program. Our toolbar is a protected member of the CMainFrame class, but when we draw in BOXER's client area in the view class, we'll want to see the drawing color that the user selected. We could make the toolbar a public member of CMainFrame so that other functions could interrogate our combo box directly for the current selection, but that is not the right solution; the mainframe window is the parent of the toolbar and should manage it. The right solution is to add a public function to CMainFrame to let other parts of the program get the currently selected color. Let's call that function CMainFrame::GetComboSelection() and add it to CMainFrame in **MAIN-FRM.H** this way:

```
class CMainFrame : public CFrameWnd
{
protected: // create from serialization only
        CMainFrame();
        DECLARE_DYNCREATE(CMainFrame)

// Attributes
public:
// Operations
public:

// Overrides
        // ClassWizard generated virtual function overrides
        //{{AFX_VIRTUAL(CMainFrame)
        virtual BOOL PreCreateWindow(CREATESTRUCT& cs);
        //}}AFX_VIRTUAL
```

```
// Implementation
public:
-->    int GetComboSelection()
           {return m_wndComboToolBar.m_comboBox.GetCurSel();}
```

We no longer have to concern ourselves with the combo box. When we want the drawing color, we simply call GetComboSelection().

The next step in creating our BOXER program is to add a button to the toolbar that allows the user to start drawing boxes.

Adding Bitmapped Buttons to a Toolbar

When users click the box-drawing button in the toolbar, they will be able to move to the client area and use the mouse to draw colored boxes as desired. Our next step is to create this box-drawing button.

Toolbar buttons are usually associated with menu items. We first set up a menu item called **Draw a box**, and then we tie the new toolbar button to it. Add such a menu item now to the Edit menu and use ClassWizard to connect a view class function, OnEditDrawabox(), to it:

```
void CBoxerView::OnEditDrawabox()
{

}
```

In this function, we enable drawing by setting a flag, fDrawBox, to TRUE:

```
void CBoxerView::OnEditDrawabox()
{
-->    fDrawBox = TRUE;
}
```

In addition, we add this flag to our view class's header file, **BOXERVIEW.H**:

```
// boxerView.h : interface of the CBoxerView class
//
/////////////////////////////////////////////////////////////////////////////

class CBoxerView : public CView
```

```
{
protected: // create from serialization only
        CBoxerView();
        DECLARE_DYNCREATE(CBoxerView)

// Attributes
public:
        CBoxerDoc* GetDocument();
  -->   BOOL fDrawBox;
```

We set fDrawBox false initially in the view's constructor:

```
CBoxerView::CBoxerView()
{
  -->     fDrawBox = FALSE;
}
```

So far, then, the user has selected our Edit menu item **Draw a box** and has therefore set fDrawBox to true. The user's next step is to move to the client area and press the mouse button. We record the location of the button press in CBoxerView::OnLButtonDown(), a new function we add with ClassWizard:

```
void CBoxerView::OnLButtonDown(UINT nFlags, CPoint point)
{

        CView::OnLButtonDown(nFlags, point);
}
```

We want to record the location of the button press only if the user is drawing boxes:

```
void CBoxerView::OnLButtonDown(UINT nFlags, CPoint point)
{
  -->     if(fDrawBox) Point1 = point;

        CView::OnLButtonDown(nFlags, point);
}
```

In the view class, we set aside space for the two points, Point1 and Point2, that will define the current box (from **BOXERVIEW.H**):

```
// boxerView.h : interface of the CBoxerView class
//
/////////////////////////////////////////////////////////////////////////

class CBoxerView : public CView
{
protected: // create from serialization only
        CBoxerView();
        DECLARE_DYNCREATE(CBoxerView)

// Attributes
public:
        CBoxerDoc* GetDocument();
        BOOL fDrawBox;
  -->   CPoint Point1, Point2;
             .
             .
             .
```

When the user moves to a new position, Point2, and releases the mouse button, we want to draw a rectangle between Point1 and Point2 in CBoxerView::OnLButtonUp(). To start, we make sure that we are actually drawing boxes and that we get a device context to draw in:

```
void CBoxerView::OnLButtonUp(UINT nFlags, CPoint point)
{
  -->     if(fDrawBox){
  -->             Point2 = point;
  -->             CClientDC dc(this);
                     .
                     .
                     .
        CView::OnLButtonUp(nFlags, point);
}
```

Next, we install the correct drawing color in the device context; we get that color from the combo box in the toolbar by using the CMainFrame function GetComboSelection(). We set the drawing color with a switch statement that sets the color values nRed, nGreen, and nBlue according to the number of the item selected in the combo box (Red = item 0, Green = item 1, and so on). If there is no current selection in the combo box, it returns a value of -1, which means that the default color, black, stays selected:

```
void CBoxerView::OnLButtonUp(UINT nFlags, CPoint point)
{
         if(fDrawBox){
                 Point2 = point;
                 CClientDC dc(this);
                 int nRed = 0, nGreen = 0, nBlue = 0;

-->              switch(((CMainFrame*) GetParent())->GetComboSelection()){
-->              case 0:
-->                      nRed = 255;
-->                      break;
-->              case 1:
-->                      nGreen = 255;
-->                      break;
-->              case 2:
-->                      nBlue = 255;
-->                      break;
-->              }
                 .
                 .
                 .

         CView::OnLButtonUp(nFlags, point);
}
```

All that remains is to install this new color as the drawing color. We create a pen of that color, select that pen in the device context, and draw a rectangle from Point1 to Point2:

```
void CBoxerView::OnLButtonUp(UINT nFlags, CPoint point)
{
        if(fDrawBox){
                Point2 = point;
                CClientDC dc(this);
                int nRed = 0, nGreen = 0, nBlue = 0;

                switch((((CMainFrame*) GetParent())->GetComboSelection())){
                case 0:
                        nRed = 255;
                        break;
                case 1:
                        nGreen = 255;
                        break;
                case 2:
                        nBlue = 255;
                        break;
                }
-->             CPen pen(PS_SOLID, 1, RGB(nRed, nGreen, nBlue));
-->             dc.SelectObject(pen);
-->             dc.Rectangle(CRect(Point1, Point2));
        }

        CView::OnLButtonUp(nFlags, point);

}
```

At this point, the user can draw colored boxes, as shown in Figure 2.6. Our program is a success so far.

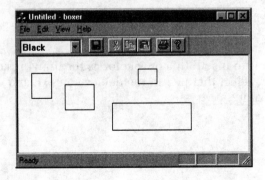

FIGURE 2.6 THE USER CAN SELECT DRAWING COLORS IN OUR TOOLBAR.

Now let's add a button in the toolbar to enable drawing. We start by finding the list of button IDs in **BOXER.RC** and adding the ID of our **Draw a box** menu item, ID_EDIT_DRAWABOX (already defined by ClassWizard in **RESOURCE.H**):

```
IDR_MAINFRAME TOOLBAR DISCARDABLE  16, 15
BEGIN
    BUTTON       ID_FILE_NEW
    BUTTON       ID_FILE_OPEN
    BUTTON       ID_FILE_SAVE
    SEPARATOR
    BUTTON       ID_EDIT_CUT
    BUTTON       ID_EDIT_COPY
    BUTTON       ID_EDIT_PASTE
    SEPARATOR
    BUTTON       ID_FILE_PRINT
    BUTTON       ID_APP_ABOUT
--> BUTTON       ID_EDIT_DRAWABOX
END
```

Next, we add a status bar prompt and a tooltip to our button by opening the Edit menu and adding the prompt "Draw a box\nDraw a box," as shown in Figure 2.7. This means that both the status bar and the tooltip will display "Draw a box" when the user lets the mouse cursor rest over our new toolbar button.

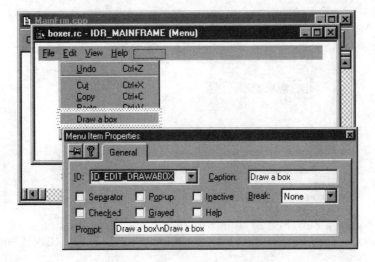

FIGURE 2.7 ADDING A TOOLTIP AND STATUS BAR PROMPT TO A TOOLBAR BUTTON.

Now it's time to draw our new toolbar button. Select the **Resources** tab in Visual C++ and open the Toolbar folder, double-clicking the IDR_MAINFRAME toolbar bitmap to open it, as shown in Figure 2.8.

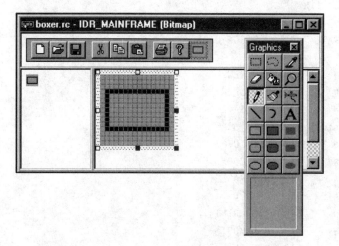

FIGURE 2.8 EDITING A TOOLBAR BUTTON'S BITMAP.

When you open a toolbar's bitmap, Visual C++ automatically adds a new button to the end of the toolbar, as shown in Figure 2.8. Using the drawing tools, draw a small box in this new button and then close the IDR_MAINFRAME toolbar bitmap. That's all there is to it—now the new toolbar button appears and is functional, as shown in Figure 2.9.

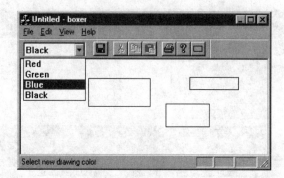

FIGURE 2.9 WE'VE ADDED A BOX-DRAWING BUTTON TO OUR TOOLBAR.

We've added a new button to our toolbar, complete with status bar prompt and tooltip. The support files for our view class—**BOXERVIEW.H** and **BOX-**

ERVIEW.CPP—appear in Listing 2.4, and the files for our mainframe class—
MAINFRM.H and **MAINFRM.CPP**—are in Listing 2.5.

LISTING 2.4 BOXERVIEW.H AND BOXERVIEW.CPP

```
// boxerView.h : interface of the CBoxerView class
//
/////////////////////////////////////////////////////////////////////////////

class CBoxerView : public CView
{
protected: // create from serialization only
        CBoxerView();
        DECLARE_DYNCREATE(CBoxerView)

// Attributes
public:
        CBoxerDoc* GetDocument();
        BOOL fDrawBox;
        CPoint Point1, Point2;
// Operations
public:


// Overrides
        // ClassWizard generated virtual function overrides
        //{{AFX_VIRTUAL(CBoxerView)
        public:
        virtual void OnDraw(CDC* pDC);  // overridden to draw this view
        virtual BOOL PreCreateWindow(CREATESTRUCT& cs);
        protected:
        virtual BOOL OnPreparePrinting(CPrintInfo* pInfo);
        virtual void OnBeginPrinting(CDC* pDC, CPrintInfo* pInfo);
        virtual void OnEndPrinting(CDC* pDC, CPrintInfo* pInfo);
        //}}AFX_VIRTUAL

// Implementation
public:
        virtual ~CBoxerView();
#ifdef _DEBUG
```

```
        virtual void AssertValid() const;
        virtual void Dump(CDumpContext& dc) const;
#endif


protected:

// Generated message map functions
protected:
        //{{AFX_MSG(CBoxerView)
        afx_msg void OnEditDrawabox();
        afx_msg void OnLButtonDown(UINT nFlags, CPoint point);
        afx_msg void OnLButtonUp(UINT nFlags, CPoint point);
        //}}AFX_MSG
        DECLARE_MESSAGE_MAP()
};


#ifndef _DEBUG  // debug version in boxerView.cpp
inline CBoxerDoc* CBoxerView::GetDocument()
   { return (CBoxerDoc*)m_pDocument; }
#endif


// boxerView.cpp : implementation of the CBoxerView class
//


#include "stdafx.h"
#include "boxer.h"
#include "mainfrm.h"

#include "boxerDoc.h"
#include "boxerView.h"


#ifdef _DEBUG
#define new DEBUG_NEW
#undef THIS_FILE
static char THIS_FILE[] = __FILE__;
#endif


/////////////////////////////////////////////////////////////////////////
// CBoxerView
```

```
IMPLEMENT_DYNCREATE(CBoxerView, CView)

BEGIN_MESSAGE_MAP(CBoxerView, CView)
        //{{AFX_MSG_MAP(CBoxerView)
        ON_COMMAND(ID_EDIT_DRAWABOX, OnEditDrawabox)
        ON_WM_LBUTTONDOWN()
        ON_WM_LBUTTONUP()
        //}}AFX_MSG_MAP
        // Standard printing commands
        ON_COMMAND(ID_FILE_PRINT, CView::OnFilePrint)
        ON_COMMAND(ID_FILE_PRINT_DIRECT, CView::OnFilePrint)
        ON_COMMAND(ID_FILE_PRINT_PREVIEW, CView::OnFilePrintPreview)
END_MESSAGE_MAP()

/////////////////////////////////////////////////////////////////////////////
// CBoxerView construction/destruction

CBoxerView::CBoxerView()
{
        fDrawBox = FALSE;
}


CBoxerView::~CBoxerView()
{
}


BOOL CBoxerView::PreCreateWindow(CREATESTRUCT& cs)
{
        // TODO: Modify the Window class or styles here by modifying
        //   the CREATESTRUCT cs

        return CView::PreCreateWindow(cs);
}

/////////////////////////////////////////////////////////////////////////////
// CBoxerView drawing

void CBoxerView::OnDraw(CDC* pDC)
{
```

```
        CBoxerDoc* pDoc = GetDocument();
        ASSERT_VALID(pDoc);

        // TODO: add draw code for native data here
}


/////////////////////////////////////////////////////////////////////////////
// CBoxerView printing

BOOL CBoxerView::OnPreparePrinting(CPrintInfo* pInfo)
{
        // default preparation
        return DoPreparePrinting(pInfo);
}

void CBoxerView::OnBeginPrinting(CDC* /*pDC*/, CPrintInfo* /*pInfo*/)
{
        // TODO: add extra initialization before printing
}

void CBoxerView::OnEndPrinting(CDC* /*pDC*/, CPrintInfo* /*pInfo*/)
{
        // TODO: add cleanup after printing
}


/////////////////////////////////////////////////////////////////////////////
// CBoxerView diagnostics

#ifdef _DEBUG
void CBoxerView::AssertValid() const
{
        CView::AssertValid();
}

void CBoxerView::Dump(CDumpContext& dc) const
{
        CView::Dump(dc);
}
```

```
CBoxerDoc* CBoxerView::GetDocument() // non-debug version is inline
{
        ASSERT(m_pDocument->IsKindOf(RUNTIME_CLASS(CBoxerDoc)));
        return (CBoxerDoc*)m_pDocument;
}
#endif //_DEBUG


/////////////////////////////////////////////////////////////////////////////
// CBoxerView message handlers

void CBoxerView::OnEditDrawabox()
{
        fDrawBox = TRUE;
}


void CBoxerView::OnLButtonDown(UINT nFlags, CPoint point)
{
        if(fDrawBox) Point1 = point;

        CView::OnLButtonDown(nFlags, point);
}


void CBoxerView::OnLButtonUp(UINT nFlags, CPoint point)
{

        if(fDrawBox){
                Point2 = point;
                CClientDC dc(this);
                int nRed = 0, nGreen = 0, nBlue = 0;

                switch(((CMainFrame*) GetParent())->GetComboSelection()){
                case 0:
                        nRed = 255;
                        break;
                case 1:
                        nGreen = 255;
                        break;
                case 2:
                        nBlue = 255;
```

```
                        break;
                }
                CPen pen(PS_SOLID, 1, RGB(nRed, nGreen, nBlue));
                dc.SelectObject(pen);
                dc.Rectangle(CRect(Point1, Point2));
        }


        CView::OnLButtonUp(nFlags, point);
}
```

LISTING 2.5 MAINFRM.H AND MAINFRM.CPP

```
// MainFrm.h : interface of the CMainFrame class
//
/////////////////////////////////////////////////////////////////////////////

class CComboToolBar : public CToolBar
{
public:
        CComboBox       m_comboBox;
};

class CMainFrame : public CFrameWnd
{
protected: // create from serialization only
        CMainFrame();
        DECLARE_DYNCREATE(CMainFrame)

// Attributes
public:
// Operations
public:

// Overrides
        // ClassWizard generated virtual function overrides
        //{{AFX_VIRTUAL(CMainFrame)
        virtual BOOL PreCreateWindow(CREATESTRUCT& cs);
        //}}AFX_VIRTUAL
```

```
// Implementation
public:
        int GetComboSelection()
            {return m_wndComboToolBar.m_comboBox.GetCurSel();}
        virtual ~CMainFrame();
#ifdef _DEBUG
        virtual void AssertValid() const;
        virtual void Dump(CDumpContext& dc) const;
#endif

protected:  // control bar embedded members
        CStatusBar   m_wndStatusBar;
        //CToolBar     m_wndToolBar;
        CComboToolBar   m_wndComboToolBar;

// Generated message map functions
protected:
        //{{AFX_MSG(CMainFrame)
        afx_msg int OnCreate(LPCREATESTRUCT lpCreateStruct);
        //}}AFX_MSG
        DECLARE_MESSAGE_MAP()
};


/////////////////////////////////////////////////////////////////////////////


/////////////////////////////////////////////////////////////////////////////
// MainFrm.cpp : implementation of the CMainFrame class
//

#include "stdafx.h"
#include "boxer.h"

#include "MainFrm.h"

#ifdef _DEBUG
#define new DEBUG_NEW
#undef THIS_FILE
static char THIS_FILE[] = __FILE__;
```

```
#endif

/////////////////////////////////////////////////////////////////////////////
// CMainFrame

IMPLEMENT_DYNCREATE(CMainFrame, CFrameWnd)

BEGIN_MESSAGE_MAP(CMainFrame, CFrameWnd)
        //{{AFX_MSG_MAP(CMainFrame)
        ON_WM_CREATE()
        //}}AFX_MSG_MAP
END_MESSAGE_MAP()

static UINT indicators[] =
{
        ID_SEPARATOR,                   // status line indicator
        ID_INDICATOR_CAPS,
        ID_INDICATOR_NUM,
        ID_INDICATOR_SCRL,
};

/////////////////////////////////////////////////////////////////////////////
// CMainFrame construction/destruction

CMainFrame::CMainFrame()
{
        // TODO: add member initialization code here

}

CMainFrame::~CMainFrame()
{
}

int CMainFrame::OnCreate(LPCREATESTRUCT lpCreateStruct)
{
        if (CFrameWnd::OnCreate(lpCreateStruct) == -1)
                return -1;
```

```
if (!m_wndComboToolBar.Create(this) ||
        !m_wndComboToolBar.LoadToolBar(IDR_MAINFRAME))
{
        TRACE0("Failed to create toolbar\n");
        return -1;      // fail to create
}
const int nDropHt = 100;

m_wndComboToolBar.SetButtonInfo(0, IDC_COMBO, TBBS_SEPARATOR, 100);
m_wndComboToolBar.SetButtonInfo(1, ID_SEPARATOR, TBBS_SEPARATOR, 12);
CRect rectCombo;
m_wndComboToolBar.GetItemRect(0, &rect);
rectCombo.top = 3;
rectCombo.bottom = rectCombo.top + nDropHt;
if (!m_wndComboToolBar.m_comboBox.Create(
                CBS_DROPDOWNLIST|WS_VISIBLE|WS_TABSTOP,
                rectCombo, &m_wndComboToolBar, IDC_COMBO)){
        MessageBox("Failed to create combo box.");
        return -1;
}

if (!m_wndStatusBar.Create(this) ||
        !m_wndStatusBar.SetIndicators(indicators,
           sizeof(indicators)/sizeof(UINT)))
{
        TRACE0("Failed to create status bar\n");
        return -1;      // fail to create
}

CString CStringStyle;
if (CStringStyle.LoadString(IDS_RED))
        m_wndComboToolBar.m_comboBox.AddString((LPCTSTR)CStringStyle);
if (CStringStyle.LoadString(IDS_GREEN))
        m_wndComboToolBar.m_comboBox.AddString((LPCTSTR)CStringStyle);
if (CStringStyle.LoadString(IDS_BLUE))
        m_wndComboToolBar.m_comboBox.AddString((LPCTSTR)CStringStyle);
if (CStringStyle.LoadString(IDS_BLACK))
        m_wndComboToolBar.m_comboBox.AddString((LPCTSTR)CStringStyle);
```

```
        // TODO: Remove this if you don't want tool tips or a toolbar
        m_wndComboToolBar.SetBarStyle(m_wndComboToolBar.GetBarStyle() |
                CBRS_TOOLTIPS | CBRS_FLYBY | CBRS_SIZE_DYNAMIC);

        // TODO: Delete these three lines if you don't want the toolbar to
        //  be dockable
        m_wndComboToolBar.EnableDocking(CBRS_ALIGN_ANY);
        EnableDocking(CBRS_ALIGN_ANY);
        DockControlBar(&m_wndComboToolBar);

        return 0;
}


BOOL CMainFrame::PreCreateWindow(CREATESTRUCT& cs)
{
        // TODO: Modify the Window class or styles here by modifying
        //  the CREATESTRUCT cs

        return CFrameWnd::PreCreateWindow(cs);
}


/////////////////////////////////////////////////////////////////////////////
// CMainFrame diagnostics

#ifdef _DEBUG
void CMainFrame::AssertValid() const
{
        CFrameWnd::AssertValid();
}

void CMainFrame::Dump(CDumpContext& dc) const
{
        CFrameWnd::Dump(dc);
}

#endif //_DEBUG

/////////////////////////////////////////////////////////////////////////////
// CMainFrame message handlers
```

In this chapter, we've seen how to customize windows in several ways: by selecting from among a number of view classes, including CScrollView and CEditView, that the MFC library supports. We've also seen how to convert windows into splitter windows, each of which supports scrolling. In addition, we've seen how to customize a toolbar by adding a dropdown combo box, a new button, status bar prompts, and tooltips. In the next chapter, we'll add more power to our programs when we take a look at advanced window handling.

CHAPTER 3

Advanced Window Handling

In this chapter, we'll examine advanced window-handling techniques, from subclasssing windows to changing their style settings, from arranging the controls in a dialog box on the fly to associating a particular type of mouse cursor with certain windows, from capturing the mouse to interrogating windows about which process created them, from making a window a topmost window to creating dialog boxes that double in size (exposing more controls) when you click a button. There's much ground to cover in this chapter. We'll start by seeing how to use a dialog box as our program's main window.

Using Dialog Boxes as Main Windows

Using a dialog box as our program's main window is simplicity itself. When we create a new program, we merely specify to AppWizard that we want to use a dialog box as our main window. This approach has many advantages, because we can install controls in such a window easily by using the Dialog Editor.

Use AppWizard to create a new EXE program named DLGWND. When AppWizard asks what type of application you would like, select **Dialog based** and click **Finish**. This action creates a program with two main parts: the application object of class CDlgwndApp, and the modal dialog window object of class CDlgwndDlg:

```
    CDlgwndApp Object                CDlgwndDlg Object
    - - - - - - - - - - - - -        - - - - - - - - - -

    |               |                |               |
    |               |- - - - - - - - |               |
    |               |                |               |
    |               |                |               |
    |               |                |               |
    - - - - - - - - - - - - -        - - - - - - - - - -
```

As before, the application object is the interface with Windows, and it creates and launches the window in the InitInstance() function. But this time, the window is a modal dialog box:

```
BOOL CDlgwndApp::InitInstance()
{
        // Standard initialization
        // If you are not using these features and wish to reduce the size
        // of your final executable, you should remove from the following
        // the specific initialization routines you do not need.

#ifdef _AFXDLL
        Enable3dControls();         // Call this when using MFC in a shared DLL
#else
        Enable3dControlsStatic(); // Call this when linking to MFC statically
#endif

        CDlgwndDlg dlg;
        m_pMainWnd = &dlg;
  -->   int nResponse = dlg.DoModal();
        if (nResponse == IDOK)
        {
                // TODO: Place code here to handle when the dialog is
                //  dismissed with OK
        }
        else if (nResponse == IDCANCEL)
        {
                // TODO: Place code here to handle when the dialog is
                //  dismissed with Cancel
        }

        // Since the dialog has been closed, return FALSE so that we exit the
        //  application, rather than start the application's message pump.
        return FALSE;
}
```

Dialog-based programs are useful and short, which is why I use them in this book to illustrate specific points.

When the dialog box is first placed on the screen, we perform the desired initialization in the dialog window's OnInitDialog() function, CDlgwndDlg::OnInitDialog():

```
BOOL CDlgwndDlg::OnInitDialog()
{
        CDialog::OnInitDialog();

        // Add "About..." menu item to system menu.

        // IDM_ABOUTBOX must be in the system command range.
        ASSERT((IDM_ABOUTBOX & 0xFFF0) == IDM_ABOUTBOX);
        ASSERT(IDM_ABOUTBOX < 0xF000);

        CMenu* pSysMenu = GetSystemMenu(FALSE);
        CString strAboutMenu;
        strAboutMenu.LoadString(IDS_ABOUTBOX);
        if (!strAboutMenu.IsEmpty())
        {
                pSysMenu->AppendMenu(MF_SEPARATOR);
                pSysMenu->AppendMenu(MF_STRING, IDM_ABOUTBOX, strAboutMenu);
        }

        // Set icon for this dialog. The framework does this automatically
        //  when the application's main window is not a dialog
        SetIcon(m_hIcon, TRUE);                         // Set big icon
        SetIcon(m_hIcon, FALSE);                // Set small icon

        // TODO: Add extra initialization here

        return TRUE;  // return TRUE  unless you set the focus to a control
}
```

The rest of the program is much like the other programs we have built except that there are no view or document classes, and drawing the dialog box is taken care of by the CDialog function OnPaint(). This function is called in our dialog box's OnPaint() (not OnDraw()) function. (Note that it also draws the program's icon if the program is minimized.)

```
void CDlgwndDlg::OnPaint()
{
        if (IsIconic())
        {
                CPaintDC dc(this); // device context for painting

                SendMessage(WM_ICONERASEBKGND, (WPARAM) dc.GetSafeHdc(), 0);

                // Center icon in client rectangle
                int cxIcon = GetSystemMetrics(SM_CXICON);
                int cyIcon = GetSystemMetrics(SM_CYICON);
                CRect rect;
                GetClientRect(&rect);
                int x = (rect.Width() - cxIcon + 1) / 2;
                int y = (rect.Height() - cyIcon + 1) / 2;

                // Draw the icon
                dc.DrawIcon(x, y, m_hIcon);
        }
        else
        {

                CDialog::OnPaint();

        }

}
```

Does this mean that we cannot draw on the face of our dialog box? Technically, yes, but in practice, no. The trick is to cover with a picture box the parts of the dialog box you want to draw in. Then you are free to draw on what appears to be the face of the dialog box:

```
        else
        {
                CDialog::OnPaint();
-->             CClientDC dc(GetDlgItem(IDC_PICTURE1));
-->             dc.Ellipse(0, 0, 40, 40);
        }
```

Making a Window Topmost

As with other programs, we can add message handlers to our program using ClassWizard. Let's use our new program to explore advanced window-handling techniques. You may have seen topmost windows, which stay on top of all others no matter what is placed on top of them (often tool boxes and palettes). To make our window a topmost window at the click of a button, find the Visual C++ **Resources** tab and open the dialog folder. Double-click the IDD_DLGWND_DIALOG dialog box, the resource name of our main window, opening it as shown in Figure 3.1.

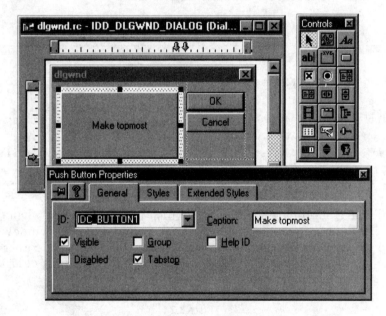

FIGURE 3.1 WE USE THE DIALOG EDITOR TO MODIFY OUR MAIN WINDOW.

Using the Dialog Editor, add a new button to the middle of the dialog box and double-click it, opening its property page as shown in Figure 3.1; give this button the caption **Make topmost**. Next, use ClassWizard to connect this button, IDC_BUTTON1, to a function in our program, which ClassWizard names OnButton1():

```
void CDlgwndDlg::OnButton1()
{


}
```

Here, we make our window a topmost window using the function SetWindowPos(). This function, a programmer's favorite, does much more than setting a window's position. Here's how you use it:

```
BOOL SetWindowPos(const CWnd* pWndInsertAfter, int x, int y,
    int cx, int cy, UINT nFlags);
```

The first parameter, pWndInsertAfter, is a pointer to the window that precedes it in the *Z-order*, or stacking order, on the screen. You can also pass a pointer to one of the values shown in Table 3.1.

TABLE 3.1

Value	Result
wndBottom	Makes this window "BottomMost"—under all others
wndTop	Brings this window to the top
wndTopMost	Makes this window "TopMost"—on top of all others even when deactivated
wndNoTopMost	Moves window ahead of non-TopMost windows and behind TopMost windows

We will make our dialog box topmost, which means that even when deactivated, it will appear on top of all windows, including active windows. The x and y parameters indicate the new position of the upper-left corner of the window, and cx and cy indicate its new width and height; the nFlags parameter can be a combination of the flags shown in Table 3.2.

TABLE 3.2

Flag	Result
SWP_DRAWFRAME	Draws a frame around the window
SWP_HIDEWINDOW	Hides the window
SWP_NOACTIVATE	Does not activate window
SWP_NOMOVE	Does not move window (ignores x and y)
SWP_NOREDRAW	Does not redraw changes
SWP_NOSIZE	Does not resize (ignores cx and cy)
SWP_NOZORDER	Retains current Z-order (ignores pWndInsertAfter)
SWP_SHOWWINDOW	Displays window

We want to make our window a topmost window—and not move or resize it—so we call SetWindowPos():

```
void CDlgwndDlg::OnButton1()
{
        SetWindowPos(&wndTopMost, 0, 0, 0, 0, SWP_NOMOVE | SWP_NOSIZE);
}
```

When we run the program and click the **Make topmost** button, our window stays on top of others, even when deactivated, as shown in Figure 3.2.

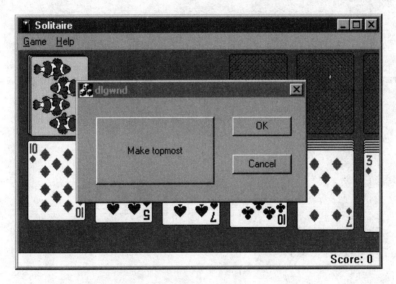

FIGURE 3.2 OUR TOPMOST WINDOW STAYS ON TOP OF OTHERS.

Expanding Dialog Boxes

SetWindowPos() is also used for a technique you may have noticed in Windows programs: expanding dialog boxes on the fly. When a user clicks a certain button (typically the button is labeled **Options** or **Advanced**), the dialog box increases in size, presenting the user with more controls as required. SetWindowPos() is used for this purpose because it can set not only a window's position but also its dimensions. Our dialog box currently looks like this:

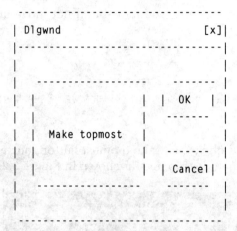

Alternatively, we might wish to present a smaller opening dialog box to the user:

When the user clicks **Make topmost**, we display the rest of the dialog box, expanding it to its full extent:

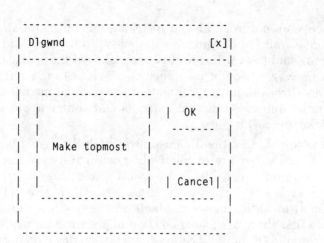

This way, a set of advanced controls could be hidden unless needed. When resizing our dialog window, the only problem is that we might start thinking in terms of pixel measurements of widths and heights—but that means different things on different screens. If we were to plug explicit numbers into SetWindowPos() to resize our dialog window, these pixel measurements would mean different things on screens having different resolutions:

```
SetWindowPos(NULL, 0, 0, 185, 290, SWP_NOZORDER | SWP_NOMOVE);
```

To avoid this problem, dialog boxes are designed in special units. If you look in **DLGWND.RC**, you'll find our main window designed this way in the resource template:

```
IDD_DLGWND_DIALOG DIALOGEX 0, 0, 165, 63
STYLE DS_MODALFRAME | WS_POPUP | WS_VISIBLE | WS_CAPTION | WS_SYSMENU
EXSTYLE WS_EX_APPWINDOW
CAPTION "dlgwnd"
FONT 8, "MS Sans Serif"
BEGIN
    DEFPUSHBUTTON    "OK",IDOK,110,7,48,14
    PUSHBUTTON       "Cancel",IDCANCEL,110,22,48,14
    PUSHBUTTON       "Make topmost",IDC_BUTTON1,7,7,96,49
END
```

These measurements are not in pixels but instead are in special dialog box units. The horizontal unit is one-fourth of the average character width for the dialog box's font, and the vertical unit is one-eighth of the average character height. In this way, dialog boxes adjust themselves to the screen on which they appear. However, it also means that it would be inadvisable to hard-code pixel units into the code that expands and contracts our dialog window when **Make topmost** is pressed.

One solution is to note that the dimensions of both the dialog box and the controls in the dialog box are in relatively pixel-free dialog box units and to use their positions to shrink and expand our dialog box. (Or we could, if we liked, use the functions MapDialogRect() and GetDialogBaseUnits() to switch between pixels and dialog box units.) For example, when we first show the dialog box, we might shrink it so that the right side ends where the **OK** button begins, giving us the desired effect:

We can shrink our dialog window when it is about to be displayed for the first time, in OnInitDialog(). To pass the new dimensions of our window to SetWindowPos(), we get the screen coordinates of both the window and the **OK** button using GetWindowRect(). This function returns the coordinates of a window in screen coordinates; if we had wanted only the dimensions of a control, we could have used GetClientRect(). GetWindowRect allows us to fill two rectangles: rectWindow for the whole window, and rectOKButton for the screen coordinates of the **OK** button:

```
BOOL CDlgwndDlg::OnInitDialog()
{
        CDialog::OnInitDialog();
                .

                .


        SetIcon(m_hIcon, TRUE);                         // Set big icon
        SetIcon(m_hIcon, FALSE);             // Set small icon


  -->   CRect rectOKButton;


  -->   GetWindowRect(&rectWindow);
  -->   GetDlgItem(IDOK)->GetWindowRect(&rectOKButton);
                .

                .

                .

        return TRUE;  // return TRUE  unless you set the focus to a control
}
```

Here, we store rectWindow as a class data member so that we can restore the
window's original size when the user clicks the button (from **DLGWNDDLG.H**):

```
class CDlgwndDlg : public CDialog
{
// Construction
public:
        CDlgwndDlg(CWnd* pParent = NULL);               // standard constructor
                .

                .

                .

// Implementation
protected:
        HICON m_hIcon;
  -->   CRect rectWindow;
                .

                .

                .
```

Next, in OnInitDialog() we shrink the main window so that we cut off the dialog box when we reach the **OK** button:

```
BOOL CDlgwndDlg::OnInitDialog()
{
        CDialog::OnInitDialog();
                .
                .
                .
        SetIcon(m_hIcon, TRUE);                 // Set big icon
        SetIcon(m_hIcon, FALSE);                // Set small icon

        CRect rectOKButton;

        GetWindowRect(&rectWindow);
        GetDlgItem(IDOK)->GetWindowRect(&rectOKButton);

  -->   SetWindowPos(NULL, 0, 0, rectOKButton.left -
            rectWindow.left, rectWindow.bottom - rectWindow.top,
            SWP_NOZORDER | SWP_NOMOVE);

        return TRUE;  // return TRUE  unless you set the focus to&a control
}
```

The result appears in Figure 3.3. We've shrunk our dialog box.

FIGURE 3.3 WE SHRINK A DIALOG BOX.

In CDlgwndDlg::OnButton1(), we restore the window to its original dimensions, which are stored in rectWindow:

```
void CDlgwndDlg::OnButton1()
{
 -->    SetWindowPos(NULL, 0, 0, rectWindow.right -
            rectWindow.left, rectWindow.bottom - rectWindow.top,
            SWP_NOZORDER | SWP_NOMOVE);
        SetWindowPos(&wndTopMost, 0, 0, 0, 0, SWP_NOMOVE | SWP_NOSIZE);
        SendMessage(DM_REPOSITION, 0, 0);
}
```

When the user clicks **Make topmost**, the dialog box opens to its full extent, shown in Figure 3.2. The **OK** and **Cancel** buttons are displayed, and the dialog box is a topmost window. We add one more line to OnButton1():

```
void CDlgwndDlg::OnButton1()
{
        SetWindowPos(NULL, 0, 0, rectWindow.right -
            rectWindow.left, rectWindow.bottom - rectWindow.top,
            SWP_NOZORDER | SWP_NOMOVE);
        SetWindowPos(&wndTopMost, 0, 0, 0, 0, SWP_NOMOVE | SWP_NOSIZE);
 -->    SendMessage(DM_REPOSITION, 0, 0);
}
```

Here we send a message, DM_REPOSITION, to our own window. This Windows 95 dialog box message makes a dialog box reposition itself so that it is entirely on the screen; if our dialog box had started half on and half off the screen, it would move fully on-screen when it got this message. Note that we can even reposition the controls in the dialog box using SetWindowPos():

```
        GetDlgItem(IDC_BUTTON1)->SetWindowPos(NULL, x, y, 0, 0,
SWP_NOSIZE);
```

In this case, x and y are measured in client area coordinates of the dialog box.

This completes our first dialog-based window program. The application support files—**DLGWND.H** and **DLGWND.CPP**—appear in Listing 3.1, and the dialog box support files—**DLGWNDDLG.H** and **DLGWNDDLG.CPP**—appear in Listing 3.2.

LISTING 3.1 DLGWND.H AND DLGWND.CPP

```cpp
// dlgwnd.h : main header file for the DLGWND application
//

#ifndef __AFXWIN_H__
        #error include 'stdafx.h' before including this file for PCH
#endif

#include "resource.h"                   // main symbols


/////////////////////////////////////////////////////////////////////////////
// CDlgwndApp:
// See dlgwnd.cpp for the implementation of this class
//

class CDlgwndApp : public CWinApp
{
public:
        CDlgwndApp();

// Overrides
        // ClassWizard generated virtual function overrides
        //{{AFX_VIRTUAL(CDlgwndApp)
        public:
        virtual BOOL InitInstance();
        //}}AFX_VIRTUAL

// Implementation

        //{{AFX_MSG(CDlgwndApp)
        // NOTE - the ClassWizard will add and remove member functions here.
        //    DO NOT EDIT what you see in these blocks of generated code !
        //}}AFX_MSG
        DECLARE_MESSAGE_MAP()
};
```

```
//////////////////////////////////////////////////////////////////////////////
// dlgwnd.cpp : Defines the class behaviors for the application.
//

#include "stdafx.h"
#include "dlgwnd.h"
#include "dlgwndDlg.h"

#ifdef _DEBUG
#define new DEBUG_NEW
#undef THIS_FILE
static char THIS_FILE[] = __FILE__;
#endif

//////////////////////////////////////////////////////////////////////////////
// CDlgwndApp

BEGIN_MESSAGE_MAP(CDlgwndApp, CWinApp)
        //{{AFX_MSG_MAP(CDlgwndApp)
        // NOTE - the ClassWizard will add and remove mapping macros here.
        //      DO NOT EDIT what you see in these blocks of generated code!
        //}}AFX_MSG
        ON_COMMAND(ID_HELP, CWinApp::OnHelp)
END_MESSAGE_MAP()

//////////////////////////////////////////////////////////////////////////////
// CDlgwndApp construction

CDlgwndApp::CDlgwndApp()
{
        // TODO: add construction code here,
        // Place all significant initialization in InitInstance
}

//////////////////////////////////////////////////////////////////////////////
// The one and only CDlgwndApp object

CDlgwndApp theApp;
```

```
/////////////////////////////////////////////////////////////////////////
// CDlgwndApp initialization

BOOL CDlgwndApp::InitInstance()
{
        // Standard initialization
        // If you are not using these features and wish to reduce the size
        //  of your final executable, you should remove from the following
        //  the specific initialization routines you do not need.

#ifdef _AFXDLL
        Enable3dControls();           // Call this when using MFC in a shared DLL
#else
        Enable3dControlsStatic(); // Call this when linking to MFC statically
#endif

        CDlgwndDlg dlg;
        m_pMainWnd = &dlg;
        int nResponse = dlg.DoModal();
        if (nResponse == IDOK)
        {
                // TODO: Place code here to handle when the dialog is
                //  dismissed with OK
        }
        else if (nResponse == IDCANCEL)
        {
                // TODO: Place code here to handle when the dialog is
                //  dismissed with Cancel
        }

        // Since the dialog has been closed, return FALSE so that we exit the
        //  application, rather than start the application's message pump.
        return FALSE;
}
```

LISTING 3.2 DLGWNDDLG.H AND DLGWNDDLG.CPP

```
// dlgwndDlg.h : header file
//
```

```
/////////////////////////////////////////////////////////////////////////
// CDlgwndDlg dialog

class CDlgwndDlg : public CDialog
{
// Construction
public:
        CDlgwndDlg(CWnd* pParent = NULL);         // standard constructor

// Dialog Data
        //{{AFX_DATA(CDlgwndDlg)
        enum { IDD = IDD_DLGWND_DIALOG };
                // NOTE: the ClassWizard will add data members here
        //}}AFX_DATA

        // ClassWizard generated virtual function overrides
        //{{AFX_VIRTUAL(CDlgwndDlg)
        protected:
        virtual void DoDataExchange(CDataExchange* pDX);
        //}}AFX_VIRTUAL

// Implementation
protected:
        HICON m_hIcon;
        CRect rectWindow;

        // Generated message map functions
        //{{AFX_MSG(CDlgwndDlg)
        virtual BOOL OnInitDialog();
        afx_msg void OnSysCommand(UINT nID, LPARAM lParam);
        afx_msg void OnPaint();
        afx_msg HCURSOR OnQueryDragIcon();
        afx_msg void OnButton1();
        afx_msg void OnShowWindow(BOOL bShow, UINT nStatus);
        //}}AFX_MSG
        DECLARE_MESSAGE_MAP()
};

// dlgwndDlg.cpp : implementation file
```

```
//

#include "stdafx.h"
#include "dlgwnd.h"
#include "dlgwndDlg.h"

#ifdef _DEBUG
#define new DEBUG_NEW
#undef THIS_FILE
static char THIS_FILE[] = __FILE__;
#endif

/////////////////////////////////////////////////////////////////////////
// CAboutDlg dialog used for App About

class CAboutDlg : public CDialog
{
public:
        CAboutDlg();

// Dialog Data
        //{{AFX_DATA(CAboutDlg)
        enum { IDD = IDD_ABOUTBOX };
        //}}AFX_DATA

        // ClassWizard generated virtual function overrides
        //{{AFX_VIRTUAL(CAboutDlg)
        protected:
        virtual void DoDataExchange(CDataExchange* pDX);    // DDX/DDV support
        //}}AFX_VIRTUAL

// Implementation
protected:
        //{{AFX_MSG(CAboutDlg)
        //}}AFX_MSG
        DECLARE_MESSAGE_MAP()
};

CAboutDlg::CAboutDlg() : CDialog(CAboutDlg::IDD)
```

```
{
        //{{AFX_DATA_INIT(CAboutDlg)
        //}}AFX_DATA_INIT
}


void CAboutDlg::DoDataExchange(CDataExchange* pDX)
{
        CDialog::DoDataExchange(pDX);
        //{{AFX_DATA_MAP(CAboutDlg)
        //}}AFX_DATA_MAP
}


BEGIN_MESSAGE_MAP(CAboutDlg, CDialog)
        //{{AFX_MSG_MAP(CAboutDlg)
        //}}AFX_MSG_MAP
END_MESSAGE_MAP()


/////////////////////////////////////////////////////////////////////////////
// CDlgwndDlg dialog

CDlgwndDlg::CDlgwndDlg(CWnd* pParent /*=NULL*/)
        : CDialog(CDlgwndDlg::IDD, pParent)
{
        //{{AFX_DATA_INIT(CDlgwndDlg)
                // NOTE: the ClassWizard will add member initialization here
        //}}AFX_DATA_INIT
        // Note LoadIcon does not require a subsequent DestroyIcon in Win32
        m_hIcon = AfxGetApp()->LoadIcon(IDR_MAINFRAME);
}


void CDlgwndDlg::DoDataExchange(CDataExchange* pDX)
{
        CDialog::DoDataExchange(pDX);
        //{{AFX_DATA_MAP(CDlgwndDlg)
                // NOTE: the ClassWizard will add DDX and DDV calls here
        //}}AFX_DATA_MAP
}


BEGIN_MESSAGE_MAP(CDlgwndDlg, CDialog)
```

```
        //{{AFX_MSG_MAP(CDlgwndDlg)
        ON_WM_SYSCOMMAND()
        ON_WM_PAINT()
        ON_WM_QUERYDRAGICON()
        ON_BN_CLICKED(IDC_BUTTON1, OnButton1)
        //}}AFX_MSG_MAP
END_MESSAGE_MAP()


/////////////////////////////////////////////////////////////////////////////
// CDlgwndDlg message handlers

BOOL CDlgwndDlg::OnInitDialog()
{
        CDialog::OnInitDialog();

        // Add "About..." menu item to system menu.

        // IDM_ABOUTBOX must be in the system command range.
        ASSERT((IDM_ABOUTBOX & 0xFFF0) == IDM_ABOUTBOX);
        ASSERT(IDM_ABOUTBOX < 0xF000);

        CMenu* pSysMenu = GetSystemMenu(FALSE);
        CString strAboutMenu;
        strAboutMenu.LoadString(IDS_ABOUTBOX);
        if (!strAboutMenu.IsEmpty())
        {
                pSysMenu->AppendMenu(MF_SEPARATOR);
                pSysMenu->AppendMenu(MF_STRING, IDM_ABOUTBOX, strAboutMenu);
        }

        // Set the icon for this dialog.  The framework does this automatically
        //  when the application's main window is not a dialog
        SetIcon(m_hIcon, TRUE);                         // Set big icon
        SetIcon(m_hIcon, FALSE);                // Set small icon

        CRect rectOKButton;

        GetWindowRect(&rectWindow);
        GetDlgItem(IDOK)->GetWindowRect(&rectOKButton);
```

```
        SetWindowPos(NULL, 0, 0, rectOKButton.left -
            rectWindow.left, rectWindow.bottom - rectWindow.top,
            SWP_NOZORDER | SWP_NOMOVE);

        return TRUE;  // return TRUE  unless you set the focus to a control
}

void CDlgwndDlg::OnSysCommand(UINT nID, LPARAM lParam)
{
        if ((nID & 0xFFF0) == IDM_ABOUTBOX)
        {
                CAboutDlg dlgAbout;
                dlgAbout.DoModal();
        }
        else
        {
                CDialog::OnSysCommand(nID, lParam);
        }
}


// If you add a minimize button to your dialog, you will need the code below
//  to draw the icon.  For MFC applications using the document/view model,
//  this is automatically done for you by the framework.

void CDlgwndDlg::OnPaint()
{
        if (IsIconic())
        {
                CPaintDC dc(this); // device context for painting

                SendMessage(WM_ICONERASEBKGND, (WPARAM) dc.GetSafeHdc(), 0);

                // Center icon in client rectangle
                int cxIcon = GetSystemMetrics(SM_CXICON);
                int cyIcon = GetSystemMetrics(SM_CYICON);
                CRect rect;
                GetClientRect(&rect);
                int x = (rect.Width() - cxIcon + 1) / 2;
                int y = (rect.Height() - cyIcon + 1) / 2;
```

```
                    // Draw the icon
                    dc.DrawIcon(x, y, m_hIcon);
            }
            else
            {
                    CDialog::OnPaint();
            }
    }


    // The system calls this to obtain the cursor to display while the user drags
    //  the minimized window.
    HCURSOR CDlgwndDlg::OnQueryDragIcon()
    {
            return (HCURSOR) m_hIcon;
    }


    void CDlgwndDlg::OnButton1()
    {
            SetWindowPos(NULL, 0, 0, rectWindow.right -
                rectWindow.left, rectWindow.bottom - rectWindow.top,
                SWP_NOZORDER | SWP_NOMOVE);
            SetWindowPos(&wndTopMost, 0, 0, 0, 0, SWP_NOMOVE | SWP_NOSIZE);
            SendMessage(DM_REPOSITION, 0, 0);
    }
```

DLGWND has introduced two advanced window-handling techniques: topmost windows and expanding dialog boxes. In our next program, WND-INFO, we'll go deeper. When users pick any window on the screen, we'll give them a great deal of information about that window, such as the name of the module that registered it, its window styles, its class styles, and the name of its parent window. Because Win32 emphasizes the separateness of our program from other programs, you might not expect this to be possible when we work with windows owned by other processes and other threads. Let's see how it works.

Interrogating Other Windows for Information

Our next program, WNDINFO, lets users select any window on the screen and learn about it. We start with a dialog-based window:

```
  -------------------------------------------------------------
  | wndinfo                                                   |
  |-----------------------------------------------------------|
  |   -------------------      ---------     ---------        |
  | |   Select window   |    |   OK   |    | Cancel |   |     |
  |   -------------------      ---------     ---------        |
  |                                                           |
  |   -------------------------------------                   |
  | |                                   |                     |
  | |                                   |                     |
  | |                                   |                     |
  | |                                   |                     |
  | |                                   |                     |
  |   -------------------------------                         |
  |                                                           |
  -------------------------------------------------------------
```

The user clicks the **Select window** button and then clicks any window; information about that window fills the WNDINFO text box. Here, the user clicked the Windows Solitaire program:

```
  -------------------------------------------------------------
  | wndinfo                                                   |
  |-----------------------------------------------------------|
  |   -------------------      ---------     ---------        |
  | |   Select window   |    |   OK   |    | Cancel |   |     |
  |   -------------------      ---------     ---------        |
  |                                                           |
  |   -------------------------------------                   |
  | |Window text: Solitaire             |                     |
  | |Class Name: Solitaire              |                     |
  | |Module Name: Not available.        |                     |
  | |Class Style: 0x2008                |                     |
  | |Window Style: 0x2e97               |                     |
  |   -------------------------------                         |
  -------------------------------------------------------------
```

There are two major parts to this program: getting the window that the user clicked, and retrieving information from that window. (We will have to be a little careful here. The usual method of doing this, which uses the function GetClassInfoEx(), won't work, because GetClassInfoEx() returns information only about programs in our thread and not some about other thread's programs.) Using AppWizard, create a new dialog-based program that contains the controls just shown, including the **Select window** button (IDC_BUTTON1) and the text box (IDC_EDIT). Now connect a function, OnButton1(), to the click event of the button.

We'll start by capturing the mouse and making sure that all mouse messages come to us,, even if they are directed to other windows.

Capturing the Mouse

Capturing the mouse is easy—we use SetCapture() when the user clicks the button that starts the window selection process:

```
void CWndinfoDlg::OnButton1()
{

-->  SetCapture();
       .
       .
       .

}
```

Now let's disable the button; the window selection process is started, and the user cannot start it again until selecting a window:

```
void CWndinfoDlg::OnButton1()
{

     SetCapture();
-->  GetDlgItem(IDC_BUTTON1)->EnableWindow(FALSE);
       .
       .
       .

}
```

Now we have to wait until the user selects a window, and this means that we have to know a little about mouse capture. Mouse capture works differently in Win32 than in Win16. In Win16, when you have captured the mouse, it's yours for as long as you like. The mouse can range all over the screen, but the mouse messages come to your program only. It's different in Win32, because one program should not be able to restrict all the system resources—especially if, say, that program entered an infinite loop and held on to the mouse forever. The designers of Windows reached a compromise between functionality and security: when you capture the mouse, it's yours until after the next button down event occurs for mouse button 1. (Because mouse buttons can be swapped using SwapMouseButtons(), the primary mouse button is called button 1, although we will make the simplifying assumption that that's the left button here.) After that you have lost mouse capture. That's OK for our program; after the user clicks the **Select window** button, he or she can click any other window. By the time we lose mouse capture, we'll already have a WM_LBUTTONDOWN event that tells us which window (if any) the user clicked.

To read mouse messages, we'll set up a message loop. Even with mouse capture, we could use a ClassWizard function, OnLButtonDown(), to get our WM_LBUTTONDOWN message, but it's useful to see how to get these messages from our message queue ourselves. For example, using PeekMessage(), we can examine waiting messages in our message queue without removing them, something ClassWizard will not set up for us. We'll need this skill, because message loops such as this one are useful when you want to intercept Windows messages. As in the case of coding a dynamic link library (which we'll do in Chapter 6), ClassWizard can't help you.

In this case, we start our message loop by checking a new flag, fSelectionMade, which is set to TRUE only when the user has clicked a window:

```
void CWndinfoDlg::OnButton1()
{
--> BOOL fSelectionMade = FALSE;

    SetCapture();
    GetDlgItem(IDC_BUTTON1)->EnableWindow(FALSE);

--> while (!fSelectionMade){

    }
```

Next, we wait for a message to appear in our message queue using WaitMessage():

```
void CWndinfoDlg::OnButton1()
{
    BOOL fSelectionMade = FALSE;

    SetCapture();
    GetDlgItem(IDC_BUTTON1)->EnableWindow(FALSE);

    while (!fSelectionMade){
-->         WaitMessage();
              .
              .
              .

    }
```

When a message is waiting for us, WaitMessage() will return, and we can examine it using PeekMessage(). Here, we set up a structure of type MSG named msgMouse for the message and ask for all mouse messages by specifying the range of Windows events we want to retrieve from the queue. This range extends from the value WM_MOUSEFIRST to WM_MOUSELAST; defined in **WINUSER.H**, this range encompasses the full numerical range of mouse messages. (WM_KEYFIRST and WM_KEYLAST do the same thing for keyboard messages, as we'll see in Chapter 6.) Finally, to tell PeekMessage() that we want to remove mouse events from the queue, we use the PM_REMOVE parameter; specifying PM_NOREMOVE would allow us to examine messages without removing them from the queue. (There is no equivalent MFC function.)

```
void CWndinfoDlg::OnButton1()
{
    BOOL fSelectionMade = FALSE;

    SetCapture();
    GetDlgItem(IDC_BUTTON1)->EnableWindow(FALSE);

    while (!fSelectionMade){
```

```
-->  MSG msgMouse;
          WaitMessage();
-->       if (PeekMessage(&msgMouse, NULL, WM_MOUSEFIRST,
              WM_MOUSELAST, PM_REMOVE)){
                          .
                          .
                          .

          }
      }
```

Now we take a look to see whether the mouse message was a WM_LBUT-TONDOWN message by explicitly checking the message member of the msgMouse structure:

```
void CWndinfoDlg::OnButton1()
{
    BOOL fSelectionMade = FALSE;
    CWnd* pWndSelected;

    SetCapture();
    GetDlgItem(IDC_BUTTON1)->EnableWindow(FALSE);

    while (!fSelectionMade){
    MSG msgMouse;
          WaitMessage();
          if (PeekMessage(&msgMouse, NULL, WM_MOUSEFIRST,
              WM_MOUSELAST, PM_REMOVE)){
  -->           if (msgMouse.message == WM_LBUTTONDOWN){

                }
          }
      }
```

If the message we just got from the message queue is a WM_LBUTTON-DOWN message, the user clicked the mouse somewhere; now we have to get the window that was clicked. The lParam parameter of our message now in msgMouse holds the mouse location, and we convert this location to a CPoint object, ptMouse:

```
void CWndinfoDlg::OnButton1()
{
    BOOL fSelectionMade = FALSE;
    CWnd* pWndSelected;

    SetCapture();
    GetDlgItem(IDC_BUTTON1)->EnableWindow(FALSE);

    while (!fSelectionMade){
    MSG msgMouse;
        WaitMessage();
        if (PeekMessage(&msgMouse, NULL, WM_MOUSEFIRST,
            WM_MOUSELAST, PM_REMOVE)){
                if (msgMouse.message == WM_LBUTTONDOWN){
-->                     CPoint ptMouse((DWORD) msgMouse.lParam);

                }
            }
    }
```

This mouse location is in client coordinates, and we change it to screen coordinates using ClientToScreen():

```
void CWndinfoDlg::OnButton1()
{
    BOOL fSelectionMade = FALSE;
    CWnd* pWndSelected;

    SetCapture();
    GetDlgItem(IDC_BUTTON1)->EnableWindow(FALSE);

    while (!fSelectionMade){
    MSG msgMouse;
        WaitMessage();
        if (PeekMessage(&msgMouse, NULL, WM_MOUSEFIRST,
            WM_MOUSELAST, PM_REMOVE)){
                if (msgMouse.message == WM_LBUTTONDOWN){
```

```
                              CPoint ptMouse((DWORD) msgMouse.lParam);
              -->             ClientToScreen(&ptMouse);
                                .

                                .

                                .

                    }
                  }
                }
```

We now have the full screen coordinates of the point the user clicked. To obtain the window, we use the handy function WindowFromPt() and also terminate the selection loop by setting fSelectionMade to TRUE:

```
void CWndinfoDlg::OnButton1()
{
    BOOL fSelectionMade = FALSE;
    CWnd* pWndSelected;

    SetCapture();
    GetDlgItem(IDC_BUTTON1)->EnableWindow(FALSE);

    while (!fSelectionMade){
    MSG msgMouse;
            WaitMessage();
            if (PeekMessage(&msgMouse, NULL, WM_MOUSEFIRST,
                WM_MOUSELAST, PM_REMOVE)){
                    if (msgMouse.message == WM_LBUTTONDOWN){
                            CPoint ptMouse((DWORD) msgMouse.lParam);
                            ClientToScreen(&ptMouse);
                        --> pWndSelected = WindowFromPoint(ptMouse);
                        --> fSelectionMade = TRUE;
                    }
                }
            }
}
```

At this point, the user has selected a window, and now, from WindowFromPt(), we have a pointer to a CWnd object representing the window. It's time to interrogate the window to see what we can find out.

Getting Information from a Window

The second half of our WNDINFO program involves using a few key functions—GetWindowText(), GetClassLong(), and GetWindowLong()—to get information from the chosen window. (As we mentioned, using GetClassInfoEx() won't work here, because this function returns results only when you use it on windows in the same thread as WNDINFO.)

We start by releasing mouse capture and by bringing the chosen window to the top of the screen using BringWindowToTop(). But first, we make sure that a window really was chosen (by checking whether the pointer to that window, pWndSelected, is not NULL):

```
void CWndinfoDlg::OnButton1()
{
        .
        .
        .
--> ReleaseCapture();

--> if(pWndSelected){
-->             pWndSelected->BringWindowToTop();
        .
        .
        .
```

Next, we start assembling a string of data to place in the text box. As you may recall, the text box is where the results of our work will be displayed:

```
---------------------------------------------------------
| wndinfo                                                |
|--------------------------------------------------------|
|                                                        |
|   -------------------       --------     --------      |
| |   Select window   |     |  OK  |     | Cancel |    |
|   -------------------       --------     --------      |
|                                                        |
|   -----------------------------                        |
| |Window text: Solitaire      |                         |
| |Class Name: Solitaire       |                         |
| |Module Name: Not available. |                         |
| |Class Style: 0x2008         |                         |
| |Window Style: 0x2e97        |                         |
|   -----------------------------                        |
---------------------------------------------------------
```

We'll call the output string out_string, and we'll add text to it as we decode information from the selected window. The first step is to get the window text of the chosen window (the window text is usually the title of the window in the title bar) using GetWindowText():

```
void CWndinfoDlg::OnButton1()
{
         .
         .
         .
     ReleaseCapture();

     if(pWndSelected){
             pWndSelected->BringWindowToTop();
-->          CString out_string = "", CStringWindowText = "";
-->          pWndSelected->GetWindowText(CStringWindowText);
```

If there is any window text (many control windows don't have any), we add it to out_string:

```
void CWndinfoDlg::OnButton1()
{
        .
        .
        .
    ReleaseCapture();

    if(pWndSelected){
                pWndSelected->BringWindowToTop();
-->             CString out_string = "", CStringWindowText = "";
-->             pWndSelected->GetWindowText(CStringWindowText);
                if(!CStringWindowText.IsEmpty()){
                        out_string += "Window text: ";
                        out_string += CStringWindowText;
                        out_string += "\r\n";
                }
```

To get the class name of the chosen window, we use the GetClassName() function. We have to pass a window handle to this function (it has no CWnd MFC equivalent, which wouldn't use handles). When we get the window's class name, we add it to out_string:

```
void CWndinfoDlg::OnButton1()
{
        .
        .
        .
    ReleaseCapture();

    if(pWndSelected){
                pWndSelected->BringWindowToTop();
-->             const int MAX_CHARS = 100;
-->             char szText[MAX_CHARS];
                CString out_string = "", CStringWindowText = "";
                pWndSelected->GetWindowText(CStringWindowText);
```

```
         if(!CStringWindowText.IsEmpty()){
                out_string += "Window text: ";
                out_string += CStringWindowText;
                out_string += "\r\n";
         }
-->      GetClassName(pWndSelected->m_hWnd, szText, MAX_CHARS);
-->      out_string += "Class Name: ";
-->      out_string += szText;
-->      out_string += "\r\n";
                .
                .
                .
```

The next step is to try to get the name of the module that registered the window. We use GetClassLong(), which returns a long value—usually a Windows handle—that tells us something about the window's class. We use GetClassLong(hWnd, flag), where flag is one of the values shown in Table 3.3.

TABLE 3.3

Value	Result
GCW_ATOM	Gets ATOM value identifying the window class
GCL_CBCLSEXTRA	Gets size of extra memory bytes of class
GCL_CBWNDEXTRA	Gets size of extra memory of window
GCL_HBRBACKGROUND	Gets handle of background brush of the class
GCL_HCURSOR	Gets handle of cursor associated with class
GCL_HICON	Gets handle of icon associated with class
GCL_HICONSM	Gets handle of small icon associated with class
GCL_HMODULE	Gets handle of module that registered class
GCL_MENUNAME	Gets address of menu name string
GCL_STYLE	Gets window-class style bits
GCL_WNDPROC	Gets address of window procedure of class

In code, we use the function GetModuleFileName() to get a file name from the module handle:

```
void CWndinfoDlg::OnButton1()
{
        .
        .
        .

    ReleaseCapture();

    if(pWndSelected){
            pWndSelected->BringWindowToTop();
            const int MAX_CHARS = 100;
            char szText[MAX_CHARS];
            CString out_string = "", CStringWindowText = "";
            pWndSelected->GetWindowText(CStringWindowText);
            if(!CStringWindowText.IsEmpty()){
                    out_string += "Window text: ";
                    out_string += CStringWindowText;
                    out_string += "\r\n";
                            .
                            .
                            .
-->             if(!GetModuleFileName((HMODULE)GetClassLong(pWndSelected->
-->               m_hWnd, GCL_HMODULE), szText, MAX_CHARS)){
-->                     sprintf(szText, "Not available.");
-->             }
-->             out_string += "Module Name: ";
-->             out_string += szText;
-->             out_string += "\r\n";
```

Next, we use GetClassLong() to get the class style, which consists of all the window-class style bits that were ORed together when the class was first created (in a WNDCLASS structure):

```
void CWndinfoDlg::OnButton1()
{
        .
        .
        .

    ReleaseCapture();

    if(pWndSelected){
        .
        .
        .
    -->         sprintf(szText, "%#x", GetClassLong(pWndSelected->m_hWnd,
    -->             GCL_STYLE));
    -->         out_string += "Class Style: ";
    -->         out_string += szText;
    -->         out_string += "\r\n";
                    .
                    .
                    .
```

In addition to GetClassLong(), we can use GetWindowLong(hWnd, flag), where flag is one of the parameters shown in Table 3.4.

TABLE 3.4

Parameter	Result
GWL_EXSTYLE	Gets extended window styles
GWL_STYLE	Gets the window styles
GWL_WNDPROC	Gets address of window's window procedure
GWL_HINSTANCE	Gets handle of the application instance
GWL_HWNDPARENT	Gets handle of parent window, if any
GWL_ID	Gets identifier of the window
GWL_USERDATA	Gets 32-bit value associated with the window

We use GetWindowLong() to retrieve the window's window style bits:

```
void CWndinfoDlg::OnButton1()
{
    .
    .
    .
    ReleaseCapture();

    if(pWndSelected){
        .
        .
        .
-->         sprintf(szText, "%#x", GetWindowLong(pWndSelected->m_hWnd,
-->             GWL_STYLE));
-->         out_string += "Window Style: ";
-->         out_string += szText;
-->         out_string += "\r\n";
        .
        .
```

The functions SetClassLong() and SetWindowLong() set long values instead of retrieving them. For example, we might use SetWindowLong() to change a window's style to WS_EX_TRANSPARENT this way:

```
SetWindowLong(m_hWnd, GWL_EXSTYLE, GetWindowLong(m_hWnd, GWL_EXSTYLE)
    | WS_EX_TRANSPARENT);
```

A transparent window is one that does not receive any WM_PAINT messages, so it is not drawn. This means that whatever is underneath can show through —, and that can be useful. For example, you can make it appear that you have added buttons to one corner of the Windows desktop—where they are readily available to the user. You make a dialog-based window transparent (so that the Windows wallpaper shows through) and then stretch it to fit the screen. (You resize the window by using one of two methods. You examine the screen dimensions, SM_CXSCREEN and SM_CYSCREEN, from a call to GetSystemMetrics()—or use GetDeviceCaps(HORZRES) and GetDeviceCaps(VERTRES) and use SetWindowPos().) Then you make it a bottommost window so that it lies under all other windows. (Another way of doing this in Windows 95 is to use an AppBar, or desktop application toolbar, which can be anchored to one edge of the screen, as with the Windows 95 taskbar.)

Finally, in WNDINFO, we check whether the window has a parent—that is, whether the chosen window was a child window—and, if it does, we can get the parent window's text (usually its title):

```
void CWndinfoDlg::OnButton1()
{
        .
        .
        .

    ReleaseCapture();

    if(pWndSelected){
        .
        .
        .

-->         if(pWndSelected->GetParent() != NULL){
-->             CStringWindowText.Empty();
-->             (pWndSelected->GetParent())->
-->                 GetWindowText(CStringWindowText);
-->             if(!CStringWindowText.IsEmpty()){
-->                 out_string += "Parent window text: ";
-->                 out_string += CStringWindowText;
-->                 out_string += "\r\n";
-->             }
-->         }
```

The final two steps are simply to re-enable the **Select window** button and to place the completed output string, out_string, into the text box:

```
void CWndinfoDlg::OnButton1()
{
        .
        .
        .

    ReleaseCapture();

    if(pWndSelected){
        .
        .
        .

            if(pWndSelected->GetParent() != NULL){
                CStringWindowText.Empty();
                (pWndSelected->GetParent())->
                    GetWindowText(CStringWindowText);
                if(!CStringWindowText.IsEmpty()){
                        out_string += "Parent window text: ";
                        out_string += CStringWindowText;
                        out_string += "\r\n";
                }
            }
-->         SetDlgItemText(IDC_EDIT1,out_string);
-->         GetDlgItem(IDC_BUTTON1)->EnableWindow(TRUE);
    }
}
```

When you run WNDINFO, click **Select window**, and then click any window, you see information about that window as shown in Figure 3.4. Our program is a success.

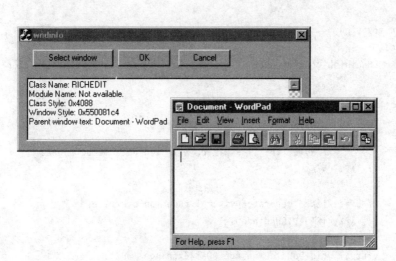

FIGURE 3.4 **WNDINFO** GIVES US INFORMATION ABOUT ANY WINDOW.

The WNDINFO support files—**WNDINFODLG.H** and **WNDINFODLG.CPP**—appear in Listing 3.3.

LISTING 3.3 WNDINFODLG.H AND WNDINFODLG.CPP

```
// wndinfoDlg.h : header file
//


/////////////////////////////////////////////////////////////////////////
// CWndinfoDlg dialog

class CWndinfoDlg : public CDialog
{
```

```
// Construction
public:
        CWndinfoDlg(CWnd* pParent = NULL);          // standard constructor

// Dialog Data
        //{{AFX_DATA(CWndinfoDlg)
        enum { IDD = IDD_WNDINFO_DIALOG };
                // NOTE: the ClassWizard will add data members here
        //}}AFX_DATA

        // ClassWizard generated virtual function overrides
        //{{AFX_VIRTUAL(CWndinfoDlg)
        protected:
        virtual void DoDataExchange(CDataExchange* pDX);
        //}}AFX_VIRTUAL

// Implementation
protected:
        HICON m_hIcon;

        // Generated message map functions
        //{{AFX_MSG(CWndinfoDlg)
        virtual BOOL OnInitDialog();
        afx_msg void OnSysCommand(UINT nID, LPARAM lParam);
        afx_msg void OnPaint();
        afx_msg HCURSOR OnQueryDragIcon();
        afx_msg void OnButton1();
        //}}AFX_MSG
        DECLARE_MESSAGE_MAP()
};


// wndinfoDlg.cpp : implementation file
//

#include "stdafx.h"
#include "wndinfo.h"
#include "wndinfoDlg.h"
```

```
#ifdef _DEBUG
#define new DEBUG_NEW
#undef THIS_FILE
static char THIS_FILE[] = __FILE__;
#endif


/////////////////////////////////////////////////////////////////////////////
// CAboutDlg dialog used for App About

class CAboutDlg : public CDialog
{
public:
        CAboutDlg();

// Dialog Data
        //{{AFX_DATA(CAboutDlg)
        enum { IDD = IDD_ABOUTBOX };
        //}}AFX_DATA

        // ClassWizard generated virtual function overrides
        //{{AFX_VIRTUAL(CAboutDlg)
        protected:
        virtual void DoDataExchange(CDataExchange* pDX);  // DDX/DDV support
        //}}AFX_VIRTUAL

// Implementation
protected:
        //{{AFX_MSG(CAboutDlg)
        //}}AFX_MSG
        DECLARE_MESSAGE_MAP()
};

CAboutDlg::CAboutDlg() : CDialog(CAboutDlg::IDD)
{
        //{{AFX_DATA_INIT(CAboutDlg)
        //}}AFX_DATA_INIT
}
```

```
void CAboutDlg::DoDataExchange(CDataExchange* pDX)
{
        CDialog::DoDataExchange(pDX);
        //{{AFX_DATA_MAP(CAboutDlg)
        //}}AFX_DATA_MAP
}


BEGIN_MESSAGE_MAP(CAboutDlg, CDialog)
        //{{AFX_MSG_MAP(CAboutDlg)
                // No message handlers
        //}}AFX_MSG_MAP
END_MESSAGE_MAP()


/////////////////////////////////////////////////////////////////////////////
// CWndinfoDlg dialog

CWndinfoDlg::CWndinfoDlg(CWnd* pParent /*=NULL*/)
        : CDialog(CWndinfoDlg::IDD, pParent)
{
        //{{AFX_DATA_INIT(CWndinfoDlg)
                // NOTE: the ClassWizard will add member initialization here
        //}}AFX_DATA_INIT
        // Note LoadIcon does not require a subsequent DestroyIcon in Win32
        m_hIcon = AfxGetApp()->LoadIcon(IDR_MAINFRAME);
}


void CWndinfoDlg::DoDataExchange(CDataExchange* pDX)
{
        CDialog::DoDataExchange(pDX);
        //{{AFX_DATA_MAP(CWndinfoDlg)
                // NOTE: the ClassWizard will add DDX and DDV calls here
        //}}AFX_DATA_MAP
}


BEGIN_MESSAGE_MAP(CWndinfoDlg, CDialog)
        //{{AFX_MSG_MAP(CWndinfoDlg)
        ON_WM_SYSCOMMAND()
        ON_WM_PAINT()
        ON_WM_QUERYDRAGICON()
```

```
        ON_BN_CLICKED(IDC_BUTTON1, OnButton1)
        //}}AFX_MSG_MAP
END_MESSAGE_MAP()


/////////////////////////////////////////////////////////////////////////
// CWndinfoDlg message handlers

BOOL CWndinfoDlg::OnInitDialog()
{
        CDialog::OnInitDialog();

        // Add "About..." menu item to system menu.

        // IDM_ABOUTBOX must be in the system command range.
        ASSERT((IDM_ABOUTBOX & 0xFFF0) == IDM_ABOUTBOX);
        ASSERT(IDM_ABOUTBOX < 0xF000);

        CMenu* pSysMenu = GetSystemMenu(FALSE);
        CString strAboutMenu;
        strAboutMenu.LoadString(IDS_ABOUTBOX);
        if (!strAboutMenu.IsEmpty())
        {
                pSysMenu->AppendMenu(MF_SEPARATOR);
                pSysMenu->AppendMenu(MF_STRING, IDM_ABOUTBOX, strAboutMenu);
        }

        // Set icon for this dialog.  The framework does this automatically
        //  when the application's main window is not a dialog
        SetIcon(m_hIcon, TRUE);                         // Set big icon
        SetIcon(m_hIcon, FALSE);                // Set small icon

        // TODO: Add extra initialization here

        return TRUE;  // return TRUE  unless you set the focus to a control
}


void CWndinfoDlg::OnSysCommand(UINT nID, LPARAM lParam)
{
        if ((nID & 0xFFF0) == IDM_ABOUTBOX)
```

```
        {
                CAboutDlg dlgAbout;
                dlgAbout.DoModal();
        }
        else
        {
                CDialog::OnSysCommand(nID, lParam);
        }
}


// If you add a minimize button to your dialog, you will need the code below
//  to draw the icon.  For MFC applications using the document/view model,
//  this is automatically done for you by the framework.

void CWndinfoDlg::OnPaint()
{
        if (IsIconic())
        {
                CPaintDC dc(this); // device context for painting

                SendMessage(WM_ICONERASEBKGND, (WPARAM) dc.GetSafeHdc(), 0);

                // Center icon in client rectangle
                int cxIcon = GetSystemMetrics(SM_CXICON);
                int cyIcon = GetSystemMetrics(SM_CYICON);
                CRect rect;
                GetClientRect(&rect);
                int x = (rect.Width() - cxIcon + 1) / 2;
                int y = (rect.Height() - cyIcon + 1) / 2;

                // Draw the icon
                dc.DrawIcon(x, y, m_hIcon);
        }
        else
        {
                CDialog::OnPaint();
        }
}
```

```
// The system calls this to obtain the cursor to display while the user drags
//   the minimized window.
HCURSOR CWndinfoDlg::OnQueryDragIcon()
{
        return (HCURSOR) m_hIcon;
}


void CWndinfoDlg::OnButton1()
{
        BOOL fSelectionMade = FALSE;
    CWnd* pWndSelected;

    SetCapture();
        GetDlgItem(IDC_BUTTON1)->EnableWindow(FALSE);
    while (!fSelectionMade){
    MSG msgMouse;
            WaitMessage();
            if (PeekMessage(&msgMouse, NULL, WM_MOUSEFIRST,
                WM_MOUSELAST, PM_REMOVE)){
                        if (msgMouse.message == WM_LBUTTONDOWN){
                                CPoint ptMouse((DWORD) msgMouse.lParam);
            ClientToScreen(&ptMouse);
            pWndSelected = WindowFromPoint(ptMouse);
            fSelectionMade = TRUE;
            }
        }
    }

    ReleaseCapture();

        if(pWndSelected){
                const int MAX_CHARS = 100;
                char szText[MAX_CHARS];
                CString out_string = "", CStringWindowText = "";
                pWndSelected->BringWindowToTop();
                pWndSelected->GetWindowText(CStringWindowText);
                if(!CStringWindowText.IsEmpty()){
                        out_string += "Window text: ";
```

```
                out_string += CStringWindowText;
                out_string += "\r\n";
        }
        GetClassName(pWndSelected->m_hWnd, szText, MAX_CHARS);
        out_string += "Class Name: ";
        out_string += szText;
        out_string += "\r\n";
        if(!GetModuleFileName((HMODULE)GetClassLong(pWndSelected->
            m_hWnd, GCL_HMODULE), szText, MAX_CHARS)){
                sprintf(szText, "Not available.");
        }
        out_string += "Module Name: ";
        out_string += szText;
        out_string += "\r\n";
        sprintf(szText, "%#x", GetClassLong(pWndSelected->m_hWnd,
            GCL_STYLE));
        out_string += "Class Style: ";
        out_string += szText;
        out_string += "\r\n";
        sprintf(szText, "%#x", GetWindowLong(pWndSelected->m_hWnd,
            GWL_STYLE));
        out_string += "Window Style: ";
        out_string += szText;
        out_string += "\r\n";
        if(pWndSelected->GetParent() != NULL){
                CStringWindowText.Empty();
                (pWndSelected->GetParent())->
                    GetWindowText(CStringWindowText);
                if(!CStringWindowText.IsEmpty()){
                        out_string += "Parent window text: ";
                        out_string += CStringWindowText;
                        out_string += "\r\n";
                }
        }
        SetDlgItemText(IDC_EDIT1,out_string);
        GetDlgItem(IDC_BUTTON1)->EnableWindow(TRUE);
    }
}
```

Our next topic is subclassing windows, as we see how to customize prede-
fined windows.

Subclassing a Window

Subclassing a window is much like deriving a class from a base class. We
will see how subclassing a text box works: our subclassed text box will look
like any other text box, but when the user types **x**, the text box will beep
and will not accept the character.

Start a new AppWizard dialog-based EXE project named SUBCLASS. To
create and use CEditBeep, our new subclassed text box class, we use
ClassWizard. Open ClassWizard and click the **Add Class** button, selecting
New from the pop-up menu that appears. This opens the Create New Class
dialog box, as shown in Figure 3.5. Give this new class the name CEditBeep
and select the base class **CEdit** from the Base class dropdown list box. Now
click **Create** to create the new class, CEditBeep, whose support files are
EDITBEEP.H and **EDITBEEP.CPP**. As we can see from **EDITBEEP.H**, this new
class is derived from the CEdit class:

```
// EditBeep.h : header file
//


////////////////////////////////////////////////////////////////////////
////
// CEditBeep window

class CEditBeep : public CEdit             <--
{
// Construction
public:
        CEditBeep();
        .
        .
        .
```

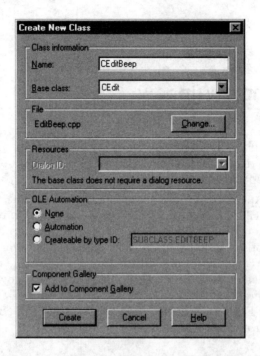

FIGURE 3.5 THE CREATE NEW CLASS DIALOG BOX.

To give our new class the correct behavior—beeping instead of accepting the character **x**—we add an OnChar() function to CEditBeep using ClassWizard. We add the following code, where we pass all typed characters to the CEdit base class except the character **x**:

```
void CEditBeep::OnChar(UINT nChar, UINT nRepCnt, UINT nFlags)
{
 -->    if (nChar == 'x'){
 -->            Beep(0, 0);
 -->    }
 -->    else{
 -->            CEdit::OnChar(nChar, nRepCnt, nFlags);
 -->    }
}
```

That's all we have to do to customize the CEditBeep class. The support files for this class—**EDITBEEP.H** and **EDITBEEP.CPP**—appear in Listing 3.4.

LISTING 3.4 EDITBEEP.H AND EDITBEEP.CPP

```cpp
// EditBeep.h : header file
//


/////////////////////////////////////////////////////////////////////////////
// CEditBeep window

class CEditBeep : public CEdit
{
// Construction
public:
        CEditBeep();

// Attributes
public:

// Operations
public:

// Overrides
        // ClassWizard generated virtual function overrides
        //{{AFX_VIRTUAL(CEditBeep)
        //}}AFX_VIRTUAL

// Implementation
public:
        virtual ~CEditBeep();

        // Generated message map functions
protected:
        //{{AFX_MSG(CEditBeep)
        afx_msg void OnChar(UINT nChar, UINT nRepCnt, UINT nFlags);
        //}}AFX_MSG

        DECLARE_MESSAGE_MAP()
};
```

```
/////////////////////////////////////////////////////////////////////////
// EditBeep.cpp : implementation file
//

#include "stdafx.h"
#include "subclass.h"
#include "EditBeep.h"

#ifdef _DEBUG
#define new DEBUG_NEW
#undef THIS_FILE
static char THIS_FILE[] = __FILE__;
#endif

/////////////////////////////////////////////////////////////////////////
// CEditBeep

CEditBeep::CEditBeep()
{
}

CEditBeep::~CEditBeep()
{
}


BEGIN_MESSAGE_MAP(CEditBeep, CEdit)
        //{{AFX_MSG_MAP(CEditBeep)
        ON_WM_CHAR()
        //}}AFX_MSG_MAP
END_MESSAGE_MAP()

/////////////////////////////////////////////////////////////////////////
// CEditBeep message handlers

void CEditBeep::OnChar(UINT nChar, UINT nRepCnt, UINT nFlags)
{
        if (nChar == 'x'){
```

```
                Beep(0, 0);
        }
        else{
                CEdit::OnChar(nChar, nRepCnt, nFlags);
        }
}
```

Now that we've customized the CEditBeep class, it's time to put it to use in the SUBCLASS program. We add the CEditBeep header file, **EDITBEEP.H**, to our program's header file, **SUBCLASSDLG.H**, so that we can refer to the CEditBeep class in our program. We also create m_EditBeep, a member object of this class:

```
// subclassDlg.h : header file
//


//////////////////////////////////////////////////////////////////////////
// CSubclassDlg dialog

#include "editbeep.h"                   <--
class CSubclassDlg : public CDialog
{
// Construction
public:
        CSubclassDlg(CWnd* pParent = NULL);        // standard constructor
-->     CEditBeep m_EditBeep;
                .
                .
                .
```

Next, add a text box, IDC_EDIT1, to the dialog box along with a button, IDC_BUTTON1. When the user clicks the button, we subclass the text box as a CEditBeep object, so give the button the caption **Subclass text box**. Next, connect a function to the button and open it:

```
void CSubclassDlg::OnButton1()
{

}
```

We subclass the text box to become a CEditBeep object using SubClassDlgItem(). We pass the text box's ID and a pointer to its parent window (i.e., a *this* pointer):

```
void CSubclassDlg::OnButton1()
{
-->     if(!m_EditBeep.SubclassDlgItem(IDC_EDIT1, this)){

        }
}
```

If we were successful in subclassing the text box, we set the focus to the text box; otherwise, we inform the user that we could not subclass it successfully:

```
void CSubclassDlg::OnButton1()
{
        if(!m_EditBeep.SubclassDlgItem(IDC_EDIT1, this)){
-->             MessageBox("Could not subclass text box.");
        }
        else{
-->             GetDlgItem(IDC_EDIT1)->SetFocus();
        }
}
```

When we subclass a control like this, the window procedure in the text box is superseded by the window procedure in the CEditBeep class. Programmers once had to write a new window procedure, which dealt directly with Windows messages, but Visual C++ hides that from us. Instead, we need only derive a new class and add member functions. If we want to pass messages to the original object, we call the base class's functions and pass characters to the text box:

```
void CEditBeep::OnChar(UINT nChar, UINT nRepCnt, UINT nFlags)
{
        if (nChar == 'x'){
                Beep(0, 0);
        }
        else{
-->             CEdit::OnChar(nChar, nRepCnt, nFlags);
        }
}
```

Our program is ready, and you can see it in Figure 3.6. When you type any character except **x**, it appears in the subclassed text box; when you type an **x**, the text box just beeps. Our program is a success. The support files **SUB-CLASSDLG.H** and **SUBCLASSDLG.CPP** appear in Listing 3.5.

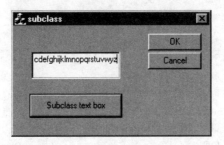

FIGURE 3.6 OUR SUBCLASSED TEXT BOX WILL NOT PRINT THE CHARACTER X.

LISTING 3.5 SUBCLASSDLG.H AND SUBCLASSDLG.CPP

```cpp
// subclassDlg.h : header file
//


/////////////////////////////////////////////////////////////////////////////
// CSubclassDlg dialog

#include "editbeep.h"
class CSubclassDlg : public CDialog
{
// Construction
public:
        CSubclassDlg(CWnd* pParent = NULL);        // standard constructor
        CEditBeep m_EditBeep;
// Dialog Data
        //{{AFX_DATA(CSubclassDlg)
        enum { IDD = IDD_SUBCLASS_DIALOG };
                // NOTE: the ClassWizard will add data members here
        //}}AFX_DATA


        // ClassWizard generated virtual function overrides
        //{{AFX_VIRTUAL(CSubclassDlg)
        protected:
        virtual void DoDataExchange(CDataExchange* pDX);
```

```
            //}}AFX_VIRTUAL

// Implementation
protected:
        HICON m_hIcon;

        // Generated message map functions
        //{{AFX_MSG(CSubclassDlg)
        virtual BOOL OnInitDialog();
        afx_msg void OnSysCommand(UINT nID, LPARAM lParam);
        afx_msg void OnPaint();
        afx_msg HCURSOR OnQueryDragIcon();
        afx_msg void OnButton1();
        //}}AFX_MSG
        DECLARE_MESSAGE_MAP()
};
// subclassDlg.cpp : implementation file
//

#include "stdafx.h"
#include "subclass.h"
#include "subclassDlg.h"

#ifdef _DEBUG
#define new DEBUG_NEW
#undef THIS_FILE
static char THIS_FILE[] = __FILE__;
#endif

/////////////////////////////////////////////////////////////////////////////
// CAboutDlg dialog used for App About

class CAboutDlg : public CDialog
{
public:
        CAboutDlg();

// Dialog Data
        //{{AFX_DATA(CAboutDlg)
        enum { IDD = IDD_ABOUTBOX };
```

```
        //}}AFX_DATA

        // ClassWizard generated virtual function overrides
        //{{AFX_VIRTUAL(CAboutDlg)
        protected:
        virtual void DoDataExchange(CDataExchange* pDX);  // DDX/DDV support
        //}}AFX_VIRTUAL

// Implementation
protected:
        //{{AFX_MSG(CAboutDlg)
        //}}AFX_MSG
        DECLARE_MESSAGE_MAP()
};

CAboutDlg::CAboutDlg() : CDialog(CAboutDlg::IDD)
{
        //{{AFX_DATA_INIT(CAboutDlg)
        //}}AFX_DATA_INIT
}

void CAboutDlg::DoDataExchange(CDataExchange* pDX)
{
        CDialog::DoDataExchange(pDX);
        //{{AFX_DATA_MAP(CAboutDlg)
        //}}AFX_DATA_MAP
}

BEGIN_MESSAGE_MAP(CAboutDlg, CDialog)
        //{{AFX_MSG_MAP(CAboutDlg)
                // No message handlers
        //}}AFX_MSG_MAP
END_MESSAGE_MAP()

/////////////////////////////////////////////////////////////////////////////
// CSubclassDlg dialog

CSubclassDlg::CSubclassDlg(CWnd* pParent /*=NULL*/)
        : CDialog(CSubclassDlg::IDD, pParent)
{
```

```
        //{{AFX_DATA_INIT(CSubclassDlg)
                // NOTE: the ClassWizard will add member initialization here
        //}}AFX_DATA_INIT
        // Note LoadIcon does not require a subsequent DestroyIcon in Win32
        m_hIcon = AfxGetApp()->LoadIcon(IDR_MAINFRAME);
}


void CSubclassDlg::DoDataExchange(CDataExchange* pDX)
{
        CDialog::DoDataExchange(pDX);
        //{{AFX_DATA_MAP(CSubclassDlg)
                // NOTE: the ClassWizard will add DDX and DDV calls here
        //}}AFX_DATA_MAP
}


BEGIN_MESSAGE_MAP(CSubclassDlg, CDialog)
        //{{AFX_MSG_MAP(CSubclassDlg)
        ON_WM_SYSCOMMAND()
        ON_WM_PAINT()
        ON_WM_QUERYDRAGICON()
        ON_BN_CLICKED(IDC_BUTTON1, OnButton1)
        //}}AFX_MSG_MAP
END_MESSAGE_MAP()


/////////////////////////////////////////////////////////////////////////////
// CSubclassDlg message handlers

BOOL CSubclassDlg::OnInitDialog()
{
        CDialog::OnInitDialog();

        // Add "About..." menu item to system menu.

        // IDM_ABOUTBOX must be in the system command range.
        ASSERT((IDM_ABOUTBOX & 0xFFF0) == IDM_ABOUTBOX);
        ASSERT(IDM_ABOUTBOX < 0xF000);

        CMenu* pSysMenu = GetSystemMenu(FALSE);
        CString strAboutMenu;
        strAboutMenu.LoadString(IDS_ABOUTBOX);
```

```
        if (!strAboutMenu.IsEmpty())
        {
                pSysMenu->AppendMenu(MF_SEPARATOR);
                pSysMenu->AppendMenu(MF_STRING, IDM_ABOUTBOX, strAboutMenu);
        }


        // Set icon for this dialog.  The framework does this automatically
        //   when the application's main window is not a dialog
        SetIcon(m_hIcon, TRUE);                         // Set big icon
        SetIcon(m_hIcon, FALSE);                // Set small icon


        // TODO: Add extra initialization here


        return TRUE;  // return TRUE  unless you set the focus to a control
}


void CSubclassDlg::OnSysCommand(UINT nID, LPARAM lParam)
{
        if ((nID & 0xFFF0) == IDM_ABOUTBOX)
        {
                CAboutDlg dlgAbout;
                dlgAbout.DoModal();
        }
        else
        {
                CDialog::OnSysCommand(nID, lParam);
        }
}


// If you add a minimize button to your dialog, you will need the code below
//   to draw the icon.  For MFC applications using the document/view model,
//   this is automatically done for you by the framework.


void CSubclassDlg::OnPaint()
{
        if (IsIconic())
        {
                CPaintDC dc(this); // device context for painting
```

```
                    SendMessage(WM_ICONERASEBKGND, (WPARAM) dc.GetSafeHdc(), 0);

                    // Center icon in client rectangle
                    int cxIcon = GetSystemMetrics(SM_CXICON);
                    int cyIcon = GetSystemMetrics(SM_CYICON);
                    CRect rect;
                    GetClientRect(&rect);
                    int x = (rect.Width() - cxIcon + 1) / 2;
                    int y = (rect.Height() - cyIcon + 1) / 2;

                    // Draw the icon
                    dc.DrawIcon(x, y, m_hIcon);
            }
            else
            {
                    CDialog::OnPaint();
            }
    }


    // The system calls this to obtain the cursor to display while the user drags
    //   the minimized window.
    HCURSOR CSubclassDlg::OnQueryDragIcon()
    {
            return (HCURSOR) m_hIcon;
    }


    void CSubclassDlg::OnButton1()
    {
            if(!m_EditBeep.SubclassDlgItem(IDC_EDIT1, this)){
                    MessageBox("Could not subclass text box.");
            }
            else{
                    GetDlgItem(IDC_EDIT1)->SetFocus();
            }
    }
```

Our final topic for this chapter will be changing a window's style—not after it is already on the screen but before it is created. We'll use the PreWindowCreate() function, a useful function that programmers often neglect.

Using PreWindowCreate() to Modify Window Classes

In this example, we will redefine MDIChild windows to use a different cursor by changing their class before they are created. We will change the cursor to an up arrow from the standard IDC_ARROW cursor. We could do that with a function such as LoadStandardCursor():

```
SetCursor(AfxGetApp()->LoadStandardCursor(IDC_UPARROW));
```

However, setting the cursor as it passed over our window would depend on intercepting mouse events and so on. It's much easier to change the window class to use this IDC_UP_ARROW cursor in PreCreateWindow():

```
BOOL CUpcursorView::PreCreateWindow(CREATESTRUCT& cs)
{

        return CView::PreCreateWindow(cs);
}
```

In this function, which is called before our view class is created, we are passed a pointer to a CREATESTUCT structure that has these members:

```
typedef struct tagCREATESTRUCT{
    LPVOID      lpCreateParams;
    HINSTANCE   hInstance;
    HMENU       hMenu;
    HWND        hwndParent;
    int         cy;
    int         cx;
    int         y;
    int         x;
    LONG        style;
    LPCTSTR     lpszName;
    LPCTSTR     lpszClass;
    DWORD       dwExStyle;
    } CREATESTRUCT;
```

We change the window's class style by setting the cursor to IDC_UPARROW. To do this, we register a new window class with AfxRegisterWndClass() and replace the lpszClass member of the CREATESTRUCT with our new class:

```
BOOL CUpcursorView::PreCreateWindow(CREATESTRUCT& cs)
{
-->     cs.lpszClass = AfxRegisterWndClass(CS_DBLCLKS,
              AfxGetApp()->LoadStandardCursor(IDC_UPARROW),
              (HBRUSH)(COLOR_WINDOW+1),
              AfxGetApp()->LoadIcon(IDR_MAINFRAME));

        return CView::PreCreateWindow(cs);
}
```

We pass this new CREATESTRUCT to the default CView::PreCreateWindow() function, and our new windows are created with the up arrow cursor, as shown in Figure 3.7.

FIGURE 3.7 OUR NEW WINDOW CLASS USES AN UP ARROW CURSOR.

That's it for the up arrow cursor, and that's it for this chapter. We've come far, from learning how to work with mouse capture to registering new window classes, from subclassing a window to using dialog boxes as main windows, from creating topmost windows to expanding dialog boxes and more. In the next chapter, we turn to another popular topic: advanced graphics.

CHAPTER 4

Advanced Graphics

In this chapter, we'll examine some advanced graphics methods, such as drawing anywhere on the screen, capturing all or part of the screen, passing bitmaps to the clipboard, using metafiles to make redrawing our window automatic (eliminating the need for complex code in OnDraw()), and drawing graphics in a fully functional list box. These topics present us with some powerful techniques. Let's get started at once with our screen capture program.

Screen Capture

In this program, we let the user outline a section of screen by stretching a rectangle anywhere on the screen and then copying the contents of the rectangle to the view and to the clipboard (so that the captured section can be pasted into paint programs).

This task is made a little more difficult because of Win32 mouse capture; after we capture the mouse, it's ours only until the next time the primary mouse button goes down. After that, we've lost mouse capture. However, we still need the mouse to outline a rectangle on the screen, so we'll follow the method of several Windows 95 utilities: the user presses the left mouse button while the cursor is in our view and then moves to the start location to begin capture and presses the *right* mouse button to start outlining the capture rectangle, all the while holding down the left mouse button. After the rectangle is outlined, the user releases the right mouse button and we copy the section of the screen that's been outlined.

Let's put this to work. Create a new AppWizard MDI EXE program called WNDCAP. Next, connect functions to all the mouse events we'll need: WM_LBUTTONDOWN, WM_LBUTTONUP, WM_MOUSEMOVE, WM_RBUTTONDOWN, and WM_RBUTTONUP. The user starts the capture process by pressing (and holding) the left mouse button in our view, so we'll set mouse capture there. Because there are two mouse buttons, we'll set two flags: fCapture to indicate that we've set mouse capture (with the left mouse button) and fBoxing to indicate that we are outlining the desired rectangle (using the right mouse button). In CWndcapView::OnLButtonDown(), then, we capture the mouse and set the two flags correctly—fCapture to TRUE and fBoxing to FALSE (because the right mouse button hasn't gone down yet):

```
void CWndcapView::OnLButtonDown(UINT nFlags, CPoint point)
{
-->     SetCapture();
-->     fCapture = TRUE;
-->     fBoxing = FALSE;

        CView::OnLButtonDown(nFlags, point);
}
```

In OnLButtonUp(), the left mouse button has gone up; we release the mouse and reset the two flags:

```
void CWndcapView::OnLButtonUp(UINT nFlags, CPoint point)
{
-->     ReleaseCapture();
-->     fCapture = FALSE;
-->     fBoxing = FALSE;

        CView::OnLButtonUp(nFlags, point);
}
```

After pressing the left mouse button to start mouse capture, the user moves to one corner of the rectangle and presses the right mouse button. We call this first corner of the rectangle the *anchor point*, or ptAnchor, and we set it from the current mouse position. But what does that mean? We are passed the mouse position in OnRButtonDown(), but that is in client coordinates and we are using the entire screen now. To use screen coordinates, we use GetMousePos(), which returns the screen position of the mouse when the current message was generated. Because we are starting the boxing process (drawing the rectangle), we set the fBoxing flag to TRUE:

```
void CWndcapView::OnRButtonDown(UINT nFlags, CPoint point)
{
-->     if (fCapture){
```

```
-->                ptAnchor = GetMessagePos();
-->                fBoxing = TRUE;
-->        }

        CView::OnRButtonDown(nFlags, point);
}
```

At this point, we have started the boxing process. When the user moves the mouse, we want to stretch a rectangle on the screen to display the area that will be captured.

Drawing Anywhere on the Screen

We open the OnMouseMove() function and check to see whether we have mouse capture and are drawing the rectangle:

```
void CWndcapView::OnMouseMove(UINT nFlags, CPoint point)
{
        if (fCapture && fBoxing){

        }

        CView::OnMouseMove(nFlags, point);
}
```

If so, we get the mouse position of the current message:

```
void CWndcapView::OnMouseMove(UINT nFlags, CPoint point)
{
        if (fCapture && fBoxing){
-->            CPoint ptNow = GetMessagePos();
                  .
                  .
                  .
        }

        CView::OnMouseMove(nFlags, point);
}
```

We want to draw on the screen, but how do we get a device context for the entire screen? We get it this way:

```
void CWndcapView::OnMouseMove(UINT nFlags, CPoint point)
{
        if (fCapture && fBoxing){
                CPoint ptNow = GetMessagePos();
-->             CDC dcScreen;
-->             dcScreen.CreateDC("DISPLAY", NULL, NULL, NULL);
                  .

                  .

                  .

        }

        CView::OnMouseMove(nFlags, point);
}
```

Now our device context dcScreen corresponds to the entire screen, and we're free to draw anywhere on it. We start by using SetROP2() to set the drawing mode—the ROP2 (standing for binary raster operation) mode—to R2_NOT. Table 4.1 lists the various SetROP2() options.

TABLE 4.1 THE SetROP2() OPTIONS.

Drawing Mode	Meaning
R2_BLACK	Pixel is always black
R2_WHITE	Pixel is always white
R2_NOP	Pixel does not change
R2_NOT	Pixel is inverse of screen color
R2_COPYPEN	Pixel is pen color
R2_NOTCOPYPEN	Pixel is inverse of pen color
R2_MERGEPENNOT	Pixel is ((NOT screen pixel) OR pen)
R2_MASKPENNOT	Pixel is ((NOT screen pixel) AND pen)
R2_MERGENOTPEN	Pixel is ((NOT pen) OR screen pixel)

R2_MASKNOTPEN	Pixel is ((NOT pen) AND screen pixel)
R2_MERGEPEN	Pixel is (pen OR screen pixel)
R2_NOTMERGEPEN	Pixel is (NOT(pen OR screen pixel))
R2_MASKPEN	Pixel is (pen AND screen pixel)
R2_NOTMASKPEN	Pixel is (NOT(pen AND screen pixel))
R2_XORPEN	Pixel is (pen XOR screen pixel)
R2_NOTXORPEN	Pixel is (NOT(pen XOR screen pixel))

Here we set the ROP2 mode to R2_NOT:

```
void CWndcapView::OnMouseMove(UINT nFlags, CPoint point)
{
        if (fCapture && fBoxing){
                CPoint ptNow = GetMessagePos();
                CDC dcScreen;
                dcScreen.CreateDC("DISPLAY", NULL, NULL, NULL);
    -->         dcScreen.SetROP2(R2_NOT);
                       .
                       .
                       .
        }

        CView::OnMouseMove(nFlags, point);
}
```

As a result, the line we draw is the inverse of anything on the screen and so will be readily visible. In addition, drawing the same line twice will restore the screen to its original condition, and that is valuable because we don't have to store the original screen condition. To make a line appear, all we have to do is to draw it, and, to make it disappear, we just draw it again.

We will use the device context Rectangle() function, which by default draws filled rectangles. We select a NULL_BRUSH into our device context so that the rectangle appears empty and not filled:

```
void CWndcapView::OnMouseMove(UINT nFlags, CPoint point)
{
        if (fCapture && fBoxing){
                CPoint ptNow = GetMessagePos();
            CDC dcScreen;
            dcScreen.CreateDC("DISPLAY", NULL, NULL, NULL);
                dcScreen.SetROP2(R2_NOT);
-->             dcScreen.SelectStockObject(NULL_BRUSH);
                         .
                         .
                         .

        }


        CView::OnMouseMove(nFlags, point);
}
```

Now we're ready to draw the rectangle, which extends from the anchor point to the current mouse location, ptNow:

```
void CWndcapView::OnMouseMove(UINT nFlags, CPoint point)
{
        if (fCapture && fBoxing){
                CPoint ptNow = GetMessagePos();
            CDC dcScreen;
            dcScreen.CreateDC("DISPLAY", NULL, NULL, NULL);
                dcScreen.SetROP2(R2_NOT);
                dcScreen.SelectStockObject(NULL_BRUSH);
-->             dcScreen.Rectangle(CRect(ptAnchor, ptNow));
                         .
                         .
                         .

        }


        CView::OnMouseMove(nFlags, point);
}
```

We also have to remove any previous rectangle that we have drawn from the anchor point to the previous mouse location, which we'll call ptOld. The process of making a rectangle appear to "stretch" on the screen is a matter of erasing old rectangles and drawing new ones as the mouse moves. We erase the previous rectangle, which goes from ptAnchor to ptOld, this way:

```
void CWndcapView::OnMouseMove(UINT nFlags, CPoint point)
{
        if (fCapture && fBoxing){
                CPoint ptNow = GetMessagePos();
            CDC dcScreen;
            dcScreen.CreateDC("DISPLAY", NULL, NULL, NULL);
                dcScreen.SetROP2(R2_NOT);
                dcScreen.SelectStockObject(NULL_BRUSH);
    -->         dcScreen.Rectangle(CRect(ptOld, ptAnchor));
                dcScreen.Rectangle(CRect(ptAnchor, ptNow));
                        .
                        .
                        .
        }


        CView::OnMouseMove(nFlags, point);
}
```

Then we make the current mouse position into the old mouse point, ptOld. The next time we draw a rectangle, we'll be erasing the current one:

```
void CWndcapView::OnMouseMove(UINT nFlags, CPoint point)
{
        if (fCapture && fBoxing){
                CPoint ptNow = GetMessagePos();
            CDC dcScreen;
            dcScreen.CreateDC("DISPLAY", NULL, NULL, NULL);
                dcScreen.SetROP2(R2_NOT);
                dcScreen.SelectStockObject(NULL_BRUSH);
                dcScreen.Rectangle(CRect(ptOld, ptAnchor));
                dcScreen.Rectangle(CRect(ptAnchor, ptNow));
    -->         ptOld = ptNow;
        }


        CView::OnMouseMove(nFlags, point);
}
```

There is one problem: we set ptOld after erasing the old rectangle and drawing the new one; what will ptOld be set to when we want to erase the very first rectangle? To solve this problem, we set ptOld to the anchor point when the right mouse button first goes down and we begin boxing:

```
void CWndcapView::OnRButtonDown(UINT nFlags, CPoint point)
{
        if (fCapture){
                ptAnchor = GetMessagePos();
-->             ptOld = ptAnchor;
                fBoxing = TRUE;
        }

        CView::OnRButtonDown(nFlags, point);
}
```

That's it—we've made a rectangle stretch to match the movements of the mouse on the screen. When the user releases the right mouse button, we want to erase the last rectangle and then capture the outlined area. We do that in OnRButtonUp():

```
void CWndcapView::OnRButtonUp(UINT nFlags, CPoint point)
{

        CView::OnRButtonUp(nFlags, point);
}
```

First, as before, we check to make sure that we have mouse capture and that we're boxing:

```
void CWndcapView::OnRButtonUp(UINT nFlags, CPoint point)
{
        if (fCapture && fBoxing){
                .
                .
                .
        }
        CView::OnRButtonUp(nFlags, point);
}
```

If so, then our first task is to erase the previous rectangle (which goes from ptAnchor to ptOld):

```
void CWndcapView::OnRButtonUp(UINT nFlags, CPoint point)
{
        if (fCapture && fBoxing){
-->             CPoint ptNow = GetMessagePos();
-->             CDC dcScreen;
-->             dcScreen.CreateDC("DISPLAY", NULL, NULL, NULL);
-->             dcScreen.SetROP2(R2_NOT);
-->             dcScreen.SelectStockObject(NULL_BRUSH);
-->             dcScreen.Rectangle(CRect(ptAnchor, ptOld));
                .
                .
                .
        }
        CView::OnRButtonUp(nFlags, point);
}
```

Capturing the Screen

Now we know the rectangle that the user wants to capture: it extends from the current mouse location, ptNow, to the anchor point, ptAnchor. To capture this area to our view, we use the BitBlt() function:

```
BOOL BitBlt( int x, int y, int nWidth, int nHeight, CDC*
pSrcDC, int xSrc, int ySrc, DWORD dwRop );
```

BitBlt() is the powerful low-level bitmap function of Windows. Table 4.2 shows what the various parameters of BitBlt() mean.

TABLE 4.2 BitBlt() parameters.

Parameter	Meaning
x	x-coordinate of the upper-left corner of destination rectangle
y	y-coordinate of the upper-left corner of destination rectangle
nWidth	Width of destination rectangle and source bitmap
nHeight	Height of destination rectangle and source bitmap
pSrcDC	Pointer to a CDC object: the source device context
xSrc	x-coordinate of upper-left corner of source bitmap
ySrc	y-coordinate of upper-left corner of source bitmap
dwRop	Raster operation to be performed

The dwRop parameter can take the values shown in Table 4.3.

TABLE 4.3

Value	Meaning
BLACKNESS	Makes all output black
DSTINVERT	Inverts destination bitmap
MERGECOPY	ANDs pattern and the source bitmap
MERGEPAINT	ORs inverted source bitmap with destination bitmap
NOTSRCCOPY	Copies inverted source bitmap to destination

NOTSRCERASE	Inverts result of ORing destination and source bitmaps
PATCOPY	Copies pattern to destination bitmap
PATINVERT	XORs destination bitmap with the pattern
PATPAINT	ORs inverted source bitmap with the pattern
SRCAND	ANDs pixels of the destination and source bitmaps
SRCCOPY	Copies source bitmap to destination bitmap
SRCERASE	Inverts destination bitmap and ORs with source bitmap
SRCINVERT	XORs pixels of destination and source bitmaps
SRCPAINT	ORs pixels of destination and source bitmaps
WHITENESS	Makes all output white

To use BitBlt(), we must know the width and height of the area we want to copy. (Note that we use the abs() operator instead of simply subtracting points, because the anchor point is not necessarily above and to the left of ptNow, and both the width and height have to be positive values.)

```
void CWndcapView::OnRButtonUp(UINT nFlags, CPoint point)
{
        if (fCapture && fBoxing){
  -->           int nWidth, nHeight;
                CPoint ptNow = GetMessagePos();
                CDC dcScreen;
                dcScreen.CreateDC("DISPLAY", NULL, NULL, NULL);
                dcScreen.SetROP2(R2_NOT);
                dcScreen.SelectStockObject(NULL_BRUSH);
                dcScreen.Rectangle(CRect(ptAnchor, ptOld));

  -->           nWidth = abs(ptNow.x - ptAnchor.x);
  -->           nHeight = abs(ptNow.y - ptAnchor.y);
                        .
                        .
                        .
```

In addition, we need to find the upper-left corner of the region to capture. We can't guarantee the relative placement of ptAnchor and ptNow, we use the min() macro:

```
void CWndcapView::OnRButtonUp(UINT nFlags, CPoint point)
{
        if (fCapture && fBoxing){
                int nWidth, nHeight;
                CPoint ptNow = GetMessagePos();
                CDC dcScreen;
                dcScreen.CreateDC("DISPLAY", NULL, NULL, NULL);
                dcScreen.SetROP2(R2_NOT);
                dcScreen.SelectStockObject(NULL_BRUSH);
                dcScreen.Rectangle(CRect(ptAnchor, ptOld));

                nWidth = abs(ptNow.x - ptAnchor.x);
                nHeight = abs(ptNow.y - ptAnchor.y);

-->             CPoint ptUpperLeft(min(ptAnchor.x, ptNow.x), min(ptAnchor.y,
                        ptNow.y));
                                .
                                .
                                .
```

To transfer the target region from the screen device context to our view, we
get a device context for our view and use BitBlt():

```
void CWndcapView::OnRButtonUp(UINT nFlags, CPoint point)
{
        if (fCapture && fBoxing){
                int nWidth, nHeight;
                CPoint ptNow = GetMessagePos();
                CDC dcScreen;
                dcScreen.CreateDC("DISPLAY", NULL, NULL, NULL);
                dcScreen.SetROP2(R2_NOT);
                dcScreen.SelectStockObject(NULL_BRUSH);
                dcScreen.Rectangle(CRect(ptAnchor, ptOld));

                nWidth = abs(ptNow.x - ptAnchor.x);
                nHeight = abs(ptNow.y - ptAnchor.y);

                CPoint ptUpperLeft(min(ptAnchor.x, ptNow.x), min(ptAnchor.y,
                        ptNow.y));
```

```
-->        CClientDC dc(this);
-->        dc.BitBlt(0, 0, nWidth, nHeight, &dcScreen, ptUpperLeft.x,
               ptUpperLeft.y, SRCCOPY) ;
               .
               .
               .
```

At this point, the section of screen we want to copy appears in our view. We've accomplished screen capture. Now we want to implement code to copy the region of the screen to the clipboard. We'll create a bitmap object, copy the region from the screen to this bitmap, and then copy the bitmap to the clipboard. This means that our first step is to create and fill a bitmap object, and that means creating a CBitmap object and installing it into a device context; in Windows programming, we use bitmap objects after they are installed in device contexts.

Creating a Bitmap Object

To set up the device context to contain our bitmap object, we need a memory device context that is compatible (has the same device-dependent characteristics) with the screen device context. We create such a memory device context, dcMem, using CreateCompatibleDC():

```
void CWndcapView::OnRButtonUp(UINT nFlags, CPoint point)
{
       if (fCapture && fBoxing){
             .
             .
             .

-->          CDC dcMem;

-->          dcMem.CreateCompatibleDC(&dcScreen);
             .
             .
             .
```

Now we create our CBitmap object to match the size of the region we want to capture:

```
void CWndcapView::OnRButtonUp(UINT nFlags, CPoint point)
{
        if (fCapture && fBoxing){
                .
                .
                .
                CDC dcMem;
                CBitmap bmp;

                dcMem.CreateCompatibleDC(&dcScreen);
  -->           bmp.CreateCompatibleBitmap(&dcScreen, nWidth, nHeight);
                .
                .
                .
```

Finally, we load our new bitmap into the memory device context:

```
void CWndcapView::OnRButtonUp(UINT nFlags, CPoint point)
{
        if (fCapture && fBoxing){
                .
                .
                .
                CDC dcMem;
                CBitmap bmp;

                dcMem.CreateCompatibleDC(&dcScreen);
                bmp.CreateCompatibleBitmap(&dcScreen, nWidth, nHeight);
  -->           CBitmap* pOldBitmap = dcMem.SelectObject(&bmp);
                .
                .
                .
```

At this point, our bitmap is installed in the memory device context, dcMem, and we are ready to use BitBlt() to copy the capture region to the bitmap in our device context:

```
void CWndcapView::OnRButtonUp(UINT nFlags, CPoint point)
{
        if (fCapture && fBoxing){
                .
                .
                .

                CDC dcMem;
                CBitmap bmp;

                dcMem.CreateCompatibleDC(&dcScreen);
                bmp.CreateCompatibleBitmap(&dcScreen, nWidth, nHeight);
                CBitmap* pOldBitmap = dcMem.SelectObject(&bmp);

   -->          dcMem.BitBlt(0, 0, nWidth, nHeight, &dcScreen, ptUpperLeft.x,
                        ptUpperLeft.y, SRCCOPY) ;
                .
                .
                .
```

Passing Data to the Clipboard

Now we have filled the bitmap in our memory device context appropriately. To copy it to the clipboard, we use OpenClipboard() and SetClipboardData(). We pass the parameter CF_BITMAP to SetClipboard() to indicate that the data we are transferring is a bitmap. We include the bitmap's handle, which we get by applying the HBITMAP() operator to our bitmap object, bmp. The possible SetClipboard() formats are shown in Table 4.4.

TABLE 4.4

SetClipboard Parameter	Data
CF_BITMAP	Handle to a bitmap (HBITMAP)
CF_DIB	BITMAPINFO structure followed by bitmap
CF_DIF	Software Arts' Data Interchange Format
CF_DSPBITMAP	Private bitmap display format
CF_DSPENHMETAFILE	Enhanced private metafile display format
CF_DSPMETAFILEPICT	Private metafile-picture display format
CF_DSPTEXT	Private text display format
CF_ENHMETAFILE	Handle of enhanced metafile (HENHMETAFILE)
CF_GDIOBJFIRST	Application-defined GDI object clipboard formats to CF_GDIOBJLAST
CF_HDROP	HDROP handle specifying a list of files
CF_LOCALE	Handle to locale identifier
CF_METAFILEPICT	Handle of a metafile picture format
CF_OEMTEXT	OEM character set text
CF_OWNERDISPLAY	Owner-display format
CF_PALETTE	Handle of a color palette
CF_PENDATA	Data for pen extensions
CF_PRIVATEFIRST	Private clipboard formats to CF_PRIVATELAST
CF_RIFF	Audio data more complex than a CF_WAVE format
CF_SYLK	Microsoft Symbolic Link (SYLK) format
CF_TEXT	Text format
CF_WAVE	Audio data in standard wave format
CF_TIFF	Tagged-image file format
CF_UNICODETEXT	Unicode text format

Our use of SetClipboardData() looks like this:

```
void CWndcapView::OnRButtonUp(UINT nFlags, CPoint point)
{
        if (fCapture && fBoxing){
            .
            .

            CDC dcMem;
            CBitmap bmp;
```

```
          dcMem.CreateCompatibleDC(&dcScreen);
          bmp.CreateCompatibleBitmap(&dcScreen, nWidth, nHeight);
          CBitmap* pOldBitmap = dcMem.SelectObject(&bmp);

          dcMem.BitBlt(0, 0, nWidth, nHeight, &dcScreen,
              ptUpperLeft.x, ptUpperLeft.y, SRCCOPY) ;
-->       OpenClipboard();
-->       SetClipboardData(CF_BITMAP, HBITMAP(bmp));
              .

              .

              .
```

All that remains is to close the clipboard and reset the boxing flag:

```
void CWndcapView::OnRButtonUp(UINT nFlags, CPoint point)
{
      if (fCapture && fBoxing){

              .

              .

              .

          CDC dcMem;
          CBitmap bmp;

          dcMem.CreateCompatibleDC(&dcScreen);
          bmp.CreateCompatibleBitmap(&dcScreen, nWidth, nHeight);
          CBitmap* pOldBitmap = dcMem.SelectObject(&bmp);

          dcMem.BitBlt(0, 0, nWidth, nHeight, &dcScreen,
              ptUpperLeft.x, ptUpperLeft.y, SRCCOPY) ;
          OpenClipboard();
          SetClipboardData(CF_BITMAP, HBITMAP(bmp));
-->       CloseClipboard();

-->       fBoxing = FALSE;
      }
      CView::OnRButtonUp(nFlags, point);
}
```

That's it—we've copied our data to the clipboard. Our program is finished, and we can use it to capture rectangles on the screen using the mouse. We press the left mouse button in our view to start mouse capture, move the mouse (while holding the left button down) to the beginning of the rectangle we want to capture, and press the right mouse button, stretching a rectangle as shown in Figure 4.1. When we release the right mouse button, our program captures the region we've outlined, as shown in Figure 4.2. Our capture program is a success.

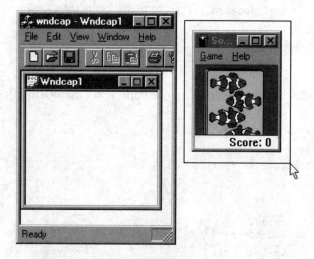

FIGURE 4.1 OUTLINING A RECTANGLE ON THE SCREEN.

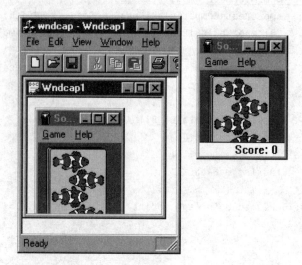

FIGURE 4.2 CAPTURING A PART OF THE SCREEN.

The support files for our screen capture program—**WNDCAPVIEW.H** and
WNDCAPVIEW.CPP—are in Listing 4.1.

LISTING 4.1 WNDCAPVIEW.H AND WNDCAPVIEW.CPP

```
// wndcapView.h : interface of the CWndcapView class
//
/////////////////////////////////////////////////////////////////////////////


class CWndcapView : public CView
{
protected: // create from serialization only
        CWndcapView();
        DECLARE_DYNCREATE(CWndcapView)
        BOOL fCapture, fBoxing;
        CPoint ptAnchor, ptOld;
// Attributes
public:
        CWndcapDoc* GetDocument();


// Operations
public:


// Overrides
        // ClassWizard generated virtual function overrides
        //{{AFX_VIRTUAL(CWndcapView)
        public:
        virtual void OnDraw(CDC* pDC);  // overridden to draw this view
        virtual BOOL PreCreateWindow(CREATESTRUCT& cs);
        protected:
        virtual BOOL OnPreparePrinting(CPrintInfo* pInfo);
        virtual void OnBeginPrinting(CDC* pDC, CPrintInfo* pInfo);
        virtual void OnEndPrinting(CDC* pDC, CPrintInfo* pInfo);
        //}}AFX_VIRTUAL

// Implementation
public:
        virtual ~CWndcapView();
#ifdef _DEBUG
```

```
        virtual void AssertValid() const;
        virtual void Dump(CDumpContext& dc) const;
#endif

protected:

// Generated message map functions
protected:
        //{{AFX_MSG(CWndcapView)
        afx_msg void OnLButtonDown(UINT nFlags, CPoint point);
        afx_msg void OnLButtonUp(UINT nFlags, CPoint point);
        afx_msg void OnMouseMove(UINT nFlags, CPoint point);
        afx_msg void OnRButtonDown(UINT nFlags, CPoint point);
        afx_msg void OnRButtonUp(UINT nFlags, CPoint point);
        //}}AFX_MSG
        DECLARE_MESSAGE_MAP()
};

#ifndef _DEBUG  // debug version in wndcapView.cpp
inline CWndcapDoc* CWndcapView::GetDocument()
   { return (CWndcapDoc*)m_pDocument; }
#endif

// wndcapView.cpp : implementation of the CWndcapView class
//

#include "stdafx.h"
#include "wndcap.h"

#include "wndcapDoc.h"
#include "wndcapView.h"

#ifdef _DEBUG
#define new DEBUG_NEW
#undef THIS_FILE
static char THIS_FILE[] = __FILE__;
#endif
```

```
/////////////////////////////////////////////////////////////////////////
// CWndcapView

IMPLEMENT_DYNCREATE(CWndcapView, CView)

BEGIN_MESSAGE_MAP(CWndcapView, CView)
        //{{AFX_MSG_MAP(CWndcapView)
        ON_WM_LBUTTONDOWN()
        ON_WM_LBUTTONUP()
        ON_WM_MOUSEMOVE()
        ON_WM_RBUTTONDOWN()
        ON_WM_RBUTTONUP()
        //}}AFX_MSG_MAP
        // Standard printing commands
        ON_COMMAND(ID_FILE_PRINT, CView::OnFilePrint)
        ON_COMMAND(ID_FILE_PRINT_DIRECT, CView::OnFilePrint)
        ON_COMMAND(ID_FILE_PRINT_PREVIEW, CView::OnFilePrintPreview)
END_MESSAGE_MAP()

/////////////////////////////////////////////////////////////////////////
// CWndcapView construction/destruction

CWndcapView::CWndcapView()
{
        fCapture = FALSE;
        fBoxing = FALSE;

}


CWndcapView::~CWndcapView()
{
}


BOOL CWndcapView::PreCreateWindow(CREATESTRUCT& cs)
{
        // TODO: Modify the Window class or styles here by modifying
        //   the CREATESTRUCT cs

        return CView::PreCreateWindow(cs);
```

```
}

//////////////////////////////////////////////////////////////////////////
// CWndcapView drawing

void CWndcapView::OnDraw(CDC* pDC)
{
        CWndcapDoc* pDoc - GetDocument();
        ASSERT_VALID(pDoc);

        // TODO: add draw code for native data here
}

//////////////////////////////////////////////////////////////////////////
// CWndcapView printing

BOOL CWndcapView::OnPreparePrinting(CPrintInfo* pInfo)
{
        // default preparation
        return DoPreparePrinting(pInfo);
}

void CWndcapView::OnBeginPrinting(CDC* /*pDC*/, CPrintInfo* /*pInfo*/)
{
        // TODO: add extra initialization before printing
}

void CWndcapView::OnEndPrinting(CDC* /*pDC*/, CPrintInfo* /*pInfo*/)
{
        // TODO: add cleanup after printing
}

//////////////////////////////////////////////////////////////////////////
// CWndcapView diagnostics

#ifdef _DEBUG
void CWndcapView::AssertValid() const
{
        CView::AssertValid();
```

```
}

void CWndcapView::Dump(CDumpContext& dc) const
{
        CView::Dump(dc);
}

CWndcapDoc* CWndcapView::GetDocument() // non-debug version is inline
{
        ASSERT(m_pDocument->IsKindOf(RUNTIME_CLASS(CWndcapDoc)));
        return (CWndcapDoc*)m_pDocument;
}
#endif //_DEBUG

/////////////////////////////////////////////////////////////////////////////
// CWndcapView message handlers

void CWndcapView::OnLButtonDown(UINT nFlags, CPoint point)
{
    SetCapture();
        fCapture = TRUE;
        fBoxing = FALSE;

        CView::OnLButtonDown(nFlags, point);
}

void CWndcapView::OnLButtonUp(UINT nFlags, CPoint point)
{
    ReleaseCapture();
        fCapture = FALSE;
        fBoxing = FALSE;

        CView::OnLButtonUp(nFlags, point);
}

void CWndcapView::OnMouseMove(UINT nFlags, CPoint point)
{
        if (fCapture && fBoxing){
                CPoint ptNow = GetMessagePos();
```

```
                CDC dcScreen;
                dcScreen.CreateDC("DISPLAY", NULL, NULL, NULL);
                    dcScreen.SetROP2(R2_NOT);
                    dcScreen.SelectStockObject(NULL_BRUSH);
                    dcScreen.Rectangle(CRect(ptOld, ptAnchor));
                    dcScreen.Rectangle(CRect(ptAnchor, ptNow));
                    ptOld = ptNow;
            }


        CView::OnMouseMove(nFlags, point);
}


void CWndcapView::OnRButtonDown(UINT nFlags, CPoint point)
{
        if (fCapture){
                ptAnchor = GetMessagePos();
                ptOld = ptAnchor;
                fBoxing = TRUE;
        }


        CView::OnRButtonDown(nFlags, point);
}


void CWndcapView::OnRButtonUp(UINT nFlags, CPoint point)
{
        if (fCapture && fBoxing){
                int nWidth, nHeight;
                CPoint ptNow = GetMessagePos();
                CDC dcScreen;
                dcScreen.CreateDC("DISPLAY", NULL, NULL, NULL);
                dcScreen.SetROP2(R2_NOT);
                dcScreen.SelectStockObject(NULL_BRUSH);
                dcScreen.Rectangle(CRect(ptAnchor, ptOld));

                nWidth = abs(ptNow.x - ptAnchor.x);
                nHeight = abs(ptNow.y - ptAnchor.y);

                CPoint ptUpperLeft(min(ptAnchor.x, ptNow.x), min(ptAnchor.y,
                    ptNow.y));
```

```
        CClientDC dc(this);
        dc.BitBlt(0, 0, nWidth, nHeight, &dcScreen, ptUpperLeft.x,
            ptUpperLeft.y, SRCCOPY) ;

        CDC dcMem;
        CBitmap bmp;

        dcMem.CreateCompatibleDC(&dcScreen);
        bmp.CreateCompatibleBitmap(&dcScreen, nWidth, nHeight);
        CBitmap* pOldBitmap = dcMem.SelectObject(&bmp);

        dcMem.BitBlt(0, 0, nWidth, nHeight, &dcScreen, ptUpperLeft.x,
            ptUpperLeft.y, SRCCOPY) ;
        OpenClipboard();
        SetClipboardData(CF_BITMAP, HBITMAP(bmp));
        CloseClipboard();

        fBoxing = FALSE;
    }
    CView::OnRButtonUp(nFlags, point);
}
```

We have worked with fast bitmap transfers and the clipboard and have learned how to draw anywhere on the screen. We'll take a look at metafiles next.

Using Metafiles to Refresh a View

One perpetual problem that programmers face is the need to redraw the view in OnDraw() when a window is uncovered; most programs have code in OnDraw() for that reason. For example, if the user created some graphics in our view and then covered our window, we'd have to redraw it from scratch. But there is another technique: using metafiles.

A *metafile* is a file of graphics (GDI) function calls that is stored and can be "replayed" on command. For example, if we set up a metafile and then draw lines in it, nothing will appear on the screen. However, if we then close the metafile, we can play it in a device context and the lines we have drawn will appear in the device context. We can even store metafiles on disk (with the extension **.WMF**) if we like, using the CopyMetaFile() function. Then we can read them back in and play them.

We'll use metafiles in our program this way: whenever we make a GDI call to draw in our view, we also make the same call in our metafile (drawing both in our view and in the metafile). Then, when the view needs to be redrawn, all we have to do is to close our metafile, get a handle to it, and then replay it in the client area device context, re-creating the display we made. In this way, we can restore our window's graphics by playing a metafile. In addition, we can play this closed metafile in a new (and still open) metafile to set up our display-refreshing process for next time.

Let's put this technique to work in an SDI program named PERSIST. Create this program using AppWizard. We add a new menu to the menu bar using the Menu Editor. Let's name that new menu Draw:

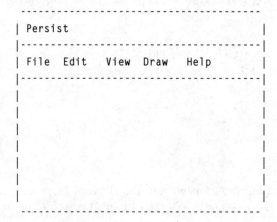

We connect a function—IDC_DRAW—directly to the Draw menu's ID so that when the user clicks the Draw menu, we fill the client area with a grid of lines:

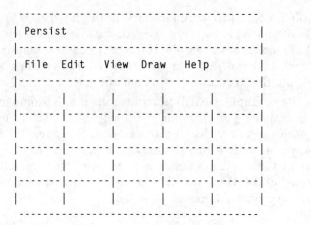

Next, we make sure that this pattern persists by also drawing it in a metafile and redrawing it in OnDraw() by playing the metafile. We start by drawing the grid lines in OnDrawLines(), a function we connect to the Draw menu. Using ClassWizard, connect this function directly to the control ID of the Draw menu so that the menu will not open. Instead, the framework will call the OnDrawLines() function when the user clicks the Draw menu in the menu bar. To draw the grid of lines in OnDrawLines(), we get a device context for our client area and draw lines like this:

```
void CPersistView::OnDrawLines()
{
        CClientDC dc(this);
        CRect rect;

        GetClientRect(&rect);
        int incY = rect.bottom / 10;
        int incX = rect.right / 10;

        for (int loop_index = 0; loop_index < 10; loop_index++){
                dc.MoveTo(rect.left, incY * loop_index);
                dc.LineTo(rect.right, incY * loop_index);
                dc.MoveTo(incX * loop_index, rect.top);
                dc.LineTo(incX * loop_index, rect.bottom);
        }
}
```

Now we make the same set of calls in a metafile to store our graphics calls. Open the view's header file; this is where we store a pointer—named pPersistDC, of type CMetaFile*—to our metafile object:

```
// persistView.h : interface of the CPersistView class
//
/////////////////////////////////////////////////////////////////////////

class CPersistView : public CView
{
protected: // create from serialization only
        CPersistView();
        DECLARE_DYNCREATE(CPersistView)
   -->  CMetaFileDC* pPersistDC;

                .
                .
                .
```

Next, we create a metafile, of class CMetaFileDC, and store a pointer to it in pPersistDC. As with many MFC classes, creating a metafile is a two-step process: declaring the object and then calling its Create() function. We do that in our view's constructor:

```
CPersistView::CPersistView()
{
    -->   pPersistDC = new CMetaFileDC;
    -->   pPersistDC->Create();
}
```

Now we have a pointer to a metafile object in pPersistDC. We also delete this object in the view class's destructor:

```
CPersistView::~CPersistView()
{
    -->   delete pPersistDC;
}
```

At this point, we duplicate in the metafile the calls we have made in our client area's device context. Open the DrawLines() function now. To associate the client area's device context with our metafile, we call the metafile's SetAttribDC() function and pass it the handle of the client area's device context:

```
void CPersistView::OnDrawLines()
{
        CClientDC dc(this);
    -->   pPersistDC->SetAttribDC(dc.m_hDC);
        CRect rect;
        .

        .

        .
```

This step is not technically necessary for what we are going to do here, but it illustrates a point about metafiles. We have seen that we can use a metafile to store GDI calls, and that seems straightforward enough; why do we have to associate an actual device context with it? The answer is that we don't usually use a device context simply for output; we often execute calls to find something about the device context we are drawing in. GetTextExtent(), for example, tells us the length of a string of text in a device context. To make such calls work, we associate a device context with our metafile using SetAttribDC(). (It is not necessary unless we make calls such as the one to GetTextExtent().)

Now we duplicate all the calls we made in our device context in our metafile, pPersistDC:

```
void CPersistView::OnDrawLines()
{
        CClientDC dc(this);
        pPersistDC->SetAttribDC(dc.m_hDC);
        CRect rect;

        GetClientRect(&rect);
        int incY = rect.bottom / 10;
        int incX = rect.right / 10;

        for (int loop_index = 0; loop_index < 10; loop_index++){
                dc.MoveTo(rect.left, incY * loop_index);
                dc.LineTo(rect.right, incY * loop_index);
                dc.MoveTo(incX * loop_index, rect.top);
                dc.LineTo(incX * loop_index, rect.bottom);
  -->           pPersistDC->MoveTo(rect.left, incY * loop_index);
  -->           pPersistDC->LineTo(rect.right, incY * loop_index);
  -->           pPersistDC->MoveTo(incX * loop_index, rect.top);
  -->           pPersistDC->LineTo(incX * loop_index, rect.bottom);
        }
}
```

At this point, then, we have properly filled our metafile and it is ready to replay when we need to refresh our view in OnDraw(). Open this function now:

```
void CPersistView::OnDraw(CDC* pDC)
{
        CPersistDoc* pDoc = GetDocument();
        ASSERT_VALID(pDoc);



}
```

When this function is called, our view needs to be redrawn. We close the metafile pointed to by pPersistDC, get a handle to it, and then play the metafile in the client area device context. We close the metafile and get a handle to it of type HMETAFILE, which we name hmetafile. (We have to close a metafile to get the handle, and we need the handle to play the metafile in a device context.)

```
void CPersistView::OnDraw(CDC* pDC)
{
        CPersistDoc* pDoc = GetDocument();
        ASSERT_VALID(pDoc);
  -->   HMETAFILE hmetafile = pPersistDC->Close();

                   .
                   .
                   .

}
```

Now we play the metafile in the client area device context passed to us in OnDraw():

```
void CPersistView::OnDraw(CDC* pDC)
{
        CPersistDoc* pDoc = GetDocument();
        ASSERT_VALID(pDoc);
        HMETAFILE hmetafile = pPersistDC->Close();
  -->   pDC->PlayMetaFile(hmetafile);

              .
              .
              .
```

At this point, the grid of lines on the screen is restored, as shown in Figure 4.3. We've used metafiles to refresh our window.

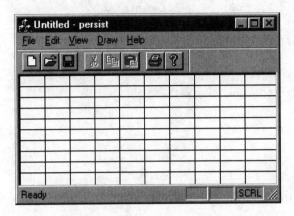

FIGURE 4.3 RESTORING A SCREEN USING METAFILES.

We should set up our metafile again in case OnDraw() is called again. We have closed our metafile and so cannot use it for further GDI calls. However, we do have a handle to the old metafile, so we can create a new metafile and play the old metafile into the new, open metafile, which is then ready for further use. We start by deleting the CMetaFileDC object. (Deleting the object does not affect the metafile handle, which is still valid.)

```
void CPersistView::OnDraw(CDC* pDC)
{
        CPersistDoc* pDoc = GetDocument();
        ASSERT_VALID(pDoc);
        HMETAFILE hmetafile = pPersistDC->Close();
        pDC->PlayMetaFile(hmetafile);
   -->  delete pPersistDC;
                 .
                 .
                 .

}
```

Now we assign a new CMetaFileDC object to the pointer pPersistDC:

```
void CPersistView::OnDraw(CDC* pDC)
{
        CPersistDoc* pDoc = GetDocument();
        ASSERT_VALID(pDoc);
        HMETAFILE hmetafile = pPersistDC->Close();
        pDC->PlayMetaFile(hmetafile);
        delete pPersistDC;
 -->    pPersistDC = new CMetaFileDC();

          .

          .

          .

}
```

Then we call the metafile's Create() member function:

```
void CPersistView::OnDraw(CDC* pDC)
{
        CPersistDoc* pDoc = GetDocument();
        ASSERT_VALID(pDoc);
        HMETAFILE hmetafile = pPersistDC->Close();
        pDC->PlayMetaFile(hmetafile);
        delete pPersistDC;
        pPersistDC = new CMetaFileDC();
 -->    pPersistDC->Create();

          .

          .

          .

}
```

After we've created the new metafile object, we play the old metafile in it, setting it up for the next time OnDraw() is called:

```
void CPersistView::OnDraw(CDC* pDC)
{
        CPersistDoc* pDoc = GetDocument();
        ASSERT_VALID(pDoc);
        HMETAFILE hmetafile = pPersistDC->Close();
        pDC->PlayMetaFile(hmetafile);
        delete pPersistDC;
```

```
        pPersistDC = new CMetaFileDC();
        pPersistDC->Create();
 -->    pPersistDC->PlayMetaFile(hmetafile);
            .
            .
            .

}
```

Finally, we use DeleteMetaFile() to delete the old metafile by deleting its handle:

```
void CPersistView::OnDraw(CDC* pDC)
{
        CPersistDoc* pDoc = GetDocument();
        ASSERT_VALID(pDoc);
        HMETAFILE hmetafile = pPersistDC->Close();
        pDC->PlayMetaFile(hmetafile);
        delete pPersistDC;
        pPersistDC = new CMetaFileDC();
        pPersistDC->Create();
        pPersistDC->PlayMetaFile(hmetafile);
   -->  DeleteMetaFile(hmetafile);
}
```

That's it—we've finished our metafile program, and the view in PERSIST is refreshed on demand. As you can see, metafiles are useful. The support files for the PERSIST program—**PERSISTVIEW.H** and **PERSISTVIEW.CPP**—appear in Listing 4.2.

LISTING 4.2 PERSISTVIEW.H AND PERSISTVIEW.CPP

```
// persistView.h : interface of the CPersistView class
//
/////////////////////////////////////////////////////////////////////////

class CPersistView : public CView
{
protected: // create from serialization only
        CPersistView();
```

```
        DECLARE_DYNCREATE(CPersistView)
        CMetaFileDC* pPersistDC;
// Attributes
public:
        CPersistDoc* GetDocument();


// Operations
public:


// Overrides
        // ClassWizard generated virtual function overrides
        //{{AFX_VIRTUAL(CPersistView)
        public:
        virtual void OnDraw(CDC* pDC);  // overridden to draw this view
        virtual BOOL PreCreateWindow(CREATESTRUCT& cs);
        protected:
        virtual BOOL OnPreparePrinting(CPrintInfo* pInfo);
        virtual void OnBeginPrinting(CDC* pDC, CPrintInfo* pInfo);
        virtual void OnEndPrinting(CDC* pDC, CPrintInfo* pInfo);
        //}}AFX_VIRTUAL


// Implementation
public:
        virtual ~CPersistView();
#ifdef _DEBUG
        virtual void AssertValid() const;
        virtual void Dump(CDumpContext& dc) const;
#endif


protected:

// Generated message map functions
protected:
        //{{AFX_MSG(CPersistView)
        afx_msg void OnDrawLines();
        //}}AFX_MSG
        DECLARE_MESSAGE_MAP()
};
```

```
#ifndef _DEBUG  // debug version in persistView.cpp
inline CPersistDoc* CPersistView::GetDocument()
   { return (CPersistDoc*)m_pDocument; }
#endif

/////////////////////////////////////////////////////////////////////////////
// persistView.cpp : implementation of the CPersistView class
//

#include "stdafx.h"
#include "persist.h"

#include "persistDoc.h"
#include "persistView.h"

#ifdef _DEBUG
#define new DEBUG_NEW
#undef THIS_FILE
static char THIS_FILE[] = __FILE__;
#endif

/////////////////////////////////////////////////////////////////////////////
// CPersistView

IMPLEMENT_DYNCREATE(CPersistView, CView)

BEGIN_MESSAGE_MAP(CPersistView, CView)
        //{{AFX_MSG_MAP(CPersistView)
        ON_COMMAND(IDC_DRAW, OnDrawLines)
        //}}AFX_MSG_MAP
        // Standard printing commands
        ON_COMMAND(ID_FILE_PRINT, CView::OnFilePrint)
        ON_COMMAND(ID_FILE_PRINT_DIRECT, CView::OnFilePrint)
        ON_COMMAND(ID_FILE_PRINT_PREVIEW, CView::OnFilePrintPreview)
END_MESSAGE_MAP()

/////////////////////////////////////////////////////////////////////////////
// CPersistView construction/destruction
```

```
CPersistView::CPersistView()
{
        pPersistDC = new CMetaFileDC;
        pPersistDC->Create();
}


CPersistView::~CPersistView()
{
        delete pPersistDC;
}


BOOL CPersistView::PreCreateWindow(CREATESTRUCT& cs)
{
        // TODO: Modify the Window class or styles here by modifying
        //   the CREATESTRUCT cs

        return CView::PreCreateWindow(cs);
}


/////////////////////////////////////////////////////////////////////////
// CPersistView drawing

void CPersistView::OnDraw(CDC* pDC)
{
        CPersistDoc* pDoc = GetDocument();
        ASSERT_VALID(pDoc);
        HMETAFILE hmetafile = pPersistDC->Close();
        pDC->PlayMetaFile(hmetafile);
        delete pPersistDC;
        pPersistDC = new CMetaFileDC();
        pPersistDC->Create();
        pPersistDC->PlayMetaFile(hmetafile);
        DeleteMetaFile(hmetafile);
}


/////////////////////////////////////////////////////////////////////////
// CPersistView printing

BOOL CPersistView::OnPreparePrinting(CPrintInfo* pInfo)
```

```
{
        // default preparation
        return DoPreparePrinting(pInfo);
}

void CPersistView::OnBeginPrinting(CDC* /*pDC*/, CPrintInfo* /*pInfo*/)
{
        // TODO: add extra initialization before printing
}

void CPersistView::OnEndPrinting(CDC* /*pDC*/, CPrintInfo* /*pInfo*/)
{
        // TODO: add cleanup after printing
}

/////////////////////////////////////////////////////////////////////////
// CPersistView diagnostics

#ifdef _DEBUG
void CPersistView::AssertValid() const
{
        CView::AssertValid();
}

void CPersistView::Dump(CDumpContext& dc) const
{
        CView::Dump(dc);
}

CPersistDoc* CPersistView::GetDocument() // non-debug version is inline
{
        ASSERT(m_pDocument->IsKindOf(RUNTIME_CLASS(CPersistDoc)));
        return (CPersistDoc*)m_pDocument;
}
#endif //_DEBUG

/////////////////////////////////////////////////////////////////////////
// CPersistView message handlers
```

```
void CPersistView::OnDrawLines()
{
        CClientDC dc(this);
        pPersistDC->SetAttribDC(dc.m_hDC);
        CRect rect;

        GetClientRect(&rect);
        int incY = rect.bottom / 10;
        int incX = rect.right / 10;

        for (int loop_index = 0; loop_index < 10; loop_index++){
                dc.MoveTo(rect.left, incY * loop_index);
                dc.LineTo(rect.right, incY * loop_index);
                dc.MoveTo(incX * loop_index, rect.top);
                dc.LineTo(incX * loop_index, rect.bottom);
                pPersistDC->MoveTo(rect.left, incY * loop_index);
                pPersistDC->LineTo(rect.right, incY * loop_index);
                pPersistDC->MoveTo(incX * loop_index, rect.top);
                pPersistDC->LineTo(incX * loop_index, rect.bottom);
        }
}
```

Our next program in this exploration of advanced graphics will use an *owner-draw* control—in this case, a list box whose items we will be responsible for drawing.

Drawing in Owner-Draw Controls

We can draw in controls just as we can draw in other windows, although it takes a little more work. We'll write a program, DRAWLIST, in which we fill a list box with a set of colored ellipses rather than text. The list box will be completely functional, and we can select items by clicking or double-clicking them.

Let's see this in action. Create a new dialog-based EXE project with AppWizard and name it DRAWLIST. Next, add a list box, IDC_LIST1, to the dialog box, as shown in Figure 4.4.

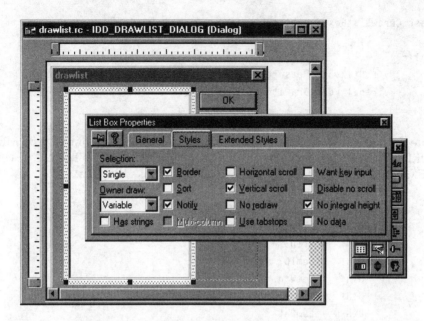

FIGURE 4.4 ADDING A LIST BOX TO OUR DRAWLIST PROGRAM.

Double-click the list box in the Dialog Editor to open the List Box Properties page as shown in Figure 4.4. Select the **Styles** tab and deselect the **Sort** button. Also, select the **Variable** option in the **Owner draw** box. Note that making this an owner-draw list box means that we will be responsible for drawing the items in the list box. Our plan, as with the EDITBEEP program in the last chapter, is to subclass the list box with a new class, which we'll call CDrawListBox. We will handle the drawing of the items in the list box by overriding the base class functions MeasureItem() (so that the list box knows how much space to leave for each item) and DrawItem() (so that we can draw each item with a colored ellipse in it). If we had left this as a sorting list box, we would also override the CompareItem() function so that the list box could sort the items.

The next step is to create the CDrawListBox class based on the CListBox class. We could use ClassWizard to create new support files and so on, but the declaration of CDrawListBox is short, holding only the declaration of our two functions: MeasureItem() and CompareItem(). We add it to our dialog window's header file **DRAWLISTDLG.H**:

```
class CDrawListBox : public CListBox
{
public:
        virtual void MeasureItem(LPMEASUREITEMSTRUCT lpMIS);
        virtual void DrawItem(LPDRAWITEMSTRUCT lpDIS);
};
```

Note that these two functions get a pointer to a structure—one of type MEA-SUREITEMSTRUCT and one of type DRAWITEMSTRUCT. The MEASURE-ITEMSTRUCT, passed to us in MeasureItem(), looks like this:

```
typedef struct tagMEASUREITEMSTRUCT {
    UINT   CtlType;
    UINT   CtlID;
    UINT   itemID;
    UINT   itemWidth;
    UINT   itemHeight;
    DWORD  itemData
} MEASUREITEMSTRUCT;
```

In this function, the program tries to determine the height of the items in the list box. We set the height by filling the MEASUREITEMSTRUCT itemHeight member, so add the function MeasureItem() to the DRAWLIST-DLG.CPP file:

```
void CDrawListBox::MeasureItem(LPMEASUREITEMSTRUCT lpMIStruct)
{


}
```

Here, we get a pointer, lpMIStruct, to a MEASUREITEMSTRUCT, and we set lpMIStruct->itemHeight to the height of our list box item. This measure is in pixels, and you might check the resolution of the screen you are working with before setting it. In this example, we will arbitrarily set the height of our list box items to 30 pixels:

```
#define ITEM_HEIGHT    30

void CDrawListBox::MeasureItem(LPMEASUREITEMSTRUCT lpMIStruct)
{
  -->    lpMIStruct->itemHeight = ITEM_HEIGHT;
}
```

Now we turn to the DrawItem() function. In this function, we are expected to draw the items in our list box. We are passed a pointer to a structure of type DRAWITEMSTRUCT in DrawItem():

```
typedef struct tagDRAWITEMSTRUCT {
    UINT    CtlType;
    UINT    CtlID;
    UINT    itemID;
    UINT    itemAction;
    UINT    itemState;
    HWND    hwndItem;
    HDC     hDC;
    RECT    rcItem;
    DWORD   itemData;
} DRAWITEMSTRUCT;
```

Here, itemID is the ID of the item we are drawing (0-based), hDC is a handle to the device context in which we are supposed to draw our list box items, and itemData holds the data that we added to this item using CListBox::AddString(); itemAction can be any of these values indicating how we must draw the item.

- ODA_DRAWENTIRE: set when the entire control needs to be drawn.
- ODA_FOCUS: set when the control gains or loses the focus.
- ODA_SELECT: set when the selection status has changed.

The itemState member can take the following values, indicating the item's control state:

- ODS_CHECKED: set if a menu item is to be checked.
- ODS_DISABLED: set if an item is to be drawn disabled.
- ODS_FOCUS: set if an item has the input focus.
- ODS_GRAYED: set if an item is to be grayed.
- ODS_SELECTED: set if an item is selected.

Because we are going to fill each list box item with a colored ellipse, we store the color used for each ellipse as that item's data string in the list box. (Instead of text for each list box item, we'll store a COLORREF value, which we place there using CListBox::AddString().) This means that we'll assume in DrawItem() that we can get the drawing color for each item from the item's data:

```
COLORREF crColor = (COLORREF)lpDIStruct->itemData;
```

Furthermore, the rectItem member of the DRAWITEMSTRUCT structure contains the rectangle in which the list box item is to be drawn, so we simply inscribe our colored ellipse in it. The last consideration is that we need to cut this function into three parts—drawing the item in its default state, when it is selected, and when it is deselected. Let's get started now. Add the function CDrawListBox::DrawItem() to **DRAWLISTDLG.CPP**:

```
void CDrawListBox::DrawItem(LPDRAWITEMSTRUCT lpDIStruct)
{


}
```

We start by getting a device context for our item. We use the device context handle, hDC, passed to us, together with FromHandle() to create a CDC-class device context:

```
void CDrawListBox::DrawItem(LPDRAWITEMSTRUCT lpDIStruct)
{
-->    CDC* pDC = CDC::FromHandle(lpDIStruct->hDC);
        .

        .

        .

}
```

Then we get the drawing color from this item, which we have stored in the item's itemData member:

```
void CDrawListBox::DrawItem(LPDRAWITEMSTRUCT lpDIStruct)
{
        CDC* pDC = CDC::FromHandle(lpDIStruct->hDC);
  -->   COLORREF crColor = (COLORREF)lpDIStruct->itemData;
          .
          .
          .

}
```

Now let's handle our first case: drawing the item. We check whether that's the case by examining the DRAWITEMSTRUCT member itemAction:

```
void CDrawListBox::DrawItem(LPDRAWITEMSTRUCT lpDIStruct)
{
        CDC* pDC = CDC::FromHandle(lpDIStruct->hDC);
        COLORREF crColor = (COLORREF)lpDIStruct->itemData;

  -->   if (lpDIStruct->itemAction & ODA_DRAWENTIRE){


        }
```

Now we create a brush of the correct color and draw our ellipse:

```
void CDrawListBox::DrawItem(LPDRAWITEMSTRUCT lpDIStruct)
{
        CDC* pDC = CDC::FromHandle(lpDIStruct->hDC);
        COLORREF crColor = (COLORREF)lpDIStruct->itemData;

        if (lpDIStruct->itemAction & ODA_DRAWENTIRE){
  -->           CBrush brBrush(crColor);
  -->           pDC->SelectObject(brBrush);
  -->           pDC->Ellipse(&lpDIStruct->rcItem);
        }
```

At this point, we've been able to fill our list box with colored ellipses (assuming that we're able to load the list box with the color values we want to use). Next, let's work on the case in which the item is selected by the user, which we check this way:

```
void CDrawListBox::DrawItem(LPDRAWITEMSTRUCT lpDIStruct)
{
        CDC* pDC = CDC::FromHandle(lpDIStruct->hDC);
        COLORREF crColor = (COLORREF)lpDIStruct->itemData;

        if (lpDIStruct->itemAction & ODA_DRAWENTIRE){
                CBrush brBrush(crColor);
                pDC->SelectObject(brBrush);
                pDC->Ellipse(&lpDIStruct->rcItem);
        }

-->     if ((lpDIStruct->itemState & ODS_SELECTED) &&
                (lpDIStruct->itemAction & (ODA_SELECT | ODA_DRAWENTIRE))){

        }
```

We draw a frame rectangle around the selected ellipse in black using the CDC function FrameRect() to indicate that the item has been selected:

```
void CDrawListBox::DrawItem(LPDRAWITEMSTRUCT lpDIStruct)
{
        CDC* pDC = CDC::FromHandle(lpDIStruct->hDC);
        COLORREF crColor = (COLORREF)lpDIStruct->itemData;

        if (lpDIStruct->itemAction & ODA_DRAWENTIRE){
                CBrush brBrush(crColor);
                pDC->SelectObject(brBrush);
                pDC->Ellipse(&lpDIStruct->rcItem);
        }

        if ((lpDIStruct->itemState & ODS_SELECTED) &&
                (lpDIStruct->itemAction & (ODA_SELECT | ODA_DRAWENTIRE))){
-->             COLORREF crSelected = RGB(0, 0, 0);
-->             CBrush br(crSelected);
-->             pDC->FrameRect(&lpDIStruct->rcItem, &br);
        }
}
```

When the item is selected, we draw a black rectangle around it. Finally, let's handle the case in which the item is deselected. We check this way, where the ODS_SELECTED bit is turned off:

```
void CDrawListBox::DrawItem(LPDRAWITEMSTRUCT lpDIStruct)
{
        CDC* pDC = CDC::FromHandle(lpDIStruct->hDC);
        COLORREF crColor = (COLORREF)lpDIStruct->itemData;

        if (lpDIStruct->itemAction & ODA_DRAWENTIRE){
                CBrush brBrush(crColor);
                pDC->SelectObject(brBrush);
                pDC->Ellipse(&lpDIStruct->rcItem);
        }

        if ((lpDIStruct->itemState & ODS_SELECTED) &&
                (lpDIStruct->itemAction & (ODA_SELECT | ODA_DRAWENTIRE))){
                COLORREF crSelected = RGB(0, 0, 0);
                CBrush br(crSelected);
                pDC->FrameRect(&lpDIStruct->rcItem, &br);
        }

  -->   if (!(lpDIStruct->itemState & ODS_SELECTED) &&
                (lpDIStruct->itemAction & ODA_SELECT)){

        }
}
```

We first eliminate the frame around our list item by drawing a new frame in white:

```
void CDrawListBox::DrawItem(LPDRAWITEMSTRUCT lpDIStruct)
{
        CDC* pDC = CDC::FromHandle(lpDIStruct->hDC);
        COLORREF crColor = (COLORREF)lpDIStruct->itemData;

        if (lpDIStruct->itemAction & ODA_DRAWENTIRE){
```

```
                    CBrush brBrush(crColor);
                    pDC->SelectObject(brBrush);
                    pDC->Ellipse(&lpDIStruct->rcItem);
            }

        if ((lpDIStruct->itemState & ODS_SELECTED) &&
                (lpDIStruct->itemAction & (ODA_SELECT | ODA_DRAWENTIRE))){
                COLORREF crSelected = RGB(0, 0, 0);
                CBrush br(crSelected);
                pDC->FrameRect(&lpDIStruct->rcItem, &br);
        }

        if (!(lpDIStruct->itemState & ODS_SELECTED) &&
                (lpDIStruct->itemAction & ODA_SELECT)){
-->             CBrush brBrushClear(RGB(255, 255, 255));
-->             pDC->FrameRect(&lpDIStruct->rcItem, &brBrushClear);

                        .
                        .
                        .

        }
}
```

Because the frame overlaps the extreme edges of our colored ellipse, we also
have to redraw the ellipse to restore its original appearance now that we
have removed the black selection rectangle around it:

```
void CDrawListBox::DrawItem(LPDRAWITEMSTRUCT lpDIStruct)
{
        CDC* pDC = CDC::FromHandle(lpDIStruct->hDC);
        COLORREF crColor = (COLORREF)lpDIStruct->itemData;

        if (lpDIStruct->itemAction & ODA_DRAWENTIRE){
                CBrush brBrush(crColor);
                pDC->SelectObject(brBrush);
                pDC->Ellipse(&lpDIStruct->rcItem);
        }
```

```
        if ((lpDIStruct->itemState & ODS_SELECTED) &&
            (lpDIStruct->itemAction & (ODA_SELECT | ODA_DRAWENTIRE))){
            COLORREF crSelected = RGB(0, 0, 0);
            CBrush br(crSelected);
            pDC->FrameRect(&lpDIStruct->rcItem, &br);
        }

        if (!(lpDIStruct->itemState & ODS_SELECTED) &&
            (lpDIStruct->itemAction & ODA_SELECT)){
            CBrush brBrushClear(RGB(255, 255, 255));
            pDC->FrameRect(&lpDIStruct->rcItem, &brBrushClear);
-->         CBrush brBrush(crColor);
-->         pDC->SelectObject(brBrush);
-->         pDC->Ellipse(&lpDIStruct->rcItem);
        }
}
```

This completes DrawItem() and, with it, our implementation of our new owner-draw list box class, CDrawListBox. We add an object of this new class to our main dialog window this way (from **DRAWLISTDLG.H**):

```
class CDrawlistDlg : public CDialog
{
// Construction
public:
        CDrawlistDlg(CWnd* pParent = NULL);          // standard constructor
            .
            .
            .

protected:
        HICON m_hIcon;
  -->   CDrawListBox  m_drawlist;
            .
            .
            .
```

At this point, our CDrawListBox object is ready to go. To work with it, we subclass the list box in our dialog window, IDC_LIST1, to become a list box of class CDrawListBox, and we do that in OnInitDialog():

```
BOOL CDrawlistDlg::OnInitDialog()
{
        CDialog::OnInitDialog();

-->     if(!m_drawlist.SubclassDlgItem(IDC_LIST1, this))
-->             MessageBox("Listbox not subclassed.");

        // IDM_ABOUTBOX must be in the system command range.
        ASSERT((IDM_ABOUTBOX & 0xFFF0) == IDM_ABOUTBOX);
        ASSERT(IDM_ABOUTBOX < 0xF000);

        CMenu* pSysMenu = GetSystemMenu(FALSE);
        CString strAboutMenu;
        strAboutMenu.LoadString(IDS_ABOUTBOX);
        if (!strAboutMenu.IsEmpty())
        {
                pSysMenu->AppendMenu(MF_SEPARATOR);
                pSysMenu->AppendMenu(MF_STRING, IDM_ABOUTBOX, strAboutMenu);
        }

        // Set icon for this dialog.  The framework does this automatically
        //  when the application's main window is not a dialog
        SetIcon(m_hIcon, TRUE);                         // Set big icon
        SetIcon(m_hIcon, FALSE);                        // Set small icon

        // TODO: Add extra initialization here

        return TRUE;  // return TRUE  unless you set the focus to a control
}
```

Next, we load our list box's items with the color that the corresponding ellipse is to be drawn in; we use m_drawlist.AddString(). We store an assortment of colors to produce items, each having a different colored ellipse:

```
BOOL CDrawlistDlg::OnInitDialog()
{
        CDialog::OnInitDialog();

        if(!m_drawlist.SubclassDlgItem(IDC_LIST1, this))
                MessageBox("Listbox not subclassed.");
```

```
-->  m_drawlist.AddString((LPCTSTR) RGB(  0,   0,   0));
-->  m_drawlist.AddString((LPCTSTR) RGB(  0,   0, 255));
-->  m_drawlist.AddString((LPCTSTR) RGB(  0, 255,   0));
-->  m_drawlist.AddString((LPCTSTR) RGB(255,   0,   0));
-->  m_drawlist.AddString((LPCTSTR) RGB(  0, 255, 255));
-->  m_drawlist.AddString((LPCTSTR) RGB(255,   0, 255));
-->  m_drawlist.AddString((LPCTSTR) RGB(255, 255,   0));
-->  m_drawlist.AddString((LPCTSTR) RGB(255, 255, 255));

     // IDM_ABOUTBOX must be in the system command range.
     ASSERT((IDM_ABOUTBOX & 0xFFF0) == IDM_ABOUTBOX);
     ASSERT(IDM_ABOUTBOX < 0xF000);
              .
              .
              .
}
```

We've set up our list box and displayed it. Our colored ellipses also appear in it, as shown in Figure 4.5. So far, our program is a success.

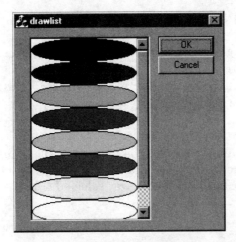

FIGURE 4.5 OUR OWNER-DRAW LIST BOX DISPLAYS ELLIPSES.

The next step is to allow the user to select a list box item. We do that as we might with any list box: in a double-click event handler. Using ClassWizard, connect a function to the LBN_DBLCLK message of IDC_LIST1:

```
void CDrawlistDlg::OnDblclkList1()
{

}
```

In this function, we determine which of our ellipses was double-clicked—
the top item is item 0, the next one item 1, and so on. We use GetCurSel()
for that. (Another way is to send the list box a LB_GETCURSEL message:
SendDlgItemMessage(IDC_LIST1, LB_GETCURSEL, 0, 0L);.)

```
void CDrawlistDlg::OnDblclkList1()
{
    -->   int selected_item = m_drawlist.GetCurSel();
                    .

                    .

                    .

}
```

After storing the index of the double-clicked item in the variable
selected_item, we display that value in a message box:

```
void CDrawlistDlg::OnDblclkList1()
{
            int selected_item = m_drawlist.GetCurSel();
    -->     char sz[30];
    -->     sprintf(sz, "Item %d selected.", selected_item);
    -->     MessageBox(sz);
}
```

When the user double-clicks a list box item, we select that item as shown in
Figure 4.6 (note the black frame drawn around the selected item) and indi-
cate in the message box which item was selected.

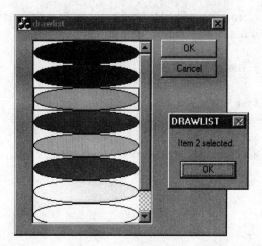

FIGURE 4.6 DOUBLE-CLICKING ALLOWS THE USER TO SELECT ITEMS IN OUR LIST BOX.

We also add code to the dialog window's **OK** button to indicate which item was selected when the user closes the window by clicking **OK**. Use ClassWizard to connect the function OnOK() to the **OK** button, IDOK:

```
void CDrawlistDlg::OnOK()
{
        CDialog::OnOK();
}
```

To see whether the user made a selection, we check the list box's current selection using GetCurSel():

```
void CDrawlistDlg::OnOK()
{
  -->   int selected_item = m_drawlist.GetCurSel();
                .
                .
                .

        CDialog::OnOK();
}
```

If the user has not made a selection, the value in selected_item will be -1.
We ask the user to make a selection before leaving:

```
void CDrawlistDlg::OnOK()
{
        int selected_item = m_drawlist.GetCurSel();
  -->   if (selected_item == -1)
  -->   {
  -->           MessageBox("Please select an item.");
  -->           return;
  -->   }
                    .
                    .
                    .
                    .

        CDialog::OnOK();
}
```

If the user has made a selection before clicking **OK**, we display the index of
the selection in a message box:

```
void CDrawlistDlg::OnOK()
{
        int selected_item = m_drawlist.GetCurSel();
        if (selected_item == -1)
        {
                MessageBox("Please select an item.");
                return;
        }
  -->   char sz[30];
  -->   sprintf(sz, "Item %d selected.", selected_item);
  -->   MessageBox(sz);

        CDialog::OnOK();
}
```

Our DRAWLIST program is complete. We've been able to draw our own list
box items and support item selection. The support files for DRAWLIST—
DRAWLISTDLG.H and **DRAWLISTDLG.CPP**—appear in Listing 4.3.

LISTING 4.3 DRAWLISTDLG.H AND DRAWLISTDLG.CPP

```cpp
// drawlistDlg.h : header file
//


/////////////////////////////////////////////////////////////////////////////
// CDrawlistDlg dialog

class CDrawListBox : public CListBox
{
public:
// Operations

// Implementation
        virtual void MeasureItem(LPMEASUREITEMSTRUCT lpMIS);
        virtual void DrawItem(LPDRAWITEMSTRUCT lpDIS);
};

class CDrawlistDlg : public CDialog
{
// Construction
public:
        CDrawlistDlg(CWnd* pParent = NULL);        // standard constructor

// Dialog Data
        //{{AFX_DATA(CDrawlistDlg)
        enum { IDD = IDD_DRAWLIST_DIALOG };
                // NOTE: the ClassWizard will add data members here
        //}}AFX_DATA


        // ClassWizard generated virtual function overrides
        //{{AFX_VIRTUAL(CDrawlistDlg)
        protected:
        virtual void DoDataExchange(CDataExchange* pDX);
        //}}AFX_VIRTUAL

// Implementation
protected:
        HICON m_hIcon;
```

```
            CDrawListBox  m_drawlist;

            // Generated message map functions
            //{{AFX_MSG(CDrawlistDlg)
            virtual BOOL OnInitDialog();
            afx_msg void OnSysCommand(UINT nID, LPARAM lParam);
            afx_msg void OnPaint();
            afx_msg HCURSOR OnQueryDragIcon();
            virtual void OnOK();
            afx_msg void OnDblclkList1();
            //}}AFX_MSG
            DECLARE_MESSAGE_MAP()
    };


// drawlistDlg.cpp : implementation file
//

#include "stdafx.h"
#include "drawlist.h"
#include "drawlistDlg.h"

#ifdef _DEBUG
#define new DEBUG_NEW
#undef THIS_FILE
static char THIS_FILE[] = __FILE__;
#endif

/////////////////////////////////////////////////////////////////////////////
// CAboutDlg dialog used for App About
/////////////////////////////////////////////////////////////////////////////

#define ITEM_HEIGHT    30

void CDrawListBox::MeasureItem(LPMEASUREITEMSTRUCT lpMIStruct)
{
        lpMIStruct->itemHeight = ITEM_HEIGHT;
}
```

```
void CDrawListBox::DrawItem(LPDRAWITEMSTRUCT lpDIStruct)
{
        CDC* pDC = CDC::FromHandle(lpDIStruct->hDC);
        COLORREF crColor = (COLORREF)lpDIStruct->itemData;

        if (lpDIStruct->itemAction & ODA_DRAWENTIRE){
                CBrush brBrush(crColor);
                pDC->SelectObject(brBrush);
                pDC->Ellipse(&lpDIStruct->rcItem);
        }

        if ((lpDIStruct->itemState & ODS_SELECTED) &&
                (lpDIStruct->itemAction & (ODA_SELECT | ODA_DRAWENTIRE))){
                COLORREF crSelected = RGB(0, 0, 0);
                CBrush br(crSelected);
                pDC->FrameRect(&lpDIStruct->rcItem, &br);
        }

        if (!(lpDIStruct->itemState & ODS_SELECTED) &&
                (lpDIStruct->itemAction & ODA_SELECT)){
                CBrush brBrushClear(RGB(255, 255, 255));
                pDC->FrameRect(&lpDIStruct->rcItem, &brBrushClear);
                CBrush brBrush(crColor);
                pDC->SelectObject(brBrush);
                pDC->Ellipse(&lpDIStruct->rcItem);
        }
}

class CAboutDlg : public CDialog
{
public:
        CAboutDlg();

// Dialog Data
        //{{AFX_DATA(CAboutDlg)
        enum { IDD = IDD_ABOUTBOX };
        //}}AFX_DATA

        // ClassWizard generated virtual function overrides
```

```
        //{{AFX_VIRTUAL(CAboutDlg)
        protected:
        virtual void DoDataExchange(CDataExchange* pDX);      // DDX/DDV support
        //}}AFX_VIRTUAL

// Implementation
protected:
        //{{AFX_MSG(CAboutDlg)
        //}}AFX_MSG
        DECLARE_MESSAGE_MAP()

};

CAboutDlg::CAboutDlg() : CDialog(CAboutDlg::IDD)
{
        //{{AFX_DATA_INIT(CAboutDlg)
        //}}AFX_DATA_INIT
}

void CAboutDlg::DoDataExchange(CDataExchange* pDX)
{
        CDialog::DoDataExchange(pDX);
        //{{AFX_DATA_MAP(CAboutDlg)
        //}}AFX_DATA_MAP
}

BEGIN_MESSAGE_MAP(CAboutDlg, CDialog)
        //{{AFX_MSG_MAP(CAboutDlg)
                // No message handlers
        //}}AFX_MSG_MAP
END_MESSAGE_MAP()

/////////////////////////////////////////////////////////////////////////////
// CDrawlistDlg dialog

CDrawlistDlg::CDrawlistDlg(CWnd* pParent /*=NULL*/)
        : CDialog(CDrawlistDlg::IDD, pParent)
{
        //{{AFX_DATA_INIT(CDrawlistDlg)
```

```
                // NOTE: the ClassWizard will add member initialization here
        //}}AFX_DATA_INIT
        // Note LoadIcon does not require a subsequent DestroyIcon in Win32
        m_hIcon = AfxGetApp()->LoadIcon(IDR_MAINFRAME);
}
```

```
void CDrawlistDlg::DoDataExchange(CDataExchange* pDX)
{
        CDialog::DoDataExchange(pDX);
        //{{AFX_DATA_MAP(CDrawlistDlg)
                // NOTE: the ClassWizard will add DDX and DDV calls here
        //}}AFX_DATA_MAP
}

BEGIN_MESSAGE_MAP(CDrawlistDlg, CDialog)
        //{{AFX_MSG_MAP(CDrawlistDlg)
        ON_WM_SYSCOMMAND()
        ON_WM_PAINT()
        ON_WM_QUERYDRAGICON()
        ON_LBN_DBLCLK(IDC_LIST1, OnDblclkList1)
        //}}AFX_MSG_MAP
END_MESSAGE_MAP()

/////////////////////////////////////////////////////////////////////////////
// CDrawlistDlg message handlers

BOOL CDrawlistDlg::OnInitDialog()
{
        CDialog::OnInitDialog();

        if(!m_drawlist.SubclassDlgItem(IDC_LIST1, this))
                MessageBox("Listbox not subclassed.");

        m_drawlist.AddString((LPCTSTR) RGB(  0,   0,   0));
        m_drawlist.AddString((LPCTSTR) RGB(  0,   0, 255));
        m_drawlist.AddString((LPCTSTR) RGB(  0, 255,   0));
        m_drawlist.AddString((LPCTSTR) RGB(255,   0,   0));
        m_drawlist.AddString((LPCTSTR) RGB(  0, 255, 255));
        m_drawlist.AddString((LPCTSTR) RGB(255,   0, 255));
```

```
        m_drawlist.AddString((LPCTSTR) RGB(255, 255,   0));
        m_drawlist.AddString((LPCTSTR) RGB(255, 255, 255));

        // IDM_ABOUTBOX must be in the system command range.
        ASSERT((IDM_ABOUTBOX & 0xFFF0) == IDM_ABOUTBOX);
        ASSERT(IDM_ABOUTBOX < 0xF000);

        CMenu* pSysMenu = GetSystemMenu(FALSE);
        CString strAboutMenu;
        strAboutMenu.LoadString(IDS_ABOUTBOX);
        if (!strAboutMenu.IsEmpty())
        {
                pSysMenu->AppendMenu(MF_SEPARATOR);
                pSysMenu->AppendMenu(MF_STRING, IDM_ABOUTBOX, strAboutMenu);
        }

        // Set icon for this dialog.  The framework does this automatically
        //  when the application's main window is not a dialog
        SetIcon(m_hIcon, TRUE);                         // Set big icon
        SetIcon(m_hIcon, FALSE);                        // Set small icon

        // TODO: Add extra initialization here

        return TRUE;  // return TRUE  unless you set the focus to a control
}

void CDrawlistDlg::OnSysCommand(UINT nID, LPARAM lParam)
{
        if ((nID & 0xFFF0) == IDM_ABOUTBOX)
        {
                CAboutDlg dlgAbout;
                dlgAbout.DoModal();
        }
        else
        {
                CDialog::OnSysCommand(nID, lParam);
        }
}
```

```
// If you add a minimize button to your dialog, you will need the code below
//   to draw the icon.  For MFC applications using the document/view model,
//   this is automatically done for you by the framework.

void CDrawlistDlg::OnPaint()
{
        if (IsIconic())
        {
                CPaintDC dc(this); // device context for painting

                SendMessage(WM_ICONERASEBKGND, (WPARAM) dc.GetSafeHdc(), 0);

                // Center icon in client rectangle
                int cxIcon = GetSystemMetrics(SM_CXICON);
                int cyIcon = GetSystemMetrics(SM_CYICON);
                CRect rect;
                GetClientRect(&rect);
                int x = (rect.Width() - cxIcon + 1) / 2;
                int y = (rect.Height() - cyIcon + 1) / 2;

                // Draw the icon
                dc.DrawIcon(x, y, m_hIcon);
        }
        else
        {
                CDialog::OnPaint();
        }
}

// The system calls this to obtain the cursor to display while the user drags
//   the minimized window.
HCURSOR CDrawlistDlg::OnQueryDragIcon()
{
        return (HCURSOR) m_hIcon;
}


void CDrawlistDlg::OnOK()
{
```

```
            int selected_item = m_drawlist.GetCurSel();
            if (selected_item == -1)
            {
                    MessageBox("Please select an item.");
                    return;
            }
            char sz[30];
            sprintf(sz, "Item %d selected.", selected_item);
            MessageBox(sz);

            CDialog::OnOK();
    }


void CDrawlistDlg::OnDblclkList1()
{
            int selected_item = m_drawlist.GetCurSel();
            char sz[30];
            sprintf(sz, "Item %d selected.", selected_item);
            MessageBox(sz);
}
```

This completes DRAWLIST, and this completes our exploration of advanced graphics techniques. We've come far in this chapter, from performing screen capture to creating owner-draw list boxes, from using metafiles to seeing how to draw anywhere on the screen. In the next chapter, we'll continue our tour of advanced Visual C++ 4 programming as we explore 32-bit memory handling.

CHAPTER 5

32-bit Memory Handling

Sometimes it's hard to believe that MS-DOS was restricted to 1 MB of memory. In fact, the earliest versions of Windows ran in a 1-MB space and were not very popular. However, when the 80386 processor was introduced, Windows became the operating platform of choice. The 80386 offered 32-bit protected mode, in which the computer can address as much as four gigabytes of memory. That's 4096 MB, or 4,294,967,296 bytes, enough to keep most programmers going for a while.

Windows 3.1 could access as much as 16 MB, and people soon chafed at that—not so much because they had 16-MB programs, but because now they could run several programs at once, and memory usage quickly became taxed. In Windows 95, we can now address all four gigabytes (although we can really use only 2 GB - 4 MB). This chapter is about handling and working with that kind of memory. In this chapter, you'll learn how to allocate virtual memory and physical memory and write a program that scans all of memory and reports what it finds. We'll discuss how to set up shared memory to allow separate processes to share data (not usually done in 32-bit Windows, where processes are supposed to be independent), see how to manage our own 32-bit customized heap, and more. Let's start with an overview of Windows 95 memory.

An Overview of 32-bit Windows 95 Memory

Because Windows 95 programs have four gigabytes of memory space to work with, memory pointers can range from 0x00000000 to 0xFFFFFFFF. Let's break it down. In Windows 95, each process gets its own 4-GB memory space, which it thinks is all its own. In fact, it shares the top two gigabytes with all the other applications running, but it's still useful to think of the 4-GB process space as ours and ours alone. (It is possible to write over the system DLLs and the operating system in high memory in Windows 95, and, because all processes share that memory, doing so halts the system. Windows NT solves this problem by separating the operating system thread and memory from our process space.)

The lowest section of memory—the 64-KB region from 0x00000000 to 0x00000FFF—is reserved in Windows 95 for NULL pointer assignments. For example, if a program loads a pointer with the result of using the *new* operator—but without checking whether the return value is NULL—the program could end up accessing memory in this region, and Windows 95 would stop the program. Not just the first 64 KB, but the entire first 4 MB of memory is reserved for the system. This memory is used to maintain compatibility with Win16 and MS-DOS applications.

Our programs are loaded at the address 0x00400000 (that's the base address of our applications in memory), and we have the space from there to 0x7FFFFFFF, or 2 GB - 4 MB, to work with, which is 2,143,289,344 bytes. Starting at 0x80000000, Windows 95 loads its system DLLs, such as **USER32.DLL**, as we shall see soon with the SCANMEM example program. This region extends to 0xBFFFFFFF. Starting at 0xC0000000 and extending to the very top of memory at 0xFFFFFFFF is the operating system as well as virtual device drivers.

Schematically, memory looks like this:

```
------------------------------------------   --------------
|0xFFFFFFFF                              |                  |
|                                        |                  |
|       Windows 95 operating system      |                  |
|       Virtual device drivers           |                  |
|                                        |                  |
|0xC0000000                              |                  |
|----------------------------------------|            4 GB
|0xBFFFFFFF                              |                  |
|                                        |                  |
|       Shared WIN32 DLLs                |                  |
|       Memory-mapped files              |                  |
|                                        |                  |
|0x80000000                              |                  |
|----------------------------------------|  --------        |
|0x7FFFFFFF                              |          |       |
|                                        |          |       |
|          Your program                  |       2 GB       |
|                                        |          |       |
|                                        |          |       |
|0x00400000                              |          |       |
|----------------------------------------|  ----    |       |
|0x003FFFFF                              |    |     |       |
|                                        |    |     |       |
|    16-bit Windows compatibility        |    |     |       |
|                                        | 4 MB     |       |
|                                        |    |     |       |
|0x00001000                              |    |     |       |
|----------------------------------------|    |     |       |
|0x00000FFF                              |    |     |       |
|                                        |    |     |       |
|  Protected, NULL pointer assignments   |    |     |       |
|  16-bit Windows compatibility          |    |     |       |
|                                        |    |     |       |
|0x00000000                              |    V     V       V
------------------------------------------   ------------
```

Physical vs. Virtual Memory

There are probably very few 80x86 computers that have 4 GB of memory installed. Even so, that is the range our pointers can address in memory. Because of this conflict, hardware designers introduced the ideas of virtual memory and physical memory. *Virtual* memory is the 4-GB address space that we can address; *physical* memory is limited by the actual amount of RAM in your computer and the space on your hard disk. Windows swaps memory in and out of a *paging file* on the disk drive; the size of the disk file is added to the RAM and is considered physical memory. When you run a program, the program's EXE file on disk—called its *image*—is considered part of the paging file (although it is not moved on the disk). This arrangement saves the time it would take to load the EXE file into RAM; instead, the image of the EXE file on disk is considered part of the paging file, and sections of the code (not the data) are read from the disk as needed.

Thus, we are limited only by the size of RAM and disk space. We *map* physical memory to virtual memory before using it. Let's say that we allocate 1 MB of virtual memory using VirtualAlloc() and want to place some data in the first 1 KB of that space. To do that, we must *commit* physical memory using the VirtualAlloc() function. After we have committed physical memory, we can write data to it. We might commit only some of our reserved virtual memory to physical storage—for example, we might reserve only the first and sixth kilobytes of our reserved region. When we are finished with those regions of physical storage, we can deallocate them. We'll see how this works soon.

When memory is transferred into and out of the paging file, it's not transferred byte by byte, a process that would be extremely inefficient. Instead, it's transferred a *page* at a time; on 80x86 Windows 95 systems, a page is 4 KB. In addition, when we allocate memory, the new region of memory must start on a boundary that is a multiple of the *allocation granularity*; on 80x86 systems, the granularity is 64 KB. So if you ask for 26 KB starting at 0x60000000 + 62 KB, the system will allocate 28 KB (a multiple of the page size) at 0x60000000 + 64 KB if that location is available.

Useful Memory Functions

There are a number of functions that help us handle and work with memory. For example, GetSystemInfo() fills a structure of type SYSTEM_INFO, which includes the minimum and maximum application addresses, the allocation granularity, and the page size:

```
typedef struct _SYSTEM_INFO { // sinf
    union {
        DWORD   dwOemId;
        struct {
            WORD wProcessorArchitecture;
            WORD wReserved;
        };
    };
    DWORD   dwPageSize;
    LPVOID  lpMinimumApplicationAddress;
    LPVOID  lpMaximumApplicationAddress;
    DWORD   dwActiveProcessorMask;
    DWORD   dwNumberOfProcessors;
    DWORD   dwProcessorType;
    DWORD   dwAllocationGranularity;
    WORD    wProcessorLevel;
    WORD    wProcessorRevision;
} SYSTEM_INFO;
```

Another function, GlobalMemoryStatus(), returns a MEMORYSTATUS
structure that indicates the total physical, virtual, and paging file memory:

```
typedef struct _MEMORYSTATUS { // mst
    DWORD dwLength;         // sizeof(MEMORYSTATUS)
    DWORD dwMemoryLoad;     // percent of memory in use
    DWORD dwTotalPhys;      // bytes of physical memory
    DWORD dwAvailPhys;      // free physical memory bytes
    DWORD dwTotalPageFile;  // bytes of paging file
    DWORD dwAvailPageFile;  // free bytes of paging file
    DWORD dwTotalVirtual;   // user bytes of address space
    DWORD dwAvailVirtual;   // free user bytes
} MEMORYSTATUS, *LPMEMORYSTATUS;
```

VirtualQuery() lets us examine a region of memory. With this function, we
can determine the base address of an allocated region of memory as well as
the size of the region. This information is returned in a structure of type
MEMORY_BASIC_INFORMATION:

```
typedef struct _MEMORY_BASIC_INFORMATION { // mbi
    PVOID BaseAddress;              // base address of region
    PVOID AllocationBase;          // allocation base address
    DWORD AllocationProtect;       // initial access protection
    DWORD RegionSize;              // size, in bytes, of region
    DWORD State;                   // committed, reserved, free
    DWORD Protect;                 // current access protection
    DWORD Type;                    // type of pages
} MEMORY_BASIC_INFORMATION;
typedef MEMORY_BASIC_INFORMATION *PMEMORY_BASIC_INFORMATION;
```

We'll talk about these functions throughout this chapter. Now let's work directly with virtual and physical memory, allocating and committing it.

Working Directly with Virtual and Physical Memory

Our first program demonstrates the process of reserving a region of virtual memory, committing some of it to physical memory, and then deallocating the memory. This program, VIRTMEM, uses VirtualAlloc() to reserve a section of virtual memory, VirtualAlloc() again to commit some of it to physical storage, and VirtualFree() to free memory. We'll reserve 1 MB of memory, commit the first page of it to physical memory, and then free the memory.

Create a new dialog-based AppWizard EXE project named VIRTMEM and add three buttons to it: **Reserve 1 MB of memory** (IDC_BUTTON1), **Commit first page of reserved memory** (IDC_BUTTON2), and **Free reserved and committed memory** (IDC_BUTTON3). Next, attach functions to each of the buttons: OnButton1(), OnButton2(), and OnButton3(). Open OnButton1() now:

```
void CVirtmemDlg::OnButton1()
{


}
```

In this function, corresponding to the **Reserve 1 MB of memory** button, we want to do just that; reserve one megabyte of virtual memory. We loop through memory, starting at the minimum application address in our address space and incrementing each time by the page size until the system grants our request. This means that we need the minimum application address and the page size, both of which we get from GetSystemInfo(). For this demonstration program, we make the GetSystemInfo() structure, of type SYSTEM_INFO and named m_si, into a member of the CVirtmemDlg class:

```
// virtmemDlg.h : header file
//


class CVirtmemDlg : public CDialog
{
// Construction

        .

        .

        .

// Implementation
protected:
        HICON m_hIcon;
    -->  SYSTEM_INFO m_si;

        .


        .

        .
```

Now we fill that structure in OnButton1():

```
void CVirtmemDlg::OnButton1()
{
    -->  GetSystemInfo(&m_si);

        .

        .

        .

}
```

Next, we set up the loop, in which we keep requesting memory starting at the minimum application address, m_si.lpMinimumApplicationAddress, and incrementing each time by the page size, m_si.dwPageSize. To reserve the memory, we use VirtualAlloc(), which we call this way:

```
LPVOID VirtualAlloc(
    LPVOID  lpAddress,
    DWORD   dwSize,
    DWORD   flAllocationType,
    DWORD   flProtect
);
```

Here, the lpAddress parameter indicates the address at which we want our memory to start, dwSize indicates the size of the region we want, and fAllocationType is one of these values:

- MEM_COMMIT commits physical storage in memory or in the paging file.
- MEM_RESERVE reserves virtual address space.
- MEM_TOP_DOWN allocates memory at the highest possible address.

The flProtect parameter is one of these values:

- PAGE_READONLY allows read access to the committed region.
- PAGE_READWRITE allows read and write access to the committed region.
- PAGE_EXECUTE allows execute access to the committed region.
- PAGE_EXECUTE_READ allows execute and read access to the committed region.
- PAGE_EXECUTE_READWRITE allows execute, read, and write access.
- PAGE_GUARD turns pages in the region into guard pages.
- PAGE_NOACCESS disallows all access to the committed region.
- PAGE_NOCACHE allows no caching of the committed region.

Note the PAGE_GUARD flag. If we use it, pages in our memory region become guard pages, and an attempt to read or write to one causes a STATUS_GUARD_PAGE exception to be raised by the operating system (which then, incidentally, also turns off the STATUS_PAGE_GUARD attribute). If this function succeeds, it returns the pointer to reserved or committed memory; otherwise, it returns NULL. In our case, we keep looping through memory, incrementing a pointer to memory, lpMemRequested, until the memory we want is available at that location and we can allocate it:

```
void CVirtmemDlg::OnButton1()
{
        GetSystemInfo(&m_si);
-->     LPVOID lpMemRequested = m_si.lpMinimumApplicationAddress;
-->     m_lpMemReserved = NULL;
-->     while(m_lpMemReserved == NULL){
-->             m_lpMemReserved = VirtualAlloc(lpMemRequested, 1024*1024,
-->                 MEM_RESERVE, PAGE_READWRITE);
-->             lpMemRequested = (LPVOID) ((LPBYTE) lpMemRequested +
-->                 m_si.dwPageSize);
-->     }
```

After the loop completes, our member pointer m_lpMemReserved holds the address where the system allocated memory for us. We also add m_lpMemReserved to our CVirtMemDlg class's header:

```
// virtmemDlg.h : header file
//


/////////////////////////////////////////////////////////////////////////
// CVirtmemDlg dialog

class CVirtmemDlg : public CDialog
{
// Construction
        .

        .

        .

// Implementation
protected:
        HICON m_hIcon;
        SYSTEM_INFO m_si;
-->     LPVOID m_lpMemReserved;

        .

        .

        .
```

We also initialize m_lpReserved to NULL in CVirtmemDlg's constructor:

```
CVirtmemDlg::CVirtmemDlg(CWnd* pParent /*=NULL*/)
        : CDialog(CVirtmemDlg::IDD, pParent)
{
        //{{AFX_DATA_INIT(CVirtmemDlg)
                // NOTE: the ClassWizard will add member initialization here
        //}}AFX_DATA_INIT
        // Note LoadIcon does not require a subsequent DestroyIcon in Win32
        m_hIcon = AfxGetApp()->LoadIcon(IDR_MAINFRAME);
 -->    m_lpMemReserved = NULL;
}
```

If the pointer m_lpMemReserved is still NULL after we have looped through memory, it means that we weren't able to get any memory, and we put up a message box to that effect:

```
void CVirtmemDlg::OnButton1()
{
        GetSystemInfo(&m_si);
        LPVOID lpMemRequested = m_si.lpMinimumApplicationAddress;
        m_lpMemReserved = NULL;
        while(m_lpMemReserved == NULL){
                m_lpMemReserved = VirtualAlloc(lpMemRequested, 1024*1024,
                    MEM_RESERVE, PAGE_READWRITE);
                lpMemRequested = (LPVOID) ((LPBYTE) lpMemRequested +
                    m_si.dwPageSize);
        }
 -->    if(m_lpMemReserved == NULL){
 -->            MessageBox("Memory could not be reserved.");
 -->    }
            .
            .
            .
```

On the other hand, if we did get the memory we requested, we indicate its starting address:

```
void CVirtmemDlg::OnButton1()
{
        GetSystemInfo(&m_si);
        LPVOID lpMemRequested = m_si.lpMinimumApplicationAddress;
        m_lpMemReserved = NULL;
        while(m_lpMemReserved == NULL){
                m_lpMemReserved = VirtualAlloc(lpMemRequested, 1024*1024,
                    MEM_RESERVE, PAGE_READWRITE);
                lpMemRequested = (LPVOID) ((LPBYTE) lpMemRequested +
                    m_si.dwPageSize);
        }
        if(m_lpMemReserved == NULL){
                MessageBox("Memory could not be reserved.");
        }
  -->   else{
  -->           char sz[40];
  -->           sprintf(sz, "1MB reserved starting at %#x", m_lpMemReserved);
  -->           MessageBox(sz);
  -->   }
}
```

Now we've reserved one megabyte of virtual memory. The next step, in
OnButton2() (**Commit first page of reserved memory**), is to commit the first
page of that memory to physical storage. We start by making sure that we
have memory reserved by checking m_lpReserved; if that pointer is NULL,
we return, indicating an error:

```
void CVirtmemDlg::OnButton2()
{
  -->   if(m_lpMemReserved == NULL){
  -->           Beep(0, 0);
  -->           MessageBox("You must first reserve some memory.");
  -->           return;
  -->   }                           .

                                    .

                                    .
```

If we have reserved memory, we want to commit the first page of it to physical storage, and we do that using the MEM_COMMIT flag in VirtualAlloc(), filling a new member pointer named m_lpMemCommitted:

```
void CVirtmemDlg::OnButton2()
{
        if(m_lpMemReserved == NULL){
                Beep(0, 0);
                MessageBox("You must first reserve some memory.");
                return;
        }
-->             m_lpMemCommitted = VirtualAlloc(m_lpMemReserved,
-->                 m_si.dwPageSize, MEM_COMMIT, PAGE_READWRITE);
                        .
                        .
                        .
```

As with m_lpMemReserved, we make m_lpMemCommitted a member of the CVirtmemDlg class and initialize it to NULL in the constructor. After attempting to commit physical memory, we report on the success or failure of the operation based on the pointer m_lpMemCommitted:

```
void CVirtmemDlg::OnButton2()
{
        if(m_lpMemReserved == NULL){
                Beep(0, 0);
                MessageBox("You must first reserve some memory.");
                return;
        }
                m_lpMemCommitted = VirtualAlloc(m_lpMemReserved,
                    m_si.dwPageSize, MEM_COMMIT, PAGE_READWRITE);
-->     if(m_lpMemCommitted == NULL){
-->             MessageBox("Memory could not be committed.");
-->     }
-->     else{
-->             char sz[40];
-->             sprintf(sz, "One page reserved starting at %#x",
-->                 m_lpMemCommitted);
```

```
-->            MessageBox(sz);
-->    }
}
```

All that remains is to free the memory, and we do that in OnButton3(), the button whose caption reads **Free reserved and committed memory**:

```
void CVirtmemDlg::OnButton3()
{


}
```

We start by checking whether any memory was reserved, making sure that we have some memory to free:

```
void CVirtmemDlg::OnButton3()
{
-->    if(m_lpMemReserved == NULL){
-->            Beep(0, 0);
-->            MessageBox("You must first reserve and commit some memory.");
-->            return;
-->    }        .
                .
                .
```

If so, we use VirtualFree() to free the memory.

```
        BOOL VirtualFree(
            LPVOID  lpAddress,
            DWORD   dwSize,
            DWORD   dwFreeType
        );
```

Here, lpAddress holds the address of the memory to free, and dwSize holds the size of the region. If the dwFreeType parameter is the MEM_RELEASE flag, this value must be 0, so the entire region is released. The dwFreeType parameter can hold one of these flags:

- MEM_DECOMMIT decommits the specified region.
- MEM_RELEASE releases the specified region.

VirtualFree() returns TRUE if it was able to perform the requested operation and FALSE otherwise. We release the memory entirely:

```
void CVirtmemDlg::OnButton3()
{
        if(m_lpMemReserved == NULL){
                Beep(0, 0);
                MessageBox("You must first reserve and commit some memory.");
                return;
        }
-->     if(VirtualFree(m_lpMemReserved, 0, MEM_RELEASE)){
                .
                .
                .

}
```

Finally, we report the results of the memory freeing operation:

```
void CVirtmemDlg::OnButton3()
{
        if(m_lpMemReserved == NULL){
                Beep(0, 0);
                MessageBox("You must first reserve and commit some memory.");
                return;
        }
        if(VirtualFree(m_lpMemReserved, 0, MEM_RELEASE)){
-->             MessageBox("Memory freed.");
-->     }
-->     else{
-->             MessageBox("Memory could not be freed.");
-->     }

}
```

To run the program, we click **Reserve 1 MB of memory** followed by **Commit first page of reserved memory**, as shown in Figure 5.1. To free the memory, we click **Free reserved and committed memory**, as shown in Figure 5.2. Everything operates as it should. Our program is a success.

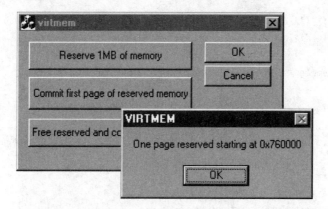

FIGURE 5.1 COMMITTING MEMORY TO PHYSICAL STORAGE.

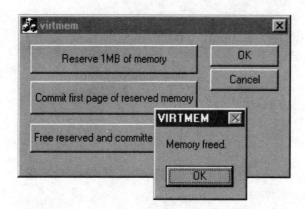

FIGURE 5.2 FREEING RESERVED AND COMMITTED MEMORY.

The VIRTMEM support files—**VIRTMEMDLG.H** and **VIRTMEMEDLG.CPP**—appear in Listing 5.1.

LISTING 5.1 VIRTMEMDLG.H AND VIRTMEMEDLG.CPP

```cpp
// virtmemDlg.h : header file
//

/////////////////////////////////////////////////////////////////////////
// CVirtmemDlg dialog

class CVirtmemDlg : public CDialog
{
// Construction
public:
        CVirtmemDlg(CWnd* pParent = NULL);          // standard constructor

// Dialog Data
        //{{AFX_DATA(CVirtmemDlg)
        enum { IDD = IDD_VIRTMEM_DIALOG };
                // NOTE: the ClassWizard will add data members here
        //}}AFX_DATA

        // ClassWizard generated virtual function overrides
        //{{AFX_VIRTUAL(CVirtmemDlg)
        protected:
        virtual void DoDataExchange(CDataExchange* pDX);
        //}}AFX_VIRTUAL

// Implementation
protected:
        HICON m_hIcon;
        SYSTEM_INFO m_si;
        LPVOID m_lpMemReserved;
        LPVOID m_lpMemCommitted;

        // Generated message map functions
        //{{AFX_MSG(CVirtmemDlg)
        virtual BOOL OnInitDialog();
        afx_msg void OnSysCommand(UINT nID, LPARAM lParam);
        afx_msg void OnPaint();
        afx_msg HCURSOR OnQueryDragIcon();
```

```
        afx_msg void OnButton1();
        afx_msg void OnButton2();
        afx_msg void OnButton3();
        //}}AFX_MSG
        DECLARE_MESSAGE_MAP()
};


// virtmemDlg.cpp : implementation file
//

#include "stdafx.h"
#include "virtmem.h"
#include "virtmemDlg.h"

#ifdef _DEBUG
#define new DEBUG_NEW
#undef THIS_FILE
static char THIS_FILE[] = __FILE__;
#endif

/////////////////////////////////////////////////////////////////////////
// CAboutDlg dialog used for App About

class CAboutDlg : public CDialog
{
public:
        CAboutDlg();

// Dialog Data
        //{{AFX_DATA(CAboutDlg)
        enum { IDD = IDD_ABOUTBOX };
        //}}AFX_DATA

        // ClassWizard generated virtual function overrides
        //{{AFX_VIRTUAL(CAboutDlg)
        protected:
        virtual void DoDataExchange(CDataExchange* pDX);    // DDX/DDV support
        //}}AFX_VIRTUAL
```

```
// Implementation
protected:
        //{{AFX_MSG(CAboutDlg)
        //}}AFX_MSG
        DECLARE_MESSAGE_MAP()
};

CAboutDlg::CAboutDlg() : CDialog(CAboutDlg::IDD)
{
        //{{AFX_DATA_INIT(CAboutDlg)
        //}}AFX_DATA_INIT
}

void CAboutDlg::DoDataExchange(CDataExchange* pDX)
{
        CDialog::DoDataExchange(pDX);
        //{{AFX_DATA_MAP(CAboutDlg)
        //}}AFX_DATA_MAP
}

BEGIN_MESSAGE_MAP(CAboutDlg, CDialog)
        //{{AFX_MSG_MAP(CAboutDlg)
                // No message handlers
        //}}AFX_MSG_MAP
END_MESSAGE_MAP()

/////////////////////////////////////////////////////////////////////////////
// CVirtmemDlg dialog

CVirtmemDlg::CVirtmemDlg(CWnd* pParent /*=NULL*/)
        : CDialog(CVirtmemDlg::IDD, pParent)
{
        //{{AFX_DATA_INIT(CVirtmemDlg)
                // NOTE: the ClassWizard will add member initialization here
        //}}AFX_DATA_INIT
        // Note LoadIcon does not require a subsequent DestroyIcon in Win32
        m_hIcon = AfxGetApp()->LoadIcon(IDR_MAINFRAME);
        m_lpMemReserved = NULL;
        m_lpMemCommitted = NULL;
```

```
}

void CVirtmemDlg::DoDataExchange(CDataExchange* pDX)
{
        CDialog::DoDataExchange(pDX);
        //{{AFX_DATA_MAP(CVirtmemDlg)
                // NOTE: the ClassWizard will add DDX and DDV calls here
        //}}AFX_DATA_MAP
}


BEGIN_MESSAGE_MAP(CVirtmemDlg, CDialog)
        //{{AFX_MSG_MAP(CVirtmemDlg)
        ON_WM_SYSCOMMAND()
        ON_WM_PAINT()
        ON_WM_QUERYDRAGICON()
        ON_BN_CLICKED(IDC_BUTTON1, OnButton1)
        ON_BN_CLICKED(IDC_BUTTON2, OnButton2)
        ON_BN_CLICKED(IDC_BUTTON3, OnButton3)
        //}}AFX_MSG_MAP
END_MESSAGE_MAP()

/////////////////////////////////////////////////////////////////////
// CVirtmemDlg message handlers

BOOL CVirtmemDlg::OnInitDialog()
{
        CDialog::OnInitDialog();

        // Add "About..." menu item to system menu.

        // IDM_ABOUTBOX must be in the system command range.
        ASSERT((IDM_ABOUTBOX & 0xFFF0) == IDM_ABOUTBOX);
        ASSERT(IDM_ABOUTBOX < 0xF000);

        CMenu* pSysMenu = GetSystemMenu(FALSE);
        CString strAboutMenu;
        strAboutMenu.LoadString(IDS_ABOUTBOX);
        if (!strAboutMenu.IsEmpty())
        {
```

```
                pSysMenu->AppendMenu(MF_SEPARATOR);
                pSysMenu->AppendMenu(MF_STRING, IDM_ABOUTBOX, strAboutMenu);
        }

        // Set icon for this dialog.  The framework does this automatically
        //  when the application's main window is not a dialog
        SetIcon(m_hIcon, TRUE);                          // Set big icon
        SetIcon(m_hIcon, FALSE);                 // Set small icon

        // TODO: Add extra initialization here

        return TRUE;  // return TRUE  unless you set the focus to a control
}

void CVirtmemDlg::OnSysCommand(UINT nID, LPARAM lParam)
{
        if ((nID & 0xFFF0) == IDM_ABOUTBOX)
        {
                CAboutDlg dlgAbout;
                dlgAbout.DoModal();
        }
        else
        {
                CDialog::OnSysCommand(nID, lParam);
        }
}


// If you add a minimize button to your dialog, you will need the code below
//  to draw the icon.  For MFC applications using the document/view model,
//  this is automatically done for you by the framework.

void CVirtmemDlg::OnPaint()
{
        if (IsIconic())
        {
                CPaintDC dc(this); // device context for painting

                SendMessage(WM_ICONERASEBKGND, (WPARAM) dc.GetSafeHdc(), 0);
```

```
            // Center icon in client rectangle
            int cxIcon = GetSystemMetrics(SM_CXICON);
            int cyIcon = GetSystemMetrics(SM_CYICON);
            CRect rect;
            GetClientRect(&rect);
            int x = (rect.Width() - cxIcon + 1) / 2;
            int y = (rect.Height() - cyIcon + 1) / 2;

            // Draw the icon
            dc.DrawIcon(x, y, m_hIcon);
    }
    else
    {
            CDialog::OnPaint();
    }
}


// The system calls this to obtain the cursor to display while the user drags
//  the minimized window.
HCURSOR CVirtmemDlg::OnQueryDragIcon()
{
    return (HCURSOR) m_hIcon;
}


void CVirtmemDlg::OnButton1()
{
    GetSystemInfo(&m_si);
    LPVOID lpMemRequested = m_si.lpMinimumApplicationAddress;
    m_lpMemReserved = NULL;
    while(m_lpMemReserved == NULL){
            m_lpMemReserved = VirtualAlloc(lpMemRequested, 1024*1024,
                MEM_RESERVE, PAGE_READWRITE);
            lpMemRequested = (LPVOID) ((LPBYTE) lpMemRequested +
                m_si.dwPageSize);
    }
    if(m_lpMemReserved == NULL){
            MessageBox("Memory could not be reserved.");
    }
```

```
        else{
                char sz[40];
                sprintf(sz, "1MB reserved starting at %#x", m_lpMemReserved);
                MessageBox(sz);
        }
}


void CVirtmemDlg::OnButton2()
{
        if(m_lpMemReserved == NULL){
                Beep(0, 0);
                MessageBox("You must first reserve some memory.");
                return;
        }

                m_lpMemCommitted = VirtualAlloc(m_lpMemReserved,
                    m_si.dwPageSize, MEM_COMMIT, PAGE_READWRITE);
        if(m_lpMemCommitted == NULL){
                MessageBox("Memory could not be committed.");
        }
        else{
                char sz[40];
                sprintf(sz, "One page reserved starting at %#x",
                    m_lpMemCommitted);
                MessageBox(sz);
        }

}


void CVirtmemDlg::OnButton3()
{
        if(m_lpMemReserved == NULL){
                Beep(0, 0);
                MessageBox("You must first reserve and commit some memory.");
```

```
          return;
   }
if(VirtualFree(m_lpMemReserved, 0, MEM_RELEASE)){
          MessageBox("Memory freed.");
   }
else{
          MessageBox("Memory could not be freed.");
   }


}
```

So far, we've seen how to reserve and commit memory. However, many programs—Windows 95 DLLs, the operating system, and even our program—have already done so in our 4-GB address space. Let's take a look at our address space and decipher what's going on.

Scanning Memory

In our next program, we will take a look at our address space and determine how DLLs such as **USER32.DLL** have been loaded, where our program is, and so on. How can we do this? How do we get the name of a program that owns a specific block of memory? There is no Windows function to do this, but we can rely on a little-known fact: the instance handle for a module is the base address at which the module is loaded. If we find a region of committed memory, we can use VirtualQuery() to determine its base address, and that base address is also the instance handle for the program that owns the region. We use GetModuleFileName() to get the program's name.

Let's see this in action in a dialog-based program we'll call SCANMEM. Create this project and add to the dialog box a button (IDC_BUTTON1) with the caption **Scan memory**. Add a text box (IDC_EDIT1) large enough to display a number of file names:

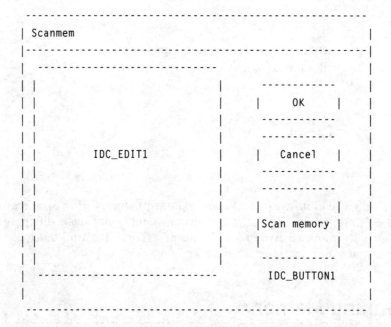

When the user clicks the **Scan memory** button, the program scans memory looking for owned regions of memory. We'll scan the region from the base of our application, 0x00400000, to the operating system at 0xC0000000. We define those limits as MIN_MEM and MAX_MEM, respectively, in OnButton1():

```
void CScanmemDlg::OnButton1()
{
    -->    #define MIN_MEM 0x00400000
    -->    #define  MAX_MEM 0xC0000000
                        .
                        .
                        .
}
```

We increment our scan by the page size each time we loop. (Although our programs are restricted to starting on allocation granularity boundaries, the operating system has no such restriction, so we make our scan as fine as we can.) We get the page size from GetSystemInfo(), filling a SYSTEM_INFO structure named si:

```
void CScanmemDlg::OnButton1()
{
        #define MIN_MEM 0x00400000
        #define  MAX_MEM 0xC0000000
  -->   SYSTEM_INFO si;
  -->   GetSystemInfo(&si);
                  .
                  .
                  .
```

Now we'll set up our memory pointer, which we call lpScanAt. This is the pointer we'll increment as we search for owned regions of memory. When we find such a region, we store a pointer to the region's base (found with VirtualQuery()) in a variable named lpRegionBase, which we initialize to NULL:

```
void CScanmemDlg::OnButton1()
{
        #define MIN_MEM 0x00400000
        #define  MAX_MEM 0xC0000000
        SYSTEM_INFO si;
        GetSystemInfo(&si);
  -->   LPVOID lpScanAt = (LPVOID) MIN_MEM;
  -->   LPVOID lpRegionBase = NULL;
                  .
                  .
                  .
```

Now we're ready to begin. We add the loop, which runs until lpScanAt reaches MAX_MEM, and call VirtualQuery at each iteration, filling a MEMORY_BASIC_INFORMATION structure, mbi:

```
void CScanmemDlg::OnButton1()
{
        #define MIN_MEM 0x00400000
        #define  MAX_MEM 0xC0000000
        SYSTEM_INFO si;
        GetSystemInfo(&si);
        LPVOID lpScanAt = (LPVOID) MIN_MEM;
        LPVOID lpRegionBase = NULL;

-->     MEMORY_BASIC_INFORMATION mbi;

-->     while((LONG) lpScanAt < MAX_MEM){
-->             VirtualQuery(lpScanAt, &mbi, sizeof(mbi));
                    .

                    .
                    .

-->             lpScanAt = (LPVOID) ((PBYTE) lpScanAt + si.dwPageSize);
-->     }
}
```

Note that at the end of the loop, we increment lpScanAt by the memory page size. Adding raw numbers to 32-bit pointers takes a little thought: when you add a number to a pointer, the pointer is incremented not simply by that number, but by that number multiplied by the size of the item the pointer points to. For example, adding 5 to an integer pointer would increment it to point to a location 5 x sizeof(int). Before adding the page size in bytes to lpScanAt, we first cast that pointer to a byte pointer and then back to LPVOID.

The pointer lpScanAt holds the location of our current position in memory, and we use VirtualQuery() to check to see whether this location is part of an owned region. Each time we enter a new region, we fill the lpRegionBase pointer with a pointer to the base of the region: we check to see whether the current region's AllocationBase member of the

MEMORY_BASIC_INFORMATION structure is the same as lpRegionBase. If it is not the same, we reload lpRegionBase with the new address:

```
void CScanmemDlg::OnButton1()
{
        #define MIN_MEM 0x00400000
        #define  MAX_MEM 0xC0000000
        SYSTEM_INFO si;
        GetSystemInfo(&si);
        LPVOID lpScanAt = (LPVOID) MIN_MEM;
        LPVOID lpRegionBase = NULL;

        MEMORY_BASIC_INFORMATION mbi;

        while((LONG) lpScanAt < MAX_MEM){
                VirtualQuery(lpScanAt, &mbi, sizeof(mbi));
-->         if(mbi.AllocationBase != lpRegionBase){
-->                 lpRegionBase = mbi.AllocationBase;
                        .
                        .
                        .

-->         }
                lpScanAt = (LPVOID) ((PBYTE) lpScanAt + si.dwPageSize);
        }
}
```

At this point, we have just entered a new owned region of memory, so we can do two things: increment lpScanAt to point to the end of this region (avoiding the need to increment through the whole region page by page) and add the name of the current region's owner to our list of installed programs. First, we increment lpScanAt to point to the end of this region:

```
void CScanmemDlg::OnButton1()
{
        #define MIN_MEM 0x00400000
        #define  MAX_MEM 0xC0000000
        SYSTEM_INFO si;
        GetSystemInfo(&si);
        LPVOID lpScanAt = (LPVOID) MIN_MEM;
        LPVOID lpRegionBase = NULL;

        MEMORY_BASIC_INFORMATION mbi;

        while((LONG) lpScanAt < MAX_MEM){
                VirtualQuery(lpScanAt, &mbi, sizeof(mbi));
                if(mbi.AllocationBase != lpRegionBase){
                        lpRegionBase = mbi.AllocationBase;
-->                     lpScanAt = (LPVOID) ((PBYTE) lpScanAt +
                                mbi.RegionSize);
                                .
                                .
                                .


                }
        }
        lpScanAt = (LPVOID) ((PBYTE) lpScanAt + si.dwPageSize);
    }
}
```

Next, we add to our text box the name of the owner of the current region of memory. We use lpRegionBase as the owner program's instance handle and call GetModuleFilename(), filling a string named szModuleName with the appropriate file name. In addition, we convert lpRegionBase to a string, szMemoryAddress, so that we can report the location where we found this module:

```
void CScanmemDlg::OnButton1()
{
    -->   #define MAX_CHARS 40
          #define MIN_MEM 0x00400000
          #define  MAX_MEM 0xC0000000
          SYSTEM_INFO si;
          GetSystemInfo(&si);
          LPVOID lpScanAt = (LPVOID) MIN_MEM;
          LPVOID lpRegionBase = NULL;
    -->   CString out_string = "";

          MEMORY_BASIC_INFORMATION mbi;
    -->   char szModuleName[MAX_CHARS], szMemoryAddress[MAX_CHARS];

          while((LONG) lpScanAt < MAX_MEM){
                  VirtualQuery(lpScanAt, &mbi, sizeof(mbi));
                  if(mbi.AllocationBase != lpRegionBase){
                          lpRegionBase = mbi.AllocationBase;
                          lpScanAt = (LPVOID) ((PBYTE) lpScanAt +
                             mbi.RegionSize);
    -->                   if(GetModuleFileName((HINSTANCE)lpRegionBase,
    -->                       szModuleName, MAX_CHARS)){
    -->                           sprintf(szMemoryAddress, "Address: %#x
    -->                               Module: ", lpRegionBase);
    -->                           out_string += szMemoryAddress;
    -->                           out_string += szModuleName;
    -->                           out_string += "\r\n";
    -->                           SetDlgItemText(IDC_EDIT1,out_string);
    -->                   }
                  }
                  lpScanAt = (LPVOID) ((PBYTE) lpScanAt + si.dwPageSize);
          }
}
```

That's all there is to it—we've scanned our memory for installed programs. When you run this program and click the **Scan memory** button, you'll see a result something like that in Figure 5.3. Our program works as planned.

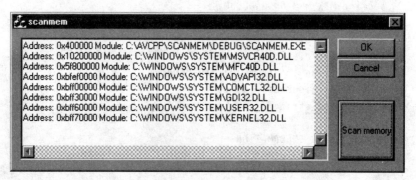

FIGURE 5.3 WE SCAN OUR MEMORY SPACE.

The support files for this program—**SCANMEMDLG.H** and **SCAN-MEMDLG.CPP**—appear in Listing 5.2.

LISTING 5.2 SCANMEMDLG.H AND SCANMEMDLG.CPP

```
// scanmemDlg.h : header file
//


/////////////////////////////////////////////////////////////////////////
// CScanmemDlg dialog

class CScanmemDlg : public CDialog
{
// Construction
public:
        CScanmemDlg(CWnd* pParent = NULL);          // standard constructor

// Dialog Data
        //{{AFX_DATA(CScanmemDlg)
        enum { IDD = IDD_SCANMEM_DIALOG };
                // NOTE: the ClassWizard will add data members here
        //}}AFX_DATA
```

```
        // ClassWizard generated virtual function overrides
        //{{AFX_VIRTUAL(CScanmemDlg)
        protected:
        virtual void DoDataExchange(CDataExchange* pDX);
        //}}AFX_VIRTUAL

// Implementation
protected:
        HICON m_hIcon;

        // Generated message map functions
        //{{AFX_MSG(CScanmemDlg)
        virtual BOOL OnInitDialog();
        afx_msg void OnSysCommand(UINT nID, LPARAM lParam);
        afx_msg void OnPaint();
        afx_msg HCURSOR OnQueryDragIcon();
        afx_msg void OnButton1();
        //}}AFX_MSG
        DECLARE_MESSAGE_MAP()
};
// scanmemDlg.cpp : implementation file
//

#include "stdafx.h"
#include "scanmem.h"
#include "scanmemDlg.h"

#ifdef _DEBUG
#define new DEBUG_NEW
#undef THIS_FILE
static char THIS_FILE[] = __FILE__;
#endif

/////////////////////////////////////////////////////////////////////////
// CAboutDlg dialog used for App About

class CAboutDlg : public CDialog
{
```

```
public:
        CAboutDlg();

// Dialog Data
        //{{AFX_DATA(CAboutDlg)
        enum { IDD = IDD_ABOUTBOX };
        //}}AFX_DATA

        // ClassWizard generated virtual function overrides
        //{{AFX_VIRTUAL(CAboutDlg)
        protected:
        virtual void DoDataExchange(CDataExchange* pDX);
        //}}AFX_VIRTUAL

// Implementation
protected:
        //{{AFX_MSG(CAboutDlg)
        //}}AFX_MSG
        DECLARE_MESSAGE_MAP()
};

CAboutDlg::CAboutDlg() : CDialog(CAboutDlg::IDD)
{
        //{{AFX_DATA_INIT(CAboutDlg)
        //}}AFX_DATA_INIT
}

void CAboutDlg::DoDataExchange(CDataExchange* pDX)
{
        CDialog::DoDataExchange(pDX);
        //{{AFX_DATA_MAP(CAboutDlg)
        //}}AFX_DATA_MAP
}

BEGIN_MESSAGE_MAP(CAboutDlg, CDialog)
        //{{AFX_MSG_MAP(CAboutDlg)
                // No message handlers
        //}}AFX_MSG_MAP
END_MESSAGE_MAP()
```

```
//////////////////////////////////////////////////////////////////////
// CScanmemDlg dialog

CScanmemDlg::CScanmemDlg(CWnd* pParent /*=NULL*/)
        : CDialog(CScanmemDlg::IDD, pParent)
{
        //{{AFX_DATA_INIT(CScanmemDlg)
                // NOTE: the ClassWizard will add member initialization here
        //}}AFX_DATA_INIT
        // Note LoadIcon does not require a subsequent DestroyIcon in Win32
        m_hIcon = AfxGetApp()->LoadIcon(IDR_MAINFRAME);
}


void CScanmemDlg::DoDataExchange(CDataExchange* pDX)
{
        CDialog::DoDataExchange(pDX);
        //{{AFX_DATA_MAP(CScanmemDlg)
                // NOTE: the ClassWizard will add DDX and DDV calls here
        //}}AFX_DATA_MAP
}


BEGIN_MESSAGE_MAP(CScanmemDlg, CDialog)
        //{{AFX_MSG_MAP(CScanmemDlg)
        ON_WM_SYSCOMMAND()
        ON_WM_PAINT()
        ON_WM_QUERYDRAGICON()
        ON_BN_CLICKED(IDC_BUTTON1, OnButton1)
        //}}AFX_MSG_MAP
END_MESSAGE_MAP()

//////////////////////////////////////////////////////////////////////
// CScanmemDlg message handlers

BOOL CScanmemDlg::OnInitDialog()
{
        CDialog::OnInitDialog();

        // Add "About..." menu item to system menu.
```

```
        // IDM_ABOUTBOX must be in the system command range.
        ASSERT((IDM_ABOUTBOX & 0xFFF0) == IDM_ABOUTBOX);
        ASSERT(IDM_ABOUTBOX < 0xF000);

        CMenu* pSysMenu = GetSystemMenu(FALSE);
        CString strAboutMenu;
        strAboutMenu.LoadString(IDS_ABOUTBOX);
        if (!strAboutMenu.IsEmpty())
        {
                pSysMenu->AppendMenu(MF_SEPARATOR);
                pSysMenu->AppendMenu(MF_STRING, IDM_ABOUTBOX, strAboutMenu);
        }

        // Set icon for this dialog.  The framework does this automatically
        //  when the application's main window is not a dialog
        SetIcon(m_hIcon, TRUE);                         // Set big icon
        SetIcon(m_hIcon, FALSE);                        // Set small icon

        // TODO: Add extra initialization here

        return TRUE;  // return TRUE  unless you set the focus to a control
}

void CScanmemDlg::OnSysCommand(UINT nID, LPARAM lParam)
{
        if ((nID & 0xFFF0) == IDM_ABOUTBOX)
        {
                CAboutDlg dlgAbout;
                dlgAbout.DoModal();
        }
        else
        {
            .   CDialog::OnSysCommand(nID, lParam);
        }
}

// If you add a minimize button to your dialog, you will need the code below
//  to draw the icon.  For MFC applications using the document/view model,
//  this is automatically done for you by the framework.
```

```
void CScanmemDlg::OnPaint()
{
        if (IsIconic())
        {
                CPaintDC dc(this); // device context for painting

                SendMessage(WM_ICONERASEBKGND, (WPARAM) dc.GetSafeHdc(), 0);

                // Center icon in client rectangle
                int cxIcon = GetSystemMetrics(SM_CXICON);
                int cyIcon = GetSystemMetrics(SM_CYICON);
                CRect rect;
                GetClientRect(&rect);
                int x = (rect.Width() - cxIcon + 1) / 2;
                int y = (rect.Height() - cyIcon + 1) / 2;

                // Draw the icon
                dc.DrawIcon(x, y, m_hIcon);
        }
        else
        {
                CDialog::OnPaint();
        }
}


// The system calls this to obtain the cursor to display while the user drags
//   the minimized window.
HCURSOR CScanmemDlg::OnQueryDragIcon()
{
        return (HCURSOR) m_hIcon;
}


void CScanmemDlg::OnButton1()
{
        #define MAX_CHARS 40
        #define MIN_MEM 0x00400000;
        #define  MAX_MEM 0xC0000000
        SYSTEM_INFO si;
        GetSystemInfo(&si);
```

```
LPVOID lpScanAt = (LPVOID) MIN_MEM;
LPVOID lpRegionBase = NULL;
CString out_string = "";

MEMORY_BASIC_INFORMATION mbi;
char szModuleName[MAX_CHARS], szMemoryAddress[MAX_CHARS];

while((LONG) lpScanAt < MAX_MEM){
        VirtualQuery(lpScanAt, &mbi, sizeof(mbi));
        if(mbi.AllocationBase != lpRegionBase){
                lpRegionBase = mbi.AllocationBase;
                lpScanAt = (LPVOID) ((PBYTE) lpScanAt +
                    mbi.RegionSize);
                if(GetModuleFileName((HINSTANCE)lpRegionBase,
                    szModuleName, MAX_CHARS)){
                        sprintf(szMemoryAddress, "Address: %#x Module:
                            ", lpRegionBase);
                        out_string += szMemoryAddress;
                        out_string += szModuleName;
                        out_string += "\r\n";
                        SetDlgItemText(IDC_EDIT1,out_string);
                }
        }
        lpScanAt = (LPVOID) ((PBYTE) lpScanAt + si.dwPageSize);
    }
}
```

We've made a good start in examining and working with memory. Our next step is to use a shared memory mapped file to send data from one process to another. This technique is particularly useful in Win32—which maintains tight process boundaries—when you have two programs that need to communicate.

Using Memory-Mapped Files to Share Data between Processes

In our next example, we will see how to create a memory-mapped file with one process and read from it in another. Memory-mapped files are like disk files except that memory-mapped files are files in memory, although we can create and write. As with virtual memory, we work with memory-mapped files in two steps: we first create a *file mapping* object and then map our file to it.

One advantage of this approach is that two processes can manipulate data from the same file. We'll see how that works here: one process will create and write to the memory-mapped file, and the other process will read from the file.

Create a new dialog-based AppWizard EXE project called MEMMAP, and add two buttons with the captions **Create mem mapped file** (IDC_BUTTON1) and **Read data from mem file** (IDC_BUTTON2). Also, add two text boxes: IDC_EDIT1 and IDC_EDIT2.

```
 --------------------------------------------------------------
| Memmap                                                       |
|--------------------------------------------------------------|
|  Data to be sent:                                            |
|   -----------------------------         ------------         |
|  |  IDC_EDIT1                  |       |     OK     |        |
|   -----------------------------         ------------         |
|  Data received:                                              |
|   -----------------------------         ------------         |
|  |  IDC_EDIT2                  |       |   Cancel  |  |      |
|   -----------------------------         ------------         |
|                                                              |
|   ---------------------------   -------------------------    |
|  | Create mem mapped file |  | Read data from mem file|  |  |
|   ---------------------------   -------------------------    |
 --------------------------------------------------------------
```

To see how memory-mapped files work, we'll create such a file when the user clicks button 1. We will display in the top text box the data to be written to the memory-mapped file. In another instance of the same program, we'll open that memory-mapped file and read from it when the user clicks button 2. We'll display the data we read in the bottom text box.

Writing to the Memory-Mapped File

Connect the functions OnButton1() and OnButton2() to IDC_BUTTON1 and IDC_BUTTON2 and open OnButton1():

```
void CMemmapDlg::OnButton1()
{

}
```

In this function, we create the memory-mapped file and put data in it for the other instance of the program to read. We start by displaying in text box 1 (the top text box) the text we will place into the memory-mapped. The text is "This is the text...".

```
void CMemmapDlg::OnButton1()
{
  -->    SetDlgItemText(IDC_EDIT1, CString("This is the text..."));
            .

            .

            .

}
```

Next, we create our *file mapping object* using the CreateFileMapping() function; this process is analogous to reserving virtual memory for the file. After that, we map a *view* of the file to this object, and that is much like committing physical memory to the file—the view is what we will work with. The first step is to use CreateFileMapping():

```
HANDLE CreateFileMapping(
    HANDLE  hFile,
    LPSECURITY_ATTRIBUTES  lpFileMappingAttributes,
    DWORD  flProtect,
    DWORD  dwMaximumSizeHigh,
    DWORD  dwMaximumSizeLow,
    LPCTSTR  lpName
    );
```

This function returns a handle to a file-mapping object if successful, or NULL otherwise. The hFile parameter is the handle of the file to create a memory mapping for; here, we pass 0xFFFFFFFF, which means that we want to use the system's own paging file as our file-mapping object. The lpFileMappingAttributes parameter points to a SECURITY_ATTRIBUTES structure. We will leave that at NULL, which means that our file-mapping object is created with a default security descriptor. The flProtect parameter indicates the desired protection, which can be one of these values:

- PAGE_READONLY: read-only access to the committed region.
- PAGE_READWRITE: read-write access to the committed region.
- PAGE_WRITECOPY: copy-on-write access to the committed region.

In addition, we could specify section attributes by ORing one or more of the following attribute values with a protection value:

- SEC_COMMIT allocates physical storage (default).
- SEC_IMAGE means that the file specified is an executable image file.
- SEC_NOCACHE means that all pages are set as non-cacheable.
- SEC_RESERVE reserves pages without allocating physical storage.

The dwMaximumSizeHigh and dwMaximumSizeLow parameters indicate the size of the mapping object, where the low 32 bits of the size are in dwMaximumSizeLow and the high 32 bits are in dwMaximumSizeHigh. We will limit ourselves to one page of memory for the file size. Finally, lpName points to a null-terminated string giving the name of the mapping object. We will call our memory-mapping object MemMap:

```
void CMemmapDlg::OnButton1()
{
-->    HANDLE hMap = NULL;
       SetDlgItemText(IDC_EDIT1, CString("This is the text..."));
-->    hMap = CreateFileMapping((HANDLE) 0xFFFFFFFF, NULL, PAGE_READWRITE,
           0, 4*1024, "MemMap");
-->    if (hMap == NULL){
-->            MessageBox("Could not create memory mapped file.");
-->            return;
-->    }                   .
                           .
                           .
                           .
```

Now we have a handle to our file-mapping object, and we are ready to map a view of this file to a pointer; this pointer will point directly to our file's physical data space. We get this pointer using MapViewOfFile(), which is the second step in creating our memory-mapped file:

```
LPVOID MapViewOfFile(
    HANDLE  hFileMappingObject,
    DWORD   dwDesiredAccess,
    DWORD   dwFileOffsetHigh,
    DWORD   dwFileOffsetLow,
    DWORD   dwNumberOfBytesToMap
);
```

If this call is successful, MapViewOfFile() returns a pointer to the starting address of our file's view; if it is not successful, it returns NULL. The hFileMappingObject parameter is an open handle of a file-mapping object. The dwDesiredAccess parameter indicates the desired type of access to the file view:

- FILE_MAP_WRITE: read-write access.
- FILE_MAP_READ: read-only access.
- FILE_MAP_ALL_ACCESS: same as FILE_MAP_WRITE.
- FILE_MAP_COPY: copy-on-write access.

The dwFileOffsetHigh parameter holds the high-order 32 bits of the file offset where mapping is to begin, and the dwFileOffsetLow parameter specifies the low-order 32 bits of the offset where mapping is to begin. If dwNumberOfBytesToMap is set to zero, as we will set it, the entire file is mapped. With all this in mind, we get a pointer to our file's view this way:

```
void CMemmapDlg::OnButton1()
{
        HANDLE hMap = NULL;
        SetDlgItemText(IDC_EDIT1, CString("This is the text..."));
        hMap = CreateFileMapping((HANDLE) 0xFFFFFFFF, NULL, PAGE_READWRITE,
            0, 4*1024, "MemMap");
        if (hMap == NULL){
                MessageBox("Could not create memory mapped file.");
                return;
        }
-->     LPVOID lpView = MapViewOfFile(hMap, FILE_MAP_READ | FILE_MAP_WRITE,
-->         0, 0, 0);
-->     if (lpView == NULL){
```

```
-->          MessageBox("Could not map view of file.");
-->          return;
-->   }            .
                  .
                  .
                  .
}
```

Now we write data to our file. We use GetDlgItemText() with the text box IDC_EDIT1, writing the string "This is the text..." to our memory-mapped file:

```
void CMemmapDlg::OnButton1()
{
        HANDLE hMap = NULL;
        SetDlgItemText(IDC_EDIT1, CString("This is the text..."));
        hMap = CreateFileMapping((HANDLE) 0xFFFFFFFF, NULL, PAGE_READWRITE,
            0, 4*1024, "MemMap");
        if (hMap == NULL){
                MessageBox("Could not create memory mapped file.");
                return;
        }
        LPVOID lpView = MapViewOfFile(hMap, FILE_MAP_READ | FILE_MAP_WRITE,
            0, 0, 0);
        if (lpView == NULL){
                MessageBox("Could not map view of file.");
                return;
        }
-->     GetDlgItemText(IDC_EDIT1, (char *) lpView, 4 * 1024);
-->     UnmapViewOfFile((LPVOID) lpView);
}
```

At the end of the function OnButton1(), we no longer need the view of the file in this process. We unmap it, which is much like closing a disk file.

Reading from the Memory-Mapped File

When we start a second instance of MEMMAP, we will be able to read from the memory-mapped file MemMap. To do that, the user clicks Button 2, whose caption is **Read data from mem file**. Open OnButton2() now:

```
void CMemmapDlg::OnButton2()
{


}
```

We open a file-mapping object and get a view to our file; then we read the data put there by the first instance of our process. To open a file-mapping object, we use OpenFileMapping():

```
HANDLE OpenFileMapping(
    DWORD  dwDesiredAccess,
    BOOL   bInheritHandle,
    LPCTSTR  lpName
);
```

This function returns a handle to the file mapping if it was successful; otherwise, it returns NULL. The dwDesiredAccess parameter indicates the access we will have to the file-mapping object:

- FILE_MAP_WRITE: read-write access.
- FILE_MAP_READ: read-only access.
- FILE_MAP_ALL_ACCESS: same as FILE_MAP_WRITE.
- FILE_MAP_COPY: copy-on-write access.

The bInheritHandle parameter specifies whether the returned handle will be inherited by a new process if the current process creates a new one; TRUE indicates that the new process should inherit the handle, and FALSE indicates it should not. The lpName parameter points to a string that names the file-mapping object to be opened. With all this in mind, our use of OpenFileMapping() looks like this:

```
void CMemmapDlg::OnButton2()
{
-->    HANDLE hMap = NULL; hMap = OpenFileMapping(FILE_MAP_READ |
-->        FILE_MAP_WRITE, FALSE, "MemMap");
-->    if (hMap == NULL){
-->            MessageBox("Could not open memory mapped file.");
-->            return;
-->    }
           .

           .
```

After we have a handle to the file-mapping object, we map a view of the file using MapViewOfFile() as we have done before. It is this handle to our view, lpView, that we will use:

```
void CMemmapDlg::OnButton2()
{
        HANDLE hMap = NULL;
        hMap = OpenFileMapping(FILE_MAP_READ | FILE_MAP_WRITE, FALSE,
            "MemMap");
        if (hMap == NULL){
                MessageBox("Could not open memory mapped file.");
                return;
        }
  -->   LPVOID lpView = MapViewOfFile(hMap, FILE_MAP_READ | FILE_MAP_WRITE,
            0, 0, 0);
                .
                .
                .
```

Now that we have a pointer to it, we read the data in the memory-mapped file and display it in the second text box, IDC_EDIT2. We also close the mapped view:

```
void CMemmapDlg::OnButton2()
{
        HANDLE hMap = NULL;
        hMap = OpenFileMapping(FILE_MAP_READ | FILE_MAP_WRITE, FALSE,
            "MemMap");
        if (hMap == NULL){
                MessageBox("Could not open memory mapped file.");
                return;
        }
        LPVOID lpView = MapViewOfFile(hMap, FILE_MAP_READ | FILE_MAP_WRITE,
            0, 0, 0);
  -->   SetDlgItemText(IDC_EDIT2, (char *) lpView);
  -->   CloseHandle(hMap);
}
```

Let's give it a try. Create **MEMMAP.EXE** and run it twice, as shown in Figure 5.4. Now click **Create mem mapped file**. This creates the memory-mapped file, which we have named MemMap. Go to the second instance of the program and click **Read data from mem file**. When you do, the MemMap file is opened and we read the data in it, as shown in Figure 5.5. MEMMAP works—we've been able to transfer data from one process to another. Our memory-mapped file program is a success.

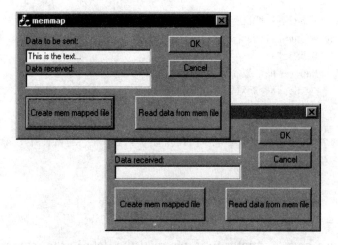

FIGURE 5.4 PROCESS A WRITING TO A MEMORY-MAPPED FILE.

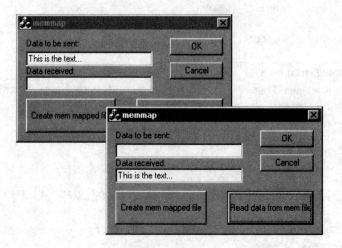

FIGURE 5.5 PROCESS B READING FROM THE MEMORY-MAPPED FILE.

The MEMMAP support files—**MEMMAPDLG.H** and **MEMMAP.CPP**—appear in Listing 5.3.

LISTING 5.3 MEMMAPDLG.H AND MEMMAP.CPP

```cpp
// memmapDlg.h : header file
//

/////////////////////////////////////////////////////////////////////////
// CMemmapDlg dialog

class CMemmapDlg : public CDialog
{
// Construction
public:
        CMemmapDlg(CWnd* pParent = NULL);        // standard constructor

// Dialog Data
        //{{AFX_DATA(CMemmapDlg)
        enum { IDD = IDD_MEMMAP_DIALOG };
                // NOTE: the ClassWizard will add data members here
        //}}AFX_DATA

        // ClassWizard generated virtual function overrides
        //{{AFX_VIRTUAL(CMemmapDlg)
        protected:
        virtual void DoDataExchange(CDataExchange* pDX);
        //}}AFX_VIRTUAL

// Implementation
protected:
        HICON m_hIcon;

        // Generated message map functions
        //{{AFX_MSG(CMemmapDlg)
        virtual BOOL OnInitDialog();
        afx_msg void OnSysCommand(UINT nID, LPARAM lParam);
        afx_msg void OnPaint();
        afx_msg HCURSOR OnQueryDragIcon();
        afx_msg void OnButton1();
        afx_msg void OnButton2();
        //}}AFX_MSG
```

```
        DECLARE_MESSAGE_MAP()
};
```

```
// memmapDlg.cpp : implementation file
//

#include "stdafx.h"
#include "memmap.h"
#include "memmapDlg.h"

#ifdef _DEBUG
#define new DEBUG_NEW
#undef THIS_FILE
static char THIS_FILE[] = __FILE__;
#endif

/////////////////////////////////////////////////////////////////////////////
// CAboutDlg dialog used for App About

class CAboutDlg : public CDialog
{
public:
        CAboutDlg();

// Dialog Data
        //{{AFX_DATA(CAboutDlg)
        enum { IDD = IDD_ABOUTBOX };
        //}}AFX_DATA

        // ClassWizard generated virtual function overrides
        //{{AFX_VIRTUAL(CAboutDlg)
        protected:
        virtual void DoDataExchange(CDataExchange* pDX);
        //}}AFX_VIRTUAL

// Implementation
protected:
        //{{AFX_MSG(CAboutDlg)
        //}}AFX_MSG
```

```
        DECLARE_MESSAGE_MAP()
};


CAboutDlg::CAboutDlg() : CDialog(CAboutDlg::IDD)
{
        //{{AFX_DATA_INIT(CAboutDlg)
        //}}AFX_DATA_INIT
}


void CAboutDlg::DoDataExchange(CDataExchange* pDX)
{
        CDialog::DoDataExchange(pDX);
        //{{AFX_DATA_MAP(CAboutDlg)
        //}}AFX_DATA_MAP
}


BEGIN_MESSAGE_MAP(CAboutDlg, CDialog)
        //{{AFX_MSG_MAP(CAboutDlg)
                // No message handlers
        //}}AFX_MSG_MAP
END_MESSAGE_MAP()


/////////////////////////////////////////////////////////////////////////////
// CMemmapDlg dialog


CMemmapDlg::CMemmapDlg(CWnd* pParent /*=NULL*/)
        : CDialog(CMemmapDlg::IDD, pParent)
{
        //{{AFX_DATA_INIT(CMemmapDlg)
                // NOTE: the ClassWizard will add member initialization here
        //}}AFX_DATA_INIT
        // Note LoadIcon does not require a subsequent DestroyIcon in Win32
        m_hIcon = AfxGetApp()->LoadIcon(IDR_MAINFRAME);
}


void CMemmapDlg::DoDataExchange(CDataExchange* pDX)
{
        CDialog::DoDataExchange(pDX);
        //{{AFX_DATA_MAP(CMemmapDlg)
```

```
                      // NOTE: the ClassWizard will add DDX and DDV calls here
        //}}AFX_DATA_MAP
}


BEGIN_MESSAGE_MAP(CMemmapDlg, CDialog)
        //{{AFX_MSG_MAP(CMemmapDlg)
        ON_WM_SYSCOMMAND()
        ON_WM_PAINT()
        ON_WM_QUERYDRAGICON()
        ON_BN_CLICKED(IDC_BUTTON1, OnButton1)
        ON_BN_CLICKED(IDC_BUTTON2, OnButton2)
        //}}AFX_MSG_MAP
END_MESSAGE_MAP()


/////////////////////////////////////////////////////////////////////////////
// CMemmapDlg message handlers

BOOL CMemmapDlg::OnInitDialog()
{
        CDialog::OnInitDialog();

        // Add "About..." menu item to system menu.

        // IDM_ABOUTBOX must be in the system command range.
        ASSERT((IDM_ABOUTBOX & 0xFFF0) == IDM_ABOUTBOX);
        ASSERT(IDM_ABOUTBOX < 0xF000);

        CMenu* pSysMenu = GetSystemMenu(FALSE);
        CString strAboutMenu;
        strAboutMenu.LoadString(IDS_ABOUTBOX);
        if (!strAboutMenu.IsEmpty())
        {
                pSysMenu->AppendMenu(MF_SEPARATOR);
                pSysMenu->AppendMenu(MF_STRING, IDM_ABOUTBOX, strAboutMenu);
        }

        // Set icon for this dialog.  The framework does this automatically
        //  when the application's main window is not a dialog
        SetIcon(m_hIcon, TRUE);                         // Set big icon
```

```
        SetIcon(m_hIcon, FALSE);                    // Set small icon

        // TODO: Add extra initialization here

        return TRUE;  // return TRUE  unless you set the focus to a control
}

void CMemmapDlg::OnSysCommand(UINT nID, LPARAM lParam)
{
        if ((nID & 0xFFF0) == IDM_ABOUTBOX)
        {
                CAboutDlg dlgAbout;
                dlgAbout.DoModal();
        }
        else
        {
                CDialog::OnSysCommand(nID, lParam);
        }
}


// If you add a minimize button to your dialog, you will need the code below
// to draw the icon.  For MFC applications using the document/view model,
// this is automatically done for you by the framework.

void CMemmapDlg::OnPaint()
{
        if (IsIconic())
        {
                CPaintDC dc(this); // device context for painting

                SendMessage(WM_ICONERASEBKGND, (WPARAM) dc.GetSafeHdc(), 0);

                // Center icon in client rectangle
                int cxIcon = GetSystemMetrics(SM_CXICON);
                int cyIcon = GetSystemMetrics(SM_CYICON);
                CRect rect;
                GetClientRect(&rect);
                int x = (rect.Width() - cxIcon + 1) / 2;
                int y = (rect.Height() - cyIcon + 1) / 2;
```

```
                // Draw the icon
                dc.DrawIcon(x, y, m_hIcon);
        }
        else
        {
                CDialog::OnPaint();
        }
}


// The system calls this to obtain the cursor to display while the user drags
//  the minimized window.
HCURSOR CMemmapDlg::OnQueryDragIcon()
{
        return (HCURSOR) m_hIcon;
}


void CMemmapDlg::OnButton1()
{
        HANDLE hMap = NULL;
        SetDlgItemText(IDC_EDIT1, CString("This is the text..."));
        hMap = CreateFileMapping((HANDLE) 0xFFFFFFFF, NULL, PAGE_READWRITE,
            0, 4*1024, "MemMap");
        if (hMap == NULL){
                MessageBox("Could not create memory mapped file.");
                return;
        }
        LPVOID lpView = MapViewOfFile(hMap, FILE_MAP_READ | FILE_MAP_WRITE,
            0, 0, 0);
        if (lpView == NULL){
                MessageBox("Could not map view of file.");
                return;
        }
        GetDlgItemText(IDC_EDIT1, (char *) lpView, 4 * 1024);
        UnmapViewOfFile((LPVOID) lpView);
}


void CMemmapDlg::OnButton2()
{
        HANDLE hMap = NULL;
```

```
hMap = OpenFileMapping(FILE_MAP_READ | FILE_MAP_WRITE, FALSE,
    "MemMap");
if (hMap == NULL){
        MessageBox("Could not open memory mapped file.");
        return;
}
LPVOID lpView = MapViewOfFile(hMap, FILE_MAP_READ | FILE_MAP_WRITE,
    0, 0, 0);
SetDlgItemText(IDC_EDIT2, (char *) lpView);
CloseHandle(hMap);
}
```

Our final topic in 32-bit memory handling will be the use of 32-bit heaps.

Using 32-bit Heaps in Visual C++

You may have thought that using C++ with its *new* and *delete* operators frees you from the need to worry about heaps as well as functions such as malloc() and its cousins calloc() and realloc(). You're right—unless you want to consider all aspects of efficient memory handling. Visual C++ has a number of heap functions—HeapCreate(), HeapAlloc(), HeapFree(), HeapDestroy(), and so on—that give us a measure of memory control that we don't have with new and delete.

So why use a heap in Visual C++? There are several reasons. First, it can make memory handling more efficient. For example, if we were to set up a heap only for a certain type of object, we would have no problem finding space for new objects after we had deleted old ones, because the new objects are the same size as the holes left by the old ones. Finding space like this is not always easy in a normal heap, which is usually fragmented with holes of varying size. In addition, it can be a good idea to keep objects of a certain class together on the same set of pages if you have a large number of such objects. It speeds swapping such pages in and out as you run through the objects, and setting up a heap for just these objects will help localize their storage.

Let's take a look at a custom heap. Suppose that we have a class named CDataClass and that we have a great many CDataClass objects in our program. It makes sense to set aside a heap for them. To set up this class, let's place an array of integers in it to give it some size:

```
#define NUMBER_INTS 500                    <--

class CDataClass : public CObject
{
protected:
        int arData[NUMBER_INTS];          <--
                .
                .
                .
```

We also add a constructor and a destructor as well as the data access functions Set() and Get(). To set element 1 in the array to 5, for example, we call Set(1, 5). To get the value in element 1, we call Get(5). Get() and Set() look like this:

```
#define NUMBER_INTS 500

class CDataClass : public CObject
{
protected:
        int arData[NUMBER_INTS];

public:
    -->  CDataClass(){}
    -->  ~CDataClass(){}
    -->  void Set(int index, int value){arData[index] = value;}
    -->  int Get(int index){return arData[index];}
                .
                .
                .
};
```

This is the class that we want to create a custom heap for. We overload the new and delete operators for the new class so that memory allocation of objects will be managed in the customized heap. We enter these two operator functions in our class definition:

```
#define NUMBER_INTS 500

class CDataClass : public CObject
{
protected:
        int arData[NUMBER_INTS];

public:
        CDataClass(){}
        ~CDataClass(){}
        void Set(int index, int value){arData[index] = value;}
        int Get(int index){return arData[index];}
    --> void* operator new(size_t alloc_size);
    --> void operator delete(void* object_pointer);
};
```

Now we define the new and delete operators by writing their functions, beginning with new:

```
void* CDataClass::operator new(size_t alloc_size)
{

}
```

In our program, we add a global pointer (global so that all CDataClass objects will have access to it) that points to the heap for CDataClass objects. We name this pointer pHeap. In the new() function, we first look at pHeap to see whether the heap has been allocated. If it has not been allocated, we create it. (Note that we cannot do this in the class's constructor, because it is called after the new operator has finished its work.) We create the heap for these objects in new() using HeapCreate():

```
        HANDLE HeapCreate(
            DWORD  flOptions,
            DWORD  dwInitialSize,
            DWORD  dwMaximumSize
        );
```

The first parameter, flOptions, affects access to the heap. It can be a combination of these flags:

- HEAP_GENERATE_EXCEPTIONS makes errors raise exceptions.
- HEAP_NO_SERIALIZE means that mutual thread exclusion will not be used.

The dwInitialSize parameter indicates the initial size, in bytes, of the heap. If it is nonzero, the dwMaximumSize parameter specifies the maximum size of the heap; otherwise, the heap can grow as needed. The return value from this function is the handle to the heap if successful, or NULL if not successful. We use HeapCreate() to allocate the heap if it is not already set up, giving the heap an initial size of one page:

```
void* CDataClass::operator new(size_t alloc_size)
{
-->    if(pHeap == NULL){
-->            SYSTEM_INFO si;
-->            GetSystemInfo(&si);
-->            pHeap = HeapCreate(HEAP_NO_SERIALIZE, si.dwPageSize, 0);
-->    }          .
                  .
                  .
```

Next, we use HeapAlloc() to allocate enough space on the heap for the new object we are creating:

```
    LPVOID HeapAlloc(
        HANDLE  hHeap,
        DWORD   dwFlags,
        DWORD   dwBytes
    );
```

If this function is successful, it returns a handle to the heap. Otherwise, it returns NULL. The hHeap parameter is the handle to our heap. The dwFlags parameter indicates the heap allocation selections we want, allowing us to override the flOptions parameter set in HeapCreate() if we wish. dwFlags can be a combination of these values:

- HEAP_GENERATE_EXCEPTIONS means that errors raise exceptions; don't return NULL.
- HEAP_NO_SERIALIZE means that mutual thread exclusion will not be used.
- HEAP_ZERO_MEMORY means that allocated memory will be initialized to zero.

The dwBytes parameter indicates the number of bytes to be allocated. We pass the size (alloc_size) that was passed to us in new():

```
void* CDataClass::operator new(size_t alloc_size)
{
        if(pHeap == NULL){
                SYSTEM_INFO si;
                GetSystemInfo(&si);
                pHeap = HeapCreate(HEAP_NO_SERIALIZE, si.dwPageSize, 0);
        }
        if(!pHeap) return NULL;
-->     void* pTemp= (void*) HeapAlloc(pHeap, 0, alloc_size);
        .
        .
        .
```

Next, we report the results of our new allocation, indicating success or failure. We return the new pointer to the object, or NULL if we could not get more space on the heap:

```
void* CDataClass::operator new(size_t alloc_size)
{
        if(pHeap == NULL){
                SYSTEM_INFO si;
                GetSystemInfo(&si);
                pHeap = HeapCreate(HEAP_NO_SERIALIZE, si.dwPageSize, 0);
        }
        if(!pHeap) return NULL;
        void* pTemp= (void*) HeapAlloc(pHeap, 0, alloc_size);
-->     if(pTemp){
-->             AfxMessageBox("New CData Object allocated successfully.");
```

```
-->   }
-->   else{
-->           AfxMessageBox("New CData Object could not be allocated.");
-->   }
-->   return(pTemp);
}
```

That's it for new(). If the customized heap does not exist, we create it, and we allocate space there for our CDataClass objects. Now we work on the delete function to delete those objects:

```
void CDataClass::operator delete(void* object_pointer)
{

}
```

In this function, we use HeapFree() to remove the indicated object from the heap. First, we check pHeap to see whether the heap has been allocated; if this pointer is NULL, delete is being used improperly (no object has been allocated yet) and we return:

```
void CDataClass::operator delete(void* object_pointer)
{
    -->   if(!pHeap) return;
              .
              .
              .
    {
```

If pHeap is not NULL, we use HeapFree() to attempt to free the object we were passed a pointer to:

```
        BOOL HeapFree(
            HANDLE  hHeap,
            DWORD   dwFlags,
            LPVOID  lpMem
        );
```

The function returns TRUE if successful and FALSE otherwise. The hHeap parameter is a pointer to our heap. The dwFlags parameter currently has only one option:

- HEAP_NO_SERIALIZE means that mutual thread exclusion will not be used.

The lpMem parameter is a pointer to the memory block to free. This pointer, which we name object_pointer, is passed to us in delete(). Our use of HeapFree() looks like this:

```
void CDataClass::operator delete(void* object_pointer)
{
        if(!pHeap) return;
  -->   if(HeapFree(pHeap, HEAP_NO_SERIALIZE, object_pointer)){
                .

                .

                .
```

We also report on the results of our delete operation to the user:

```
void CDataClass::operator delete(void* object_pointer)
{
        if(!pHeap) return;
        if(HeapFree(pHeap, HEAP_NO_SERIALIZE, object_pointer)){
  -->           AfxMessageBox("CData Object deallocated.");
  -->   }
  -->   else{
  -->           AfxMessageBox("CData Object could not be deallocated.");
  -->   }
}
```

This completes our new and delete overloaded operators for the CDataClass class. The next task is to put them to use, and we do that in a program we'll call MEMNEW. Create MEMNEW as a dialog-based program, adding two buttons: **Allocate new CDataClass Object** and **Free CDataClass Object**.

```
 ---------------------------------------------------------------
| Memmap                                                        |
|---------------------------------------------------------------|
|                                                               |
|   --------------------------------       -------------        |
| |                                |     |     OK      |        |
| | Allocate new CDataClass Object |      -------------         |
| |                                |       -------------        |
|   --------------------------------      |   Cancel   |        |
|                                          -------------        |
|   --------------------------------                            |
| |                                |                            |
| | Free CDataClass Object         |                            |
| |                                |                            |
|   --------------------------------                            |
 ---------------------------------------------------------------
```

We will use the new operator when the user clicks **Allocate new CDataClass Object** and delete the new object when the user clicks **Free CDataClass Object**. To the CMemnewDlg header file (**MEMNEWDLG.H**) we add m_pCData, a pointer to the object to work on:

```
// memnewDlg.h : header file
//

class CMemnewDlg : public CDialog
{
// Construction
public:
        CMemnewDlg(CWnd* pParent = NULL);        // standard constructor
    --> CDataClass* m_pCData;

                    .

                    .

                    .
```

Now open the OnButton1() function; in this function, we use our overloaded new operator and place in the m_pCData pointer the pointer to the new CDataClass object:

```
void CMemnewDlg::OnButton1()
{
  -->  m_pCData = new CDataClass;
           .
           .
           .

}
```

If the new operation was successful, our new operator displays a message box indicating that the new object has been created. We also use the CDataClass Set() member function to place a value—say, 5—in element 1 in CDataClass's internal array:

```
void CMemnewDlg::OnButton1()
{
         m_pCData = new CDataClass;
  -->    m_pCData->Set(1, 5);
           .
           .
           .

}
```

Next, we use Get(1) to see whether the Set() function call was successful. We display the results in a message box:

```
void CMemnewDlg::OnButton1()
{
         m_pCData = new CDataClass;
         m_pCData->Set(1, 5);
  -->    char szText[30];
  -->    sprintf(szText, "m_pCData->Get(1) = %d", m_pCData->Get(1));
  -->    MessageBox(szText);
           .
           .
           .

}
```

Now that we have a new CDataClass object, we disable the **Allocate new CDataClass Object** button and enable the **Free CDataClass Object** button:

```
void CMemnewDlg::OnButton1()
{
        m_pCData = new CDataClass;
        m_pCData->Set(1, 5);
        char szText[30];
        sprintf(szText, "m_pCData->Get(1) = %d", m_pCData->Get(1));
        MessageBox(szText);
  -->   GetDlgItem(IDC_BUTTON1)->EnableWindow(FALSE);
  -->   GetDlgItem(IDC_BUTTON2)->EnableWindow(TRUE);
}
```

In OnButton2(), we delete the CDataClass object:

```
void CMemnewDlg::OnButton2()
{
  -->   delete(m_pCData);
            .
            .
            .
}
```

We also enable the **Allocate new CDataClass Object** button to allow the user to allocate a new object on the heap, and we disable the **Free CDataClass Object** button:

```
void CMemnewDlg::OnButton2()
{
        delete(m_pCData);
  -->   GetDlgItem(IDC_BUTTON1)->EnableWindow(TRUE);
  -->   GetDlgItem(IDC_BUTTON2)->EnableWindow(FALSE);
}
```

That's it—we have created a new heap just for objects of the CDataClass class and have also managed that heap. When you run the program and click the object allocation button, the program indicates that allocating the object was successful, as shown in Figure 5.6. When you click the deallocation button, the program indicates that this operation was also successful, as in Figure 5.7. Our MEMNEW program is a success.

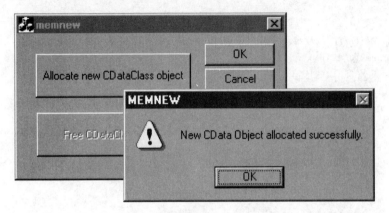

FIGURE 5.6 ALLOCATING A NEW CDATACLASS OBJECT ON ITS OWN HEAP.

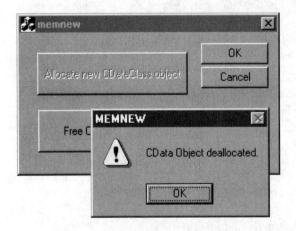

FIGURE 5.7 DEALLOCATING THE NEW CDATACLASS OBJECT.

The support files for this program—**MEMNEWDLG.H** and **MEMNEWDLG.CPP**—appear in Listing 5.4.

LISTING 5.4 MEMNEWDLG.H AND MEMNEWDLG.CPP

```
// memnewDlg.h : header file
//


/////////////////////////////////////////////////////////////////////////
// CMemnewDlg dialog
#define NUMBER_INTS 500

class CDataClass : public CObject
{
protected:
        int arData[NUMBER_INTS];

public:
        CDataClass(){}
        ~CDataClass(){}
        void Set(int index, int value){arData[index] = value;}
        int Get(int index){return arData[index];}
        void* operator new(size_t alloc_size);
        void operator delete(void* object_pointer);
};


class CMemnewDlg : public CDialog
{
// Construction
public:
        CMemnewDlg(CWnd* pParent = NULL);          // standard constructor
        CDataClass* m_pCData;
// Dialog Data
        //{{AFX_DATA(CMemnewDlg)
        enum { IDD = IDD_MEMNEW_DIALOG };
                // NOTE: the ClassWizard will add data members here
        //}}AFX_DATA


        // ClassWizard generated virtual function overrides
        //{{AFX_VIRTUAL(CMemnewDlg)
        protected:
        virtual void DoDataExchange(CDataExchange* pDX);
```

```
        //}}AFX_VIRTUAL

// Implementation
protected:
        HICON m_hIcon;

        // Generated message map functions
        //{{AFX_MSG(CMemnewDlg)
        virtual BOOL OnInitDialog();
        afx_msg void OnSysCommand(UINT nID, LPARAM lParam);
        afx_msg void OnPaint();
        afx_msg HCURSOR OnQueryDragIcon();
        afx_msg void OnButton1();
        afx_msg void OnButton2();
        //}}AFX_MSG
        DECLARE_MESSAGE_MAP()
};

// memnewDlg.cpp : implementation file
//

#include "stdafx.h"
#include "memnew.h"
#include "memnewDlg.h"

HANDLE pHeap;

//#ifdef _DEBUG
//#define new DEBUG_NEW
//#undef THIS_FILE
//static char THIS_FILE[] = __FILE__;
//#endif

/////////////////////////////////////////////////////////////////////////
// CAboutDlg dialog used for App About

class CAboutDlg : public CDialog
{
public:
```

```
        CAboutDlg();

// Dialog Data
        //{{AFX_DATA(CAboutDlg)
        enum { IDD = IDD_ABOUTBOX };
        //}}AFX_DATA


        // ClassWizard generated virtual function overrides
        //{{AFX_VIRTUAL(CAboutDlg)
        protected:
        virtual void DoDataExchange(CDataExchange* pDX);    // DDX/DDV support
        //}}AFX_VIRTUAL


// Implementation
protected:
        //{{AFX_MSG(CAboutDlg)
        //}}AFX_MSG
        DECLARE_MESSAGE_MAP()
};


CAboutDlg::CAboutDlg() : CDialog(CAboutDlg::IDD)
{
        //{{AFX_DATA_INIT(CAboutDlg)
        //}}AFX_DATA_INIT
}


void CAboutDlg::DoDataExchange(CDataExchange* pDX)
{
        CDialog::DoDataExchange(pDX);
        //{{AFX_DATA_MAP(CAboutDlg)
        //}}AFX_DATA_MAP
}


BEGIN_MESSAGE_MAP(CAboutDlg, CDialog)
        //{{AFX_MSG_MAP(CAboutDlg)
                // No message handlers
        //}}AFX_MSG_MAP
END_MESSAGE_MAP()
```

```
void* CDataClass::operator new(size_t alloc_size)
{
        if(pHeap == NULL){
                SYSTEM_INFO si;
                GetSystemInfo(&si);
                pHeap = HeapCreate(HEAP_NO_SERIALIZE, si.dwPageSize, 0);
        }
        if(!pHeap) return NULL;
        void* pTemp= (void*) HeapAlloc(pHeap, 0, alloc_size);
        if(pTemp){
                AfxMessageBox("New CData Object allocated successfully.");
        }
        else{
                AfxMessageBox("New CData Object could not be allocated.");
        }
        return(pTemp);
}


void CDataClass::operator delete(void* object_pointer)
{
        if(!pHeap) return;
        if(HeapFree(pHeap, HEAP_NO_SERIALIZE, object_pointer)){
                AfxMessageBox("CData Object deallocated.");
        }
        else{
                AfxMessageBox("CData Object could not be deallocated.");
        }
}


////////////////////////////////////////////////////////////////////////////
// CMemnewDlg dialog

CMemnewDlg::CMemnewDlg(CWnd* pParent /*=NULL*/)
        : CDialog(CMemnewDlg::IDD, pParent)
{
        //{{AFX_DATA_INIT(CMemnewDlg)
                // NOTE: the ClassWizard will add member initialization here
        //}}AFX_DATA_INIT
```

```
        // Note LoadIcon does not require a subsequent DestroyIcon in Win32
        m_hIcon = AfxGetApp()->LoadIcon(IDR_MAINFRAME);
}

void CMemnewDlg::DoDataExchange(CDataExchange* pDX)
{
        CDialog::DoDataExchange(pDX);
        //{{AFX_DATA_MAP(CMemnewDlg)
                // NOTE: the ClassWizard will add DDX and DDV calls here
        //}}AFX_DATA_MAP
}


BEGIN_MESSAGE_MAP(CMemnewDlg, CDialog)
        //{{AFX_MSG_MAP(CMemnewDlg)
        ON_WM_SYSCOMMAND()
        ON_WM_PAINT()
        ON_WM_QUERYDRAGICON()
        ON_BN_CLICKED(IDC_BUTTON1, OnButton1)
        ON_BN_CLICKED(IDC_BUTTON2, OnButton2)
        //}}AFX_MSG_MAP
END_MESSAGE_MAP()

/////////////////////////////////////////////////////////////////////////////
// CMemnewDlg message handlers

BOOL CMemnewDlg::OnInitDialog()
{
        CDialog::OnInitDialog();

        GetDlgItem(IDC_BUTTON2)->EnableWindow(FALSE);

        // Add "About..." menu item to system menu.

        // IDM_ABOUTBOX must be in the system command range.
        ASSERT((IDM_ABOUTBOX & 0xFFF0) == IDM_ABOUTBOX);
        ASSERT(IDM_ABOUTBOX < 0xF000);

        CMenu* pSysMenu = GetSystemMenu(FALSE);
        CString strAboutMenu;
```

```
        strAboutMenu.LoadString(IDS_ABOUTBOX);
        if (!strAboutMenu.IsEmpty())
        {
                pSysMenu->AppendMenu(MF_SEPARATOR);
                pSysMenu->AppendMenu(MF_STRING, IDM_ABOUTBOX, strAboutMenu);
        }

        // Set the icon for this dialog.  The framework does this automatically
        //  when the application's main window is not a dialog
        SetIcon(m_hIcon, TRUE);                         // Set big icon
        SetIcon(m_hIcon, FALSE);                // Set small icon

        // TODO: Add extra initialization here

        return TRUE;  // return TRUE  unless you set the focus to a control
}


void CMemnewDlg::OnSysCommand(UINT nID, LPARAM lParam)
{
        if ((nID & 0xFFF0) == IDM_ABOUTBOX)
        {
                CAboutDlg dlgAbout;
                dlgAbout.DoModal();
        }
        else
        {
                CDialog::OnSysCommand(nID, lParam);
        }
}


// If you add a minimize button to your dialog, you will need the code below
//  to draw the icon.  For MFC applications using the document/view model,
//  this is automatically done for you by the framework.

void CMemnewDlg::OnPaint()
{
        if (IsIconic())
        {
                CPaintDC dc(this); // device context for painting
```

```
                SendMessage(WM_ICONERASEBKGND, (WPARAM) dc.GetSafeHdc(), 0);

                // Center icon in client rectangle
                int cxIcon = GetSystemMetrics(SM_CXICON);
                int cyIcon = GetSystemMetrics(SM_CYICON);
                CRect rect;
                GetClientRect(&rect);
                int x = (rect.Width() - cxIcon + 1) / 2;
                int y = (rect.Height() - cyIcon + 1) / 2;

                // Draw the icon
                dc.DrawIcon(x, y, m_hIcon);
        }
        else
        {
                CDialog::OnPaint();
        }
}


// The system calls this to obtain the cursor to display while the user drags
//  the minimized window.
HCURSOR CMemnewDlg::OnQueryDragIcon()
{
        return (HCURSOR) m_hIcon;
}


void CMemnewDlg::OnButton1()
{
        m_pCData = new CDataClass;
        m_pCData->Set(1, 5);
        char szText[30];
        sprintf(szText, "m_pCData->Get(1) = %d", m_pCData->Get(1));
        MessageBox(szText);
        GetDlgItem(IDC_BUTTON1)->EnableWindow(FALSE);
        GetDlgItem(IDC_BUTTON2)->EnableWindow(TRUE);
}
```

```
void CMemnewDlg::OnButton2()
{
        delete(m_pCData);
        GetDlgItem(IDC_BUTTON1)->EnableWindow(TRUE);
        GetDlgItem(IDC_BUTTON2)->EnableWindow(FALSE);
}
```

In this chapter, we have explored Win32 memory handling, looking at the options it gives us if we want to take memory handling into our own hands. We have seen how to allocate large amounts of memory, how virtual and physical memory allocation work, how to scan through memory, how to use memory-mapped files to pass data between processes, and how to take advantage of custom heaps for our objects. We've come far. In the next chapter, we'll start working with dynamic link libraries, which we'll need to understand when we work with Windows hooks later.

CHAPTER 6

Dynamic Link Libraries

In this chapter, you'll learn how to create and work with dynamic link libraries, a difficult process that is much easier with Visual C++. Every Visual C++ programmer should be skilled in creating DLLs, which are especially important in commercial applications. You can place much of your program in a DLL; when it's time to distribute upgrades, you create a new DLL file that can easily be placed in the WINDOWS\SYSTEM directory, sparing users the chore of reinstalling the entire program. You also need to be able to create DLLs to use Windows hooks, which we'll discuss in Chapter 7.

In this chapter, we'll see how to create a basic DLL, how to read keys from a DLL function, how to share memory among all instances of a DLL, how to define a new class in a DLL that Visual C++ will recognize, and how to create a small DLL using only C (and no MFC classes) to save space. Let's take a look at the process of creating a basic DLL.

A Basic Visual C++ DLL

Libraries of ready-made routines have long been a part of the programmer's arsenal, and such libraries are becoming increasingly comprehensive and complex as vendors add more power to them. Dynamic link libraries, in particular, are an integral part of the Windows system. These libraries hold routines that a running program can call as it's running. Before there were DLLs, a program *statically linked* any routine it needed from a library, which means that it physically copied the routine's code from the library and incorporated the code into its EXE file. In Windows, this arrangement made EXE files prohibitively large; all EXE files would be holding much duplicate code. With dynamic link libraries, we link our program with a LIB file, which tells us the location in a DLL of our desired routine we. It is not until we run the program that we reach the routine, which is why the process is called *dynamic* (i.e., run-time) *linking*. If a program knows that a function it needs is in a certain DLL, the program can load that DLL as it is running and call the appropriate function. As we saw in the last chapter, our program's memory space already contains DLLs that have been loaded for us.

We will start our exploration with a basic DLL, called **DLLBASIC.DLL**, that will demonstrate how to build a DLL using MFC classes and Visual C++. This library will support three functions, which we'll call from a program that will link to the DLL. The three functions will show how DLL routines can read and return parameters. The names of these functions reflect what they do: TakesVoidReturnsVoid(), TakesVoidReturnsInt(), and TakesIntReturnsInt(). We'll call these functions from standard Visual C++ programs.

Creating DLLBASIC.DLL

Start Visual C++ and select **New** in the File menu. Select **Project Workspace** in the New dialog box, and select **MFC AppWizard(dll)** in AppWizard, giving this project the name DLLBASIC in the **Name:** box. To create this DLL takes only one step in AppWizard, where we are asked what kind of DLL we want to create. Leave the option selected that reads **Regular DLL using shared MFC DLL**. Next, click **Finish** and then **OK** to create the framework for our new DLL. This framework includes several files; for us, the file **DLLBASIC.H** and **DLLBASIC.CPP** will be the most important. An overview of our project files is provided in the **README.TXT** file that AppWizard creates:

```
========================================================================

     MICROSOFT FOUNDATION CLASS LIBRARY : dllbasic

========================================================================


AppWizard has created this dllbasic DLL for you.  This DLL not only
demonstrates the basics of using the Microsoft Foundation classes but
is also a starting point for writing your DLL.

This file contains a summary of what you will find in each of the files that
make up your dllbasic DLL.

dllbasic.h
        This is the main header file for the DLL.  It declares the
        CDllbasicApp class.
```

dllbasic.cpp

>This is the main DLL source file. It contains the class CDllbasicApp.

dllbasic.rc

>This is a listing of all of the Microsoft Windows resources that the
>program uses. It includes the icons, bitmaps, and cursors that are stored
>in the RES subdirectory. This file can be directly edited in Microsoft
>Developer Studio.

res\dllbasic.rc2

>This file contains resources that are not edited by Microsoft
>Developer Studio. You should place all resources not
>editable by the resource editor in this file.

dllbasic.def

>This file contains information about the DLL that must be
>provided to run with Microsoft Windows. It defines parameters
>such as the name and description of the DLL. It also exports
>functions from the DLL.

dllbasic.clw

>This file contains information used by ClassWizard to edit existing
>classes or add new classes. ClassWizard also uses this file to store
>information needed to create and edit message maps and dialog data
>maps and to create prototype member functions.

///
Other standard files:

StdAfx.h, StdAfx.cpp

>These files are used to build a precompiled header (PCH) file
>named dllbasic.pch and a precompiled types file named StdAfx.obj.

Resource.h

>This is the standard header file, which defines new resource IDs.
>Microsoft Developer Studio reads and updates this file.

```
//////////////////////////////////////////////////////////////////////////
Other notes:

AppWizard uses "TODO:" to indicate parts of the source code you
should add to or customize.


//////////////////////////////////////////////////////////////////////////
```

Let's take a look at the **DLLBASIC.CPP** file that AppWizard created. Fundamentally, AppWizard has done all the work of creating a DLL backbone for our program, and all we have to do is to add the functions we want to be available to other programs. AppWizard has also added a message map to **DLLBASIC.CPP** so that we can intercept some messages using ClassWizard. These messages do not include the standard user-interface messages such as WM_CHAR or WM_MOUSEMOVE, Instead, they are functions, such as InitInstance() and ExitInstance(), that we can add to the CPP file of the DLL module. The message map begins the **DLLBASIC.CPP** file; this DLL is built on a class named CDllbasicApp, which (like our EXE files) is derived from the CWinApp class:

```
BEGIN_MESSAGE_MAP(CDllbasicApp, CWinApp)        <--
        //{{AFX_MSG_MAP(CDllbasicApp)
        // NOTE - the ClassWizard will add and remove mapping macros here.
        //    DO NOT EDIT what you see in these blocks of generated code!
        //}}AFX_MSG_MAP
END_MESSAGE_MAP()
        .
        .
        .
```

Next in **DLLBASIC.CPP** comes the constructor for our MFC DLL—that is, the constructor for the CDllbasicApp class:

```
BEGIN_MESSAGE_MAP(CDllbasicApp, CWinApp)
        //{{AFX_MSG_MAP(CDllbasicApp)
        // NOTE - the ClassWizard will add and remove mapping macros here.
        //    DO NOT EDIT what you see in these blocks of generated code!
        //}}AFX_MSG_MAP
END_MESSAGE_MAP()
```

```
//////////////////////////////////////////////////////////////////////////
// CDllbasicApp construction

CDllbasicApp::CDllbasicApp()     <--
{
        // TODO: add construction code here,
        // Place all significant initialization in InitInstance
}
                          .
                          .
                          .
```

Although we can place initialization code in the DLL's constructor, it is bet-
ter to place such code in the InitInstance() function (which you can add
with ClassWizard), because more of the application has been created for you
to work with. (This is the same reason we place code in OnInitDialog()
instead of in a dialog box's constructor.) In **DLLBASIC.CPP**, we find the
CDllbasicApp object:

```
BEGIN_MESSAGE_MAP(CDllbasicApp, CWinApp)
        //{{AFX_MSG_MAP(CDllbasicApp)
        // NOTE - the ClassWizard will add and remove mapping macros here.
        //     DO NOT EDIT what you see in these blocks of generated code!
        //}}AFX_MSG_MAP
END_MESSAGE_MAP()

//////////////////////////////////////////////////////////////////////////
// CDllbasicApp construction

CDllbasicApp::CDllbasicApp()
{
        // TODO: add construction code here,
        // Place all significant initialization in InitInstance
}

//////////////////////////////////////////////////////////////////////////
// The one and only CDllbasicApp object

CDllbasicApp theApp;     <--
```

That's all we need for the backbone of our DLL; the MFC framework handles the rest of the work. Now let's add the functions we want to export. They do not have to be members of the CDllbasicApp class, and it makes things easier for us if they are not. We will create our first function, TakesVoidReturnsVoid(), by adding the function to the bottom of the **DLLBASIC.CPP** file. This function takes no parameters and returns none. All we do is to place a message box on the screen:

```
/////////////////////////////////////////////////////////////////////////////
// CDllbasicApp

BEGIN_MESSAGE_MAP(CDllbasicApp, CWinApp)
        //{{AFX_MSG_MAP(CDllbasicApp)
        // NOTE - the ClassWizard will add and remove mapping macros here.
        //    DO NOT EDIT what you see in these blocks of generated code!
        //}}AFX_MSG_MAP
END_MESSAGE_MAP()

/////////////////////////////////////////////////////////////////////////////
// CDllbasicApp construction

CDllbasicApp::CDllbasicApp()
{
        // TODO: add construction code here,
        // Place all significant initialization in InitInstance

}

/////////////////////////////////////////////////////////////////////////////
// The one and only CDllbasicApp object

CDllbasicApp theApp;

DLLexport void WINAPI TakesVoidReturnsVoid()                      <--
{

        AfxMessageBox("Inside the TakesVoidReturnsVoid() function."); <--

}                                                                <--
```

We use AfxMessageBox(), and not the MFC MessageBox() function, because MessageBox() requires us to have a parent window for the message box, and we don't necessarily have a parent window now that we are writing DLL functions. We place a message box on the screen with the message "Inside the TakesVoidReturnsVoid() function." Note also that we have declared this function with the keyword DLLexport:

```
DLLexport void WINAPI TakesVoidReturnsVoid()                    <--
{

        AfxMessageBox("Inside the TakesVoidReturnsVoid() function.");

}
```

We use this keyword to indicate that this function is one of the functions that our DLL will export—that is, make visible to outside programs. We define DLLexport in **DLLBASIC.H**, where we also place the prototype for the TakesVoidReturnsVoid() function:

```
// dllbasic.h : main header file for the DLLBASIC DLL
//

#ifndef __AFXWIN_H__
        #error include 'stdafx.h' before including this file for PCH
#endif

#include "resource.h"              // main symbols

#define DLLexport          __declspec( dllexport )    <--

DLLexport void WINAPI TakesVoidReturnsVoid();         <--
```

Now we are free to add the other two functions: TakesVoidReturnsInt() and TakesIntReturnsInt(). We set up these functions just as we would any normal C++ function:

325

```
DLLexport void WINAPI TakesVoidReturnsVoid()
{

    AfxMessageBox("Inside the TakesVoidReturnsVoid() function.");

}

DLLexport int WINAPI TakesVoidReturnsInt()                <--
{
    AfxMessageBox("TakesVoidReturnsInt() returns a value of 5.");
    int int_value = 5;
    return int_value;

}

DLLexport int WINAPI TakesIntReturnsInt(int int_parameter)    <--
{
    int int_value = 5;
    char szText[50];
    sprintf(szText, "TakesIntReturnsInt() got a value of %d.",
        int_parameter);
    AfxMessageBox(szText);
    int_value = int_parameter;
    return int_value;
}
```

TakesVoidReturnsInt() returns an integer value of 5; TakesIntReturnsInt()
displays the integer value passed to it and also returns a value of 5. Like
TakesVoidReturnsVoid(), these functions are declared in the header file
DLLBASIC.H:

```
// dllbasic.h : main header file for the DLLBASIC DLL
//

#ifndef __AFXWIN_H__
        #error include 'stdafx.h' before including this file for PCH
#endif

#include "resource.h"                // main symbols
```

```
#define DLLexport         __declspec( dllexport )
DLLexport void WINAPI TakesVoidReturnsVoid();                    <--
DLLexport int WINAPI TakesVoidReturnsInt();                      <--
DLLexport int WINAPI TakesIntReturnsInt(int int_parameter);     <--
        .
        .
        .
```

327

Now we can create our DLL. Select the **Build dllbasic.dll** menu item in the
Build menu. This action creates two libraries that are of interest to us: **DLL-
BASIC.LIB** and **DLLBASIC.DLL**. We'll link our programs to the first library
so that they will know where in **DLLBASIC.DLL** to find the functions they
need when they are running; **DLLBASIC.DLL** is the dynamic link library
itself. Copy **DLLBASIC.DLL** to C:\WINDOWS\SYSTEM, which is where
our programs will look for it when they are running. The support files for
this DLL—**DLLBASIC.H** and **DLLBASIC.CPP**—appear in Listing 6.1.

LISTING 6.1 DLLBASIC.H AND DLLBASIC.CPP

```
// dllbasic.h : main header file for the DLLBASIC DLL
//


#ifndef __AFXWIN_H__
        #error include 'stdafx.h' before including this file for PCH
#endif


#include "resource.h"                 // main symbols


#define DLLexport         __declspec( dllexport )
DLLexport void WINAPI TakesVoidReturnsVoid();
DLLexport int WINAPI TakesVoidReturnsInt();
DLLexport int WINAPI TakesIntReturnsInt(int int_parameter);


/////////////////////////////////////////////////////////////////////////////
// CDllbasicApp
// See dllbasic.cpp for the implementation of this class
//


class CDllbasicApp : public CWinApp
```

```
{
public:
        CDllbasicApp();

// Overrides
        // ClassWizard generated virtual function overrides
        //{{AFX_VIRTUAL(CDllbasicApp)
        //}}AFX_VIRTUAL

        //{{AFX_MSG(CDllbasicApp)
        // NOTE - the ClassWizard will add and remove member functions here.
        //      DO NOT EDIT what you see in these blocks of generated code !
        //}}AFX_MSG
        DECLARE_MESSAGE_MAP()
};


/////////////////////////////////////////////////////////////////////////////
// dllbasic.cpp : Defines the initialization routines for the DLL.
//

#include "stdafx.h"
#include "dllbasic.h"

#ifdef _DEBUG
#define new DEBUG_NEW
#undef THIS_FILE
static char THIS_FILE[] = __FILE__;
#endif

/////////////////////////////////////////////////////////////////////////////
// CDllbasicApp

BEGIN_MESSAGE_MAP(CDllbasicApp, CWinApp)
        //{{AFX_MSG_MAP(CDllbasicApp)
        // NOTE - the ClassWizard will add and remove mapping macros here.
        //      DO NOT EDIT what you see in these blocks of generated code!
        //}}AFX_MSG_MAP
END_MESSAGE_MAP()
```

```
/////////////////////////////////////////////////////////////////////////
// CDllbasicApp construction

CDllbasicApp::CDllbasicApp()
{
        // TODO: add construction code here,
        // Place all significant initialization in InitInstance
}


/////////////////////////////////////////////////////////////////////////
// The one and only CDllbasicApp object

CDllbasicApp theApp;

DLLexport void WINAPI TakesVoidReturnsVoid()
{

        AfxMessageBox("Inside the TakesVoidReturnsVoid() function.");

}


DLLexport int WINAPI TakesVoidReturnsInt()
{
        AfxMessageBox("TakesVoidReturnsInt() returns a value of 5.");
        int int_value = 5;
        return int_value;

}


DLLexport int WINAPI TakesIntReturnsInt(int int_parameter)
{
        int int_value = 5;
        char szText[50];
        sprintf(szText, "TakesIntReturnsInt() got a value of %d.",
            int_parameter);
        AfxMessageBox(szText);
        int_value = int_parameter;
        return int_value;
}
```

Before we leave DLLBASIC, it's worth noting that AppWizard has also created a DEF file named **DLLBASIC.DEF**:

```
; dllbasic.def : Declares the module parameters for the DLL.

LIBRARY      "DLLBASIC"
DESCRIPTION  'DLLBASIC Windows Dynamic Link Library'

EXPORTS
    ; Explicit exports can go here
```

This code tells the linker the name of our final DLL (**DLLBASIC.DLL**) and the type of module it is. In previous versions of Visual C++, we would also have had to explicitly declare which functions we were exporting from this library:

```
; dllbasic.def : Declares the module parameters for the DLL.

LIBRARY      "DLLBASIC"
DESCRIPTION  'DLLBASIC Windows Dynamic Link Library'

EXPORTS
TakesVoidReturnsVoid   @1       <--
TakesVoidReturnsInt    @2       <--
TakesIntReturnsInt     @3       <--
```

Now that we are explicitly using the DLLexport keyword, however, we don't have to do this any longer. Experienced DLL programmers, take note.

The next step is to write a program to call the TakesVoidReturnsVoid(), TakesVoidReturnsInt(), and TakesIntReturnsInt() functions. We'll name it **DLLBAPP.EXE**. To create this program, we link in the **DLLBASIC.LIB** file and make sure that **DLLBAPP.EXE** can reach the **DLLBASIC.DLL** file when it runs.

Creating DLLBAPP.EXE

To create the DLLBAPP project, use AppWizard to create a dialog-based EXE project. Add to the dialog box a button (IDC_BUTTON1) with the caption **Call Dllbasic functions**, and connect a function, OnButton1(), to that button:

```
void CDllbappDlg::OnButton1()
{

}
```

When the user clicks this button, we call the functions in our DLL one after the other:

```
void CDllbappDlg::OnButton1()
{
    -->   int int_parameter = 5;
    -->   TakesVoidReturnsVoid();
    -->   int dummy = TakesVoidReturnsInt();
    -->   dummy = TakesIntReturnsInt(int_parameter);

}
```

The next step is to make sure that we link with **DLLBASIC.LIB** when we link the **DLLBAPP.EXE** program. Select the **Settings** item of the Microsoft Development Studio's Build menu, opening the Project Settings box as shown in Figure 6.1. Select the **Link** tab and type **dllbasic.lib** (not **dllbasic.dll**) in the **Object/library modules** box, followed by clicking **OK**. This action ensures that we link in **DLLBASIC.LIB** so that our program knows where to find the called functions. Finally, copy **DLLBASIC.LIB** from the DLLBASIC\DEBUG directory where it was created to DLLBAPP\DEBUG, where we will link it in with **DLLBAPP.EXE**. Now click **Build dllbapp.exe** in the Build menu to create **DLLBAPP.EXE**. When you run this program and click **Call Dllbasic functions**, these functions are called one after the other, as shown in Figure 6.2, where we are calling the TakesIntReturnsInt() function.

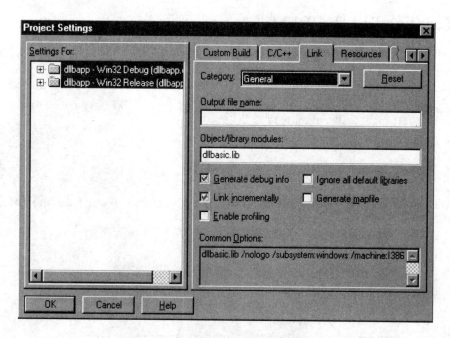

FIGURE 6.1 LINKING IN OUR DYNAMIC LINK LIBRARY.

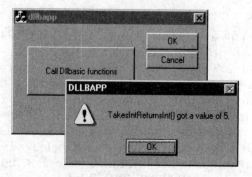

FIGURE 6.2 CALLING OUR DLL'S TAKESINTRETURNSINT() FUNCTION.

That's it—our program is a success. We have placed functions into a DLL and linked that DLL to a running program. The support files—**DLLBAP-PDLG.H** and **DLLBAPPDLG.CPP**—appear in Listing 6.2.

LISTING 6.2 DLLBAPPDLG.H AND DLLBAPPDLG.CPP

```
// dllbappDlg.h : header file
//

/////////////////////////////////////////////////////////////////////////////
// CDllbappDlg dialog

extern void WINAPI TakesVoidReturnsVoid();
extern int WINAPI TakesVoidReturnsInt();
extern int WINAPI TakesIntReturnsInt(int int_parameter);

class CDllbappDlg : public CDialog
{
// Construction
public:
        CDllbappDlg(CWnd* pParent = NULL);        // standard constructor

// Dialog Data
        //{{AFX_DATA(CDllbappDlg)
        enum { IDD = IDD_DLLBAPP_DIALOG };
                // NOTE: the ClassWizard will add data members here
        //}}AFX_DATA

        // ClassWizard generated virtual function overrides
        //{{AFX_VIRTUAL(CDllbappDlg)
        protected:
        virtual void DoDataExchange(CDataExchange* pDX);
        //}}AFX_VIRTUAL

// Implementation
protected:
        HICON m_hIcon;

        // Generated message map functions
        //{{AFX_MSG(CDllbappDlg)
        virtual BOOL OnInitDialog();
        afx_msg void OnSysCommand(UINT nID, LPARAM lParam);
        afx_msg void OnPaint();
```

```
        afx_msg HCURSOR OnQueryDragIcon();
        afx_msg void OnButton1();
        //}}AFX_MSG
        DECLARE_MESSAGE_MAP()
};


// dllbappDlg.cpp : implementation file
//

#include "stdafx.h"
#include "dllbapp.h"
#include "dllbappDlg.h"

#ifdef _DEBUG
#define new DEBUG_NEW
#undef THIS_FILE
static char THIS_FILE[] = __FILE__;
#endif

/////////////////////////////////////////////////////////////////////////
// CAboutDlg dialog used for App About

class CAboutDlg : public CDialog
{
public:
        CAboutDlg();

// Dialog Data
        //{{AFX_DATA(CAboutDlg)
        enum { IDD = IDD_ABOUTBOX };
        //}}AFX_DATA

        // ClassWizard generated virtual function overrides
        //{{AFX_VIRTUAL(CAboutDlg)
        protected:
        virtual void DoDataExchange(CDataExchange* pDX);    // DDX/DDV support
        //}}AFX_VIRTUAL
```

```
// Implementation
protected:
        //{{AFX_MSG(CAboutDlg)
        //}}AFX_MSG
        DECLARE_MESSAGE_MAP()
};


CAboutDlg::CAboutDlg() : CDialog(CAboutDlg::IDD)
{
        //{{AFX_DATA_INIT(CAboutDlg)
        //}}AFX_DATA_INIT
}


void CAboutDlg::DoDataExchange(CDataExchange* pDX)
{
        CDialog::DoDataExchange(pDX);
        //{{AFX_DATA_MAP(CAboutDlg)
        //}}AFX_DATA_MAP
}


BEGIN_MESSAGE_MAP(CAboutDlg, CDialog)
        //{{AFX_MSG_MAP(CAboutDlg)
                // No message handlers
        //}}AFX_MSG_MAP
END_MESSAGE_MAP()


////////////////////////////////////////////////////////////////////////////
// CDllbappDlg dialog

CDllbappDlg::CDllbappDlg(CWnd* pParent /*=NULL*/)
        : CDialog(CDllbappDlg::IDD, pParent)
{
        //{{AFX_DATA_INIT(CDllbappDlg)
                // NOTE: the ClassWizard will add member initialization here
        //}}AFX_DATA_INIT
        // Note LoadIcon does not require a subsequent DestroyIcon in Win32
        m_hIcon = AfxGetApp()->LoadIcon(IDR_MAINFRAME);
}
```

```
void CDllbappDlg::DoDataExchange(CDataExchange* pDX)
{
        CDialog::DoDataExchange(pDX);
        //{{AFX_DATA_MAP(CDllbappDlg)
                // NOTE: the ClassWizard will add DDX and DDV calls here
        //}}AFX_DATA_MAP
}


BEGIN_MESSAGE_MAP(CDllbappDlg, CDialog)
        //{{AFX_MSG_MAP(CDllbappDlg)
        ON_WM_SYSCOMMAND()
        ON_WM_PAINT()
        ON_WM_QUERYDRAGICON()
        ON_BN_CLICKED(IDC_BUTTON1, OnButton1)
        //}}AFX_MSG_MAP
END_MESSAGE_MAP()


/////////////////////////////////////////////////////////////////////////////
// CDllbappDlg message handlers

BOOL CDllbappDlg::OnInitDialog()
{
        CDialog::OnInitDialog();

        // Add "About..." menu item to system menu.

        // IDM_ABOUTBOX must be in the system command range.
        ASSERT((IDM_ABOUTBOX & 0xFFF0) == IDM_ABOUTBOX);
        ASSERT(IDM_ABOUTBOX < 0xF000);

        CMenu* pSysMenu = GetSystemMenu(FALSE);
        CString strAboutMenu;
        strAboutMenu.LoadString(IDS_ABOUTBOX);
        if (!strAboutMenu.IsEmpty())
        {
                pSysMenu->AppendMenu(MF_SEPARATOR);
                pSysMenu->AppendMenu(MF_STRING, IDM_ABOUTBOX, strAboutMenu);
        }
```

```
        // Set icon for this dialog.  The framework does this automatically
        //  when the application's main window is not a dialog
        SetIcon(m_hIcon, TRUE);                         // Set big icon
        SetIcon(m_hIcon, FALSE);                        // Set small icon

        // TODO: Add extra initialization here

        return TRUE;  // return TRUE  unless you set the focus to a control
}

void CDllbappDlg::OnSysCommand(UINT nID, LPARAM lParam)
{
        if ((nID & 0xFFF0) == IDM_ABOUTBOX)
        {
                CAboutDlg dlgAbout;
                dlgAbout.DoModal();
        }
        else
        {
                CDialog::OnSysCommand(nID, lParam);
        }
}


// If you add a minimize button to your dialog, you will need the code below
//  to draw the icon.  For MFC applications using the document/view model,
//  this is automatically done for you by the framework.

void CDllbappDlg::OnPaint()
{
        if (IsIconic())
        {
                CPaintDC dc(this); // device context for painting

                SendMessage(WM_ICONERASEBKGND, (WPARAM) dc.GetSafeHdc(), 0);

                // Center icon in client rectangle
                int cxIcon = GetSystemMetrics(SM_CXICON);
                int cyIcon = GetSystemMetrics(SM_CYICON);
```

```
                    CRect rect;
                    GetClientRect(&rect);
                    int x = (rect.Width() - cxIcon + 1) / 2;
                    int y = (rect.Height() - cyIcon + 1) / 2;

                    // Draw the icon
                    dc.DrawIcon(x, y, m_hIcon);
            }
            else
            {
                    CDialog::OnPaint();
            }
    }


    // The system calls this to obtain the cursor to display while the user drags
    //   the minimized window.
    HCURSOR CDllbappDlg::OnQueryDragIcon()
    {
            return (HCURSOR) m_hIcon;
    }


    void CDllbappDlg::OnButton1()
    {
            int int_parameter = 5;
            TakesVoidReturnsVoid();
            int dummy = TakesVoidReturnsInt();
            dummy = TakesIntReturnsInt(int_parameter);


    }
```

As we've seen, we can place the usual types of functions—which are passed and return standard values—into DLLs. You can add your own functions, even if they are complex; as long as you have the standard function form, you can add them to a DLL, and this is fine for most applications. However, we want to push back boundaries in this book, so we'll take a look at techniques to augment what we can do with DLLs. In our first example, we'll read keystrokes from inside a DLL function.

Getting Windows Messages in a DLL

What we've done so far has involved only the standard functions TakesVoidReturnsVoid(), TakesVoidReturnsInt(), and TakesIntReturnsInt(). What if we want to do more? Using ClassWizard, we can add to our DLL several new functions, such as InitInstance() and ExitInstance()—but there are no Windows messages such as WM_KEYDOWN and WM_LBUTTONDOWN. Yet we can envision many times when we might want to place routines in DLLs that handle such messages: for example, we might create a special password-locked function that needs to read a password before continuing. Or we might want to work with customized text entry in several programs and want to share the text-reading routines in a DLL between them. Let's take a look at the process of reading Windows input messages from DLL functions.

Creating DLLEVENT.LIB

Create a new MFC DLL project named DLLEVENT. We'll use this DLL function to read keys from the keyboard and display them in a message box. We add a new function named ProcessMessages() at the end of **DLLEVENT.CPP**:

```
DLLexport void WINAPI ProcessMessages(){


}
```

We also declare ProcessMessages() in **DLLEVENT.H**:

```
#define DLLexport        __declspec( dllexport )
DLLexport void WINAPI ProcessMessages();
```

Our next goal is to read Windows messages—in particular, the WM_KEY-DOWN message. When we get such a message, we'll display the associated key in a message box. We will get such messages by setting up a message loop. We are familiar with message loops from our work in Chapter 3, where we wrote the WNDINFO program. In that program, we took mouse messages from the message queue; here, we will take keyboard messages. We end the loop when the user types an ending character—say, **e**—so we loop until we see that character and set the flag fEnd:

```
DLLexport void WINAPI ProcessMessages(){

-->    BOOL fEnd = FALSE;

-->    while (!fEnd){
                .
                .
                .

-->    }
}
```

Next, we get the WM_KEYDOWN messages in a PeekMessage() loop, where we fill the MSG structure msgKeyboard:

```
DLLexport void WINAPI ProcessMessages(){

       BOOL fEnd = FALSE;

       while (!fEnd){
-->            MSG msgKeyboard;
-->            WaitMessage();
-->            if (PeekMessage(&msgKeyboard, NULL, WM_KEYFIRST, WM_KEYLAST,
                   PM_REMOVE)){
-->                    if (msgKeyboard.message == WM_KEYDOWN){
                               .
                               .
                               .

                       }
               }
       }
}
```

At this point, we have a WM_KEYDOWN message, and the typed character's code is stored in msgKeyboard.wParam. We check to see whether the typed character is a letter. If it is, we add the character to a CString object named out_string and display the string in a message box using AfxMessageBox():

```
DLLexport void WINAPI ProcessMessages(){

    BOOL fEnd = FALSE;
    CString out_string = "";

    while (!fEnd){
            MSG msgKeyboard;
            WaitMessage();
            if (PeekMessage(&msgKeyboard, NULL, WM_KEYFIRST, WM_KEYLAST,
                PM_REMOVE)){
                    if (msgKeyboard.message == WM_KEYDOWN){
            -->            if(msgKeyboard.wParam >= 'A' &&
            -->                msgKeyboard.wParam <= 'Z'){
            -->                    out_string += msgKeyboard.wParam;
            -->                    AfxMessageBox(out_string);
            -->                }                  .
                                                  .
                                                  .

                    }
            }
    }
}
```

Next, we set the ending flag, fEnd, to TRUE if the user types **e**:

```
DLLexport void WINAPI ProcessMessages(){

    BOOL fEnd = FALSE;
    CString out_string = "";

    while (!fEnd){
            MSG msgKeyboard;
            WaitMessage();
            if (PeekMessage(&msgKeyboard, NULL, WM_KEYFIRST, WM_KEYLAST,
                PM_REMOVE)){
                    if (msgKeyboard.message == WM_KEYDOWN){
```

```
                                    if(msgKeyboard.wParam >= 'A' &&
                                        msgKeyboard.wParam <= 'Z'){
                                            out_string += msgKeyboard.wParam;
                                            AfxMessageBox(out_string);
                                    }
                        -->         if(msgKeyboard.wParam == 'E'){
                        -->             fEnd = TRUE;
                        -->         }
                            }
                    }
            }
    }
```

That's it for the DLL part of our program. The support files—**DLLEVENT.H**
and **DLLEVENT.CPP**—appear in Listing 6.3.

LISTING 6.3 DLLEVENT.H AND DLLEVENT.CPP

```
// dllevent.h : main header file for the DLLEVENT DLL
//

#ifndef __AFXWIN_H__
        #error include 'stdafx.h' before including this file for PCH
#endif

#include "resource.h"                    // main symbols

/////////////////////////////////////////////////////////////////////////////
// CDlleventApp
// See dllevent.cpp for the implementation of this class
//

#define DLLexport           __declspec( dllexport )
DLLexport void WINAPI ProcessMessages();

class CDlleventApp : public CWinApp
{
public:
        CDlleventApp();
```

```
// Overrides
        // ClassWizard generated virtual function overrides
        //{{AFX_VIRTUAL(CDlleventApp)
        //}}AFX_VIRTUAL

        //{{AFX_MSG(CDlleventApp)
        // NOTE - the ClassWizard will add and remove member functions here.
        //     DO NOT EDIT what you see in these blocks of generated code !
        //}}AFX_MSG
        DECLARE_MESSAGE_MAP()
};




/////////////////////////////////////////////////////////////////////////////
// dllevent.cpp : Defines the initialization routines for the DLL.
//

#include "stdafx.h"
#include "dllevent.h"

#ifdef _DEBUG
#define new DEBUG_NEW
#undef THIS_FILE
static char THIS_FILE[] = __FILE__;
#endif


/////////////////////////////////////////////////////////////////////////////
// CDlleventApp

CString out_string = "";

BEGIN_MESSAGE_MAP(CDlleventApp, CWinApp)
        //{{AFX_MSG_MAP(CDlleventApp)
        // NOTE - the ClassWizard will add and remove mapping macros here.
        //     DO NOT EDIT what you see in these blocks of generated code!
        //}}AFX_MSG_MAP
END_MESSAGE_MAP()
```

```
//////////////////////////////////////////////////////////////////////////
// CDlleventApp construction

CDlleventApp::CDlleventApp()
{
        // TODO: add construction code here,
        // Place all significant initialization in InitInstance
}

//////////////////////////////////////////////////////////////////////////
// The one and only CDlleventApp object

CDlleventApp theApp;

DLLexport void WINAPI ProcessMessages(){

        BOOL fEnd = FALSE;

     while (!fEnd){
             MSG msgKeyboard;
          WaitMessage();
          if (PeekMessage(&msgKeyboard, NULL, WM_KEYFIRST, WM_KEYLAST,
             PM_REMOVE)){
                     if (msgKeyboard.message == WM_KEYDOWN){
                             if(msgKeyboard.wParam >= 'A' &&
                                msgKeyboard.wParam <= 'Z'){
                                     out_string += msgKeyboard.wParam;
                                     AfxMessageBox(out_string);
                             }
                             if(msgKeyboard.wParam == 'E'){
                                     fEnd = TRUE;
                             }
                     }
             }
        }
}
```

We'll need a program to call our ProcessMessages() function from, and that program will be **DLLEVAPP.EXE**.

Creating DLLEVAPP.EXE

Create **DLLEVAPP.EXE** as a dialog-based program using AppWizard. Add a button (IDC_BUTTON1) with the caption **Intercept messages**. Connect a function, OnButton1(), to the button using ClassWizard and open that function:

```
void CDllevappDlg::OnButton1()
{
        // TODO: Add your control notification handler code here

}
```

We place the call to ProcessMessages() here so that we enter the DLL's message loop and read keystrokes:

```
void CDllevappDlg::OnButton1()
{
    -->   ProcessMessages();

}
```

That's it—now we run the program and type a few letters, as in Figure 6.3. We see these characters displayed in the message box. Our message-reading DLL function is a success; we've been able to read keystrokes from a DLL function. Type **e** to end the program. The support files for DLLEVAPP—**DLLEVAPPDLG.H** and **DLLEVAPPDLG.CPP**—are in Listing 6.4.

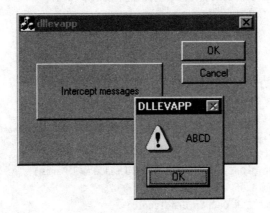

FIGURE 6.3 OUR DLL FUNCTION CAN READ KEYS.

LISTING 6.4 DLLEVAPPDLG.H AND DLLEVAPPDLG.CPP

```cpp
// dllevappDlg.h : header file
//

/////////////////////////////////////////////////////////////////////////
// CDllevappDlg dialog

extern void WINAPI ProcessMessages();

class CDllevappDlg : public CDialog
{
// Construction
public:
        CDllevappDlg(CWnd* pParent = NULL);        // standard constructor

// Dialog Data
        //{{AFX_DATA(CDllevappDlg)
        enum { IDD = IDD_DLLEVAPP_DIALOG };
                // NOTE: the ClassWizard will add data members here
        //}}AFX_DATA

        // ClassWizard generated virtual function overrides
        //{{AFX_VIRTUAL(CDllevappDlg)
        protected:
        virtual void DoDataExchange(CDataExchange* pDX);
        //}}AFX_VIRTUAL

// Implementation
protected:
        HICON m_hIcon;

        // Generated message map functions
        //{{AFX_MSG(CDllevappDlg)
        virtual BOOL OnInitDialog();
        afx_msg void OnSysCommand(UINT nID, LPARAM lParam);
        afx_msg void OnPaint();
        afx_msg HCURSOR OnQueryDragIcon();
        afx_msg void OnButton1();
```

```
            //}}AFX_MSG
            DECLARE_MESSAGE_MAP()
};


// dllevappDlg.cpp : implementation file
//

#include "stdafx.h"
#include "dllevapp.h"
#include "dllevappDlg.h"

#ifdef _DEBUG
#define new DEBUG_NEW
#undef THIS_FILE
static char THIS_FILE[] = __FILE__;
#endif

/////////////////////////////////////////////////////////////////////////////
// CAboutDlg dialog used for App About

class CAboutDlg : public CDialog
{
public:
        CAboutDlg();

// Dialog Data
        //{{AFX_DATA(CAboutDlg)
        enum { IDD = IDD_ABOUTBOX };
        //}}AFX_DATA

        // ClassWizard generated virtual function overrides
        //{{AFX_VIRTUAL(CAboutDlg)
        protected:
        virtual void DoDataExchange(CDataExchange* pDX);    // DDX/DDV support
        //}}AFX_VIRTUAL

// Implementation
```

```
protected:
        //{{AFX_MSG(CAboutDlg)
        //}}AFX_MSG
        DECLARE_MESSAGE_MAP()
};

CAboutDlg::CAboutDlg() : CDialog(CAboutDlg::IDD)
{
        //{{AFX_DATA_INIT(CAboutDlg)
        //}}AFX_DATA_INIT
}

void CAboutDlg::DoDataExchange(CDataExchange* pDX)
{
        CDialog::DoDataExchange(pDX);
        //{{AFX_DATA_MAP(CAboutDlg)
        //}}AFX_DATA_MAP
}

BEGIN_MESSAGE_MAP(CAboutDlg, CDialog)
        //{{AFX_MSG_MAP(CAboutDlg)
                // No message handlers
        //}}AFX_MSG_MAP
END_MESSAGE_MAP()

/////////////////////////////////////////////////////////////////////////////
// CDllevappDlg dialog

CDllevappDlg::CDllevappDlg(CWnd* pParent /*=NULL*/)
        : CDialog(CDllevappDlg::IDD, pParent)
{
        //{{AFX_DATA_INIT(CDllevappDlg)
                // NOTE: the ClassWizard will add member initialization here
        //}}AFX_DATA_INIT
        // Note LoadIcon does not require a subsequent DestroyIcon in Win32
        m_hIcon = AfxGetApp()->LoadIcon(IDR_MAINFRAME);
}

void CDllevappDlg::DoDataExchange(CDataExchange* pDX)
```

```
{
        CDialog::DoDataExchange(pDX);
        //{{AFX_DATA_MAP(CD11evappD1g)
                // NOTE: the ClassWizard will add DDX and DDV calls here
        //}}AFX_DATA_MAP
}


BEGIN_MESSAGE_MAP(CD11evappD1g, CDialog)
        //{{AFX_MSG_MAP(CD11evappD1g)
        ON_WM_SYSCOMMAND()
        ON_WM_PAINT()
        ON_WM_QUERYDRAGICON()
        ON_BN_CLICKED(IDC_BUTTON1, OnButton1)
        //}}AFX_MSG_MAP
END_MESSAGE_MAP()


//////////////////////////////////////////////////////////////////////
// CD11evappD1g message handlers

BOOL CD11evappD1g::OnInitDialog()
{
        CDialog::OnInitDialog();

        // Add "About..." menu item to system menu.

        // IDM_ABOUTBOX must be in the system command range.
        ASSERT((IDM_ABOUTBOX & 0xFFF0) == IDM_ABOUTBOX);
        ASSERT(IDM_ABOUTBOX < 0xF000);

        CMenu* pSysMenu = GetSystemMenu(FALSE);
        CString strAboutMenu;
        strAboutMenu.LoadString(IDS_ABOUTBOX);
        if (!strAboutMenu.IsEmpty())
        {
                pSysMenu->AppendMenu(MF_SEPARATOR);
                pSysMenu->AppendMenu(MF_STRING, IDM_ABOUTBOX, strAboutMenu);
        }

        // Set icon for this dialog.  The framework does this automatically
```

```
        //  when the application's main window is not a dialog
        SetIcon(m_hIcon, TRUE);                         // Set big icon
        SetIcon(m_hIcon, FALSE);                    // Set small icon

        // TODO: Add extra initialization here

        return TRUE;  // return TRUE  unless you set the focus to a control
}

void CDllevappDlg::OnSysCommand(UINT nID, LPARAM lParam)
{
        if ((nID & 0xFFF0) == IDM_ABOUTBOX)
        {
                CAboutDlg dlgAbout;
                dlgAbout.DoModal();
        }
        else
        {
                CDialog::OnSysCommand(nID, lParam);
        }
}

// If you add a minimize button to your dialog, you will need the code below
// to draw the icon.  For MFC applications using the document/view model,
// this is automatically done for you by the framework.

void CDllevappDlg::OnPaint()
{
        if (IsIconic())
        {
                CPaintDC dc(this); // device context for painting

                SendMessage(WM_ICONERASEBKGND, (WPARAM) dc.GetSafeHdc(), 0);

                // Center icon in client rectangle
                int cxIcon = GetSystemMetrics(SM_CXICON);
```

```
            int cyIcon = GetSystemMetrics(SM_CYICON);
            CRect rect;
            GetClientRect(&rect);
            int x = (rect.Width() - cxIcon + 1) / 2;
            int y = (rect.Height() - cyIcon + 1) / 2;

            // Draw the icon
            dc.DrawIcon(x, y, m_hIcon);
        }
        else
        {
            CDialog::OnPaint();
        }
    }


// The system calls this to obtain the cursor to display while the user drags
//   the minimized window.
HCURSOR CDllevappDlg::OnQueryDragIcon()
{
        return (HCURSOR) m_hIcon;
}


void CDllevappDlg::OnButton1()
{
        ProcessMessages();
        // TODO: Add your control notification handler code here


}
```

So far, then, we have seen how to produce simple DLLs and DLLs that can read Windows messages. But what if we wanted two DLLs to interact with each other? For example, suppose we had a program that counted the total number of mouse clicks seen in a program—but someone started two instances of the program. In this case, we would count the mouse clicks in the two instances of the program separately—unless we were careful and made sure we summed the mouse clicks in both instances by sharing memory between the two instances of our DLL. Doing that will be our next topic.

Sharing Memory between DLL Instances

In our next program, we'll see how to share memory between a number of programs that have loaded our DLL. We'll keep track of the number of mouse clicks in a program even if the user starts more than one instance of it. The variable that stores the number of mouse clicks—nClicks—will be stored in memory shared between the DLLs.

Creating SHARED.DLL

Use AppWizard to create our click-counting DLL, making it a standard MFC DLL project named SHARED. As with our previous DLL, DLLEVENT, we add a function named ProcessMessages() to contain a message loop. But this time, we will read mouse messages only and count the total number of clicks (WM_LBUTTONDOWN messages), which we store in an integer named nClicks:

```
DLLexport void WINAPI ProcessMessages(){

    BOOL fEnd = FALSE;

    while (!fEnd){
        MSG msgMouse;
        WaitMessage();
        if (PeekMessage(&msgMouse, NULL, WM_MOUSEFIRST, WM_MOUSELAST,
            PM_REMOVE)){
-->         if (msgMouse.message == WM_LBUTTONDOWN){
-->             nClicks++;
            }
            .

            .

            .

        }
    }

}
```

We also display the number of mouse clicks in a message box:

```
DLLexport void WINAPI ProcessMessages(){

    BOOL fEnd = FALSE;

    while (!fEnd){
        MSG msgMouse;
        WaitMessage();
        if (PeekMessage(&msgMouse, NULL, WM_MOUSEFIRST, WM_MOUSELAST,
            PM_REMOVE)){
                if (msgMouse.message == WM_LBUTTONDOWN){
                    nClicks++;
-->                 char szText [30];
-->                 sprintf(szText, "Number of clicks seen: %d", nClicks);
-->                 AfxMessageBox(szText);
                }
                if (msgMouse.message == WM_RBUTTONDOWN){
                        fEnd = TRUE;
                }
        }
    }

}
```

We end our message interception when the user clicks the right mouse button:

```
DLLexport void WINAPI ProcessMessages(){

    BOOL fEnd = FALSE;

    while (!fEnd){
        MSG msgMouse;
        WaitMessage();
        if (PeekMessage(&msgMouse, NULL, WM_MOUSEFIRST, WM_MOUSELAST,
            PM_REMOVE)){
                if (msgMouse.message == WM_LBUTTONDOWN){
                    nClicks++;
                    char szText [30];
```

```
                    sprintf(szText, "Number of clicks seen: %d", nClicks);
                    AfxMessageBox(szText);
                }
-->             if (msgMouse.message == WM_RBUTTONDOWN){
-->                 fEnd = TRUE;
                }
            }
        }

    }
```

We also make nClicks a global integer and initialize it to 0 in **SHARED.CPP**:

```
///////////////////////////////////////////////////////////////////////////
// shared.cpp : Defines the initialization routines for the DLL.
//

#include "stdafx.h"
#include "shared.h"

#ifdef _DEBUG
#define new DEBUG_NEW
#undef THIS_FILE
static char THIS_FILE[] = __FILE__;
#endif

--> int nClicks = 0;
                .

                .

                .
```

The problem here is that the user may start another instance of the calling program—and that instance would load its own version of **SHARED.DLL**, with its own integer named nClicks. To fix that and to share the current integer nClicks between all instances of **SHARED.DLL** (a skill we'll need in the next chapter on Windows hooks), we use the preprocessor pragma data_seg(). We place nClicks in a shared memory *section* named CommMem:

```
/////////////////////////////////////////////////////////////////////////
// shared.cpp : Defines the initialization routines for the DLL.
//

#include "stdafx.h"
#include "shared.h"

#ifdef _DEBUG
#define new DEBUG_NEW
#undef THIS_FILE
static char THIS_FILE[] = __FILE__;
#endif

#pragma data_seg( "CommMem" )   <--
    int nClicks = 0;
#pragma data_seg()              <--
                 .
                 .
                 .
```

It's important to note that we must initialize nClicks when we do this (here, we set it to 0). Otherwise, nClicks would not be stored in the data_seg part of our program, but rather in the uninitialized data segment, the _bss segment, and would not be shared at all (despite the use of the data_seg() pragma).

In addition, we have to declare our section in the **SHARED.DEF** file. Here, we make it a shared memory section that we can read and write to:

```
; shared.def : Declares the module parameters for the DLL.

LIBRARY      "SHARED"
DESCRIPTION  'SHARED Windows Dynamic Link Library'

SECTIONS                                 <--
    CommMem READ WRITE SHARED            <--
```

Now create **SHARED.DLL** and **SHARED.LIB**. The ProcessMessages() function is ready to count mouse clicks across any number of applications; all we need now is an application to call it from. The **SHARED.DLL** support files—**SHARED.H** and **SHARED.CPP**—appear in Listing 6.5.

LISTING 6.5 SHARED.H AND SHARED.CPP

```cpp
// shared.h : main header file for the SHARED DLL
//
#define DLLexport          __declspec( dllexport )
DLLexport void WINAPI ProcessMessages();

#ifndef __AFXWIN_H__
        #error include 'stdafx.h' before including this file for PCH
#endif

#include "resource.h"              // main symbols

/////////////////////////////////////////////////////////////////////
// CSharedApp
// See shared.cpp for the implementation of this class
//

class CSharedApp : public CWinApp
{
public:
        CSharedApp();

// Overrides
        // ClassWizard generated virtual function overrides
        //{{AFX_VIRTUAL(CSharedApp)
        //}}AFX_VIRTUAL

        //{{AFX_MSG(CSharedApp)
        // NOTE - the ClassWizard will add and remove member functions here.
        //    DO NOT EDIT what you see in these blocks of generated code !
        //}}AFX_MSG
        DECLARE_MESSAGE_MAP()
};


/////////////////////////////////////////////////////////////////////
// shared.cpp : Defines the initialization routines for the DLL.
//
```

```
#include "stdafx.h"
#include "shared.h"

#ifdef _DEBUG
#define new DEBUG_NEW
#undef THIS_FILE
static char THIS_FILE[] = __FILE__;
#endif

#pragma data_seg( "CommMem" )
    int nClicks = 0;
#pragma data_seg()


/////////////////////////////////////////////////////////////////////////
// CSharedApp

BEGIN_MESSAGE_MAP(CSharedApp, CWinApp)
        //{{AFX_MSG_MAP(CSharedApp)
        // NOTE - the ClassWizard will add and remove mapping macros here.
        //     DO NOT EDIT what you see in these blocks of generated code!
        //}}AFX_MSG_MAP
END_MESSAGE_MAP()

/////////////////////////////////////////////////////////////////////////
// CSharedApp construction

CSharedApp::CSharedApp()
{
        // TODO: add construction code here,
        // Place all significant initialization in InitInstance
}


/////////////////////////////////////////////////////////////////////////
// The one and only CSharedApp object

CSharedApp theApp;

DLLexport void WINAPI ProcessMessages(){
```

```
        BOOL fEnd = FALSE;

    while (!fEnd){
            MSG msgMouse;
        WaitMessage();
        if (PeekMessage(&msgMouse, NULL, WM_MOUSEFIRST, WM_MOUSELAST,
            PM_REMOVE)){
                    if (msgMouse.message == WM_LBUTTONDOWN){
                    nClicks++;
                        char szText [30];
                        sprintf(szText, "Number of clicks seen: %d",
                            nClicks);
                        AfxMessageBox(szText);
                }
                    if (msgMouse.message == WM_RBUTTONDOWN){
                fEnd = TRUE;
                }
            }
        }
    }


}
```

The next step is to create a program that calls THE ProcessMessages() function in **SHARED.DLL**.

Creating SHAREAPP.EXE

Use AppWizard to create a new dialog-based EXE project named SHAREAPP, which will call the ProcessMessages() function. Add a button (IDC_BUTTON1) with the caption **Start counting clicks**, and connect to that button a function named OnButton1():

```
void CShareappDlg::OnButton1()
{

}
```

Here, as before, we call ProcessMessages() to start the message loop:

```
void CShareappDlg::OnButton1()
{
        ProcessMessages();

}
```

Now link in **SHARED.LIB**, copy **SHARED.DLL** to C:\WINDOWS\SYSTEM, and start two instances of **SHAREAPP.EXE**, as shown in Figure 6.4. When you click either window, the total number of mouse clicks is incremented. As you can see, we've shared nClicks—and therefore memory—with another process's instance of our DLL. Our program is a success, and this is a skill we'll need soon. The SHAREAPP support files—**SHAREAPPDLG.H** and **SHAREAPPDLG.CPP**—appear in Listing 6.6.

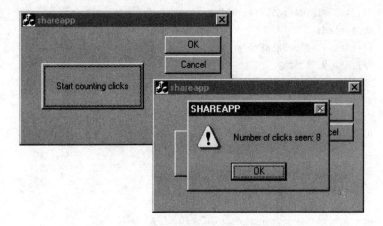

FIGURE 6.4 OUR DLL SHARES MEMORY BETWEEN PROCESSES.

LISTING 6.6 SHAREAPPDLG.H AND SHAREAPPDLG.CPP

```
// shareappDlg.h : header file
//
extern void WINAPI ProcessMessages();


/////////////////////////////////////////////////////////////////////////
// CShareappDlg dialog
```

```
class CShareappDlg : public CDialog
{
// Construction
public:
        CShareappDlg(CWnd* pParent = NULL);        // standard constructor

// Dialog Data
        //{{AFX_DATA(CShareappDlg)
        enum { IDD = IDD_SHAREAPP_DIALOG };
                // NOTE: the ClassWizard will add data members here
        //}}AFX_DATA

        // ClassWizard generated virtual function overrides
        //{{AFX_VIRTUAL(CShareappDlg)
        protected:
        virtual void DoDataExchange(CDataExchange* pDX);
        //}}AFX_VIRTUAL


// Implementation
protected:
        HICON m_hIcon;

        // Generated message map functions
        //{{AFX_MSG(CShareappDlg)
        virtual BOOL OnInitDialog();
        afx_msg void OnSysCommand(UINT nID, LPARAM lParam);
        afx_msg void OnPaint();
        afx_msg HCURSOR OnQueryDragIcon();
        afx_msg void OnButton1();
        //}}AFX_MSG
        DECLARE_MESSAGE_MAP()
};
// shareappDlg.cpp : implementation file
//

#include "stdafx.h"
#include "shareapp.h"
#include "shareappDlg.h"
```

```
#ifdef _DEBUG
#define new DEBUG_NEW
#undef THIS_FILE
static char THIS_FILE[] = __FILE__;
#endif

/////////////////////////////////////////////////////////////////////////////
// CAboutDlg dialog used for App About

class CAboutDlg : public CDialog
{
public:
        CAboutDlg();

// Dialog Data
        //{{AFX_DATA(CAboutDlg)
        enum { IDD = IDD_ABOUTBOX };
        //}}AFX_DATA

        // ClassWizard generated virtual function overrides
        //{{AFX_VIRTUAL(CAboutDlg)
        protected:
        virtual void DoDataExchange(CDataExchange* pDX);     // DDX/DDV support
        //}}AFX_VIRTUAL

// Implementation
protected:
        //{{AFX_MSG(CAboutDlg)
        //}}AFX_MSG
        DECLARE_MESSAGE_MAP()
};

CAboutDlg::CAboutDlg() : CDialog(CAboutDlg::IDD)
{
        //{{AFX_DATA_INIT(CAboutDlg)
        //}}AFX_DATA_INIT
}

void CAboutDlg::DoDataExchange(CDataExchange* pDX)
```

```
{
        CDialog::DoDataExchange(pDX);
        //{{AFX_DATA_MAP(CAboutDlg)
        //}}AFX_DATA_MAP
}


BEGIN_MESSAGE_MAP(CAboutDlg, CDialog)
        //{{AFX_MSG_MAP(CAboutDlg)
                // No message handlers
        //}}AFX_MSG_MAP
END_MESSAGE_MAP()


/////////////////////////////////////////////////////////////////////////////
// CShareappDlg dialog

CShareappDlg::CShareappDlg(CWnd* pParent /*=NULL*/)
        : CDialog(CShareappDlg::IDD, pParent)
{
        //{{AFX_DATA_INIT(CShareappDlg)
                // NOTE: the ClassWizard will add member initialization here
        //}}AFX_DATA_INIT
        // Note LoadIcon does not require a subsequent DestroyIcon in Win32
        m_hIcon = AfxGetApp()->LoadIcon(IDR_MAINFRAME);
}


void CShareappDlg::DoDataExchange(CDataExchange* pDX)
{
        CDialog::DoDataExchange(pDX);
        //{{AFX_DATA_MAP(CShareappDlg)
                // NOTE: the ClassWizard will add DDX and DDV calls here
        //}}AFX_DATA_MAP
}


BEGIN_MESSAGE_MAP(CShareappDlg, CDialog)
        //{{AFX_MSG_MAP(CShareappDlg)
        ON_WM_SYSCOMMAND()
        ON_WM_PAINT()
        ON_WM_QUERYDRAGICON()
        ON_BN_CLICKED(IDC_BUTTON1, OnButton1)
```

```
        //}}}AFX_MSG_MAP
END_MESSAGE_MAP()


/////////////////////////////////////////////////////////////////////////
// CShareappDlg message handlers

BOOL CShareappDlg::OnInitDialog()
{
        CDialog::OnInitDialog();

        // Add "About..." menu item to system menu.

        // IDM_ABOUTBOX must be in the system command range.
        ASSERT((IDM_ABOUTBOX & 0xFFF0) == IDM_ABOUTBOX);
        ASSERT(IDM_ABOUTBOX < 0xF000);

        CMenu* pSysMenu = GetSystemMenu(FALSE);
        CString strAboutMenu;
        strAboutMenu.LoadString(IDS_ABOUTBOX);
        if (!strAboutMenu.IsEmpty())
        {
                pSysMenu->AppendMenu(MF_SEPARATOR);
                pSysMenu->AppendMenu(MF_STRING, IDM_ABOUTBOX, strAboutMenu);
        }

        // Set icon for this dialog.  The framework does this automatically
        //  when the application's main window is not a dialog
        SetIcon(m_hIcon, TRUE);                         // Set big icon
        SetIcon(m_hIcon, FALSE);                // Set small icon

        // TODO: Add extra initialization here

        return TRUE;  // return TRUE  unless you set the focus to a control
}

void CShareappDlg::OnSysCommand(UINT nID, LPARAM lParam)
{
        if ((nID & 0xFFF0) == IDM_ABOUTBOX)
        {
```

```
                CAboutDlg dlgAbout;
                dlgAbout.DoModal();
        }
        else
        {
                CDialog::OnSysCommand(nID, lParam);
        }
}
```

```
// If you add a minimize button to your dialog, you will need the code below
//  to draw the icon.  For MFC applications using the document/view model,
//  this is automatically done for you by the framework.

void CShareappDlg::OnPaint()
{
        if (IsIconic())
        {
                CPaintDC dc(this); // device context for painting

                SendMessage(WM_ICONERASEBKGND, (WPARAM) dc.GetSafeHdc(), 0);

                // Center icon in client rectangle
                int cxIcon = GetSystemMetrics(SM_CXICON);
                int cyIcon = GetSystemMetrics(SM_CYICON);
                CRect rect;
                GetClientRect(&rect);
                int x = (rect.Width() - cxIcon + 1) / 2;
                int y = (rect.Height() - cyIcon + 1) / 2;

                // Draw the icon
                dc.DrawIcon(x, y, m_hIcon);
        }
        else
        {
                CDialog::OnPaint();
        }
}
```

```
// The system calls this to obtain the cursor to display while the user drags
```

```
//   the minimized window.
HCURSOR CShareappDlg::OnQueryDragIcon()
{
        return (HCURSOR) m_hIcon;
}


void CShareappDlg::OnButton1()
{
        ProcessMessages();


}
```

So far, none of the exported functions in our DLLs have been members of any class, but this is also something we can do. Let's see how to export a class and all its members from a DLL.

Exporting a Class from a DLL (Extending MFC)

It turns out that exporting a class from an MFC DLL is easy. Let's create a new class called CPointer, derived from the MFC CPoint class. The CPointer class will be the same as the CPoint class except that the x member of the class will be initialized to 1. Let's see how to create and use this class in an MFC EXE program by exporting our new class from a DLL.

We'll call our new DLL project DLLCLASS. Create that project as an MFC DLL, but with an important difference. Instead of letting the type of DLL remain as the default (as displayed in Step 1 of AppWizard) **Regular DLL using shared MFC DLL**, select the **MFC extension DLL (using shared MFC DLL)** option. Now open the header file **DLLCLASS.H** so that we can declare the new class:

```
class AFX_EXT_CLASS CPointer : public CPoint
{
public:
        CPointer();
};
```

Note the AFX_EXT_CLASS keyword (which you won't find in any Visual C++ documentation). This keyword makes sure that our CPointer class will be exported by the **DLLCLASS.DLL** file. In fact, including this one keyword is all we have to do to make sure that happens. All that's left is to set the x member of our CPointer class to 1 in **DLLCLASS.CPP**:

```
CPointer::CPointer()
{
        x = 1;
}
```

That's it—create **DLLCLASS.LIB** and **DLLCLASS.DLL** now. Next, we link our new **DLLCLASS.LIB** library into a new EXE dialog-based project called DLLCAPP (with files **DLLCAPPDLG.H** and **DLLCAPDLG.CPP**), as we have done with other LIB files. We add to DLLCAP's dialog box a button (IDC_BUTTON1) with the caption **Create CPointer object** and connect this button to a function, OnButton1():

```
void CDllcappDlg::OnButton1()
{

}
```

We want to use the CPointer class in this program, so we link in the **DLL-CLASS.LIB** library as we have before. In addition, we declare this new class at the top of **DLLCAPPDLG.CPP** so that Visual C++ knows enough about the class to allow us to create objects of that type:

```
class AFX_EXT_CLASS CPointer : public CPoint
{
public:
        CPointer();
};
```

Now we use the new operator to create a new CPointer object in OnButton1():

```
void CDllcappDlg::OnButton1()
{
  -->   CPointer* pt = new CPointer;
              .
              .
              .
}
```

We report whether the creation operation was successful using a message box:

```
void CDllcappDlg::OnButton1()
{
        CPointer* pt = new CPointer;
  -->   if(pt != NULL){
  -->           MessageBox("CPointer object initialized.");
  -->   }       .
                .
                .
}
```

If the new CPointer object was not created successfully, we report that, too:

```
void CDllcappDlg::OnButton1()
{
        CPointer* pt = new CPointer;
        if(pt != NULL){
                MessageBox("CPointer object initialized.");
        }
  -->   else{
  -->           MessageBox("CPointer object not initialized.");
  -->   }
}
```

Now run the program and click **Create CPointer object**. As you can see in Figure 6.5, the program creates an object of the CPointer class. Our program is a success, and we've seen how to export an entire C++ class from a DLL. The support files for the **DLLCLASS.LIB** and **DLLCLASS.DLL** files—**DLL-CLASS.H** and **DLLCLASS.CPP**—appear in Listing 6.7.

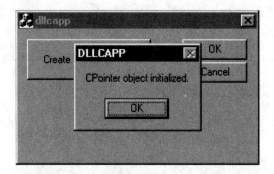

FIGURE 6.5 WE EXTEND THE MFC LIBRARY FROM A DLL.

LISTING 6.7 DLLCLASS.H AND DLLCLASS.CPP

```
class AFX_EXT_CLASS CPointer : public CPoint
{
public:
        CPointer();
};
///////////////////////////////////////////////////////////////////////////
extern "C" void WINAPI InitDLL();



// dllclass.cpp : Defines the initialization routines for the DLL.
//

#include "stdafx.h"
#include <afxdllx.h>
#include "dllclass.h"
```

```
#ifdef _DEBUG
#define new DEBUG_NEW
#undef THIS_FILE
static char THIS_FILE[] = __FILE__;
#endif

static AFX_EXTENSION_MODULE DllclassDLL = { NULL, NULL };

extern "C" int APIENTRY
DllMain(HINSTANCE hInstance, DWORD dwReason, LPVOID lpReserved)
{
        if (dwReason == DLL_PROCESS_ATTACH)
        {
                TRACE0("DLLCLASS.DLL Initializing!\n");

                // Extension DLL one-time initialization
                AfxInitExtensionModule(DllclassDLL, hInstance);

                // Insert this DLL into the resource chain
                new CDynLinkLibrary(DllclassDLL);
        }
        else if (dwReason == DLL_PROCESS_DETACH)
        {
                TRACE0("DLLCLASS.DLL Terminating!\n");
        }
        return 1;    // ok
}


CPointer::CPointer()
{
        x = 1;
}
```

The final program in this chapter is a C-based DLL and not a C++ based one.
Let's turn to that now.

A Small, C-Based DLL

So far, all our DLLs have been MFC-based. MFC programs can grow quite large with a proliferation of predefined classes and objects. Simply adding a few CString objects can add considerable space to an MFC-based DLL. This expansion usually is not a problem, but sometimes it is. For example, when we write our Windows hook procedures, we will find that such procedures must be in DLLs; in addition, those DLLs must be injected into many of the processes running in the system. This means that we have to worry about not just one copy of our DLL, but perhaps a dozen in memory all at once. For that reason, we'll learn how to create C-based DLLs, which are often smaller than MFC-based DLLs.

Our DLL will be a very basic one named EZCDLL. This time, instead of choosing **MFC AppWizard (exe)** or **MFC AppWizard (dll)** in the New Project Workspace dialog box, choose the **Dynamic-Link Library** option. This action creates a new DLL project that contains no files. We start by creating the file **EZCDLL.H**, the header file for our project. In this file, we declare the function our DLL exports, which we call DLLCall(). In this function, we perform a rudimentary operation—having the computer beep—and then return. Create **EZCDLL.H** using the **New** item in the File menu, making it a text file, and type these lines to declare DLLCall():

```
#define DllExport   __declspec( dllexport )       <--
DLLexport void WINAPI DLLCall ();                  <--
```

Next, create the file **EZCDLL.C**. In this file, we'll need a C-based function named DllMain()—it is the core of our C-based DLL. In this function, we are passed parameters giving us the handle to the current module and telling us whether our DLL is being attached or detached from a process, along with one other parameter that is reserved. Type the following in **EZCDLL.C** to create a skeleton DllMain() function:

```
#include <windows.h>
#include "ezcdll.h"

HANDLE hDLLInst = 0;

BOOL WINAPI DllMain (HANDLE hModule, DWORD dwFunction, LPVOID lpNot)
{
    hDLLInst = hModule;
```

```
    switch (dwFunction)
    {
        case DLL_PROCESS_ATTACH:
        case DLL_PROCESS_DETACH:
        default:
            break;
    }
    return TRUE;
}
```

We also add the DLLCall() function—in which we simply have the computer beep—at the end of **EZCDLL.C**:

```
#include <windows.h>
#include "ezcdll.h"

HANDLE hDLLInst = 0;

BOOL WINAPI DllMain (HANDLE hModule, DWORD dwFunction, LPVOID lpNot)
{
    hDLLInst = hModule;

    switch (dwFunction)
    {
        case DLL_PROCESS_ATTACH:
        case DLL_PROCESS_DETACH:
        default:
            break;
    }
    return TRUE;
}


DllExport void WINAPI DLLCall ()          <--
{                                         <--
        Beep(0, 0);                       <--
}                                         <--
```

We also need a DEF file, so create **EZCDLL.DEF** and type in this code:

```
LIBRARY     "EZCDLL"
DESCRIPTION 'EZCDLL Windows Dynamic Link Library'

CODE        PRELOAD MOVEABLE DISCARDABLE
DATA        PRELOAD SINGLE
```

Finally, add all three of these files—**EZCDLL.H**, **EZCDLL.C**, and **EZCDLL.DEF**—to our EZCDLL project using the **Insert | Files into Project** menu item. Now build **EZCDLL.LIB** and **EZCDLL.DLL** by selecting **Build ezcdll.dll** in the Build menu.

To use our new DLL and the function DLLCall(), we create a new dialog-based EXE project named EZCAPP and place in the dialog box a button (IDC_BUTTON1) with the caption **Call DllCall()**. Connect a function, OnButton1(), to that button and call the DLL function this way:

```
void CEzcappDlg::OnButton1()
{
        DLLCall();
}
```

That seems straightforward enough, but one important detail remains. The **EZCDLL.DLL** file was written in C and not C++, so the linkage to our programs is a C linkage and not a C++ linkage. We indicate that type of linkage when we declare DLLCall():

```
#include "stdafx.h"
#include "ezcapp.h"
#include "ezcappDlg.h"


extern "C"{
        void WINAPI DLLCall();
}
```

Now we can link our C-based DLL, even into a C++ program. When you run this program and click the button, you will hear the beep from DLLCall(). Our C-based DLL program is a success. The EZCDLL support files—**EZCDLL.H** and **EZCDLL.CPP**—appear in Listing 6.8.

LISTING 6.8 EZCDLL.H AND EZCDLL.CPP

```
#define DllExport          __declspec( dllexport )
DLLexport void WINAPI DLLCall ();


#include <windows.h>
#include "ezcdll.h"

HANDLE hDLLInst = 0;

BOOL WINAPI DllMain (HANDLE hModule, DWORD dwFunction, LPVOID lpNot)
{
    hDLLInst = hModule;

    switch (dwFunction)
    {
        case DLL_PROCESS_ATTACH:
        case DLL_PROCESS_DETACH:
        default:
            break;
    }
    return TRUE;
}


DLLexport void WINAPI DLLCall ()
{
        Beep(0, 0);
}
```

That's it for our coverage of working with dynamic link libraries, a useful skill for the serious Visual C++ programmer. In this chapter, we have come far, learning how to create a basic DLL, how to read Windows messages from a DLL, how to share memory between DLLs, how to export a class to extend the MFC library, and how to write a DLL in C. In the next chapter, we'll put this knowledge to work as we see how to create Windows hooks.

CHAPTER 7

Windows Hooks

In this chapter, we'll explore some powerful Windows techniques. We will see how to construct Windows *hooks*, which allow Visual C++ programs to work in much the same way that DOS terminate-and-stay- resident programs did. We can install a Windows hook and have all messages—throughout the system, if we like, and not just in our thread—sent to our filter function. In that function, we get a chance to work with the messages before the programs they are intended for even see them.

In this way, the Visual C++ program Spy++ can show us all the Windows messages targeted for a specific window. Other programs can install *hotkeys*—systemwide key filters that perform certain operations (such as opening a word processor or calculator) whenever you press a specific key or key combination. Let's begin with an overview of hooks as well.

An Overview of Windows Hooks

To set a Windows hook, we use the SetWindowsHookEx() function; to unhook one, we use the function UnHookWindowsHookEx(). In SetWindowsHookEx(), we install a hook procedure that will be passed (possibly systemwide) messages. We wish to intercept these messages by passing the address of the hook procedure to Windows. We use SetWindowsHookEx() this way:

```
HHOOK SetWindowsHookEx(
    int  idHook,           // type of hook to install
    HOOKPROC  lpfn,        // address of hook procedure
    HINSTANCE  hMod,       // handle of application instance
    DWORD  dwThreadId      // identity of thread to install hook for
);
```

The idHook parameter specifies the type of hook we want to set. We will take a look at all the possibilities in a moment.

The lpfn parameter points to the hook procedure itself. This procedure will receive the Windows messages before they are passed to their intended targets (or, in the case of some hooks, after those targets process the message and return). The hook procedure gets these parameters and returns a value of type LRESULT:

```
LRESULT WINAPI HookProc(int nCode, WPARAM wParam, LPARAM lParam);
```

If the dwThreadId parameter—the ID of the thread setting up the hook—is zero or if it matches the identifier of a thread created by a different process, the lpfn pointer parameter must point to a hook procedure in a dynamic link library (DLL). (We saw how to create DLLs in the last chapter.) Otherwise, the lpfn pointer can point to a hook procedure in the current program's code.

The hMod parameter is a handle to the DLL that contains the hook procedure pointed to by the lpfn parameter. If the dwThreadId parameter matches a thread created by the current process and if the hook procedure is within the current process, the hMod parameter must be set to NULL.

The dwThreadId parameter holds the ID of the thread to which the hook procedure will be connected. If dwThreadId is zero, the hook procedure will be connected to all existing threads.

Let's take a look at the different kinds of Windows hooks available. You select the hook you want by setting the idHook parameter to the value corresponding to your selection. For example, you would not set idHook to WH_KEYBOARD to set up a keyboard hook. Let's examine the possibilities for this parameter.

SendMessage() Hooks

Setting idHook to WH_CALLWNDPROC or WH_CALLWNDPROCRET allows a program to watch messages sent to window procedures with SendMessage(). If you use idHook = WH_CALLWNDPROC, Windows calls your hook procedure before calling the window procedure; if you use idHook = WH_CALLWNDPRO-CRET, Windows calls your hook function after calling the window procedure. For a WH_CALLWNDPROC hook, the parameters sent to us and the result we should return are shown next, where the CWPSTRUCT structure holds information about the message being sent to the window:

- nCode: HC_ACTION
- wParam: Windows message
- lParam: pointer to a CWPSTRUCT structure
- lResult: return 0

The CWPSTRUCT structure looks like this:

```
typedef struct tagCWPSTRUCT {
    LPARAM  lParam;
    WPARAM  wParam;
    UINT    message;
    HWND    hwnd;
} CWPSTRUCT;
```

For a WH_CALLWNDPROCRET hook, the hook procedure parameters and return values are shown next, where the CWPRETSTRUCT structure holds information about the return value sent from the window procedure to Windows:

- nCode: HC_ACTION
- wParam: if wParam is not 0, a message is being sent by the current thread; otherwise, a message was received by this window from another thread.
- lParam: pointer to a CWPRETSTRUCT structure
- lResult: return 0

The CWPRETSTRUCT structure looks like this:

```
typedef struct tagCWPRETSTRUCT {
    LRESULT lResult;
    LPARAM  lParam;
    WPARAM  wParam;
    DWORD   message;
    HWND    hwnd;
} CWPRETSTRUCT;
```

Computer-Based Training Hooks

Setting idHook to WH_CBT makes Windows call your hook procedure before it does any of the following things:

- Activate, create, destroy, minimize, maximize, move, or size a window
- Complete a system command
- Remove a mouse or keyboard event from the system message queue
- Set the Windows input focus
- Synchronize with the system message queue

The return value set by the hook procedure indicates whether Windows should allow or prevent one of these operations. This hook is used in computer-based training when the training program allows users to try a few actions on their own.

Debug Hooks

Set idHook to WH_DEBUG to have Windows call your hook function before it calls hook procedures associated with any other hook. You use this hook to set access to other hook procedures, and that is valuable in debugging. Here are the passed and returned parameters for this hook's procedure:

- nCode: HC_ACTION
- wParam: indicates type of hook to be called (e.g., WH_CBT)
- lParam: pointer to a DEBUGHOOKINFO structure
- lResult: return 0 to have hook called, 1 otherwise

The DEBUGHOOKINFO structure looks like this:

```
typedef struct tagDEBUGHOOKINFO {
    DWORD  idThread;
    DWORD  idThreadInstaller;
    LPARAM lParam;
    WPARAM wParam;
    int    code;
} DEBUGHOOKINFO;
```

Foreground Idle Hooks

Setting idHook to WH_FOREGROUNDIDLE allows a task to perform low-priority tasks when its foreground thread is idle. Windows calls a foreground idle hook procedure when the application's foreground thread is going to be set idle. In this way, your program can perform other tasks while the foreground remains idle. The passed and returned parameters for this hook procedure are as follows:

- nCode: HC_ACTION
- wParam: 0
- lParam: 0
- lResult: return 0

GetMessage() Hooks

As with WH_CALLWNDPROC, which sets a hook on messages sent with SendMessage(), setting idHook to WH_GETMESSAGE sets a hook on messages Windows returns to GetMessage() and PeekMessage(). This hook allows you to see all the messages that are about to be returned by Windows to various programs calling GetMessage() and PeekMessage(). With this hook, you can watch mouse and keyboard input as well as other messages posted to queues. Here are the passed and returned values from the hook procedure:

- nCode: HC_ACTION
- wParam: 0
- lParam: pointer to a MSG structure
- lResult: return 0

The lParam parameter is a pointer to a MSG structure, and that structure looks like this:

```
typedef struct tagMSG {
    HWND    hwnd;
    UINT    message;
    WPARAM  wParam;
    LPARAM  lParam;
    DWORD   time;
    POINT   pt;
} MSG;
```

Journal Hooks

Journal hooks, installed by setting idHook to WH_JOURNALRECORD or
WH_JOURNALPLAYBACK, allow a program to read, record, and play back
Windows input events such as mouse and keyboard events. Usually, you
use this hook to record mouse or keyboard events and play them back; this
hook is global and not thread-specific. When you want to record events, you
use the WH_JOURNALRECORD hook. The hook function is passed and
returns these parameters:

- nCode: HC_ACTION
- wParam: 0
- lParam: pointer to an EVENTMSG struct
- lResult: return 0

The EVENTMSG structure looks like this:

```
typedef struct tagEVENTMSG {
    UINT  message;
    UINT  paramL;
    UINT  paramH;
    DWORD time;
    HWND  hwnd;
} EVENTMSG;
```

The HC_SYSMODALON and HC_SYSMODALOFF calls indicate that a sys-
tem modal dialog box is opening or closing, and we should suspend our
operations while it is on the screen:

- nCode: HC_SYSMODALON
- wParam: 0
- lParam: 0
- lResult: return 0

- nCode: HC_SYSMODALOFF
- wParam: 0
- lParam: 0
- lResult: return 0

The WH_JOURNALPLAYBACK hook lets us play back input events. We wait for the nCode = HC_NEXT call to our hook procedure and return a pointer to the EVENTMSG structure corresponding to this message. We also return the number of milliseconds the system should wait before processing this message:

- nCode: HC_GETNEXT
- wParam: 0
- lParam: points to an EVENTMSG struct
- lResult: milliseconds before this event should be processed

We can get multiple calls to our hook procedure using nCode = HC_NEXT; when nCode = HC_SKIP, we should take the next event to play back and get it ready to return to the system the next time nCode = HC_NEXT:

- nCode: HC_SKIP
- wParam: 0
- lParam: 0
- lResult: 0

As with the journal record hook, the HC_SYSMODALON and HC_SYS-MODALOFF calls indicate that a system modal dialog box is opening or closing, and we should suspend our operations while it is on the screen:

- nCode: HC_SYSMODALON
- wParam: 0
- lParam: 0
- lResult: return 0

- nCode: HC_SYSMODALOFF
- wParam: 0
- lParam: 0
- lResult: return 0

When a journal playback hook is installed, the system ignores all keyboard and mouse input from the user. We'll see how to use a journal hook soon. They are popular because no DLL is necessary to use them even though they are global (systemwide and not thread-specific) hooks.

Keyboard and Mouse Hooks

The WH_KEYBOARD hook enables programs to watch WM_KEYDOWN and WM_KEYUP messages that are about to be returned by the GetMessage() or PeekMessage() function. In this way, a program can watch keyboard and mouse messages posted to message queues. The keyboard hook procedure can be called with nCode equal to HC_ACTION or HC_NOREMOVE. If we see HC_NOREMOVE, we know that the calling program is using PeekMessage() to look at the message queue without removing messages. In either case, the wParam parameter passed to our hook function contains the virtual key code of the newly struck key:

- nCode: HC_ACTION
- wParam: virtual key code
- lParam: same as lParam in a WM_KEYDOWN message
- lResult: 0 if Windows should process message, 1 if not

- nCode: HC_NOREMOVE
- wParam: virtual key code
- lParam: same as lParam in a WM_KEYDOWN message
- lResult: 0 if Windows should process message, 1 if not

The bits 0–15 of lParam hold the repeat count of the key; the high word of lParam looks like this:

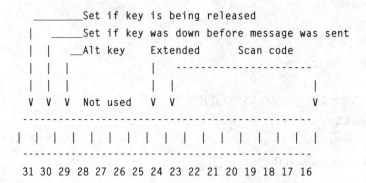

Like the WH_KEYBOARD hook, the WH_MOUSE hook allows a program to watch mouse messages that are about to be returned by the GetMessage() or PeekMessage() function. You use this hook to watch mouse messages posted to message queues. nCode can be either HC_ACTION, or, if the calling program is calling PeekMessage() but not removing messages, nCode can be HC_NOREMOVE:

- nCode: HC_ACTION
- wParam: indicates the mouse message
- lParam: pointer to a MOUSEHOOKSTRUCT structure
- lResult: 0 if Windows should process message, 1 if not

- nCode: HC_NOREMOVE
- wParam: indicates the mouse message
- lParam: pointer to a MOUSEHOOKSTRUCT structure
- lResult: 0 if Windows should process message, 1 if not

The MOUSEHOOKSTRUCT structure looks like this:

```
typedef struct tagMOUSEHOOKSTRUCT {
    POINT pt;
    HWND  hwnd;
    UINT  wHitTestCode;
    DWORD dwExtraInfo;
} MOUSEHOOKSTRUCT;
```

As you might expect, using the WH_KEYBOARD and WH_MOUSE hooks is a popular thing to do.

Message Filter and System Message Filter Hooks

The WH_MSGFILTER and WH_SYSMSGFILTER hooks allow you to examine messages about to be processed by a menu, scroll bar, message box, or dialog box, and to find when a window is about to be activated after the user presses the **Alt+Tab** or **Alt+Esc** key combination. A WH_MSGFILTER hook watches messages for the thread that installed the hook, and a WH_SYSMSGFILTER hook watches such messages for all applications.

Many parts of a program can contain their own message loops, such as dialog boxes, menus, scroll bars, and so on. When the individual program component is inside its own message loop, it is hard to know what's going on unless you install a WH_MSGFILTER or WH_SYSMSGFILTER hook. In the call to the hook procedure, the nCode parameter can take these values: MSGF_DIALOGBOX, MSGF_MESSAGEBOX, MESGF_MENU, MSGF_MOVE, MSGF_SIZE, MSGF_SCROLLBAR, MSGF_NEXTWINDOW, or MSGF_MAINLOOP. wParam is 0, and lParam points to the message's MSG structure. The return value lResult should be set to 0 if you want the message to be processed, and 1 otherwise.

Shell Hooks

The WH_SHELL hook notifies a Windows shell, such as the taskbar, when a window's appearance or location is about to be changed. Windows calls a WH_SHELL hook procedure when the shell program is going to be activated, when a top-level window is created or destroyed, or when the parent of a window is changed (as you can do by calling SetParent()).

This completes our overview of Windows hooks. Let's put all this new knowledge to work.

Using a Journal Hook

Our first example is a program that uses a popular journal hook. We'll record keystrokes as they are typed and play them back so that another application reads them. In this example, we'll play back the struck keys after giving our program SHOWKEYS the focus, and our keystrokes will appear there. (You'll remembers SHOWKEYS from Chapter 1. This program reads typed input and displays it.) Let's call our new program JHOOK.

Create JHOOK now, making it a dialog-based MFC EXE program. We'll install both hooks inside this EXE program, without having to put any code in a DLL. Add two buttons to JHOOK: one with the caption **Record** (IDC_BUTTON1) and one with the caption **Play** (IDC_BUTTON1). In addition, add a text box so that we can see the characters as we record them:

```
-----------------------------------------------
| jhook                                        |
|---------------------------------------------|
|                                              |
|   --------------------       ---------       |
|   |Text box          |       |  OK   |       |
|   --------------------       ---------       |
|                                              |
|                              ---------       |
|   --------    --------       | Cancel |      |
|   | |    | |        |        ---------       |
|   | | Record |  Play |                       |
|   | |    | |        |                        |
|   --------    --------                       |
|                                              |
-----------------------------------------------
```

Now connect function OnButton1() to the **Record** button and OnButton2() to the **Play** button. Open OnButton1() now:

```
void CJhookDlg::OnButton1()
{


}
```

In this function, we start the recording process by setting the journal record hook. Because we will record the keystroke messages, we put aside memory for them and keep track of the number of keystrokes so that we do not overflow that memory. We use a global integer (so that we can use it in the hook procedure as well) named nCurrentEvent:

```
// jhookDlg.cpp : implementation file
//

#include "stdafx.h"
#include "jhook.h"
#include "jhookDlg.h"
int nCurrentEvent;        <--
            .
            .
            .
```

When the user clicks the **Record** button to start recording keystrokes, we set nCurrentEvent to 0:

```
void CJhookDlg::OnButton1()
{
        nCurrentEvent = 0;
                .
                .
                .
```

Next, we give the text box, IDC_EDIT1, the focus so that we can see the keys we are recording as we type them:

```
void CJhookDlg::OnButton1()
{
        nCurrentEvent = 0;
  -->   GetDlgItem(IDC_EDIT1)->SetFocus();
                .
                .
                .

}
```

Finally, we set the journal record hook and report an error if we were unsuccessful. We name the hook procedure, JournalRecordProc(). Our call to SetWindowsHookEx() looks like this:

```
void CJhookDlg::OnButton1()
{
        nCurrentEvent = 0;
        GetDlgItem(IDC_EDIT1)->SetFocus();
  -->   hJournalHook = SetWindowsHookEx(WH_JOURNALRECORD,
  -->       JournalRecordProc, GetModuleHandle(NULL), 0);
  -->   if (hJournalHook == NULL){
  -->           MessageBox("Could not set journal hook.");
  -->   }
}
```

Note that we also save the handle to the journal hook that SetWindowsHookEx() returns so that we can unhook our hook later. We reserve space for that hook handle in hJournalHook, a global variable of type HHOOK:

```
// jhookDlg.cpp : implementation file
//

#include "stdafx.h"
#include "jhook.h"
#include "jhookDlg.h"
HHOOK hJournalHook;            <--
int nCurrentEvent;

        .
        .
        .
```

Now we write the hook procedure to read the struck keys. Add JournalRecordProc() now to **JHOOKDLG.CPP**, not making it part of any class. (Also add its prototype to the header file, **JHOOKDLG.H**):

```
LRESULT CALLBACK JournalRecordProc(int nCode, WPARAM wParam, LPARAM lParam){


}
```

When this function is called, lParam will point to an EVENTMSG structure whose members look like this:

```
        typedef struct tagEVENTMSG {
            UINT  message;
            UINT  paramL;
            UINT  paramH;
            DWORD time;
            HWND  hwnd;
        } EVENTMSG;
```

We will record the succession of such structures we receive and play them back in the playback hook procedure. We begin JournalRecordProc() by calling the next installed hook if there is one. We (and not Windows) are responsible for doing that:

```
LRESULT CALLBACK JournalRecordProc(int nCode, WPARAM wParam, LPARAM lParam){

-->    LRESULT lResult = CallNextHookEx(hJournalHook, nCode, wParam, lParam);
             .
             .
             .
-->    return(lResult);
}
```

Next, we check the nCode parameter to make sure that it is set to HC_ACTION, meaning that a user input event has occurred:

```
LRESULT CALLBACK JournalRecordProc(int nCode, WPARAM wParam, LPARAM lParam){

       LRESULT lResult = CallNextHookEx(hJournalHook, nCode, wParam, lParam);

-->    if (nCode == HC_ACTION){
             .
             .
             .
       }
       return(lResult);
}
```

If nCode is set to HC_ACTION, we want to see whether the input event was a WM_KEYUP or WM_KEYDOWN message. (Recall that we deal with these messages outside message loops, because the WM_CHAR message is generated when we call TranslateMessage() in a message loop.) We check the EVENTMSG structure's message member:

```
LRESULT CALLBACK JournalRecordProc(int nCode, WPARAM wParam, LPARAM lParam){

        LRESULT lResult = CallNextHookEx(hJournalHook, nCode, wParam, lParam);


        if (nCode == HC_ACTION){
-->             if(((PEVENTMSG) lParam)->message == WM_KEYUP ||
-->                 ((PEVENTMSG) lParam)->message == WM_KEYDOWN){
                    .
                    .
                    .

                }
        }
        return(lResult);
}
```

If this was a WM_KEYUP or WM_KEYDOWN message, we add it to our stored list of input events. We set aside an array of EVENTMSG structures in **JHOOKDLG.CPP**:

```
// jhookDlg.cpp : implementation file
//

#include "stdafx.h"
#include "jhook.h"
#include "jhookDlg.h"
HHOOK hJournalHook;
EVENTMSG aEvents[MAXEVENTS];      <--
int nCurrentEvent;
```

We have defined MAXEVENTS this way in **JHOOKDLG.H**:

```
#define MAXEVENTS 1024
```

Now we store the current EVENTMSG structure in the EVENTMSG array aEvents[]:

```
LRESULT CALLBACK JournalRecordProc(int nCode, WPARAM wParam, LPARAM lParam){

        LRESULT lResult = CallNextHookEx(hJournalHook, nCode, wParam, lParam);

        if (nCode == HC_ACTION){
                if(((PEVENTMSG) lParam)->message == WM_KEYUP ||
                    ((PEVENTMSG) lParam)->message == WM_KEYDOWN){
-->                     aEvents[nCurrentEvent++] = *((PEVENTMSG) lParam);
                                    .
                                    .
                                    .

                }
        }
        return(lResult);
}
```

We also check to make sure that we do not exceed the maximum number of keyboard events that we can record, MAXEVENTS. If we have exceeded MAXEVENTS, we call UnhookWindowsHookEx():

```
LRESULT CALLBACK JournalRecordProc(int nCode, WPARAM wParam, LPARAM lParam){

        LRESULT lResult = CallNextHookEx(hJournalHook, nCode, wParam, lParam);

        if (nCode == HC_ACTION){
                if(((PEVENTMSG) lParam)->message == WM_KEYUP ||
                    ((PEVENTMSG) lParam)->message == WM_KEYDOWN){
                        aEvents[nCurrentEvent++] = *((PEVENTMSG) lParam);
-->                     if (nCurrentEvent == MAXEVENTS){
-->                         UnhookWindowsHookEx(hJournalHook);
-->                         hJournalHook = NULL;
-->                         nCurrentEvent = 0;
-->                     }
                }
        }
        return(lResult);
}
```

And that's it for the keystroke recording process. Next, we want to allow the user to play back the recorded keystrokes. Open the **Play** button's procedure, OnButton2():

```
void CJhookDlg::OnButton2()
{


}
```

In this function, we unhook the recording hook and set the playback hook. First, we set the total number of recorded events to nCurrentEvent, because we are going to start playing these events back now. We store the total number of recorded events in a global integer named nTotalEvents:

```
void CJhookDlg::OnButton2()
{
    -->  nTotalEvents = nCurrentEvent;
              .
              .
              .
}
```

Next, we reset the nCurrentEvent variable, preparing to increment it as we iterate through the array of events, playing them back:

```
void CJhookDlg::OnButton2()
{
        nTotalEvents = nCurrentEvent;
    -->  nCurrentEvent = -1;
              .
              .
              .
}
```

The goal is to play back these events, sending the typed keys to the SHOWKEYS program. To make sure that SHOWKEYS gets the keystrokes, we give that program the focus by finding its window using the function FindWindow() (a pro-

grammer's favorite) and using the function BringWindowToTop() (also a pro-
grammer's favorite). We search for the title that the MFC framework has given
our SHOWKEYS program, "Untitled - showkeys":

```
void CJhookDlg::OnButton2()
{
        nTotalEvents = nCurrentEvent;
        nCurrentEvent = -1;
-->     CWnd* pWndTarget = FindWindow(NULL, "Untitled - showkeys");
-->     pWndTarget->BringWindowToTop();
           .
           .
           .

}
```

After SHOWKEYS is ready, we unhook the journal record hook using
UnhookWindowsHookEx():

```
void CJhookDlg::OnButton2()
{
        nTotalEvents = nCurrentEvent;
        nCurrentEvent = -1;
        CWnd* pWndTarget = FindWindow(NULL, "Untitled - showkeys");
        pWndTarget->BringWindowToTop();
-->     if(hJournalHook != NULL) UnhookWindowsHookEx(hJournalHook);
           .
           .
           .

}
```

Now we play back the keys in the playback hook procedure,
JournalPlaybackProc(), which is set with SetWindowsHookEx():

```
void CJhookDlg::OnButton2()
{
        nTotalEvents = nCurrentEvent;
        nCurrentEvent = -1;
        CWnd* pWndTarget = FindWindow(NULL, "Untitled - showkeys");
        pWndTarget->BringWindowToTop();
        if(hJournalHook != NULL) UnhookWindowsHookEx(hJournalHook);
  -->   hJournalHook = SetWindowsHookEx(WH_JOURNALPLAYBACK,
            JournalPlaybackProc, GetModuleHandle(NULL), 0);
}
```

All that remains is to write JournalPlaybackProc() to play back the keys:

```
LRESULT CALLBACK JournalPlaybackProc(int nCode, WPARAM wParam, LPARAM lParam){


}
```

We start by calling the next hook, if one was installed:

```
LRESULT CALLBACK JournalPlaybackProc(int nCode, WPARAM wParam, LPARAM lParam){

  -->   LRESULT lResult = CallNextHookEx(hJournalHook, nCode, wParam, lParam);
            .

            .

            .

  -->   return(lResult);
}
```

Now we watch for two values passed in nCode. If we see the first, HC_SKIP, we prepare the next event to be played back. If we see HC_GETNEXT, we play back the current event. (Note that we can get many HC_GETNEXT calls for the same message.) We start with HC_SKIP:

```
LRESULT CALLBACK JournalPlaybackProc(int nCode, WPARAM wParam, LPARAM lParam){

        LRESULT lResult = CallNextHookEx(hJournalHook, nCode, wParam, lParam);

-->     if(nCode == HC_SKIP){
                    .
                    .
                    .

-->     }

        return(lResult);
}
```

Here, we skip to the next event by incrementing the array index of events, nCurrentEvent:

```
LRESULT CALLBACK JournalPlaybackProc(int nCode, WPARAM wParam, LPARAM lParam){

        LRESULT lResult = CallNextHookEx(hJournalHook, nCode, wParam, lParam);

        if(nCode == HC_SKIP){
-->             nCurrentEvent++;
                    .
                    .
                    .

        }

        return(lResult);
}
```

We also update the time member of the current event's EVENTMSG structure to reflect the current system time, and we check whether we have played back all the events. If we have, we unhook the playback hook and quit:

```
LRESULT CALLBACK JournalPlaybackProc(int nCode, WPARAM wParam, LPARAM lParam){

        LRESULT lResult = CallNextHookEx(hJournalHook, nCode, wParam, lParam);

        if(nCode == HC_SKIP){
```

```
              nCurrentEvent++;
-->           aEvents[nCurrentEvent].time = GetTickCount();
-->           if (nCurrentEvent > nTotalEvents){
-->                   UnhookWindowsHookEx(hJournalHook);
-->                   nCurrentEvent = 0;
-->           }                        .
          }                            .
                                       .
      return(lResult);
}
```

Next, we check for the nCode HC_GETNEXT:

```
LRESULT CALLBACK JournalPlaybackProc(int nCode, WPARAM wParam, LPARAM lParam){

      LRESULT lResult = CallNextHookEx(hJournalHook, nCode, wParam, lParam);

      if(nCode == HC_SKIP){
              nCurrentEvent++;
              aEvents[nCurrentEvent].time = GetTickCount();
              if (nCurrentEvent > nTotalEvents){
                      UnhookWindowsHookEx(hJournalHook);
                      nCurrentEvent = 0;
              }
      }

-->   if(nCode == HC_GETNEXT){
                  .
                  .
                  .

-->   }

      return(lResult);
}
```

In this case, we want to set the return value, lResult, to the number of mil-
liseconds the system should wait before playing back the current message;
we set that to 0. In addition, we pass the current event to Windows by plac-
ing a pointer to it in lParam before returning:

```
LRESULT CALLBACK JournalPlaybackProc(int nCode, WPARAM wParam, LPARAM lParam){

        LRESULT lResult = CallNextHookEx(hJournalHook, nCode, wParam, lParam);

        if(nCode == HC_SKIP){
                nCurrentEvent++;
                aEvents[nCurrentEvent].time = GetTickCount();
                if (nCurrentEvent > nTotalEvents){
                        UnhookWindowsHookEx(hJournalHook);
                        nCurrentEvent = 0;
                }
        }

        if(nCode == HC_GETNEXT){
 -->            *((PEVENTMSG) lParam) = aEvents[nCurrentEvent];
 -->            lResult = 0;
        }

        return(lResult);
}
```

That's it—our program is complete. Run SHOWKEYS now as shown in Figure 7.1, and also run JHOOK. Click the **Record** button, type some keys, and then click the **Play** button. You will see the keys typed into SHOWKEY's window.

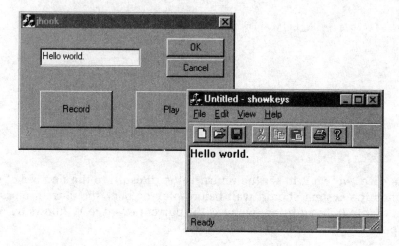

FIGURE 7.1 OUR JHOOK PROGRAM RECORDS AND PLAYS BACK KEYSTROKES.

The support files for this program—**JHOOKDLG.H** and **JHOOKDLG.CPP**—
appear in Listing 7.1.

LISTING 7.1 JHOOKDLG.H AND **JHOOKDLG.CPP**

397

```
// jhookDlg.h : header file
//


/////////////////////////////////////////////////////////////////////////////
// CJhookDlg dialog


LRESULT CALLBACK JournalRecordProc(int nCode, WPARAM wParam, LPARAM lParam);
LRESULT CALLBACK JournalPlaybackProc(int nCode, WPARAM wParam, LPARAM lParam);
#define MAXEVENTS 1024
#define MAXPLAY 12


class CJhookDlg : public CDialog
{
// Construction
public:
        CJhookDlg(CWnd* pParent = NULL);        // standard constructor

// Dialog Data
        //{{AFX_DATA(CJhookDlg)
        enum { IDD = IDD_JHOOK_DIALOG };
                // NOTE: the ClassWizard will add data members here
        //}}AFX_DATA

        // ClassWizard generated virtual function overrides
        //{{AFX_VIRTUAL(CJhookDlg)
        protected:
        virtual void DoDataExchange(CDataExchange* pDX);
        //}}AFX_VIRTUAL

// Implementation
protected:
        HICON m_hIcon;
```

```
            // Generated message map functions
            //{{AFX_MSG(CJhookDlg)
            virtual BOOL OnInitDialog();
            afx_msg void OnSysCommand(UINT nID, LPARAM lParam);
            afx_msg void OnPaint();
            afx_msg HCURSOR OnQueryDragIcon();
            afx_msg void OnButton1();
            afx_msg void OnButton2();
            afx_msg void OnChar(UINT nChar, UINT nRepCnt, UINT nFlags);
            //}}AFX_MSG
            DECLARE_MESSAGE_MAP()
};


// jhookDlg.cpp : implementation file
//

#include "stdafx.h"
#include "jhook.h"
#include "jhookDlg.h"
HHOOK hJournalHook;
EVENTMSG aEvents[MAXEVENTS];
int nCurrentEvent;
int nTotalEvents;

#ifdef _DEBUG
#define new DEBUG_NEW
#undef THIS_FILE
static char THIS_FILE[] = __FILE__;
#endif

/////////////////////////////////////////////////////////////////////////////
// CAboutDlg dialog used for App About

class CAboutDlg : public CDialog
{
public:
        CAboutDlg();
```

```
// Dialog Data
        //{{AFX_DATA(CAboutDlg)
        enum { IDD = IDD_ABOUTBOX };
        //}}AFX_DATA

        // ClassWizard generated virtual function overrides
        //{{AFX_VIRTUAL(CAboutDlg)
        protected:
        virtual void DoDataExchange(CDataExchange* pDX);    // DDX/DDV support
        //}}AFX_VIRTUAL

// Implementation
protected:
        //{{AFX_MSG(CAboutDlg)
        //}}AFX_MSG
        DECLARE_MESSAGE_MAP()
};

CAboutDlg::CAboutDlg() : CDialog(CAboutDlg::IDD)
{
        //{{AFX_DATA_INIT(CAboutDlg)
        //}}AFX_DATA_INIT
}

void CAboutDlg::DoDataExchange(CDataExchange* pDX)
{
        CDialog::DoDataExchange(pDX);
        //{{AFX_DATA_MAP(CAboutDlg)
        //}}AFX_DATA_MAP
}

BEGIN_MESSAGE_MAP(CAboutDlg, CDialog)
        //{{AFX_MSG_MAP(CAboutDlg)
                // No message handlers
        //}}AFX_MSG_MAP
END_MESSAGE_MAP()

/////////////////////////////////////////////////////////////////////////
// CJhookDlg dialog
```

```
CJhookDlg::CJhookDlg(CWnd* pParent /*=NULL*/)
        : CDialog(CJhookDlg::IDD, pParent)
{
        //{{AFX_DATA_INIT(CJhookDlg)
                // NOTE: the ClassWizard will add member initialization here
        //}}AFX_DATA_INIT
        // Note LoadIcon does not require a subsequent DestroyIcon in Win32
        m_hIcon = AfxGetApp()->LoadIcon(IDR_MAINFRAME);
        nCurrentEvent = 0;
}


void CJhookDlg::DoDataExchange(CDataExchange* pDX)
{
        CDialog::DoDataExchange(pDX);
        //{{AFX_DATA_MAP(CJhookDlg)
                // NOTE: the ClassWizard will add DDX and DDV calls here
        //}}AFX_DATA_MAP
}


BEGIN_MESSAGE_MAP(CJhookDlg, CDialog)
        //{{AFX_MSG_MAP(CJhookDlg)
        ON_WM_SYSCOMMAND()
        ON_WM_PAINT()
        ON_WM_QUERYDRAGICON()
        ON_BN_CLICKED(IDC_BUTTON1, OnButton1)
        ON_BN_CLICKED(IDC_BUTTON2, OnButton2)
        ON_WM_CHAR()
        //}}AFX_MSG_MAP
END_MESSAGE_MAP()


/////////////////////////////////////////////////////////////////////////
// CJhookDlg message handlers

BOOL CJhookDlg::OnInitDialog()
{
        CDialog::OnInitDialog();

        // Add "About..." menu item to system menu.
```

```
        // IDM_ABOUTBOX must be in the system command range.
        ASSERT((IDM_ABOUTBOX & 0xFFF0) == IDM_ABOUTBOX);
        ASSERT(IDM_ABOUTBOX < 0xF000);

        CMenu* pSysMenu = GetSystemMenu(FALSE);
        CString strAboutMenu;
        strAboutMenu.LoadString(IDS_ABOUTBOX);
        if (!strAboutMenu.IsEmpty())
        {
                pSysMenu->AppendMenu(MF_SEPARATOR);
                pSysMenu->AppendMenu(MF_STRING, IDM_ABOUTBOX, strAboutMenu);
        }

        // Set icon for this dialog.  The framework does this automatically
        //  when the application's main window is not a dialog
        SetIcon(m_hIcon, TRUE);                     // Set big icon
        SetIcon(m_hIcon, FALSE);                // Set small icon

        // TODO: Add extra initialization here

        return TRUE;  // return TRUE  unless you set the focus to a control
}


void CJhookDlg::OnSysCommand(UINT nID, LPARAM lParam)
{
        if ((nID & 0xFFF0) == IDM_ABOUTBOX)
        {
                CAboutDlg dlgAbout;
                dlgAbout.DoModal();
        }
        else
        {
                CDialog::OnSysCommand(nID, lParam);
        }
}


// If you add a minimize button to your dialog, you will need the code below
//  to draw the icon.  For MFC applications using the document/view model,
```

```
//  this is automatically done for you by the framework.

void CJhookDlg::OnPaint()
{
        if (IsIconic())
        {
                CPaintDC dc(this); // device context for painting

                SendMessage(WM_ICONERASEBKGND, (WPARAM) dc.GetSafeHdc(), 0);

                // Center icon in client rectangle
                int cxIcon = GetSystemMetrics(SM_CXICON);
                int cyIcon = GetSystemMetrics(SM_CYICON);
                CRect rect;
                GetClientRect(&rect);
                int x = (rect.Width() - cxIcon + 1) / 2;
                int y = (rect.Height() - cyIcon + 1) / 2;

                // Draw the icon
                dc.DrawIcon(x, y, m_hIcon);
        }
        else
        {
                CDialog::OnPaint();
        }
}


// The system calls this to obtain the cursor to display while the user drags
//  the minimized window.
HCURSOR CJhookDlg::OnQueryDragIcon()
{
        return (HCURSOR) m_hIcon;
}


void CJhookDlg::OnButton1()
{
        nCurrentEvent = 0;
        GetDlgItem(IDC_EDIT1)->SetFocus();
        hJournalHook = SetWindowsHookEx(WH_JOURNALRECORD,
```

```
                JournalRecordProc, GetModuleHandle(NULL), 0);
        if (hJournalHook == NULL){
                MessageBox("Could not set journal hook.");
        }
}


void CJhookDlg::OnButton2()
{
        nTotalEvents = nCurrentEvent;
        nCurrentEvent = -1;
        CWnd* pWndTarget = FindWindow(NULL, "Untitled - showkeys");
        pWndTarget->BringWindowToTop();
        if(hJournalHook != NULL) UnhookWindowsHookEx(hJournalHook);
        hJournalHook = SetWindowsHookEx(WH_JOURNALPLAYBACK,
                JournalPlaybackProc, GetModuleHandle(NULL), 0);
}

LRESULT CALLBACK JournalRecordProc(int nCode, WPARAM wParam, LPARAM lParam){

        LRESULT lResult = CallNextHookEx(hJournalHook, nCode, wParam, lParam);

        if (nCode == HC_ACTION){
                if(((PEVENTMSG) lParam)->message == WM_KEYUP ||
                   ((PEVENTMSG) lParam)->message == WM_KEYDOWN){
                        aEvents[nCurrentEvent++] = *((PEVENTMSG) lParam);
                        if (nCurrentEvent == MAXEVENTS){
                                UnhookWindowsHookEx(hJournalHook);
                                hJournalHook = NULL;
                                nCurrentEvent = 0;
                        }
                }
        }
        return(lResult);
}

LRESULT CALLBACK JournalPlaybackProc(int nCode, WPARAM wParam, LPARAM lParam){

        LRESULT lResult = CallNextHookEx(hJournalHook, nCode, wParam, lParam);
```

```
if(nCode == HC_SKIP){
        nCurrentEvent++;
        aEvents[nCurrentEvent].time = GetTickCount();
        if (nCurrentEvent > nTotalEvents){
                UnhookWindowsHookEx(hJournalHook);
                nCurrentEvent = 0;
        }
}

if(nCode == HC_GETNEXT){
        *((PEVENTMSG) lParam) = aEvents[nCurrentEvent];
        lResult = 0;
}

return(lResult);
}

void CJhookDlg::OnChar(UINT nChar, UINT nRepCnt, UINT nFlags)
{
        // TODO: Add your message handler code here and/or call default

        CDialog::OnChar(nChar, nRepCnt, nFlags);
}
```

So far, we've seen how to use journal hooks, the easiest type of hook to code. Now let's take a look at another type—a keyboard hook.

A Keyboard Hook Procedure

We'll use the popular WH_KEYBOARD hook to build a hotkey program. A hotkey is a key or key combination that the user can type at any time, in any program, to perform a predefined action. For example, if the user presses ^B, it might bring up Windows Notepad; ^D might cause the Windows calculator to appear. And if the user press ^E, he or she might want the hook program to uninstall itself. Hotkeys are so popular that there is some support for them in Windows 95. You send a window a WM_HOTKEY message, and whenever the hotkey you specify is typed, that window will get a WM_SYSCOMMAND message specifying SC_HOTKEY to tell you that the hotkey was typed. Unfortunately, there is no way to tell which hotkey was typed if you have several, so the WM_HOTKEY method works for only one hotkey per program. Here, however, we'll need three hotkeys: **^B** (Windows Notepad), **^D** (Windows calculator), and **^E** (uninstall the program). This means that we'll have to use a WM_KEYBOARD hook to watch for hotkeys.

The hook procedure for a keyboard hook is injected into the currently active process to watch for keystrokes, and the user can activate more and more processes as time goes on. Because the code is injected into other processes, we must place it in a DLL, which we will name **HOTDLL.DLL**. To keep it small, we will write this DLL in C and not MFC-based C++.

Creating the Hook

Create a new (non-MFC) DLL project in AppWizard named HOTDLL, and create a new text file named **HHOOK.C**. We start **HHOOK.C** with the DllMain() function:

```
BOOL WINAPI DllMain (HANDLE hModule, DWORD dwFunction, LPVOID lpNot)
{


}
```

Here, we will simply repeat Chapter 6's code for the DllMain() function, with one important difference: we need the handle of the module that sets our keyboard hook, and that module will be this DLL. So when that module handle is passed to us, we save it in the global variable hDLLInst:

```
BOOL WINAPI DllMain (HANDLE hModule, DWORD dwFunction, LPVOID lpNot)
{
--> hDLLInst = hModule;

    switch (dwFunction)
    {
        case DLL_PROCESS_ATTACH:
        case DLL_PROCESS_DETACH:
        default:
            break;
    }
    return TRUE;
}
```

Two more steps remain: installing the keyboard hook, which we'll do with a function named InstallHook(), and the hook procedure—KeyboardHook()—which will watch for the **^B**, **^D**, and **^E** hotkeys. We start with InstallHook(), which we call from another program to set our Windows hook. As in the last chapter, we use the DllExport keyword to export this function (and we define DllExport as __declspec(dllexport) in **HHOOK.H**):

```
DllExport void WINAPI InstallHook ()
{

}
```

We store the hook handle in the global variable hHook. We start the installation by checking whether hHook is NULL, in which case we set our keyboard hook, connecting it to the function KeyboardHook():

```
DllExport void WINAPI InstallHook ()
{
-->  if (hHook == NULL){
-->      hHook =
(HHOOK)SetWindowsHookEx(WH_KEYBOARD,(HOOKPROC)KeyboardHook,
-->          hDLLInst, 0);
-->  }
           .
           .
           .
}
```

If hHook is not NULL, we assume that the user has already installed the keyboard hook and wants to uninstall it. We do that with UnhookWindowsHookEx():

```
DllExport void WINAPI InstallHook ()
{
    if (hHook == NULL){
        hHook =
(HHOOK)SetWindowsHookEx(WH_KEYBOARD,(HOOKPROC)KeyboardHook,
            hDLLInst, 0);
    }
```

```
--> else{
-->       UnhookWindowsHookEx(hHook);
-->            hHook = NULL;
--> }
}
```

We save the hook handle returned by SetWindowsHookEx() in a global variable named hHook. This is because we want to be able to uninstall the hook when the user presses **^E**. However, there is a problem: this DLL will be loaded into the memory spaces of many different processes, and we call InstallHook() from only one process to install our hook. How can we make sure that the other processes' versions of this DLL have the right value for hHook when the time comes to unhook the keyboard hook?

Fortunately, we know the answer, because we developed it in the last chapter. We can use shared memory in the DLL so that all instances of this DLL will use the same memory location for hHook. We declare the global variable hHook in a memory section in **HHOOK.C**. (Notice that we also initialize it to NULL, making sure that it is stored in our common memory area and not in the _bss segment.)

```
#pragma data_seg( "CommMem" )
    HHOOK hHook = NULL;
#pragma data_seg()
```

In addition, we declare our memory section in a DEF file, **HOTDLL.DEF**, which we add to our project using the **Insert | Files into project** menu item:

```
LIBRARY       "HOTDLL"
DESCRIPTION   'HOTDLL Windows Dynamic Link Library'


CODE      PRELOAD MOVEABLE DISCARDABLE
DATA      PRELOAD SINGLE


SECTIONS                                <--
    CommMem READ WRITE SHARED           <--
```

Now we are free to add the keyboard hook procedure, KeyboardHook(), to **HHOOK.C**:

```
LRESULT CALLBACK KeyboardHook (int nCode, WORD wParam, DWORD lParam )
{

}
```

We start by setting the return value, lResult, to 0, which means that Windows should process this keystroke:

```
LRESULT CALLBACK KeyboardHook (int nCode, WORD wParam, DWORD lParam )
{
-->    LRESULT lResult = 0;
          .
          .
          .
}
```

Now we examine the parameters passed to us in KeyboardHook(), where we wait for the hotkeys ^B, ^D, or ^E. These parameters will look like this when a key is struck:

- nCode: HC_ACTION
- wParam: virtual key code
- lParam: same as lParam in a WM_KEYDOWN message
- lResult: 0 if Windows should process the message, 1 if not

First, we watch for nCode = HC_ACTION:

```
LRESULT CALLBACK KeyboardHook (int nCode, WORD wParam, DWORD lParam )
{
       LRESULT lResult = 0;

       if(nCode == HC_ACTION){
          .
          .
          .
       }
}
```

Now we check for our first hotkey, **^B**. The wParam parameter will hold the virtual key code for the struck key; for letters, the virtual key code is the same as the key's numerical code. In addition, we see whether the **Ctrl** key was down by using the GetKeyState() function, which returns the state of a given key at the time the current message was generated. We want to respond only to WM_KEYDOWN or WM_KEYUP messages and not both. (Responding to both would launch Windows Notepad or other programs twice.) To check that, we examine the top bit of the lParam parameter, which is 0 if the key is being pressed and 1 if the key is being released. We proceed only if that bit is 1:

```
LRESULT CALLBACK KeyboardHook (int nCode, WORD wParam, DWORD lParam )
{
        LRESULT lResult - 0;


        if(nCode -- HC_ACTION){
-->             if ((wParam -- 'B') && (GetKeyState(VK_CONTROL) < 0) &&
                    (lParam & 0x80000000)){
                                    .
                                    .
                                    .

                }
        }
}
```

If **^B** was pressed, we launch Windows Notepad using the CreateProcess() function (which replaces WinExec() and LoadModule()):

```
LRESULT CALLBACK KeyboardHook (int nCode, WORD wParam, DWORD lParam )
{
        LRESULT lResult - 0;

        if(nCode -- HC_ACTION){
                if ((wParam -- 'B') && (GetKeyState(VK_CONTROL) < 0) &&
                    (lParam & 0x80000000)){
-->                     STARTUPINFO si;
-->                     PROCESS_INFORMATION pi;
```

```
-->
-->              memset(&si, 0, sizeof(si));
-->              si.cb = sizeof(si);
-->
-->              CreateProcess("c:\\windows\\notepad.exe", NULL, NULL,
-->                  NULL, FALSE, 0, NULL, NULL, &si, &pi);
-->              lResult = 1;
-->              return(lResult);
            }
                              .
                              .
                              .

        }
    }
```

Note that at the end of this block of code, we set lResult to 1, which means that Windows should not process this keystroke; because it is a hotkey and we have taken the appropriate action by launching Windows Notepad, we do not want this key to appear in a program's message queue.

Similarly, we launch the Windows calculator program when the user types **^D**:

```
LRESULT CALLBACK KeyboardHook (int nCode, WORD wParam, DWORD lParam )
{
        LRESULT lResult = 0;

        if(nCode == HC_ACTION){
                if ((wParam == 'B') && (GetKeyState(VK_CONTROL) < 0) &&
                (lParam & 0x80000000)){
                        STARTUPINFO si;
                        PROCESS_INFORMATION pi;

                        memset(&si, 0, sizeof(si));
                        si.cb = sizeof(si);

                        CreateProcess("c:\\windows\\notepad.exe", NULL, NULL,
                            NULL, FALSE, 0, NULL, NULL, &si, &pi);
                        lResult = 1;
                        return(lResult);
                }
```

```
-->        if ((wParam == 'D') && (GetKeyState(VK_CONTROL) < 0) &&
-->            (lParam & 0x80000000)){
-->                STARTUPINFO si;
-->                PROCESS_INFORMATION pi;
-->
-->                memset(&si, 0, sizeof(si));
-->                si.cb = sizeof(si);
-->
-->                CreateProcess("c:\\windows\\calc.exe", NULL, NULL,
-->                    NULL, FALSE, 0, NULL, NULL, &si, &pi);
-->                lResult = 1;
-->                return(lResult);
           }
       }

}
```

When the user presses **^E**, we uninstall our hotkey program by using UnhookWindowsEx():

```
LRESULT CALLBACK KeyboardHook (int nCode, WORD wParam, DWORD lParam )
{
       LRESULT lResult = 0;

       if(nCode == HC_ACTION){
           if ((wParam == 'B') && (GetKeyState(VK_CONTROL) < 0) &&
               (lParam & 0x80000000)){
                   STARTUPINFO si;
                   PROCESS_INFORMATION pi;

                   memset(&si, 0, sizeof(si));
                   si.cb = sizeof(si);

                   CreateProcess("c:\\windows\\notepad.exe", NULL, NULL,
                       NULL, FALSE, 0, NULL, NULL, &si, &pi);
                   lResult = 1;
                   return(lResult);
           }
           if ((wParam == 'D') && (GetKeyState(VK_CONTROL) < 0) &&
```

```
                        (lParam & 0x80000000)){
                            STARTUPINFO si;
                            PROCESS_INFORMATION pi;

                            memset(&si, 0, sizeof(si));
                            si.cb = sizeof(si);

                            CreateProcess("c:\\windows\\calc.exe", NULL, NULL,
                                NULL, FALSE, 0, NULL, NULL, &si, &pi);
                            lResult = 1;
                            return(lResult);
                        }
    -->             if ((wParam == 'E') && (GetKeyState(VK_CONTROL) < 0) &&
    -->                 (lParam & 0x80000000)){
    -->                 UnhookWindowsHookEx(hHook);
    -->                 lResult = 1;
    -->             return(lResult);
    -->             }
                }
        return (int)CallNextHookEx(hHook, nCode, wParam, lParam);
}
```

If we have not processed the key at the very end of the KeyboardHook()
function, we pass it along to the next hook by calling CallNextHookEx().
That's it—our DLL is complete. Create **HOTDLL.DLL** and **HOTDLL.LIB**
now; the support files for this library—**HHOOK.H** and **HHOOK.C**—are in
Listing 7.2.

LISTING 7.2 HHOOK.H AND HHOOK.C

```
#define DllExport          __declspec( dllexport )
DllExport void WINAPI InstallHook ();
LRESULT CALLBACK KeyboardHook (int nCode, WORD wParam, DWORD lParam );


#include <windows.h>
#include "hhook.h"


#pragma data_seg( "CommMem" )
```

```
    HHOOK hHook = NULL;
#pragma data_seg()


HANDLE hDLLInst = 0;



BOOL WINAPI DllMain (HANDLE hModule, DWORD dwFunction, LPVOID lpNot)
{
    hDLLInst = hModule;

    switch (dwFunction)
    {
        case DLL_PROCESS_ATTACH:
        case DLL_PROCESS_DETACH:
        default:
            break;
    }
    return TRUE;
}


DllExport void WINAPI InstallHook ()
{
    if (hHook == NULL){
        hHook = (HHOOK)SetWindowsHookEx(WH_KEYBOARD,(HOOKPROC)KeyboardHook,
            hDLLInst, 0);
    }
    else{
        UnhookWindowsHookEx(hHook);
                hHook = NULL;
    }
}



LRESULT CALLBACK KeyboardHook (int nCode, WORD wParam, DWORD lParam )
{
        LRESULT lResult = 0;

        if(nCode == HC_ACTION){
                if ((wParam == 'B') && (GetKeyState(VK_CONTROL) < 0) &&
```

```
                    (lParam & 0x80000000)){
                        STARTUPINFO si;
                        PROCESS_INFORMATION pi;

                        memset(&si, 0, sizeof(si));
                        si.cb = sizeof(si);

                        CreateProcess("c:\\windows\\notepad.exe", NULL, NULL,
                            NULL, FALSE, 0, NULL, NULL, &si, &pi);
                        lResult = 1;
                        return(lResult);
                }
                if ((wParam == 'D') && (GetKeyState(VK_CONTROL) < 0) &&
                    (lParam & 0x80000000)){
                        STARTUPINFO si;
                        PROCESS_INFORMATION pi;

                        memset(&si, 0, sizeof(si));
                        si.cb = sizeof(si);

                        CreateProcess("c:\\windows\\calc.exe", NULL, NULL,
                            NULL, FALSE, 0, NULL, NULL, &si, &pi);
                        lResult = 1;
                        return(lResult);
                }
                if ((wParam == 'E') && (GetKeyState(VK_CONTROL) < 0) &&
                    (lParam & 0x80000000)){
                        UnhookWindowsHookEx(hHook);
                        lResult = 1;
                return(lResult);
                }
        }
    return (int)CallNextHookEx(hHook, nCode, wParam, lParam);
}
```

Installing the Hook

Next, we need a program to call InstallHook() and get the whole process started. For that purpose, create a new dialog-based AppWizard EXE project named HOTKEY, and in the dialog box place a button (IDC_BUTTON1) with the caption **Click to toggle hotkey on or off**. Next, connect a function, OnButton1(), to that button:

```
void CHotkeyDlg::OnButton1()
{

}
```

In this function, we call InstallHook() from the **HOTDLL.DLL** module:

```
void CHotkeyDlg::OnButton1()
{
        InstallHook();
}
```

In addition, link **HOTDLL.LIB** into the HOTKEY project as before, and create **HOTKEY.EXE**. Run that program and click the button to install the hotkey hook. Start another program and press **^D** to start the Windows calculator program, as shown in Figure 7.2. To uninstall the hotkey hook, press **^E**. Our program is a success—we're able to look for systemwide hotkeys.

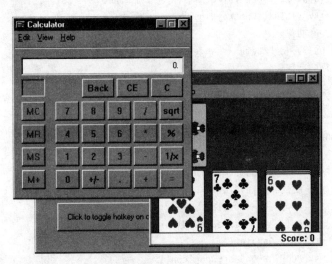

FIGURE **7.2** OUR **HOTKEY** PROGRAM LETS THE USER USE HOTKEYS IN WINDOWS.

The support files for the HOTKEY project—**HOTKEYDLG.H** and **HOTKEYDLG.CPP**—are in Listing 7.3.

Listing 7.3 HOTKEYDLG.H and HOTKEYDLG.CPP

```cpp
// hotkeyDlg.h : header file
//


/////////////////////////////////////////////////////////////////////////
// CHotkeyDlg dialog

class CHotkeyDlg : public CDialog
{
// Construction
public:
        CHotkeyDlg(CWnd* pParent = NULL);        // standard constructor

// Dialog Data
        //{{AFX_DATA(CHotkeyDlg)
        enum { IDD = IDD_HOTKEY_DIALOG };
                // NOTE: the ClassWizard will add data members here
        //}}AFX_DATA


        // ClassWizard generated virtual function overrides
        //{{AFX_VIRTUAL(CHotkeyDlg)
        protected:
        virtual void DoDataExchange(CDataExchange* pDX);
        //}}AFX_VIRTUAL


// Implementation
protected:
        HICON m_hIcon;

        // Generated message map functions
        //{{AFX_MSG(CHotkeyDlg)
        virtual BOOL OnInitDialog();
        afx_msg void OnSysCommand(UINT nID, LPARAM lParam);
        afx_msg void OnPaint();
        afx_msg HCURSOR OnQueryDragIcon();
        afx_msg void OnButton1();
        //}}AFX_MSG
        DECLARE_MESSAGE_MAP()
```

```
};


// hotkeyDlg.cpp : implementation file
//

#include "stdafx.h"
#include "hotkey.h"
#include "hotkeyDlg.h"
#include "hotkey2.h"

#ifdef _DEBUG
#define new DEBUG_NEW
#undef THIS_FILE
static char THIS_FILE[] = __FILE__;
#endif


/////////////////////////////////////////////////////////////////////////////
// CAboutDlg dialog used for App About

class CAboutDlg : public CDialog
{
public:
        CAboutDlg();

// Dialog Data
        //{{AFX_DATA(CAboutDlg)
        enum { IDD = IDD_ABOUTBOX };
        //}}AFX_DATA


        // ClassWizard generated virtual function overrides
        //{{AFX_VIRTUAL(CAboutDlg)
        protected:
        virtual void DoDataExchange(CDataExchange* pDX);    // DDX/DDV support
        //}}AFX_VIRTUAL


// Implementation
protected:
        //{{AFX_MSG(CAboutDlg)
```

```
        //}}AFX_MSG
        DECLARE_MESSAGE_MAP()
};
```

418

```
CAboutDlg::CAboutDlg() : CDialog(CAboutDlg::IDD)
{
        //{{AFX_DATA_INIT(CAboutDlg)
        //}}AFX_DATA_INIT
}


void CAboutDlg::DoDataExchange(CDataExchange* pDX)
{
        CDialog::DoDataExchange(pDX);
        //{{AFX_DATA_MAP(CAboutDlg)
        //}}AFX_DATA_MAP
}


BEGIN_MESSAGE_MAP(CAboutDlg, CDialog)
        //{{AFX_MSG_MAP(CAboutDlg)
                // No message handlers
        //}}AFX_MSG_MAP
END_MESSAGE_MAP()

/////////////////////////////////////////////////////////////////////////////
// CHotkeyDlg dialog

CHotkeyDlg::CHotkeyDlg(CWnd* pParent /*=NULL*/)
        : CDialog(CHotkeyDlg::IDD, pParent)
{
        //{{AFX_DATA_INIT(CHotkeyDlg)
                // NOTE: the ClassWizard will add member initialization here
        //}}AFX_DATA_INIT
        // Note LoadIcon does not require a subsequent DestroyIcon in Win32
        m_hIcon = AfxGetApp()->LoadIcon(IDR_MAINFRAME);
}


void CHotkeyDlg::DoDataExchange(CDataExchange* pDX)
{
        CDialog::DoDataExchange(pDX);
```

```
        //{{AFX_DATA_MAP(CHotkeyDlg)
                // NOTE: the ClassWizard will add DDX and DDV calls here
        //}}AFX_DATA_MAP
}
```

```
BEGIN_MESSAGE_MAP(CHotkeyDlg, CDialog)
        //{{AFX_MSG_MAP(CHotkeyDlg)
        ON_WM_SYSCOMMAND()
        ON_WM_PAINT()
        ON_WM_QUERYDRAGICON()
        ON_BN_CLICKED(IDC_BUTTON1, OnButton1)
        //}}AFX_MSG_MAP
END_MESSAGE_MAP()

/////////////////////////////////////////////////////////////////////////
// CHotkeyDlg message handlers

BOOL CHotkeyDlg::OnInitDialog()
{
        CDialog::OnInitDialog();

        // Add "About..." menu item to system menu.

        // IDM_ABOUTBOX must be in the system command range.
        ASSERT((IDM_ABOUTBOX & 0xFFF0) == IDM_ABOUTBOX);
        ASSERT(IDM_ABOUTBOX < 0xF000);

        CMenu* pSysMenu = GetSystemMenu(FALSE);
        CString strAboutMenu;
        strAboutMenu.LoadString(IDS_ABOUTBOX);
        if (!strAboutMenu.IsEmpty())
        {
                pSysMenu->AppendMenu(MF_SEPARATOR);
                pSysMenu->AppendMenu(MF_STRING, IDM_ABOUTBOX, strAboutMenu);
        }

        // Set icon for this dialog.  The framework does this automatically
        //   when the application's main window is not a dialog
        SetIcon(m_hIcon, TRUE);                             // Set big icon
```

```
        SetIcon(m_hIcon, FALSE);                    // Set small icon

        // TODO: Add extra initialization here

        return TRUE;  // return TRUE  unless you set the focus to a control
}

void CHotkeyDlg::OnSysCommand(UINT nID, LPARAM lParam)
{
        if ((nID & 0xFFF0) == IDM_ABOUTBOX)
        {
                CAboutDlg dlgAbout;
                dlgAbout.DoModal();
        }
        else
        {
                CDialog::OnSysCommand(nID, lParam);
        }
}


// If you add a minimize button to your dialog, you will need the code below
//   to draw the icon.  For MFC applications using the document/view model,
//   this is automatically done for you by the framework.

void CHotkeyDlg::OnPaint()
{
        if (IsIconic())
        {
                CPaintDC dc(this); // device context for painting

                SendMessage(WM_ICONERASEBKGND, (WPARAM) dc.GetSafeHdc(), 0);

                // Center icon in client rectangle
                int cxIcon = GetSystemMetrics(SM_CXICON);
                int cyIcon = GetSystemMetrics(SM_CYICON);
                CRect rect;
                GetClientRect(&rect);
                int x = (rect.Width() - cxIcon + 1) / 2;
                int y = (rect.Height() - cyIcon + 1) / 2;
```

```
            // Draw the icon
            dc.DrawIcon(x, y, m_hIcon);
      }
      else
      {
            CDialog::OnPaint();
      }
}


// The system calls this to obtain the cursor to display while the user drags
//   the minimized window.
HCURSOR CHotkeyDlg::OnQueryDragIcon()
{
      return (HCURSOR) m_hIcon;
}


void CHotkeyDlg::OnButton1()
{
      InstallHook();

}
```

We've learned how to install a hook from a DLL and how to uninstall that same hook on command. We've come far, but there is more that we can do with hooks. For example, what if we want our DLL hook to communicate with the window that installed it? We'll see how to do that in our final hook example.

Sending Messages to a Window from a Hook Procedure

So far, we've installed a keyboard hook that watches for hotkeys and takes the appropriate action after one is typed. But what if we want our hooks to communicate with the program that installed them? That is common enough—a program might install a set of hooks to determine information about what is happening in the system. Let's see how a hook procedure can send information to the program that first installed it. We'll install a new hook to watch for the letter **a** to be typed and, when it is, to alert the program that installed the hook.

Creating the Hook

We'll name the hook-installation program ALERT and the new hook DLL project ALERTDLL. When we install the hook procedure, which is in ALERTDLL, the hook will alert the ALERT program if the user types **a** in any program. As before, we create a new DLL project, ALERTDLL, with the AppWizard non-MFC dynamic link library option. Next, create the text file **AHOOK.C** and place the DllMain() function in it:

```
BOOL WINAPI DllMain (HANDLE hModule, DWORD dwFunction, LPVOID lpNot)
{
    hDLLInst = hModule;

    switch (dwFunction)
    {
        case DLL_PROCESS_ATTACH:
        case DLL_PROCESS_DETACH:
        default:
            break;
    }
    return TRUE;
}
```

As before, we save the DLL instance in a global variable named hDLLInst so that we can use it in a call to SetWindowHookEx():

```
#include <windows.h>
#include "ahook.h"

HANDLE hDLLInst = 0;     <--
        .
        .
        .
```

Now we set up the InstallHook() function that we'll call from the ALERT program. In this function, we install the hook and set up the hook procedure so that it can message the ALERT program if it sees an **a** typed. We

pass the handle of a text box in ALERT's main window to the InstallHook()
function as a parameter, hWnd:

```
DllExport void WINAPI InstallHook (HWND hWnd)
{

}
```

We also save the text box's window handle in a global variable named
hWndMain:

```
DllExport void WINAPI InstallHook (HWND hWnd)
{
--> hWndMain = hWnd;
        .

        .

        .

}
```

This is the window (a text box in ALERT's main window) that we will send
our alert messages to. We should be careful to make sure that all instances
of the DLL have the same value of hWndMain; we place it in a shared data
section (from **AHOOK.C**):

```
#include <windows.h>
#include "ahook.h"

HANDLE hDLLInst = 0;

#pragma data_seg( "CommMem" )
  HWND  hWndMain = NULL;         <--
#pragma data_seg()
        .

        .

        .
```

We also declare a new memory section, CommMem, in the DEF file,
ALERTDLL.DEF:

```
LIBRARY        "ALERTDLL"
DESCRIPTION    'ALERTDLL Windows Dynamic Link Library'

CODE           PRELOAD MOVEABLE DISCARDABLE
DATA           PRELOAD SINGLE

SECTIONS                                    <--
    CommMem READ WRITE SHARED               <--
```

The next step after storing the text box's window handle in InstallHook() is
to install the hook itself:

```
DllExport void WINAPI InstallHook (HWND hWnd)
{
    hWndMain = hWnd;

--> if (hHook == NULL){
-->     hHook =
(HHOOK)SetWindowsHookEx(WH_KEYBOARD,(HOOKPROC)KeyboardHook,
-->         hDLLInst, 0);
--> }
        .
        .
        .

}
```

We store the hook handle in our shared memory section this way:

```
#pragma data_seg( "CommMem" )
  HHOOK hHook = NULL;                <--
  HWND  hWndMain = NULL;
#pragma data_seg()
```

If hHook is NULL, however, we assume that the hook has already been
installed and that the user wants to uninstall it:

```
DllExport void WINAPI InstallHook (HWND hWnd)
{
    hWndMain = hWnd;
```

```
    if (hHook == NULL){
        hHook =
(HHOOK)SetWindowsHookEx(WH_KEYBOARD,(HOOKPROC)KeyboardHook,
            hDLLInst, 0);
    }
--> else{
-->     UnhookWindowsHookEx(hHook);
-->             hHook = NULL;
--> }
}
```

That's it—the hook is installed, and we have stored the window handle of the ALERT program. Now it's time to write the hook procedure, KeyboardHook() (from **AHOOK.C**):

```
LRESULT CALLBACK KeyboardHook (int nCode, WORD wParam, DWORD lParam )
{

}
```

We begin by setting the return value, lResult, to 0 and by checking the nCode parameter, looking for those cases in which there is user input, nCode = HC_ACTION:

```
LRESULT CALLBACK KeyboardHook (int nCode, WORD wParam, DWORD lParam )
{
        LRESULT lResult = 0;

  -->   if(nCode == HC_ACTION){
            .
            .
            .
  -->   }
}
```

Next, we check lParam to see whether the character **a** was typed and whether we have intercepted a WM_KEYDOWN:

```
LRESULT CALLBACK KeyboardHook (int nCode, WORD wParam, DWORD lParam )
{
        LRESULT lResult = 0;

        if(nCode == HC_ACTION){
  -->           if ((wParam == 'A') && (lParam & 0x80000000)){
                        .
                        .
                        .

  -->           }
        }
}
```

At this point, we have seen the character **a**, and we want to alert the main program. We have a window handle, hWndMain, to a text box in ALERT's main window, so we send a Windows message setting the text in that text box to the string "Character a seen.":

```
LRESULT CALLBACK KeyboardHook (int nCode, WORD wParam, DWORD lParam )
{
        LRESULT lResult = 0;

        if(nCode == HC_ACTION){
  -->           if ((wParam == 'A') && (lParam & 0x80000000)){
  -->                   SendMessage(hWndMain, WM_SETTEXT, 0, (LPARAM)
  -->                       "Character a seen.");
  -->                   lResult = 1;
  -->                   return(lResult);
  -->           }             .
                              .
                              .

        }
}
```

We have alerted the main window that the character **a** was seen. We'll allow the user to uninstall the hook by typing **^D** this way:

```
LRESULT CALLBACK KeyboardHook (int nCode, WORD wParam, DWORD lParam )
{
        LRESULT lResult = 0;

        if(nCode == HC_ACTION){
                if ((wParam == 'A') && (lParam & 0x80000000)){
                        SendMessage(hWndMain, WM_SETTEXT, 0, (LPARAM)
                            "Character a seen.");
                        lResult = 1;
                        return(lResult);
                }
    -->         if ((wParam == 'D') && (GetKeyState(VK_CONTROL) < 0)
    -->             && (lParam & 0x80000000)){
    -->                 UnhookWindowsHookEx(hHook);
    -->                 lResult = 1;
    -->                 return(lResult);
    -->         }
        }
    return (int)CallNextHookEx(hHook, nCode, wParam, lParam);
}
```

Note that we called CallNextHook() if the keystroke was not one we recognize. Create **ALERTDLL.DLL** and **ALERTDLL.LIB** now. The support files for this project—**AHOOK.H** and **AHOOK.C**—appear in Listing 7.4.

LISTING 7.4 AHOOK.H AND AHOOK.C

```
#define DllExport           __declspec( dllexport )
DllExport void WINAPI InstallHook (HWND hWnd);
LRESULT CALLBACK KeyboardHook (int nCode, WORD wParam, DWORD lParam );



#include <windows.h>
#include "ahook.h"

HANDLE hDLLInst = 0;
```

```
#pragma data_seg( "CommMem" )
  HHOOK hHook = NULL;
  HWND  hWndMain = NULL;
#pragma data_seg()

BOOL WINAPI DllMain (HANDLE hModule, DWORD dwFunction, LPVOID lpNot)
{
    hDLLInst = hModule;

    switch (dwFunction)
    {
        case DLL_PROCESS_ATTACH:
        case DLL_PROCESS_DETACH:
        default:
            break;
    }
    return TRUE;
}


DllExport void WINAPI InstallHook (HWND hWnd)
{
    hWndMain = hWnd;

    if (hHook == NULL){
        hHook =
(HHOOK)SetWindowsHookEx(WH_KEYBOARD,(HOOKPROC)KeyboardHook,
            hDLLInst, 0);
    }
    else{
        UnhookWindowsHookEx(hHook);
                hHook = NULL;
    }
}


LRESULT CALLBACK KeyboardHook (int nCode, WORD wParam, DWORD lParam )
{
        LRESULT lResult = 0;
```

```
if(nCode == HC_ACTION){
        if ((wParam == 'A') && (lParam & 0x80000000)){
                SendMessage(hWndMain, WM_SETTEXT, 0, (LPARAM)
                    "Character a seen.");
                lResult = 1;
                return(lResult);
        }
        if ((wParam == 'D') && (GetKeyState(VK_CONTROL) < 0)
            && (lParam & 0x80000000)){
                UnhookWindowsHookEx(hHook);
                lResult = 1;
                return(lResult);
        }
    }
    return (int)CallNextHookEx(hHook, nCode, wParam, lParam);
}
```

The next step is to create the ALERT program, which we will use to install the hook and which the hook procedure will alert when it sees an **a** typed.

Installing the Hook

Make the ALERT program a dialog-based AppWizard EXE file. Add a button (IDC_BUTTON1) with the caption **Watch for character 'a'**, and connect this button to the function OnButton1(). In addition, add a text box (IDC_TEXT1) so that we can have the hook procedure in ALERTDLL send messages to it:

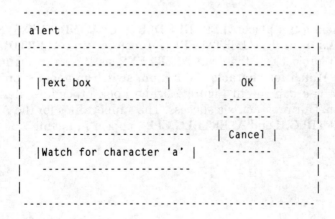

Open OnButton1() now:

```
void CAlertDlg::OnButton1()
{

}
```

In this function, we install the hook by calling the InstallHook() function and passing the handle of the text box in our call:

```
void CAlertDlg::OnButton1()
{
  -->   InstallHook(GetDlgItem(IDC_EDIT1)->m_hWnd);
          .
          .
          .

}
```

We place a preliminary message in the text box that reads, "Watching for a." this way:

```
void CAlertDlg::OnButton1()
{
        InstallHook(GetDlgItem(IDC_EDIT1)->m_hWnd);
  -->   GetDlgItem(IDC_EDIT1)->SendMessage(WM_SETTEXT, 0, (LPARAM)
            "Watching for a.");
}
```

Give this program a try: place **ALERTDLL.DLL** in C:\WINDOWS\SYSTEM and **ALERTDLL.LIB** in the ALERT\DEBUG directory. Link **ALERTDLL.LIB** into the ALERT project and then run **ALERT.EXE**, as shown in Figure 7.3. Next, click the **Watch for character 'a'** button, switch to another program, and type **a**. As you can see in Figure 7.3, the hook procedure alerts the ALERT program. Our program is a success. The support files for the ALERT program—**ALERTDLG.H** and **ALERTDLG.CPP**—appear in Listing 7.5.

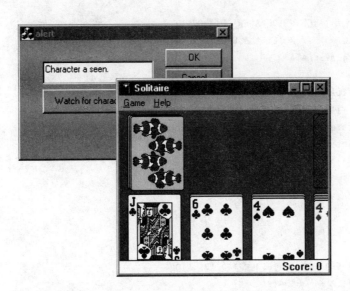

FIGURE 7.3 THE ALERT HOOK ALERTS THE MAIN WINDOW IF THE CHARACTER A IS TYPED.

LISTING 7.5 ALERTDLG.H AND ALERTDLG.CPP

```
// alertDlg.h : header file
//

/////////////////////////////////////////////////////////////////////////////
// CAlertDlg dialog

class CAlertDlg : public CDialog
{
// Construction
public:
        CAlertDlg(CWnd* pParent = NULL);        // standard constructor

// Dialog Data
        //{{AFX_DATA(CAlertDlg)
```

```
        enum { IDD = IDD_ALERT_DIALOG };
                // NOTE: the ClassWizard will add data members here
        //}}AFX_DATA


        // ClassWizard generated virtual function overrides
        //{{AFX_VIRTUAL(CAlertDlg)
        protected:
        virtual void DoDataExchange(CDataExchange* pDX);
        //}}AFX_VIRTUAL


// Implementation
protected:
        HICON m_hIcon;

        // Generated message map functions
        //{{AFX_MSG(CAlertDlg)
        virtual BOOL OnInitDialog();
        afx_msg void OnSysCommand(UINT nID, LPARAM lParam);
        afx_msg void OnPaint();
        afx_msg HCURSOR OnQueryDragIcon();
        afx_msg void OnButton1();
        //}}AFX_MSG
        DECLARE_MESSAGE_MAP()
};
// alertDlg.cpp : implementation file
//

#include "stdafx.h"
#include "alert.h"
#include "alert2.h"
#include "alertDlg.h"

#ifdef _DEBUG
#define new DEBUG_NEW
#undef THIS_FILE
static char THIS_FILE[] = __FILE__;
#endif
```

```
/////////////////////////////////////////////////////////////////////////
// CAboutDlg dialog used for App About

class CAboutDlg : public CDialog
{
public:
        CAboutDlg();

// Dialog Data
        //{{AFX_DATA(CAboutDlg)
        enum { IDD = IDD_ABOUTBOX };
        //}}AFX_DATA

        // ClassWizard generated virtual function overrides
        //{{AFX_VIRTUAL(CAboutDlg)
        protected:
        virtual void DoDataExchange(CDataExchange* pDX);    // DDX/DDV support
        //}}AFX_VIRTUAL

// Implementation
protected:
        //{{AFX_MSG(CAboutDlg)
        //}}AFX_MSG
        DECLARE_MESSAGE_MAP()
};

CAboutDlg::CAboutDlg() : CDialog(CAboutDlg::IDD)
{
        //{{AFX_DATA_INIT(CAboutDlg)
        //}}AFX_DATA_INIT
}


void CAboutDlg::DoDataExchange(CDataExchange* pDX)
{
        CDialog::DoDataExchange(pDX);
        //{{AFX_DATA_MAP(CAboutDlg)
        //}}AFX_DATA_MAP
}
```

```
BEGIN_MESSAGE_MAP(CAboutDlg, CDialog)
        //{{AFX_MSG_MAP(CAboutDlg)
                // No message handlers
        //}}AFX_MSG_MAP
END_MESSAGE_MAP()


/////////////////////////////////////////////////////////////////////////////
// CAlertDlg dialog

CAlertDlg::CAlertDlg(CWnd* pParent /*=NULL*/)
        : CDialog(CAlertDlg::IDD, pParent)
{
        //{{AFX_DATA_INIT(CAlertDlg)
                // NOTE: the ClassWizard will add member initialization here
        //}}AFX_DATA_INIT
        // Note LoadIcon does not require a subsequent DestroyIcon in Win32
        m_hIcon = AfxGetApp()->LoadIcon(IDR_MAINFRAME);
}


void CAlertDlg::DoDataExchange(CDataExchange* pDX)
{
        CDialog::DoDataExchange(pDX);
        //{{AFX_DATA_MAP(CAlertDlg)
                // NOTE: the ClassWizard will add DDX and DDV calls here
        //}}AFX_DATA_MAP
}


BEGIN_MESSAGE_MAP(CAlertDlg, CDialog)
        //{{AFX_MSG_MAP(CAlertDlg)
        ON_WM_SYSCOMMAND()
        ON_WM_PAINT()
        ON_WM_QUERYDRAGICON()
        ON_BN_CLICKED(IDC_BUTTON1, OnButton1)
        //}}AFX_MSG_MAP
END_MESSAGE_MAP()


/////////////////////////////////////////////////////////////////////////////
// CAlertDlg message handlers
```

```
BOOL CAlertDlg::OnInitDialog()
{
        CDialog::OnInitDialog();

        // Add "About..." menu item to system menu.

        // IDM_ABOUTBOX must be in the system command range.
        ASSERT((IDM_ABOUTBOX & 0xFFF0) == IDM_ABOUTBOX);
        ASSERT(IDM_ABOUTBOX < 0xF000);

        CMenu* pSysMenu = GetSystemMenu(FALSE);
        CString strAboutMenu;
        strAboutMenu.LoadString(IDS_ABOUTBOX);
        if (!strAboutMenu.IsEmpty())
        {
                pSysMenu->AppendMenu(MF_SEPARATOR);
                pSysMenu->AppendMenu(MF_STRING, IDM_ABOUTBOX, strAboutMenu);
        }

        // Set icon for this dialog.  The framework does this automatically
        //  when the application's main window is not a dialog
        SetIcon(m_hIcon, TRUE);                         // Set big icon
        SetIcon(m_hIcon, FALSE);                 // Set small icon

        // TODO: Add extra initialization here

        return TRUE;  // return TRUE  unless you set the focus to a control
}


void CAlertDlg::OnSysCommand(UINT nID, LPARAM lParam)
{
        if ((nID & 0xFFF0) == IDM_ABOUTBOX)
        {
                CAboutDlg dlgAbout;
                dlgAbout.DoModal();
        }
        else
        {
```

```
                CDialog::OnSysCommand(nID, lParam);
        }
}

// If you add a minimize button to your dialog, you will need the code below
//   to draw the icon.  For MFC applications using the document/view model,
//   this is automatically done for you by the framework.

void CAlertDlg::OnPaint()
{
        if (IsIconic())
        {
                CPaintDC dc(this); // device context for painting

                SendMessage(WM_ICONERASEBKGND, (WPARAM) dc.GetSafeHdc(), 0);

                // Center icon in client rectangle
                int cxIcon = GetSystemMetrics(SM_CXICON);
                int cyIcon = GetSystemMetrics(SM_CYICON);
                CRect rect;
                GetClientRect(&rect);
                int x = (rect.Width() - cxIcon + 1) / 2;
                int y = (rect.Height() - cyIcon + 1) / 2;

                // Draw the icon
                dc.DrawIcon(x, y, m_hIcon);
        }
        else
        {
                CDialog::OnPaint();
        }
}

// The system calls this to obtain cursor to display while the user drags
//   the minimized window.
HCURSOR CAlertDlg::OnQueryDragIcon()
{
        return (HCURSOR) m_hIcon;
}
```

```
void CAlertDlg::OnButton1()
{
        InstallHook(GetDlgItem(IDC_EDIT1)->m_hWnd);
        GetDlgItem(IDC_EDIT1)->SendMessage(WM_SETTEXT, 0, (LPARAM)
            "Watching for a.");
}
```

That's it for our coverage of Windows hooks. We've come far in this chapter, from an overview of the kinds of hooks available to using a journal hook, from using a keyboard hook in a hotkey program to using a hook procedure to alert a main window. In the next chapter, we'll begin looking at a powerful 32-bit technique: working with multithreaded programs.

CHAPTER 8

Multithreaded Programs and Synchronization

One of the best features of 32-bit programming (in addition to getting rid of memory models) is true *multitasking*, the ability Windows has to run several independent programs at once. Each of these programs has its own *thread*, or execution stream. Windows multitasks between threads, sharing CPU access among them. If we run two of the programs we've developed in this book, they would represent two threads, and Windows would automatically swap control from one to the other so that both programs would look as though they were executing simultaneously.

One Program, Many Threads

A single program can maintain several threads, and that's often a good idea. For example, suppose our program performs a complex, time-consuming calculation:

Our Program

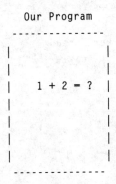

```
    1 + 2 = ?
```

At the same time, we might want to turn our attention to other tasks, such as user I/O, performing the calculation when we have time. In such a case, our program can start a new thread to perform the time-consuming calculation behind the scenes.

There are two types of threads. A *user I/O* thread supports the creation of windows; when it's running, it looks as if a new Windows program has been launched. *Worker* threads, which we'll use here, are more common. Such threads stay invisible but allow a program to devote time (when time is available) to a specific problem. To create a worker thread, we use the function AfxBeginThread():

```
 Main Thread                            Worker Thread
 ---------------                        ---------------

     |               |                      |               |
     |               |                      |               |
     |   1 + 2 = ?   |------------------->| |               |
     |               | AfxBeginThread()   | |               |
     |               |                      |               |
     |               |                      |               |
     |               |                      |               |
 ---------------                        ---------------
```

One of the parameters we pass to AfxBeginThread() is a pointer to a data structure. Before we start the worker thread, we'll place in that structure the data we want the worker thread to work on. Using this data structure, the worker thread can retrieve the data and perform the calculation while the main part of the program is doing other things, such as reading and responding to mouse movements or keyboard presses:

```
 Main Thread                            Worker Thread
 ---------------                        ---------------

     |               |                      |               |
     |               |                      |               |
     |   1 + 2 = ?   |------------------->|  |               |
     |               | AfxBeginThread()   |   1 + 2 = 3    |
     |               |                      |               |
     |               |                      |               |
     |               |                      |               |
 ---------------                        ---------------
```

After the calculation is complete, the worker thread communicates with the main thread through customized Windows messages, indicating that the task is finished:

```
       Main Thread                           Worker Thread
     ----------------                       ----------------

       |        |                           |            |
       |        |                           |            |
       | 1 + 2 = ? |------------------->|               |
       |        | AfxBeginThread() |   1 + 2 = 3   |
       |        |                           |            |
       |        |<------------------|               |
       |        | Custom Windows  |               |
     ----------------    Message         ----------------
```

Then the worker thread places the result back into the same data structure (giving the main thread access to that result) and sends its Windows message back to the main thread. The main thread then terminates the worker thread and reads the result from the data structure:

```
       Main Thread                           Worker Thread
     ----------------                       ----------------

       |        |                           |            |
       |        |                           |            |
       | 1 + 2 = ? |------------------->|               |
       |        | AfxBeginThread() |   1 + 2 = 3   |
       |        |                           |            |
       | 1 + 2 = 3 |<------------------|               |
       |        | Custom Windows  |               |
     ----------------    Message         ----------------
```

We've performed the time-consuming calculation in a way that doesn't interfere with the operation of the program.

Synchronization

With the possibility of a number of execution streams (threads), a number of problems arise. What if thread A depends on a certain result from thread B, but thread B isn't finished by the time thread A needs the result? Or what if two threads try to use the same resource, perhaps a file or even a printer? As you can see, the task of managing multiple threads—called *synchronization*—becomes important here. For example, thread A may need a long sorted array from thread B, but thread A had better wait until thread B finishes sorting the array before using it.

In earlier (16-bit) versions of Windows (often called Win16), idle programs used functions such as GetMessage() and PeekMessage() to return control to Windows. The programs themselves decided when to cede control to Windows; if a program used GetMessage() and PeekMessage(), Windows assumed that the program was waiting for input and that control could safely be passed to another program. The Win16 operating system would not take control from a program unless that program gave up control by itself. (A user, of course, could take control from a program by switching to another program.) In Win32, it's a different story, especially with multithreaded programs. The operating system *can* switch control away from threads without asking them first. In multithreaded programs, then, thread synchronization is an issue.

There are four chief methods of synchronization available in Visual C++. Let's take a look at them now.

Critical Section Synchronization

The first method of synchronization—using *critical sections*—applies only to threads in the same process. (The other three methods allow us to synchronize threads from different processes.) The idea behind critical sections is simple: you use them when a program has a section of code that should not be executed by more than one thread at a time. (Doing so might, for example, write to a crucial file.)

To use this technique, create an object of the MFC class CCriticalSection. When the constructor returns, you can enter the critical section. For repeated access, create an object of class CSingleLock (if you have one critical section) or CMultiLock (if you have multiple critical sections) and use the object's Lock() and Unlock() functions to gain access to the critical section.

In addition, a thread can use the non-MFC functions InitializeCriticalSection() and EnterCriticalSection() to enter the critical section of code—and no other thread from the same process will be allowed to enter the critical section while the first thread is still in it. When the thread leaves the critical section, it calls LeaveCriticalSection(), which opens the way for other threads waiting to get in. In this way, only one thread at a time is allowed to execute the code in the critical section, an arrangement that allows for a minimal amount of thread synchronization.

This technique of synchronization fits a specific problem. Now let's look at a more general synchronization technique.

Event Synchronization

The next method of synchronization uses Windows *events*. Event synchronization is probably the most common form of true multitasking synchronization used in Visual C++, and it's the primary method we will use in this chapter.

It works this way: say that there are two threads, A and B, and that B needs a result from A before it can continue. If we set up a global flag of some sort, thread B can keep checking that flag to see whether A is ready for it to go ahead—but B's continual checking uses up CPU time needlessly.

Instead, we can create a Windows event using CreateEvent(). Then thread B can call the function WaitForSingleObject(), and Windows will suspend thread B until the function SetEvent() is called in thread A. When thread A calls SetEvent(), the event is set, and thread B is allowed to resume execution. (For example, thread A may have at last completed a calculation that thread B needs.) In addition to WaitForSingleObject(), which waits for one Windows event, Windows provides WaitForMultipleObjects(), which you can use to wait for a number of events.

Event synchronization is a good method to use when one thread is dependent on another's progress before it can proceed, as we'll see later in this chapter.

The last two methods of synchronization depend more on blocking access to shared resources and code than event synchronization does. The first of these methods is mutex—which stands for mutual exclusion—synchronization.

Mutex Synchronization

In mutex synchronization, a thread creates a *mutex* when it is about to use the resources or code that only one thread is allowed access to. For example, when a thread is about to write to a crucial file on disk, the thread may acquire a mutex to let all other threads know that the file is now inaccessible. All other threads are denied access to that resource or code until the first thread releases the mutex.

Using MFC, you create an object of class CMutex as well as an object of either class CSingleLock or class CMultiLock; then you use the CSingleLock or CMultiLock Lock() and Unlock() functions. The non-MFC functions you can use here are CreateMutex(), OpenMutex(), and ReleaseMutex(). In many ways, mutex synchronization functions much like critical section synchronization except that mutex synchronization can work with threads from different processes and critical section synchronization cannot.

Semaphore Synchronization

Sometimes mutex synchronization is not enough: for example, what if you want to allow three threads—and only three threads—access to the restricted code or resources? Mutex synchronization excludes all but one thread from the restricted code or resources, so that technique is not appropriate. Here, you can use *semaphores* instead.

A semaphore works much like a mutex except that a semaphore can allow a number of threads—up to a maximum that you specify—access to the restricted code or resources. When a program wants to declare a resource as restricted, it declares an object of class CSemaphore, as well as an object of either class CSingleLock or class CMultiLock, and uses the Lock() and Unlock() member functions. The non-MFC way to do this is to call CreateSemaphore() to get a handle to a sempahore and to specify the number of threads. Various threads can then use OpenSemaphore() and ReleaseSemaphore() to get access to the restricted resource; to begin waiting for the restricted resource, they call WaitForSingleObject(). In this way, you can restrict access to the number of threads you specify.

Now let's see how multithreaded programs work and how to use synchronization.

Our First Multithreaded Example

In our first example, we let a worker thread handle a calculation. It's not earthshattering. We pass the worker thread two integers (1 and 2) and have it add them and return the result so that we can read it:

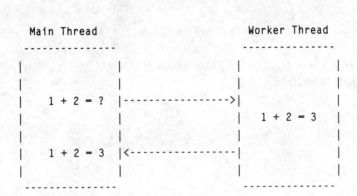

```
 Main Thread                           Worker Thread
 - - - - - - - - - - - -                - - - - - - - - - - - - - -
 |            |                         |            |
 |            |                         |            |
 |  1 + 2 = ? |- - - - - - - - - - - - ->|           |
 |            |                         |  1 + 2 = 3 |
 |            |                         |            |
 |  1 + 2 = 3 |<- - - - - - - - - - - - -|           |
 |            |                         |            |
 - - - - - - - - - - -                 - - - - - - - - - - - -
```

While the worker thread is working, our main thread can handle other
tasks, such as reading I/O from the user.

Create a new SDI project named WORKER, using AppWizard as we have
throughout the book to generate the project files. Now let's start adding the
code to make this a multithreaded program.

We'll pass to the worker thread a pointer to a data structure (so that the
worker thread can read our data from that structure). In this case, the data will
be the integers 1 and 2, which we store in the variables m_Int1 and m_Int2.

Let's create the data structure. Open **WORKEVW.H** in Visual C++ and
give this new structure the name CCalcThreadInfo:

```
// workevw.h : interface of the CWorkerView class
//
/////////////////////////////////////////////////////////////////////////////
    struct CCalcThreadInfo       <--
{

};
```

We start by putting aside space for the two integers m_Int1 and m_Int2:

```
// workevw.h : interface of the CWorkerView class
//
/////////////////////////////////////////////////////////////////////
    struct CCalcThreadInfo
{
--> int m_Int1;
--> int m_Int2;

        .

        .

        .

};
```

Next, we put aside another integer to hold the result of the calculation. We name this integer m_Sum:

```
// workevw.h : interface of the CWorkerView class
//
/////////////////////////////////////////////////////////////////////
    struct CCalcThreadInfo
{
    int m_Int1;
    int m_Int2;
--> int m_Sum;

        .

        .

        .

};
```

This way, the worker thread can read the two integers, add them, and store the result in m_Sum.

When it has finished its calculation, the worker thread will send a customized Windows message to the main thread:

```
        Main Thread                    Worker Thread
        ---------------                ---------------
   |                 |            |                 |
   |                 |            |                 |
   |   1 + 2 = ?     |------------------>|          |
   |                 | AfxBeginThread() |  1 + 2 = 3  |
   |                 |            |                 |
   |   1 + 2 = 3     |<------------------|          |
   |                 |  Custom Windows  |          |
        ---------------     Message        ---------------
```

To let the worker thread know which window to send that message to, we store the main thread's window handle in the data structure. (In this way, we'll be able to handle the worker thread's calculation-complete message like any other Windows message.)

```
// workevw.h : interface of the CWorkerView class
//
/////////////////////////////////////////////////////////////////////////////
    struct CCalcThreadInfo
{
    int m_Int1;
    int m_Int2;
    int m_Sum;
--> HWND m_hwndNotifyCalcDone;
};
```

We've defined the new data structure, CCalcThreadInfo. Now we declare in the view class a new variable of that type named m_calcThreadInfo:

```
// workevw.h : interface of the CWorkerView class
//
/////////////////////////////////////////////////////////////////////////////
    struct CCalcThreadInfo
{
    int m_Int1;
    int m_Int2;
    int m_Sum;
    HWND m_hwndNotifyCalcDone;
};


class CWorkerView : public CView
{
protected: // create from serialization only
    CWorkerView();
    DECLARE_DYNCREATE(CWorkerView)

// Attributes
public:
    CWorkerDoc* GetDocument();
--> CCalcThreadInfo m_calcThreadInfo;
        .
        .
        .
```

Now the data structure, m_calcThreadInfo, is complete. The next step is to allow the user to create the new thread so that it can perform its calculation. Use ClassWizard to add a new menu, threads, to WORKER's view class. Threads has one item: **Start Demo**. When the user selects this item, we'll create the new worker thread, let it perform the calculation, and display the result.

Using ClassWizard, add the Threads menu and connect a handler function, OnThreadsStartdemo(), to it in the view class. Now open that function (from **WORKEVW.CPP**):

```
void CWorkerView::OnThreadsStartdemo()
{

}
```

Our task is to load the data structure, m_calcThreadInfo, with the values we want the worker thread to add and to start that thread. We start by loading the two integers, 1 and 2, into the data structure:

```
void CWorkerView::OnThreadsStartdemo()
{
    m_calcThreadInfo.m_Int1 = 1;
    m_calcThreadInfo.m_Int2 = 2;
         .
         .
         .

}
```

Next, we indicate to the worker thread which window to send its calculation-complete message. We load the data structure member m_hwndNotifyCalcDone with the handle of the current window (our view). To get that handle, we use the MFC CWnd data member m_hWnd:

```
void CWorkerView::OnThreadsStartdemo()
{
    m_calcThreadInfo.m_Int1 = 1;
    m_calcThreadInfo.m_Int2 = 2;
--> m_calcThreadInfo.m_hwndNotifyCalcDone = m_hWnd;
         .
         .
         .

}
```

We've created and loaded the data structure that the worker thread will read from. The user has indicated that he or she wants to start the worker thread now.

We start the new thread using the function AfxBeginThread():

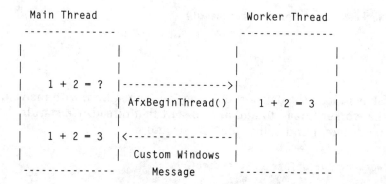

```
  Main Thread                      Worker Thread
  ---------------                  ---------------
  |           |                    |            |
  |           |                    |            |
  | 1 + 2 = ? |------------------->|            |
  |           | AfxBeginThread() |  1 + 2 = 3 |
  |           |                    |            |
  | 1 + 2 = 3 |<-----------------|  |            |
  |           | Custom Windows   |  |            |
  ---------------    Message        ---------------
```

We pass two parameters to AfxBeginThread(): a pointer to the data structure
we've just filled, and a pointer to the function that holds the code the new
thread is to execute. In this way, we keep the new thread's code in the same
file, **WORKEVW.CPP**. We place the worker thread's code in a function
named CalcThreadProc(). Create that function now and add it to
WORKEVW.CPP, indicating that it will return an unsigned integer and that
it takes a void pointer (to the data structure):

```
UINT CalcThreadProc(LPVOID pParam)
{

}
```

Add this new function's prototype to **WORKEVW.H**:

```
// workevw.h : interface of the CWorkerView class
//
///////////////////////////////////////////////////////////////////////////
UINT CalcThreadProc(LPVOID pParam);   <--

    struct CCalcThreadInfo
{
    int m_Int1;
    int m_Int2;
    int m_Sum;
    HWND m_hwndNotifyCalcDone;
};
```

Now we call AfxBeginThread() to start the thread in OnThreadsStartdemo().
We pass AfxBeginThread() a pointer to the worker thread's function
(CalcThreadProc()) and a pointer to the data structure we set up for the
worker thread (&m_calcThreadInfo):

```
void CWorkerView::OnThreadsStartdemo()
{
    m_calcThreadInfo.m_Int1 - 1;
    m_calcThreadInfo.m_Int2 - 2;
    m_calcThreadInfo.m_hwndNotifyCalcDone - m_hWnd;
--> m_pCalcWorkerThread - AfxBeginThread(CalcThreadProc,
&m_calcThreadInfo);
}
```

AfxBeginThread() starts the new thread, which begins to execute the code in
the function CalcThreadProc() using the data in m_calcThreadinfo. Note
that AfxBeginThread() has a return value. This return value is a pointer to
the new thread, and we'll need this pointer when we want to terminate the
worker thread. This pointer is to an object of class CWinThread, so in the
view's header we set up a variable named m_pCalcWorkerThread to hold
this pointer (from **WORKEVW.H**):

```
// workevw.h : interface of the CWorkerView class
//
/////////////////////////////////////////////////////////////////////////
UINT CalcThreadProc(LPVOID pParam /* CCalcThreadInfo ptr */);

    struct CCalcThreadInfo
{
    int m_Int1;
    int m_Int2;
    int m_Sum;
    HWND m_hwndNotifyCalcDone;
};

class CWorkerView : public CView
{
protected: // create from serialization only
    CWorkerView();
    DECLARE_DYNCREATE(CWorkerView)
```

```
// Attributes
public:
    CWorkerDoc* GetDocument();
    CCalcThreadInfo m_calcThreadInfo;
--> CWinThread* m_pCalcWorkerThread;
        .
        .
        .
```

That's it—we've started the worker thread, passed it the data it's supposed to work on, and stored a pointer to the worker thread. Let's switch to that thread and write the code for the thread itself, which is held in the function CalcThreadProc().

The Worker Thread's Code

We have already set up the worker thread's function, CalcThreadProc, in **WORKEVW.CPP**:

```
UINT CalcThreadProc(LPVOID pParam)
{

}
```

Now we write the code that will fetch the needed data from the data structure (a pointer to that data structure has been passed to us). We execute the calculation, post a Windows message to the main thread, and return an exit code to Windows indicating success.

The parameter passed to us, pParam, is a pointer to the data structure in the main thread, and that data structure is loaded with the data (m_Int1 and m_Int2) we need to use:

```
    struct CCalcThreadInfo
{
    int m_Int1;
    int m_Int2;
    int m_Sum;
    HWND m_hwndNotifyCalcDone;
};
```

Because pParam is a void pointer, we first create a pointer of type CCalcThreadInfo*, which we name pCalcInfo:

```
UINT CalcThreadProc(LPVOID pParam)
{
--> CCalcThreadInfo* pCalcInfo = (CCalcThreadInfo*)pParam;
        .
        .
        .

}
```

Now that we have the pCalcInfo pointer, the calculation is easy. We fetch the data from the data structure in the main thread, add the two integers, and store the result in pCalcInfo->m_Sum:

```
UINT CalcThreadProc(LPVOID pParam)
{
    CCalcThreadInfo* pCalcInfo = (CCalcThreadInfo*)pParam;

    pCalcInfo->m_Sum = pCalcInfo->m_Int1 + pCalcInfo->m_Int2;
        .
        .
        .

}
```

And that quickly, the calculation is finished. We've retrieved the data from the main thread and used it in this worker thread; then we've stored the result in the main thread. The next step is to send a Windows message to inform the main thread that the calculation. We already have the handle of the window we want to send the message to—the window is our main thread's view object, and we stored a pointer to it in the data structure as pCalcInfo->m_hwndNotifyCalcDone.

We name the Windows message WM_USER_CALC_DONE, and we will create this message ourselves. Windows sets aside the values from the constant WM_USER and above for user messages, so we define our customized Windows message (in **WORKER.H**):

```
// worker.h : main header file for the WORKER application
//
```

```
#ifndef __AFXWIN_H__
    #error include 'stdafx.h' before including this file for PCH
#endif

#include "resource.h"        // main symbols


///////////////////////////////////////////////////////////////////////////
// CWorkerApp:
// See worker.cpp for the implementation of this class
//

#define WM_USER_CALC_DONE (WM_USER + 1)          <--
    .
    .
    .
```

We send this Windows message from the worker thread to the view object in CalcThreadProc() (from **WORKEVW.CPP**):

```
UINT CalcThreadProc(LPVOID pParam)
{
    CCalcThreadInfo* pCalcInfo = (CCalcThreadInfo*)pParam;

    pCalcInfo->m_Sum = pCalcInfo->m_Int1 + pCalcInfo->m_Int2;
--> ::PostMessage(pCalcInfo->m_hwndNotifyCalcDone, WM_USER_CALC_DONE, 0, 0);
    .
    .
    .

}
```

Here we notify the view object that the calculation is over. (Note that we load the last two parameters in the PostMessage() call—lParam and wParam, which normally accompany a Windows message—with 0 because we do not need them to carry any additional information). Finally, we return to Windows an exit code for the worker thread. (The main thread can read this exit code using the function GetExitCodeThread() if desired.)We return 0, indicating success:

```
UINT CalcThreadProc(LPVOID pParam)
{
    CCalcThreadInfo* pCalcInfo = (CCalcThreadInfo*)pParam;

    pCalcInfo->m_Sum = pCalcInfo->m_Int1 + pCalcInfo->m_Int2;
    ::PostMessage(pCalcInfo->m_hwndNotifyCalcDone, WM_USER_CALC_DONE, 0, 0);

--> return 0;
}
```

That completes the worker thread's code. We've read the data, completed the calculation, stored the result, and notified the main thread that we're finished. Let's turn back to the main thread now.

Returning to the Main Thread

The worker thread notifies the main thread that the calculation is complete using a WM_USER_CALC_DONE message. We set up a function called OnCalcDone() in the main thread to handle this message. We first connect the WM_USER_CALC_DONE message to the function OnCalcDone() in the view's message map (add this code by hand to **WORKEVW.CPP**):

```
// workevw.cpp : implementation of the CWorkerView class
//

#include "stdafx.h"
#include "worker.h"

#include "workedoc.h"
#include "workevw.h"

#ifdef _DEBUG
#undef THIS_FILE
static char BASED_CODE THIS_FILE[] = __FILE__;
#endif

/////////////////////////////////////////////////////////////////////////////
// CWorkerView
```

```
IMPLEMENT_DYNCREATE(CWorkerView, CView)

BEGIN_MESSAGE_MAP(CWorkerView, CView)
    //{{AFX_MSG_MAP(CWorkerView)
--> ON_MESSAGE(WM_USER_CALC_DONE, OnCalcDone)
    ON_COMMAND(ID_THREADS_STARTDEMO, OnThreadsStartdemo)
    //}}AFX_MSG_MAP
    // Standard printing commands
    ON_COMMAND(ID_FILE_PRINT, CView::OnFilePrint)
    ON_COMMAND(ID_FILE_PRINT_PREVIEW, CView::OnFilePrintPreview)
END_MESSAGE_MAP()
         .
         .
         .
```

Next, add the prototype of OnCalcDone() to the view's header file,
WORKEVW.H. (Note that because we're handling a Windows message, we
have to provide a parameter list that includes the customary wParam and
lParam even though we will not use these variables.)

```
// workevw.h : interface of the CWorkerView class
//
/////////////////////////////////////////////////////////////////////////////
UINT CalcThreadProc(LPVOID pParam /* CCalcThreadInfo ptr */);

    struct CCalcThreadInfo
{
    int m_Int1;
    int m_Int2;
    int m_Sum;
    HWND m_hwndNotifyCalcDone;
};

class CWorkerView : public CView
{
protected: // create from serialization only
    CWorkerView();
```

```
    DECLARE_DYNCREATE(CWorkerView)

// Attributes
public:
    CWorkerDoc* GetDocument();
    CCalcThreadInfo m_calcThreadInfo;
--> LRESULT OnCalcDone(WPARAM wParam, LPARAM lParam);
            .
            .
            .
```

Finally, add OnCalcDone() to the view's code file, **WORKEVW.CPP**:

```
LRESULT CWorkerView::OnCalcDone(WPARAM, LPARAM)
{

}
```

When we reach this point, the worker thread has executed the calculation and we can display the result in the view. We display the value in the variable m_calcThreadInfo.m_Sum:

```
LRESULT CWorkerView::OnCalcDone(WPARAM, LPARAM)
{
-->   char out_string[100];
--> wsprintf(out_string, "1 + 2 = %d, solved by worker thread.",
-->       m_calcThreadInfo.m_Sum);
--> CClientDC dc(this);
--> dc.TextOut(0, 0, out_string, strlen(out_string));
            .
            .
            .

}
```

After displaying the result, we terminate the worker thread. (If we didn't, Windows would terminate the thread when our program quit.) We use the function TerminateThread() (we pass a pointer to the thread and accept an exit code from the function):

```
LRESULT CWorkerView::OnCalcDone(WPARAM, LPARAM)
{
--> DWORD dwExitCode;
    char out_string[100];
    wsprintf(out_string, "1 + 2 = %d, solved by worker thread.",
        m_calcThreadInfo.m_Sum);
    CClientDC dc(this);
    dc.TextOut(0, 0, out_string, strlen(out_string));
--> TerminateThread(m_pCalcWorkerThread, dwExitCode);
        .
        .
        .
}
```

We return a value of 0 to end the function, and the entire program is finished:

```
LRESULT CWorkerView::OnCalcDone(WPARAM, LPARAM)
{
    DWORD dwExitCode;
    char out_string[100];
    wsprintf(out_string, "1 + 2 = %d, solved by worker thread.",
        m_calcThreadInfo.m_Sum);
    CClientDC dc(this);
    dc.TextOut(0, 0, out_string, strlen(out_string));
    TerminateThread(m_pCalcWorkerThread, dwExitCode);
--> return 0;
}
```

In sum, we've launched a worker thread, passed it some data, had it work on that data and signal us when it finished and then displayed the results of the calculation and terminated the worker thread. We've passed the integers 1 and 2 to the worker thread, let it add them, and displayed the result as shown in Figure 8.1, where we learn that indeed 1 + 2 = 3. Our program is a success.

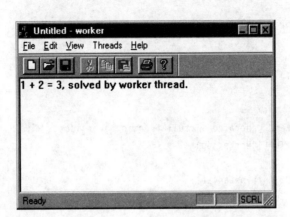

Untitled - worker

File Edit View Threads Help

1 + 2 = 3, solved by worker thread.

Ready   SCRL

FIGURE 8.1 OUR FIRST MULTITHREADED PROGRAM USES A SECOND THREAD TO PERFORM A CALCULATION.

The code for this program appears in Listings 8.1 and 8.2.

LISTING 8.1 WORKER.H AND WORKER.CPP

```cpp
// worker.h : main header file for the WORKER application
//

#ifndef __AFXWIN_H__
    #error include 'stdafx.h' before including this file for PCH
#endif

#include "resource.h"        // main symbols

//////////////////////////////////////////////////////////////////////
// CWorkerApp:
// See worker.cpp for the implementation of this class
//

#define WM_USER_CALC_DONE (WM_USER + 1)
```

```
class CWorkerApp : public CWinApp
{
public:
    CWorkerApp();

// Overrides
    // ClassWizard generated virtual function overrides
    //{{AFX_VIRTUAL(CWorkerApp)
    public:
    virtual BOOL InitInstance();
    //}}AFX_VIRTUAL

// Implementation

    //{{AFX_MSG(CWorkerApp)
    afx_msg void OnAppAbout();
        // NOTE - the ClassWizard will add and remove member functions here.
        //    DO NOT EDIT what you see in these blocks of generated code !
    //}}AFX_MSG
    DECLARE_MESSAGE_MAP()
};




/////////////////////////////////////////////////////////////////////////////
// worker.cpp : Defines the class behaviors for the application.
//

#include "stdafx.h"
#include "worker.h"

#include "mainfrm.h"
#include "workedoc.h"
#include "workevw.h"

#ifdef _DEBUG
#undef THIS_FILE
static char BASED_CODE THIS_FILE[] = __FILE__;
#endif
```

```
//////////////////////////////////////////////////////////////////////
// CWorkerApp

BEGIN_MESSAGE_MAP(CWorkerApp, CWinApp)
    //{{AFX_MSG_MAP(CWorkerApp)
    ON_COMMAND(ID_APP_ABOUT, OnAppAbout)
        // NOTE - the ClassWizard will add and remove mapping macros here.
        //      DO NOT EDIT what you see in these blocks of generated code!
    //}}AFX_MSG_MAP
    // Standard file based document commands
    ON_COMMAND(ID_FILE_NEW, CWinApp::OnFileNew)
    ON_COMMAND(ID_FILE_OPEN, CWinApp::OnFileOpen)
    // Standard print setup command
    ON_COMMAND(ID_FILE_PRINT_SETUP, CWinApp::OnFilePrintSetup)
END_MESSAGE_MAP()


//////////////////////////////////////////////////////////////////////
// CWorkerApp construction

CWorkerApp::CWorkerApp()
{
    // TODO: add construction code here,
    // Place all significant initialization in InitInstance
}


//////////////////////////////////////////////////////////////////////
// The one and only CWorkerApp object

CWorkerApp theApp;

//////////////////////////////////////////////////////////////////////
// CWorkerApp initialization

BOOL CWorkerApp::InitInstance()
{
    // Standard initialization
    // If you are not using these features and wish to reduce the size
    //  of your final executable, you should remove from the following
    //  the specific initialization routines you do not need.
```

```
        Enable3dControls();

        LoadStdProfileSettings();  // Load INI file options (including MRU)

        // Register the application's document templates.  Document templates
        //  serve as the connection between documents, frame windows and views.

        CSingleDocTemplate* pDocTemplate;
        pDocTemplate = new CSingleDocTemplate(
            IDR_MAINFRAME,
            RUNTIME_CLASS(CWorkerDoc),
            RUNTIME_CLASS(CMainFrame),           // main SDI frame window
            RUNTIME_CLASS(CWorkerView));
        AddDocTemplate(pDocTemplate);

        // create a new (empty) document
        OnFileNew();

        if (m_lpCmdLine[0] != '\0')
        {
            // TODO: add command line processing here
        }

        return TRUE;
}


/////////////////////////////////////////////////////////////////////////////
// CAboutDlg dialog used for App About

class CAboutDlg : public CDialog
{
public:
    CAboutDlg();

// Dialog Data
    //{{AFX_DATA(CAboutDlg)
    enum { IDD = IDD_ABOUTBOX };
    //}}AFX_DATA
```

```
// Implementation
protected:
    virtual void DoDataExchange(CDataExchange* pDX);      // DDX/DDV support
    //{{AFX_MSG(CAboutDlg)
        // No message handlers
    //}}AFX_MSG
    DECLARE_MESSAGE_MAP()
};

CAboutDlg::CAboutDlg() : CDialog(CAboutDlg::IDD)
{
    //{{AFX_DATA_INIT(CAboutDlg)
    //}}AFX_DATA_INIT
}

void CAboutDlg::DoDataExchange(CDataExchange* pDX)
{
    CDialog::DoDataExchange(pDX);
    //{{AFX_DATA_MAP(CAboutDlg)
    //}}AFX_DATA_MAP
}

BEGIN_MESSAGE_MAP(CAboutDlg, CDialog)
    //{{AFX_MSG_MAP(CAboutDlg)
        // No message handlers
    //}}AFX_MSG_MAP
END_MESSAGE_MAP()

// App command to run the dialog
void CWorkerApp::OnAppAbout()
{
    CAboutDlg aboutDlg;
    aboutDlg.DoModal();
}

///////////////////////////////////////////////////////////////////////
// CWorkerApp commands
```

LISTING 8.2 WORKEVW.H AND WORKEVW.CPP

```cpp
// workevw.h : interface of the CWorkerView class
//
/////////////////////////////////////////////////////////////////////////////
UINT CalcThreadProc(LPVOID pParam /* CCalcThreadInfo ptr */);

    struct CCalcThreadInfo
    {
    int m_Int1;
    int m_Int2;
    int m_Sum;
    HWND m_hwndNotifyCalcDone;
    };

class CWorkerView : public CView
{
protected: // create from serialization only
    CWorkerView();
    DECLARE_DYNCREATE(CWorkerView)

// Attributes
public:
    CWorkerDoc* GetDocument();
    CCalcThreadInfo m_calcThreadInfo;
    LRESULT OnCalcDone(WPARAM wParam, LPARAM lParam);
    CWinThread* m_pCalcWorkerThread;

// Operations
public:

// Overrides
    // ClassWizard generated virtual function overrides
    //{{AFX_VIRTUAL(CWorkerView)
    public:
    virtual void OnDraw(CDC* pDC);  // overridden to draw this view
    protected:
    virtual BOOL OnPreparePrinting(CPrintInfo* pInfo);
    virtual void OnBeginPrinting(CDC* pDC, CPrintInfo* pInfo);
```

```
    virtual void OnEndPrinting(CDC* pDC, CPrintInfo* pInfo);
    //}}AFX_VIRTUAL

// Implementation
public:
    virtual ~CWorkerView();
#ifdef _DEBUG
    virtual void AssertValid() const;
    virtual void Dump(CDumpContext& dc) const;
#endif

protected:

// Generated message map functions
protected:
    //{{AFX_MSG(CWorkerView)
    afx_msg void OnThreadsStartdemo();
    //}}AFX_MSG
    DECLARE_MESSAGE_MAP()
};

#ifndef _DEBUG  // debug version in workevw.cpp
inline CWorkerDoc* CWorkerView::GetDocument()
   { return (CWorkerDoc*)m_pDocument; }
#endif



// workevw.cpp : implementation of the CWorkerView class
//

#include "stdafx.h"
#include "worker.h"

#include "workedoc.h"
#include "workevw.h"

#ifdef _DEBUG
#undef THIS_FILE
```

```
static char BASED_CODE THIS_FILE[] = __FILE__;
#endif
```

```
/////////////////////////////////////////////////////////////////////////
// CWorkerView

IMPLEMENT_DYNCREATE(CWorkerView, CView)

BEGIN_MESSAGE_MAP(CWorkerView, CView)
    //{{AFX_MSG_MAP(CWorkerView)
    ON_MESSAGE(WM_USER_CALC_DONE, OnCalcDone)
    ON_COMMAND(ID_THREADS_STARTDEMO, OnThreadsStartdemo)
    //}}AFX_MSG_MAP
    // Standard printing commands
    ON_COMMAND(ID_FILE_PRINT, CView::OnFilePrint)
    ON_COMMAND(ID_FILE_PRINT_PREVIEW, CView::OnFilePrintPreview)
END_MESSAGE_MAP()

/////////////////////////////////////////////////////////////////////////
// CWorkerView construction/destruction

CWorkerView::CWorkerView()
{

}

CWorkerView::~CWorkerView()
{

}

/////////////////////////////////////////////////////////////////////////
// CWorkerView drawing

void CWorkerView::OnDraw(CDC* pDC)
{
    CWorkerDoc* pDoc = GetDocument();
    ASSERT_VALID(pDoc);
```

```
    // TODO: add draw code for native data here
}


///////////////////////////////////////////////////////////////////////////
// CWorkerView printing

BOOL CWorkerView::OnPreparePrinting(CPrintInfo* pInfo)
{
    // default preparation
    return DoPreparePrinting(pInfo);
}


void CWorkerView::OnBeginPrinting(CDC* /*pDC*/, CPrintInfo* /*pInfo*/)
{
    // TODO: add extra initialization before printing
}


void CWorkerView::OnEndPrinting(CDC* /*pDC*/, CPrintInfo* /*pInfo*/)
{
    // TODO: add cleanup after printing
}


///////////////////////////////////////////////////////////////////////////
// CWorkerView diagnostics

#ifdef _DEBUG
void CWorkerView::AssertValid() const
{
    CView::AssertValid();
}


void CWorkerView::Dump(CDumpContext& dc) const
{
    CView::Dump(dc);
}


CWorkerDoc* CWorkerView::GetDocument() // non-debug version is inline
{
```

```
    ASSERT(m_pDocument->IsKindOf(RUNTIME_CLASS(CWorkerDoc)));
    return (CWorkerDoc*)m_pDocument;
}
#endif //_DEBUG


/////////////////////////////////////////////////////////////////////////
// CWorkerView message handlers

void CWorkerView::OnThreadsStartdemo()
{
    m_calcThreadInfo.m_Int1 = 1;
    m_calcThreadInfo.m_Int2 = 2;
    m_calcThreadInfo.m_hwndNotifyCalcDone = m_hWnd;
    m_pCalcWorkerThread = AfxBeginThread(CalcThreadProc, &m_calcThreadInfo);
}


LRESULT CWorkerView::OnCalcDone(WPARAM, LPARAM)
{
    DWORD dwExitCode;
    char out_string[100];
    wsprintf(out_string, "1 + 2 = %d, solved by worker thread.",
        m_calcThreadInfo.m_Sum);
    CClientDC dc(this);
    dc.TextOut(0, 0, out_string, strlen(out_string));
    TerminateThread(m_pCalcWorkerThread, dwExitCode);
    return 0;
}


UINT CalcThreadProc(LPVOID pParam)
{
    CCalcThreadInfo* pCalcInfo = (CCalcThreadInfo*)pParam;

    pCalcInfo->m_Sum = pCalcInfo->m_Int1 + pCalcInfo->m_Int2;
    ::PostMessage(pCalcInfo->m_hwndNotifyCalcDone, WM_USER_CALC_DONE, 0, 0);

    return 0;
}
```

This example is fine as far as it goes, but we haven't given our worker thread much to chew on. After all, the calculation 1 + 2 doesn't take an enormous amount of time, so synchronization was never an issue. In the next example, we'll ask the worker thread to do some real work: sort an array of 100,000 integers.

469

A Big Sorting Problem

In this example, the worker thread will sort a large array of integers. While it's doing its thing, the user can play with the rest of the program: opening menus and even making menu choices. As the user does so, the worker thread is busily sorting the array. When it's finished, the result will appear in the program's window even if the user is still doing other work with the same program.

The array will contain 100,000 random integers, and we'll use the Visual C++ qsort() function to sort it:

```
void qsort(void *base, size_t num, size_t width, int(__cdecl *compare)
    (const void *elem1, const void *elem2));
```

Here's what the parameters mean:

- bas: pointer to the beginning of the array to sort
- num: number of elements to sort
- width: size of elements in bytes
- compare(): comparison function; compares elem1 and elem2 and returns one of the following values:
  - < 0: elem1 is less than elem2
  - = 0: elem1 is equivalent to elem2
  - > 0: elem1 is greater than elem2
- elem1: pointer to element 1 for comparison function
- elem2: pointer to element 2 for comparison function

Let's see this in action. Use AppWizard to create a new SDI project named SORTER and give it a menu named Sort with one item, **Array**. Use ClassWizard to connect this menu item to a view class member function named OnSortArray():

```
void CSorterView::OnSortArray()
{

}
```

We set up our array of random integers and define the constant ARRAY_SIZE (the number of elements in the array) to be 100,000 (from **SORTEVW.H**):

```
// sortevw.h : interface of the CSorterView class
#define ARRAY_SIZE 100000          <--

class CSorterView : public CView
{
protected: // create from serialization only
    CSorterView();
    DECLARE_DYNCREATE(CSorterView)

// Attributes
public:
    CSorterDoc* GetDocument();
--> int* pArray;
        .
        .
        .
```

Next, we allocate space for that array using the *new* operator in the view's constructor (from **SORTEVW.CPP**):

```
CSorterView::CSorterView()
{
    pArray = new int[ARRAY_SIZE];
        .
        .
        .
}
```

Now we seed the random-number generator with the srand() function, passing it the time of day to ensure that the array of integers will be different each time:

```
CSorterView::CSorterView()
{
    pArray = new int[ARRAY_SIZE];
--> srand((unsigned) time(NULL));

        .

        .

        .

}
```

We fill the array with random integers using the rand() function:

```
CSorterView::CSorterView()
{
    pArray = new int[ARRAY_SIZE];
    srand((unsigned) time(NULL));
--> for (int loop_index = 0; loop_index < ARRAY_SIZE; loop_index++){
-->     pArray[loop_index] = rand();
--> }
}
```

Now we have some data to work with. We display the first 10 values in that array in the view by adding this code to the OnDraw() function (from **SORTEVW.CPP**):

```
void CSorterView::OnDraw(CDC* pDC)
{
    CSorterDoc* pDoc = GetDocument();
    ASSERT_VALID(pDoc);

    TEXTMETRIC tm;
    pDC->GetTextMetrics(&tm);
    char out_string[30];

    for(int loop_index = 0; loop_index < 10; loop_index++){
        wsprintf(out_string, "%d", pArray[loop_index]);
        pDC->TextOut(0, loop_index * tm.tmHeight, CString(out_string));
    }
}
```

Next, we sort the array using a worker thread. We begin by setting up the structure to hold the data: a pointer to the array to sort, and the handle of the window that the worker thread should notify when it has completed the sorting (from **SORTEVW.H**):

```
// sortevw.h : interface of the CSorterView class
//
#define ARRAY_SIZE 100000

    struct CCalcThreadInfo         <--
{                                  <--
    int* m_pArray;                 <--
    HWND m_hwndNotifyCalcDone;     <--
};                                 <--

class CSorterView : public CView
{
protected: // create from serialization only
    .

    .

    .
// Attributes
public:
    CSorterDoc* GetDocument();
    int* pArray;
--> CCalcThreadInfo m_calcThreadInfo;
    .

    .

    .
```

Now we load that data structure and launch the worker thread in OnSortArray(), the function corresponding to the menu item **Sort | Array**. We start the worker thread by indicating that its code is in a function named CalcThreadProc—the same name we gave to the worker thread function in the WORKER example (from **SORTEVW.CPP**):

```
void CSorterView::OnSortArray()
{
--> m_calcThreadInfo.m_pArray = pArray;
--> m_calcThreadInfo.m_hwndNotifyCalcDone = m_hWnd;
--> m_pCalcWorkerThread = AfxBeginThread(CalcThreadProc, &m_calcThreadInfo);
}
```

At this point, then, we have started the worker thread and have passed it a pointer to the data. Let's write the worker thread's code next.

The Worker Thread's Code

We set up the worker thread's function CalcThreadProc() in **SORTEVW.CPP** (and place its prototype in **SORTEVW.H**):

```
UINT CalcThreadProc(LPVOID pParam)
{

}
```

As we did in the WORKER program, we begin by creating a correctly typed pointer to the main thread's data structure, and we name that pointer pCalcInfo:

```
UINT CalcThreadProc(LPVOID pParam)
{
    CCalcThreadInfo* pCalcInfo = (CCalcThreadInfo*)pParam;
        .
        .
        .

}
```

The idea is to sort the array pointed to by pCalcInfo->m_pArray, and we use qsort():

```
UINT CalcThreadProc(LPVOID pParam)
{
    CCalcThreadInfo* pCalcInfo = (CCalcThreadInfo*)pParam;

--> qsort(pCalcInfo->m_pArray, (size_t) ARRAY_SIZE, sizeof(int), compare);
        .
        .
        .

}
```

Note that we had to pass to qsort() a pointer to the comparison function, compare(). This function compares two integers: a and b; if a > b, it returns a positive value, if a = b, it returns 0, and if a < b, it returns a negative value. We add the compare() function to **SORTEVW.CPP** (and its prototype to **SORTEVW.H**):

```
UINT CalcThreadProc(LPVOID pParam)
{
    CCalcThreadInfo* pCalcInfo = (CCalcThreadInfo*)pParam;

    qsort(pCalcInfo->m_pArray, (size_t) ARRAY_SIZE, sizeof(int), compare);
        .
        .
        .

}

int compare(const void *arg1, const void *arg2){          <--
    return (*(int*) arg1 >= *(int*) arg2 ? *(int*) arg1 > *(int*) arg2 : -1);
}
```

The array is now sorted. We pass the custom Windows message, WM_USER_CALC_DONE, to the main thread and quit:

```
UINT CalcThreadProc(LPVOID pParam)
{
    CCalcThreadInfo* pCalcInfo = (CCalcThreadInfo*)pParam;

    qsort(pCalcInfo->m_pArray, (size_t) ARRAY_SIZE, sizeof(int), compare);
--> ::PostMessage(pCalcInfo->m_hwndNotifyCalcDone, WM_USER_CALC_DONE, 0, 0);

--> return 0;
```

```
}

int compare(const void *arg1, const void *arg2){
    return (*(int*) arg1 >= *(int*) arg2 ? *(int*) arg1 > *(int*) arg2 : -1);
}
```

475

That's it—the worker thread has done its work. Now let's return to the main thread and display the result.

Returning to the Main Thread

The worker thread has sorted the array and has sent us a WM_USER_CALC_DONE message; we define that value to be WM_USER + 1 in **SORTER.H**:

```
// sorter.h : main header file for the SORTER application
//
#ifndef __AFXWIN_H__
    #error include 'stdafx.h' before including this file for PCH
#endif   .
              .
              .
#define WM_USER_CALC_DONE (WM_USER + 1)          <--
              .
              .
              .

```

As we did with the WORKER program, we connect the WM_USER_CALC_DONE message to a function named OnCalcDone() in the view's message map (from **SORTEVW.CPP**):

```
// sortevw.cpp : implementation of the CSorterView class
//

#include "stdafx.h"
#include "sorter.h"
              .
              .
              .
```

```
IMPLEMENT_DYNCREATE(CSorterView, CView)

BEGIN_MESSAGE_MAP(CSorterView, CView)
    //{{AFX_MSG_MAP(CSorterView)
    ON_COMMAND(ID_SORT_ARRAY, OnSortArray)
--> ON_MESSAGE(WM_USER_CALC_DONE, OnCalcDone)
    //}}AFX_MSG_MAP
    // Standard printing commands
    ON_COMMAND(ID_FILE_PRINT, CView::OnFilePrint)
    ON_COMMAND(ID_FILE_PRINT_PREVIEW, CView::OnFilePrintPreview)
END_MESSAGE_MAP()
           .
           .
           .
```

We add the code for OnCalcDone to **SORTEVW.CPP** (and its prototype to **SORTEVW.H**):

```
LRESULT CSorterView::OnCalcDone(WPARAM, LPARAM)
{

}
```

When we reach this function, the worker thread has sorted the array and we have to display the result. First, however, we terminate the worker thread:

```
LRESULT CSorterView::OnCalcDone(WPARAM, LPARAM)
{
    DWORD dwExitCode;
    TerminateThread(m_pCalcWorkerThread, dwExitCode);
       .
       .
       .
}
```

As you might recall, the CSorterView::OnDraw() function is set up to display the first 10 values in the array:

```
void CSorterView::OnDraw(CDC* pDC)
{
    CSorterDoc* pDoc = GetDocument();
    ASSERT_VALID(pDoc);

    TEXTMETRIC tm;
    pDC->GetTextMetrics(&tm);
    char out_string[30];

    for(int loop_index = 0; loop_index < 10; loop_index++){
        wsprintf(out_string, "%d", pArray[loop_index]);
        pDC->TextOut(0, loop_index * tm.tmHeight, CString(out_string));
    }
}
```

This means that we can invalidate the view (causing the program to call
OnDraw()) to redisplay the sorted array:

```
LRESULT CSorterView::OnCalcDone(WPARAM, LPARAM)
{
    DWORD dwExitCode;
    TerminateThread(m_pCalcWorkerThread, dwExitCode);
--> Invalidate();
--> return 0;
}
```

That's it—we've created an array of random integers, displayed the first 10
of them, created a worker thread that sorted the array, and finally redis-
played the first 10 elements of the newly sorted array. Create **SORTER.EXE**
now and run it; the first 10 elements of the random array appear in the view,
as shown in Figure 8.2. Next, select **Sort | Array** to start the worker thread.
Sorting the array takes some time, and you can open and close menus dur-
ing that time (showing that our program can still execute I/O as the work
takes place in the worker thread). When the array is sorted, the program ter-
minates the worker thread and displays the new first 10 elements of the
array, as shown in Figure 8.3.

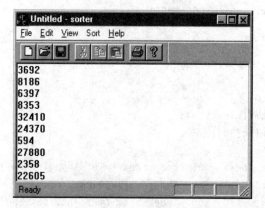

FIGURE 8.2 THE FIRST PART OF OUR SORTING PROGRAM'S ARRAY BEFORE SORTING.

FIGURE 8.3 THE FIRST PART OF THE ARRAY AFTER THE WORKER THREAD HAS SORTED IT.

The code for this program appears in Listings 8.3 and 8.4.

LISTING 8.3 SORTER.H AND SORTER.CPP

```
// sorter.h : main header file for the SORTER application
//


#ifndef __AFXWIN_H__
    #error include 'stdafx.h' before including this file for PCH
#endif
```

```
#include "resource.h"        // main symbols


/////////////////////////////////////////////////////////////////////
// CSorterApp:
// See sorter.cpp for the implementation of this class
//


#define WM_USER_CALC_DONE (WM_USER + 1)

class CSorterApp : public CWinApp
{
public:
    CSorterApp();

// Overrides
    // ClassWizard generated virtual function overrides
    //{{AFX_VIRTUAL(CSorterApp)
    public:
    virtual BOOL InitInstance();
    //}}AFX_VIRTUAL

// Implementation

    //{{AFX_MSG(CSorterApp)
    afx_msg void OnAppAbout();
        // NOTE - the ClassWizard will add and remove member functions here.
        //     DO NOT EDIT what you see in these blocks of generated code !
    //}}AFX_MSG
    DECLARE_MESSAGE_MAP()
};



/////////////////////////////////////////////////////////////////////
// sorter.cpp : Defines the class behaviors for the application.
//

#include "stdafx.h"
#include "sorter.h"
```

```
#include "mainfrm.h"
#include "sortedoc.h"
#include "sortevw.h"

#ifdef _DEBUG
#undef THIS_FILE
static char BASED_CODE THIS_FILE[] = __FILE__;
#endif

/////////////////////////////////////////////////////////////////////////////
// CSorterApp

BEGIN_MESSAGE_MAP(CSorterApp, CWinApp)
    //{{AFX_MSG_MAP(CSorterApp)
    ON_COMMAND(ID_APP_ABOUT, OnAppAbout)
        // NOTE - the ClassWizard will add and remove mapping macros here.
        //      DO NOT EDIT what you see in these blocks of generated code!
    //}}AFX_MSG_MAP
    // Standard file based document commands
    ON_COMMAND(ID_FILE_NEW, CWinApp::OnFileNew)
    ON_COMMAND(ID_FILE_OPEN, CWinApp::OnFileOpen)
    // Standard print setup command
    ON_COMMAND(ID_FILE_PRINT_SETUP, CWinApp::OnFilePrintSetup)
END_MESSAGE_MAP()

/////////////////////////////////////////////////////////////////////////////
// CSorterApp construction

CSorterApp::CSorterApp()
{
    // TODO: add construction code here,
    // Place all significant initialization in InitInstance
}

/////////////////////////////////////////////////////////////////////////////
// The one and only CSorterApp object

CSorterApp theApp;
```

```
/////////////////////////////////////////////////////////////////////
// CSorterApp initialization

BOOL CSorterApp::InitInstance()
{
    // Standard initialization
    // If you are not using these features and wish to reduce the size
    //  of your final executable, you should remove from the following
    //  the specific initialization routines you do not need.

    Enable3dControls();

    LoadStdProfileSettings();  // Load INI file options (including MRU)

    // Register the application's document templates.  Document templates
    //  serve as the connection between documents, frame windows and views.

    CSingleDocTemplate* pDocTemplate;
    pDocTemplate = new CSingleDocTemplate(
        IDR_MAINFRAME,
        RUNTIME_CLASS(CSorterDoc),
        RUNTIME_CLASS(CMainFrame),          // main SDI frame window
        RUNTIME_CLASS(CSorterView));
    AddDocTemplate(pDocTemplate);

    // create a new (empty) document
    OnFileNew();

    if (m_lpCmdLine[0] != '\0')
    {
        // TODO: add command line processing here
    }

    return TRUE;
}


/////////////////////////////////////////////////////////////////////
// CAboutDlg dialog used for App About
```

```
class CAboutDlg : public CDialog
{
public:
    CAboutDlg();

// Dialog Data
    //{{AFX_DATA(CAboutDlg)
    enum { IDD = IDD_ABOUTBOX };
    //}}AFX_DATA


// Implementation
protected:
    virtual void DoDataExchange(CDataExchange* pDX);    // DDX/DDV support
    //{{AFX_MSG(CAboutDlg)
        // No message handlers
    //}}AFX_MSG
    DECLARE_MESSAGE_MAP()
};


CAboutDlg::CAboutDlg() : CDialog(CAboutDlg::IDD)
{
    //{{AFX_DATA_INIT(CAboutDlg)
    //}}AFX_DATA_INIT
}


void CAboutDlg::DoDataExchange(CDataExchange* pDX)
{
    CDialog::DoDataExchange(pDX);
    //{{AFX_DATA_MAP(CAboutDlg)
    //}}AFX_DATA_MAP
}


BEGIN_MESSAGE_MAP(CAboutDlg, CDialog)
    //{{AFX_MSG_MAP(CAboutDlg)
        // No message handlers
    //}}AFX_MSG_MAP
END_MESSAGE_MAP()


// App command to run the dialog
```

```
void CSorterApp::OnAppAbout()
{
    CAboutDlg aboutDlg;
    aboutDlg.DoModal();
}


///////////////////////////////////////////////////////////////////////
// CSorterApp commands
```

LISTING 8.4 SORTEVW.H AND SORTEVW.CPP

```
// sortevw.h : interface of the CSorterView class
//
///////////////////////////////////////////////////////////////////////
#define ARRAY_SIZE 100000

int compare(const void *arg1, const void *arg2);

UINT CalcThreadProc(LPVOID pParam /* CCalcThreadInfo ptr */);

    struct CCalcThreadInfo
{
    int* m_pArray;
    HWND m_hwndNotifyCalcDone;
};

class CSorterView : public CView
{
protected: // create from serialization only
    CSorterView();
    DECLARE_DYNCREATE(CSorterView)

// Attributes
public:
    CSorterDoc* GetDocument();
    int* pArray;
    CCalcThreadInfo m_calcThreadInfo;
    LRESULT CSorterView::OnCalcDone(WPARAM, LPARAM);
```

```
        CWinThread* m_pCalcWorkerThread;
// Operations
public:

// Overrides
    // ClassWizard generated virtual function overrides
    //{{AFX_VIRTUAL(CSorterView)
    public:
    virtual void OnDraw(CDC* pDC);  // overridden to draw this view
    protected:
    virtual BOOL OnPreparePrinting(CPrintInfo* pInfo);
    virtual void OnBeginPrinting(CDC* pDC, CPrintInfo* pInfo);
    virtual void OnEndPrinting(CDC* pDC, CPrintInfo* pInfo);
    //}}AFX_VIRTUAL

// Implementation
public:
    virtual ~CSorterView();
#ifdef _DEBUG
    virtual void AssertValid() const;
    virtual void Dump(CDumpContext& dc) const;
#endif

protected:

// Generated message map functions
protected:
    //{{AFX_MSG(CSorterView)
    afx_msg void OnSortArray();
    //}}AFX_MSG
    DECLARE_MESSAGE_MAP()
};

#ifndef _DEBUG  // debug version in sortevw.cpp
inline CSorterDoc* CSorterView::GetDocument()
   { return (CSorterDoc*)m_pDocument; }
#endif


/////////////////////////////////////////////////////////////////////
```

```cpp
// sortevw.cpp : implementation of the CSorterView class
//

#include "stdafx.h"
#include "sorter.h"

#include "sortedoc.h"
#include "sortevw.h"

#ifdef _DEBUG
#undef THIS_FILE
static char BASED_CODE THIS_FILE[] = __FILE__;
#endif

/////////////////////////////////////////////////////////////////////////////
// CSorterView

IMPLEMENT_DYNCREATE(CSorterView, CView)

BEGIN_MESSAGE_MAP(CSorterView, CView)
    //{{AFX_MSG_MAP(CSorterView)
    ON_COMMAND(ID_SORT_ARRAY, OnSortArray)
    ON_MESSAGE(WM_USER_CALC_DONE, OnCalcDone)
    //}}AFX_MSG_MAP
    // Standard printing commands
    ON_COMMAND(ID_FILE_PRINT, CView::OnFilePrint)
    ON_COMMAND(ID_FILE_PRINT_PREVIEW, CView::OnFilePrintPreview)
END_MESSAGE_MAP()

/////////////////////////////////////////////////////////////////////////////
// CSorterView construction/destruction

CSorterView::CSorterView()
{
    pArray = new int[ARRAY_SIZE];
    srand((unsigned) time(NULL));
    for (int loop_index = 0; loop_index < ARRAY_SIZE; loop_index++){
        pArray[loop_index] = rand();
    }
```

```
}

CSorterView::~CSorterView()
{

}

/////////////////////////////////////////////////////////////////////////////
// CSorterView drawing

void CSorterView::OnDraw(CDC* pDC)
{
    CSorterDoc* pDoc = GetDocument();
    ASSERT_VALID(pDoc);

    TEXTMETRIC tm;
    pDC->GetTextMetrics(&tm);
    char out_string[30];

    for(int loop_index = 0; loop_index < 10; loop_index++){
        wsprintf(out_string, "%d", pArray[loop_index]);
        pDC->TextOut(0, loop_index * tm.tmHeight, CString(out_string));
    }
}

/////////////////////////////////////////////////////////////////////////////
// CSorterView printing

BOOL CSorterView::OnPreparePrinting(CPrintInfo* pInfo)
{
    // default preparation
    return DoPreparePrinting(pInfo);
}

void CSorterView::OnBeginPrinting(CDC* /*pDC*/, CPrintInfo* /*pInfo*/)
{
    // TODO: add extra initialization before printing
}
```

```
void CSorterView::OnEndPrinting(CDC* /*pDC*/, CPrintInfo* /*pInfo*/)
{
    // TODO: add cleanup after printing
}

/////////////////////////////////////////////////////////////////////////
// CSorterView diagnostics

#ifdef _DEBUG
void CSorterView::AssertValid() const
{
    CView::AssertValid();
}

void CSorterView::Dump(CDumpContext& dc) const
{
    CView::Dump(dc);
}

CSorterDoc* CSorterView::GetDocument() // non-debug version is inline
{
    ASSERT(m_pDocument->IsKindOf(RUNTIME_CLASS(CSorterDoc)));
    return (CSorterDoc*)m_pDocument;
}
#endif //_DEBUG

/////////////////////////////////////////////////////////////////////////
// CSorterView message handlers

void CSorterView::OnSortArray()
{
    m_calcThreadInfo.m_pArray = pArray;
    m_calcThreadInfo.m_hwndNotifyCalcDone = m_hWnd;
    m_pCalcWorkerThread = AfxBeginThread(CalcThreadProc, &m_calcThreadInfo);

    Invalidate();
}


LRESULT CSorterView::OnCalcDone(WPARAM, LPARAM)
```

```
{
    DWORD dwExitCode;
    TerminateThread(m_pCalcWorkerThread, dwExitCode);
    Invalidate();
    return 0;
}

UINT CalcThreadProc(LPVOID pParam)
{
    CCalcThreadInfo* pCalcInfo = (CCalcThreadInfo*)pParam;

    qsort(pCalcInfo->m_pArray, (size_t) ARRAY_SIZE, sizeof(int), compare);
    ::PostMessage(pCalcInfo->m_hwndNotifyCalcDone, WM_USER_CALC_DONE, 0, 0);

    return 0;
}

int compare(const void *arg1, const void *arg2){
    return (*(int*) arg1 >= *(int*) arg2 ? *(int*) arg1 > *(int*) arg2 : -1);
}
```

This is fine as far as it goes, but there's much more to multithreaded programs. Let's look into the problem of interthread synchronization using Windows events.

Synchronizing Threads with Windows Events

After we start a new thread, is there any way we can communicate with it or control it? It turns out that the answer is yes. Let's say that we had a problem to solve in our main thread and that we started a worker thread working on that problem:

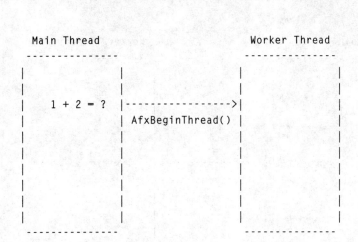

If we set up a *Windows event*, providing us with a mechanism for communicating between threads, we can have the new thread wait for that event to be *set* (events can be either set or reset):

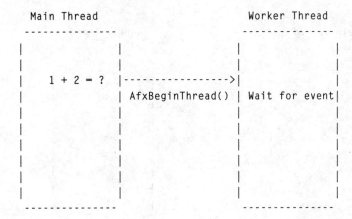

When we set the event that the worker thread is waiting for—using the SetEvent() function—the worker thread can then continue to perform the calculation:

```
        Main Thread                    Worker Thread
      ----------------               ----------------
      |             |                |             |
      |             |                |             |
      |  1 + 2 = ?  |                |             |
      |             |                |             |
      |             |                |             |
      |             |-------------->|  1 + 2 = 3  |
      |             |   SetEvent()  |             |
      |             |                |             |
      |             |                |             |
      |             |                |             |
      ----------------               ----------------
```

Then, as before, the worker thread can inform the main thread that the calculation is complete by using a Windows message:

```
        Main Thread                    Worker Thread
      ----------------               ----------------
      |             |                |             |
      |             |                |             |
      |  1 + 2 = ?  |                |             |
      |             |                |             |
      |             |                |             |
      |             |                |  1 + 2 = 3  |
      |             |                |             |
      |             |                |             |
      |  1 + 2 = 3  |<--------------|             |
      |             | Custom Windows |             |
      ----------------    Message    ----------------
```

Let's see this in action. We'll revise the WORKER program to synchronize the main thread and the worker thread. When the user clicks the **Start Demo** menu item, the program will start the worker thread:

```
 ------------------------------------------
|File Edit Threads                         |
|----------|-------------------------------|
|          | Start Demo |                  |
|          |            |                  |
|           ------------                   |
|                                          |
|                                          |
|                                          |
|                                          |
|                                          |
 ------------------------------------------
```

However, we will make sure that the worker thread does not execute the calculation (it will wait, using WaitForSingleObject()) until it synchronizes with the main thread. We pop a message box on the screen with the message "New thread will continue when you click OK":

```
 ------------------------------------------
|File Edit Threads                         |
|------------------------------------------|
|          -------------------             |
|         |                   |            |
|         | New thread will   |            |
|         | continue when you |            |
|         | click OK          |            |
|         |    ---------      |            |
|         |   |   OK   |      |            |
|         |    ---------      |            |
|         |_____|            |
 ------------------------------------------
```

When the user clicks **OK**, we set the event that the worker thread is waiting for so that the thread can continue. Let's create this example now. First, we create a new project named WORKER2, and we copy over the code we added to the WORKER project (see Listings 8.1 and 8.2). If you were to run WORKER2 at this point, it would function just as WORKER did— it would pass the problem 1 + 2 to a worker thread, wait until the calculation had been completed, and display the result in its view.

We will modify WORKER2, however, so that the worker thread waits for an event to be set in the main thread before performing the calculation. We start by adding to the data structure a handle for that event, m_hDoCalc (from **WORKEVW.CPP**):

```
    struct CCalcThreadInfo
{
    int m_Int1;
    int m_Int2;
    int m_Sum;
--> HANDLE m_hDoCalc;
    HWND m_hwndNotifyCalcDone;
};
```

Next, we create a Windows event in the view's constructor using CreateEvent() and assign to m_calcThreadInfo.m_hDoCalc the handle returned by that function (from **WORKEVW.CPP**):

```
CWorker2View::CWorker2View()
{
--> m_calcThreadInfo.m_hDoCalc = CreateEvent(NULL, FALSE, FALSE, NULL);
}
```

The first parameter is a pointer to the event's security attributes (which we don't need here and so set to NULL), and the next parameter is the manual-reset flag (which we'll leave FALSE). Next is the initial state flag (we'll leave it FALSE so that the event is initially reset), and the final parameter is a pointer to the event's name, if we want one (we don't here).

Now we have a Windows event we can work with. Before creating the new worker thread, we *reset* that event (note that until the event is set, the worker thread will wait) in CWorker2View::OnThreadsStartdemo(), the function connected to the **Threads | Start Demo** menu item (from **WORKEVW.CPP**):

```
void CWorker2View::OnThreadsStartdemo()
{
    m_calcThreadInfo.m_Int1 = 1;
    m_calcThreadInfo.m_Int2 = 2;
--> ResetEvent(m_calcThreadInfo.m_hDoCalc);
    m_calcThreadInfo.m_hwndNotifyCalcDone = m_hWnd;
    m_pCalcWorkerThread = AfxBeginThread(CalcThreadProc, &m_calcThreadInfo);
}
```

After the event is reset, we create the new worker thread:

```
void CWorker2View::OnThreadsStartdemo()
{
    m_calcThreadInfo.m_Int1 = 1;
    m_calcThreadInfo.m_Int2 = 2;
    ResetEvent(m_calcThreadInfo.m_hDoCalc);
    m_calcThreadInfo.m_hwndNotifyCalcDone = m_hWnd;
--> m_pCalcWorkerThread = AfxBeginThread(CalcThreadProc, &m_calcThreadInfo);
}
```

Now we'll make the worker thread wait for the pCalcInfo->m_hDoCalc event to be set before the thread performs the calculation. We use the Windows WaitForSingleObject() function. We indicate that we want the worker thread to wait as long as is needed (up to an INFINITE time) in **WORKEVW.CPP**:

```
UINT CalcThreadProc(LPVOID pParam)
{
    CCalcThreadInfo* pCalcInfo = (CCalcThreadInfo*)pParam;

--> WaitForSingleObject(pCalcInfo->m_hDoCalc, INFINITE);
    pCalcInfo->m_Sum = pCalcInfo->m_Int1 + pCalcInfo->m_Int2;
    ::PostMessage(pCalcInfo->m_hwndNotifyCalcDone, WM_USER_CALC_DONE, 0, 0);

    return 0;
}
```

Now the worker thread will wait for the m_hDoCalc event before continuing. Back in the main thread, we pop a message box on the screen with the message "New thread will continue when you click OK":

```
void CWorker2View::OnThreadsStartdemo()
{
    m_calcThreadInfo.m_Int1 = 1;
    m_calcThreadInfo.m_Int2 = 2;
    ResetEvent(m_calcThreadInfo.m_hDoCalc);
    m_calcThreadInfo.m_hwndNotifyCalcDone = m_hWnd;
    m_pCalcWorkerThread = AfxBeginThread(CalcThreadProc, &m_calcThreadInfo);
--> MessageBox("New thread will continue when you click OK");
}
```

When the user clicks **OK**, we want to set the m_calcThreadInfo.m_hDoCalc event so that the worker thread can continue. We set the event with SetEvent():

```
void CWorker2View::OnThreadsStartdemo()
{
    m_calcThreadInfo.m_Int1 = 1;
    m_calcThreadInfo.m_Int2 = 2;
    ResetEvent(m_calcThreadInfo.m_hDoCalc);
    m_calcThreadInfo.m_hwndNotifyCalcDone = m_hWnd;
    m_pCalcWorkerThread = AfxBeginThread(CalcThreadProc, &m_calcThreadInfo);
    MessageBox("New thread will continue when you click OK");
--> SetEvent(m_calcThreadInfo.m_hDoCalc);
}
```

When we run the program and select **Threads | Start Demo**, the new worker thread is created and waits for the custom event to be set. A message box appears on the screen as in Figure 8.4, informing users that the worker thread will continue when they click **OK**. When they do, the message box disappears, we set the event, the worker thread completes its calculation and informs the main thread, and the result appears in the view, as shown in Figure 8.5. WORKER2 is a success—we've supported interthread communication and synchronization. You can find the code for this program in Listings 8.5 and 8.6.

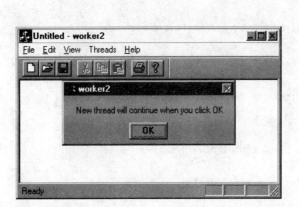

FIGURE 8.4 OUR PROGRAM MAKES THE WORKER THREAD WAIT UNTIL THE USER CLICKS THE OK BUTTON.

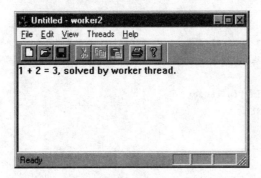

FIGURE 8.5 AFTER THE MAIN THREAD SETS ITS WINDOWS EVENT, THE WORKER THREAD
COMPLETES ITS CALCULATION.

LISTING 8.5 WORKER2.H AND WORKER2.CPP

```
// worker2.h : main header file for the WORKER2 application
//

#ifndef __AFXWIN_H__
    #error include 'stdafx.h' before including this file for PCH
#endif
```

```
#include "resource.h"        // main symbols

///////////////////////////////////////////////////////////////////////////
// CWorker2App:
// See worker2.cpp for the implementation of this class
//

#define WM_USER_CALC_DONE (WM_USER + 1)

class CWorker2App : public CWinApp
{
public:
    CWorker2App();

// Overrides
    // ClassWizard generated virtual function overrides
    //{{AFX_VIRTUAL(CWorker2App)
    public:
    virtual BOOL InitInstance();
    //}}AFX_VIRTUAL

// Implementation

    //{{AFX_MSG(CWorker2App)
    afx_msg void OnAppAbout();
        // NOTE - the ClassWizard will add and remove member functions here.
        //    DO NOT EDIT what you see in these blocks of generated code !
    //}}AFX_MSG
    DECLARE_MESSAGE_MAP()
};


///////////////////////////////////////////////////////////////////////////
// worker2.cpp : Defines the class behaviors for the application.
//

#include "stdafx.h"
#include "worker2.h"
```

```
#include "mainfrm.h"
#include "workedoc.h"
#include "workevw.h"

#ifdef _DEBUG
#undef THIS_FILE
static char BASED_CODE THIS_FILE[] = __FILE__;
#endif

/////////////////////////////////////////////////////////////////////////////
// CWorker2App

BEGIN_MESSAGE_MAP(CWorker2App, CWinApp)
    //{{AFX_MSG_MAP(CWorker2App)
    ON_COMMAND(ID_APP_ABOUT, OnAppAbout)
        // NOTE - the ClassWizard will add and remove mapping macros here.
        //    DO NOT EDIT what you see in these blocks of generated code!
    //}}AFX_MSG_MAP
    // Standard file based document commands
    ON_COMMAND(ID_FILE_NEW, CWinApp::OnFileNew)
    ON_COMMAND(ID_FILE_OPEN, CWinApp::OnFileOpen)
    // Standard print setup command
    ON_COMMAND(ID_FILE_PRINT_SETUP, CWinApp::OnFilePrintSetup)
END_MESSAGE_MAP()

/////////////////////////////////////////////////////////////////////////////
// CWorker2App construction

CWorker2App::CWorker2App()
{
    // TODO: add construction code here,
    // Place all significant initialization in InitInstance
}

/////////////////////////////////////////////////////////////////////////////
// The one and only CWorker2App object

CWorker2App theApp;
```

```
/////////////////////////////////////////////////////////////////////////////
// CWorker2App initialization

BOOL CWorker2App::InitInstance()
{
    // Standard initialization
    // If you are not using these features and wish to reduce the size
    //  of your final executable, you should remove from the following
    //  the specific initialization routines you do not need.

    Enable3dControls();

    LoadStdProfileSettings();  // Load INI file options (including MRU)

    // Register the application's document templates.  Document templates
    //  serve as the connection between documents, frame windows and views.

    CSingleDocTemplate* pDocTemplate;
    pDocTemplate = new CSingleDocTemplate(
        IDR_MAINFRAME,
        RUNTIME_CLASS(CWorker2Doc),
        RUNTIME_CLASS(CMainFrame),          // main SDI frame window
        RUNTIME_CLASS(CWorker2View));
    AddDocTemplate(pDocTemplate);

    // create a new (empty) document
    OnFileNew();

    if (m_lpCmdLine[0] != '\0')
    {
        // TODO: add command line processing here
    }

    return TRUE;
}

/////////////////////////////////////////////////////////////////////////////
// CAboutDlg dialog used for App About
```

```
class CAboutDlg : public CDialog
{
public:
    CAboutDlg();

// Dialog Data
    //{{AFX_DATA(CAboutDlg)
    enum { IDD = IDD_ABOUTBOX };
    //}}AFX_DATA

// Implementation
protected:
    virtual void DoDataExchange(CDataExchange* pDX);      // DDX/DDV support
    //{{AFX_MSG(CAboutDlg)
        // No message handlers
    //}}AFX_MSG
    DECLARE_MESSAGE_MAP()
};

CAboutDlg::CAboutDlg() : CDialog(CAboutDlg::IDD)
{
    //{{AFX_DATA_INIT(CAboutDlg)
    //}}AFX_DATA_INIT
}

void CAboutDlg::DoDataExchange(CDataExchange* pDX)
{
    CDialog::DoDataExchange(pDX);
    //{{AFX_DATA_MAP(CAboutDlg)
    //}}AFX_DATA_MAP
}

BEGIN_MESSAGE_MAP(CAboutDlg, CDialog)
    //{{AFX_MSG_MAP(CAboutDlg)
        // No message handlers
    //}}AFX_MSG_MAP
END_MESSAGE_MAP()

// App command to run the dialog
```

```
void CWorker2App::OnAppAbout()
{
    CAboutDlg aboutDlg;
    aboutDlg.DoModal();
}


/////////////////////////////////////////////////////////////////////////////
// CWorker2App commands
```

Listing 8.6 WORKEVW.H and WORKEVW.CPP

```
// workevw.h : interface of the CWorker2View class
//
/////////////////////////////////////////////////////////////////////////////
UINT CalcThreadProc(LPVOID pParam /* CCalcThreadInfo ptr */);

    struct CCalcThreadInfo
{
    int m_Int1;
    int m_Int2;
    int m_Sum;
    HANDLE m_hDoCalc;
    HWND m_hwndNotifyCalcDone;
};


class CWorker2View : public CView
{
protected: // create from serialization only
    CWorker2View();
    DECLARE_DYNCREATE(CWorker2View)


// Attributes
public:
    CWorker2Doc* GetDocument();
    int m_Int1;
    int m_Int2;
    int m_Sum;
    CCalcThreadInfo m_calcThreadInfo;
```

```
    LRESULT OnCalcDone(WPARAM wParam, LPARAM lParam);
    CWinThread* m_pCalcWorkerThread;

// Operations
public:

// Overrides
    // ClassWizard generated virtual function overrides
    //{{AFX_VIRTUAL(CWorker2View)
    public:
    virtual void OnDraw(CDC* pDC);  // overridden to draw this view
    protected:
    virtual BOOL OnPreparePrinting(CPrintInfo* pInfo);
    virtual void OnBeginPrinting(CDC* pDC, CPrintInfo* pInfo);
    virtual void OnEndPrinting(CDC* pDC, CPrintInfo* pInfo);
    //}}AFX_VIRTUAL

// Implementation
public:
    virtual ~CWorker2View();
#ifdef _DEBUG
    virtual void AssertValid() const;
    virtual void Dump(CDumpContext& dc) const;
#endif

protected:

// Generated message map functions
protected:
    //{{AFX_MSG(CWorker2View)
    afx_msg void OnThreadsStartdemo();
    //}}AFX_MSG
    DECLARE_MESSAGE_MAP()
};

#ifndef _DEBUG  // debug version in workevw.cpp
inline CWorker2Doc* CWorker2View::GetDocument()
   { return (CWorker2Doc*)m_pDocument; }
#endif
```

//

```cpp
// workevw.cpp : implementation of the CWorker2View class
//

#include "stdafx.h"
#include "worker2.h"

#include "workedoc.h"
#include "workevw.h"

#ifdef _DEBUG
#undef THIS_FILE
static char BASED_CODE THIS_FILE[] = __FILE__;
#endif

/////////////////////////////////////////////////////////////////////////
// CWorker2View

IMPLEMENT_DYNCREATE(CWorker2View, CView)

BEGIN_MESSAGE_MAP(CWorker2View, CView)
    //{{AFX_MSG_MAP(CWorker2View)
    ON_MESSAGE(WM_USER_CALC_DONE, OnCalcDone)
    ON_COMMAND(ID_THREADS_STARTDEMO, OnThreadsStartdemo)
    //}}AFX_MSG_MAP
    // Standard printing commands
    ON_COMMAND(ID_FILE_PRINT, CView::OnFilePrint)
    ON_COMMAND(ID_FILE_PRINT_PREVIEW, CView::OnFilePrintPreview)
END_MESSAGE_MAP()

/////////////////////////////////////////////////////////////////////////
// CWorker2View construction/destruction

CWorker2View::CWorker2View()
{
```

```
        m_calcThreadInfo.m_hDoCalc = CreateEvent(NULL, FALSE, FALSE, NULL);
}


CWorker2View::~CWorker2View()
{


}


///////////////////////////////////////////////////////////////////////////
// CWorker2View drawing

void CWorker2View::OnDraw(CDC* pDC)
{
    CWorker2Doc* pDoc = GetDocument();
    ASSERT_VALID(pDoc);

    // TODO: add draw code for native data here
}


///////////////////////////////////////////////////////////////////////////
// CWorker2View printing

BOOL CWorker2View::OnPreparePrinting(CPrintInfo* pInfo)
{
    // default preparation
    return DoPreparePrinting(pInfo);
}

void CWorker2View::OnBeginPrinting(CDC* /*pDC*/, CPrintInfo* /*pInfo*/)
{
    // TODO: add extra initialization before printing
}

void CWorker2View::OnEndPrinting(CDC* /*pDC*/, CPrintInfo* /*pInfo*/)
{
    // TODO: add cleanup after printing
}


///////////////////////////////////////////////////////////////////////////
```

```
// CWorker2View diagnostics

#ifdef _DEBUG
void CWorker2View::AssertValid() const
{
    CView::AssertValid();
}


void CWorker2View::Dump(CDumpContext& dc) const
{
    CView::Dump(dc);
}


CWorker2Doc* CWorker2View::GetDocument() // non-debug version is inline
{
    ASSERT(m_pDocument->IsKindOf(RUNTIME_CLASS(CWorker2Doc)));
    return (CWorker2Doc*)m_pDocument;
}
#endif //_DEBUG


/////////////////////////////////////////////////////////////////////////////
// CWorker2View message handlers

void CWorker2View::OnThreadsStartdemo()
{
    m_calcThreadInfo.m_Int1 = 1;
    m_calcThreadInfo.m_Int2 = 2;
    ResetEvent(m_calcThreadInfo.m_hDoCalc);
    m_calcThreadInfo.m_hwndNotifyCalcDone = m_hWnd;
    m_pCalcWorkerThread = AfxBeginThread(CalcThreadProc, &m_calcThreadInfo);
    MessageBox("New thread will continue when you click OK");
    SetEvent(m_calcThreadInfo.m_hDoCalc);
}


LRESULT CWorker2View::OnCalcDone(WPARAM, LPARAM)
{
    DWORD dwExitCode;
    char out_string[100];
    wsprintf(out_string, "1 + 2 = %d, solved by worker thread.",
```

```
        m_calcThreadInfo.m_Sum);
    CClientDC dc(this);
    dc.TextOut(0, 0, out_string, strlen(out_string));
    TerminateThread(m_pCalcWorkerThread, dwExitCode);
    return 0;
}


UINT CalcThreadProc(LPVOID pParam)
{
    CCalcThreadInfo* pCalcInfo = (CCalcThreadInfo*)pParam;

    WaitForSingleObject(pCalcInfo->m_hDoCalc, INFINITE);
    pCalcInfo->m_Sum = pCalcInfo->m_Int1 + pCalcInfo->m_Int2;
    ::PostMessage(pCalcInfo->m_hwndNotifyCalcDone, WM_USER_CALC_DONE, 0, 0);

    return 0;
}
```

That's it for multithreaded programs. As you can see, such programs provide you with a powerful tool. In the next chapter, we'll go further with Visual C++ when we discuss a number of ways that advanced, professional developers get the most out of Windows.

CHAPTER 9

Handling Windows Professionally

In Chapter 3, we learned how to skillfully manipulate a program's windows. In this chapter, we'll focus on various techniques you can use to handle Windows itself in a professional way. You'll become familiar with the functions—including GetTopWindow(), GetDesktopWindow(), and others—that help you work better in Windows. Improved Windows interaction is also a matter of getting to know system resources such as the Windows registry. In addition, you'll learn how to tailor your programs for the best possible "fit" with Windows. Should you use ANSI or Unicode? How do you add version information to your program so that Windows can keep track of and display that information?

We'll cover all these methods, and more, in this chapter. Let's start at the beginning: how to enable your program to get an overview of all the windows on the desktop.

Listing All Windows

Our first program will examine ways that your program can learn more about the Windows environment in which it operates. We'll see how to determine which other windows are on the Windows desktop. We first get a pointer to the Windows desktop using the function GetDesktopWindow(), which takes no parameters. (There's only one desktop window.) Next, we get the first window in the desktop's Z-order using a call to GetTopWindow(), which also takes no parameters. After that, we can call the GetWindow() function to cycle through all windows on the desktop. We pass one of these arguments to GetWindow():

- GW_CHILD: gets the window's first child window.
- GW_HWNDFIRST: f the window is a child window, returns the first sibling window.
- GW_HWNDLAST: if the window is a child window, returns the last sibling window.
- GW_HWNDNEXT: returns next window in the window manager's list.
- GW_HWNDPREV: returns previous window in the window manager's list.
- GW_OWNER: gets the window's owner.

We use the GW_HWNDNEXT parameter to get the next window in the window manager's list of windows on the desktop, allowing us to keep calling GetWindow() as we iterate over all available windows.

Let's put this to work. Create a dialog-based EXE project named LIST-WNDS. Add a button (IDC_BUTTON1) with the caption **List Windows** and a multiline text box (IDC_EDIT1). (Select the multiline property in the text box's Styles page.) The dialog box looks like this:

```
 ---------------------------------------------------------
| Listwnds                                                |
|---------------------------------------------------------|
|  -----------------------        ----------------        |
| |                       |      |  |    OK      |  |      |
| |                       |      |   ------------    |      |
| |                       |      |   ------------    |      |
| |         IDC_EDIT1     |      |  |  Cancel    |  |      |
| |                       |      |   ------------    |      |
| |                       |      |   ------------    |      |
| |                       |      |  | List Windows | |      |
| |                       |      |   ------------    |      |
| |                       |      |                  |      |
| |                       |      |                  |      |
| |                       |      |                  |      |
|  -----------------------       |                  |      |
 ---------------------------------------------------------
```

When the user clicks the **List Windows** button, we display in the text box all the windows currently on the desktop. Connect a function, OnButton1(), to that button with ClassWizard and open that function:

```
void CListwndsDlg::OnButton1()
{

}
```

Our plan is to set up a loop in which we loop over all desktop windows. We get the captions from these windows (if they have a caption) using the CWnd function GetWindowText(). We store the captions in a CString object named out_string, which we display in the text box at the end of the OnButton1() function. To set up the loop, we first create a pointer to a CWnd object named pWnd:

```
void CListwndsDlg::OnButton1()
{
-->    CWnd* pWnd;
          .
          .
          .

}
```

Now we loop, making this pointer point to all the desktop windows in turn: first, we get a pointer to the desktop window using GetDesktopWindow(), and then we use GetTopWindow() to get the window first in the Z-order. We keep calling GetWindow() until it returns NULL, looping over all windows in the system:

```
void CListwndsDlg::OnButton1()
{
       CWnd* pWnd;
-->    for (pWnd = GetDesktopWindow()->GetTopWindow(); pWnd != NULL;
-->         pWnd = pWnd->GetWindow(GW_HWNDNEXT)){
          .
          .
          .

-->    }
}
```

At this stage, pWnd holds a pointer to all windows on the desktop successively. We use GetWindowText() to get the caption of a particular window and place it into a CString object named temp_string:

```
void CListwndsDlg::OnButton1()
{
    -->    CString temp_string;
           CWnd* pWnd;
           for (pWnd = GetDesktopWindow()->GetTopWindow(); pWnd != NULL;
               pWnd = pWnd->GetWindow(GW_HWNDNEXT)){
    -->            pWnd->GetWindowText(temp_string);
                           .
                           .
                           .

           }
}
```

Because not all windows will have captions, we first check whether temp_string holds any text using the CString IsEmpty() function. If it has text, we add that text to the CString object out_string, which we display in the text box at the end of the program:

```
void CListwndsDlg::OnButton1()
{
    -->    CString temp_string, out_string;
           CWnd* pWnd;
           for (pWnd = GetDesktopWindow()->GetTopWindow(); pWnd != NULL;
               pWnd = pWnd->GetWindow(GW_HWNDNEXT)){
                   pWnd->GetWindowText(temp_string);
    -->            if(!temp_string.IsEmpty()){
    -->                    out_string += temp_string;
    -->                    out_string += "\r\n";
    -->            }
           }
    -->    SetDlgItemText(IDC_EDIT1, out_string);
}
```

Now run the program and click **List Windows**. You'll see a list of all captioned windows in the text box, as shown in Figure 9.1. Our first, short program is a success, giving us an idea of how to examine the Windows environment. The support files for this program appear in Listing 9.1.

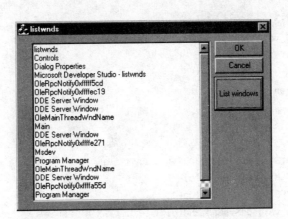

FIGURE 9.1 WE GET A LIST OF ALL DESKTOP WINDOWS.

LISTING 9.1 LISTWNDSDLG.H AND LISTWNDSDLG.CPP

```cpp
// listwndsDlg.h : header file
//


/////////////////////////////////////////////////////////////////////////////
// CListwndsDlg dialog

class CListwndsDlg : public CDialog
{
// Construction
public:
        CListwndsDlg(CWnd* pParent = NULL);        // standard constructor

// Dialog Data
        //{{AFX_DATA(CListwndsDlg)
        enum { IDD = IDD_LISTWNDS_DIALOG };
                // NOTE: the ClassWizard will add data members here
        //}}AFX_DATA

        // ClassWizard generated virtual function overrides
        //{{AFX_VIRTUAL(CListwndsDlg)
```

```
        protected:
        virtual void DoDataExchange(CDataExchange* pDX);
        //}}AFX_VIRTUAL

// Implementation
protected:
        HICON m_hIcon;

        // Generated message map functions
        //{{AFX_MSG(CListwndsDlg)
        virtual BOOL OnInitDialog();
        afx_msg void OnSysCommand(UINT nID, LPARAM lParam);
        afx_msg void OnPaint();
        afx_msg HCURSOR OnQueryDragIcon();
        afx_msg void OnButton1();
        //}}AFX_MSG
        DECLARE_MESSAGE_MAP()
};


// listwndsDlg.cpp : implementation file
//

#include "stdafx.h"
#include "listwnds.h"
#include "listwndsDlg.h"
#include "winuser.h"
#include "windows.h"
#include "windowsx.h"

#ifdef _DEBUG
#define new DEBUG_NEW
#undef THIS_FILE
static char THIS_FILE[] = __FILE__;
#endif

/////////////////////////////////////////////////////////////////////////
// CAboutDlg dialog used for App About
```

```
class CAboutDlg : public CDialog
{
public:
        CAboutDlg();

// Dialog Data
        //{{AFX_DATA(CAboutDlg)
        enum { IDD = IDD_ABOUTBOX };
        //}}AFX_DATA

        // ClassWizard generated virtual function overrides
        //{{AFX_VIRTUAL(CAboutDlg)
        protected:
        virtual void DoDataExchange(CDataExchange* pDX);    // DDX/DDV support
        //}}AFX_VIRTUAL

// Implementation
protected:
        //{{AFX_MSG(CAboutDlg)
        //}}AFX_MSG
        DECLARE_MESSAGE_MAP()
};

CAboutDlg::CAboutDlg() : CDialog(CAboutDlg::IDD)
{
        //{{AFX_DATA_INIT(CAboutDlg)
        //}}AFX_DATA_INIT
}

void CAboutDlg::DoDataExchange(CDataExchange* pDX)
{
        CDialog::DoDataExchange(pDX);
        //{{AFX_DATA_MAP(CAboutDlg)
        //}}AFX_DATA_MAP
}

BEGIN_MESSAGE_MAP(CAboutDlg, CDialog)
        //{{AFX_MSG_MAP(CAboutDlg)
```

```
                        // No message handlers
                //}}AFX_MSG_MAP
        END_MESSAGE_MAP()
```

```
        /////////////////////////////////////////////////////////////////////////
        // CListwndsDlg dialog

        CListwndsDlg::CListwndsDlg(CWnd* pParent /*=NULL*/)
                : CDialog(CListwndsDlg::IDD, pParent)
        {
                //{{AFX_DATA_INIT(CListwndsDlg)
                        // NOTE: the ClassWizard will add member initialization here
                //}}AFX_DATA_INIT
                // Note LoadIcon does not require a subsequent DestroyIcon in Win32
                m_hIcon = AfxGetApp()->LoadIcon(IDR_MAINFRAME);
        }

        void CListwndsDlg::DoDataExchange(CDataExchange* pDX)
        {
                CDialog::DoDataExchange(pDX);
                //{{AFX_DATA_MAP(CListwndsDlg)
                        // NOTE: the ClassWizard will add DDX and DDV calls here
                //}}AFX_DATA_MAP
        }


        BEGIN_MESSAGE_MAP(CListwndsDlg, CDialog)
                //{{AFX_MSG_MAP(CListwndsDlg)
                ON_WM_SYSCOMMAND()
                ON_WM_PAINT()
                ON_WM_QUERYDRAGICON()
                ON_BN_CLICKED(IDC_BUTTON1, OnButton1)
                //}}AFX_MSG_MAP
        END_MESSAGE_MAP()


        /////////////////////////////////////////////////////////////////////////
        // CListwndsDlg message handlers

        BOOL CListwndsDlg::OnInitDialog()
        {
```

```
        CDialog::OnInitDialog();

        // Add "About..." menu item to system menu.

        // IDM_ABOUTBOX must be in the system command range.
        ASSERT((IDM_ABOUTBOX & 0xFFF0) == IDM_ABOUTBOX);
        ASSERT(IDM_ABOUTBOX < 0xF000);

        CMenu* pSysMenu = GetSystemMenu(FALSE);
        CString strAboutMenu;
        strAboutMenu.LoadString(IDS_ABOUTBOX);
        if (!strAboutMenu.IsEmpty())
        {
                pSysMenu->AppendMenu(MF_SEPARATOR);
                pSysMenu->AppendMenu(MF_STRING, IDM_ABOUTBOX, strAboutMenu);
        }

        // Set icon for this dialog.  The framework does this automatically
        //  when the application's main window is not a dialog
        SetIcon(m_hIcon, TRUE);                         // Set big icon
        SetIcon(m_hIcon, FALSE);                 // Set small icon

        // TODO: Add extra initialization here

        return TRUE;  // return TRUE  unless you set the focus to a control
}

void CListwndsDlg::OnSysCommand(UINT nID, LPARAM lParam)
{
        if ((nID & 0xFFF0) == IDM_ABOUTBOX)
        {
                CAboutDlg dlgAbout;
                dlgAbout.DoModal();
        }
        else
        {
                CDialog::OnSysCommand(nID, lParam);
        }
}
```

```
// If you add a minimize button to your dialog, you will need the code below
//   to draw the icon.  For MFC applications using the document/view model,
//   this is automatically done for you by the framework.

void CListwndsDlg::OnPaint()
{
        if (IsIconic())
        {
                CPaintDC dc(this); // device context for painting

                SendMessage(WM_ICONERASEBKGND, (WPARAM) dc.GetSafeHdc(), 0);

                // Center icon in client rectangle
                int cxIcon = GetSystemMetrics(SM_CXICON);
                int cyIcon = GetSystemMetrics(SM_CYICON);
                CRect rect;
                GetClientRect(&rect);
                int x = (rect.Width() - cxIcon + 1) / 2;
                int y = (rect.Height() - cyIcon + 1) / 2;

                // Draw the icon
                dc.DrawIcon(x, y, m_hIcon);
        }
        else
        {
                CDialog::OnPaint();
        }
}

// The system calls this to obtain the cursor to display while the user drags
//   the minimized window.
HCURSOR CListwndsDlg::OnQueryDragIcon()
{
        return (HCURSOR) m_hIcon;
}


void CListwndsDlg::OnButton1()
```

```
{
        CString temp_string, out_string;
        CWnd* pWnd;
        for (pWnd = GetDesktopWindow()->GetTopWindow(); pWnd != NULL;
            pWnd = pWnd->GetWindow(GW_HWNDNEXT)){
                pWnd->GetWindowText(temp_string);
                if(!temp_string.IsEmpty()){
                        out_string += temp_string;
                        out_string += "\r\n";
                }
        }
        SetDlgItemText(IDC_EDIT1, out_string);
}
```

517

We've looked at one way of working with Windows: calling functions that give us a better handle on the environment. Now let's turn to other ways of better working with Windows. Let's take a look at a new type of resource that Windows can read directly from our EXE or DLL files—the version resource.

Version Tracking

To examine how the version resource works and what it has to offer us, we'll create a new dialog-based EXE project named VERSION. After selecting the **Resources** tab in Visual C++, double-click the **Version** folder to open the Version Resource Editor, as shown in Figure 9.2.

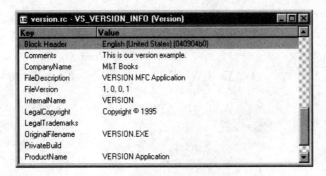

FIGURE 9.2 THE VERSION RESOURCE EDITOR.

As you can see, a version resource contains many items, such as CompanyName, FileDescription, FileVersion, InternalName, and so on. This resource gives us a chance to set the complete version information of our file the way we want it, but there are many possibilities here. Table 9.1 lists all these parameters and what they stand for.

TABLE 9.1

Parameter	Meaning
FILEVERSION	Gives the version number for the file
PRODUCTVERSION	Gives the version number for product with which the file is distributed
FILEFLAGSMASK	Indicates which of the bits in the FILEFLAGS statement are valid
FILEFLAGS	Gives the Boolean attributes of the file:
	VS_FF_DEBUG: Contains debugging information
	VS_FF_INFOINFERRED: Contains version-information resource
	VS_FF_PATCHED: Has been modified, not identical to original shipping file
	VS_FF_PRERELEASE: A development version
	VS_FF_PRIVATEBUILD: A private build of the file
	VS_FF_SPECIALBUILD: A variation of the standard file of the same version number
FILEOS	Gives the operating system for which this file was designed:
	VOS_UNKNOWN: unknown operating system
	VOS_DOS: Designed for MS-DOS
	VOS_NT: Designed for Windows NT
	VOS_WINDOWS16: Designed for Windows version 3.0 or higher
	VOS_WINDOWS32: Designed for 32-bit Windows

	VOS_DOS_WINDOWS16: Designed for Windows version 3.0 or higher running with MS-DOS
	VOS_DOS_WINDOWS32: Designed for 32-bit Windows running with MS-DOS
	VOS_NT_WINDOWS32: Designed for 32-bit Windows with Windows NT
FILETYPE	Gives the general type of file:
	VFT_UNKNOWN: Unknown type
	VFT_APP: Application
	VFT_DLL: Dynamic link library (DLL)
	VFT_DRV: Device driver
	VFT_FONT: Font file
	VFT_VXD: Virtual device
	VFT_STATIC_LIB: Static link library
FILESUBTYPE	Gives the function of the file. This parameter is zero unless FILETYPE is VFT_DRV, VFT_FONT, or VFT_VXD, in which case it is one of these:
	VFT2_UNKNOWN: Unknown subtype
	VFT2_DRV_COMM: Communications driver
	VFT2_DRV_PRINTER: Printer driver
	VFT2_DRV_KEYBOARD: Keyboard driver
	VFT2_DRV_LANGUAGE: Language driver
	VFT2_DRV_DISPLAY: Display driver
	VFT2_DRV_MOUSE: Mouse driver
	VFT2_DRV_NETWORK: Network driver
	VFT2_DRV_SYSTEM: System driver
	VFT2_DRV_INSTALLABLE: Installable driver
	VFT2_DRV_SOUND: Sound driver
	VFT2_FONT_RASTER: Raster font
	VFT2_FONT_VECTOR: Vector font
	VFT2_FONT_TRUETYPE: TrueType font

Table 9.2 shows the additional strings that Visual C++ currently lets us add to the version resource.

TABLE 9.2

Parameter	Meaning
Comments	Information displayed for diagnostic purposes
CompanyName	Indicates company that produced the file
FileDescription	Gives a file description for users
FileVersion	Gives version number of the file (e.g., "4.10")
InternalName	Gives the internal name of the file, if one exists
LegalCopyright	Gives all copyright notices that apply to file
LegalTrademarks	Gives all registered trademarks that apply to file
OriginalFilename	Gives the original name of the file; allows a program to determine whether a file was renamed by user
PrivateBuild	Gives information about private version of the file (e.g., "Tested by Edward.")
ProductName	Gives name of product with which file comes
ProductVersion	Gives version of product with which file comes
SpecialBuild	Indicates how this version file differs from the standard version

Editing a Version Resource

We can take advantage of the Version Resource Editor to add a comment (under the Comments heading) to our EXE file saying, "This is our version example." We can also set the company name (under the CompanyName heading) to "M&T Books," as shown in Figure 9.2. Type these strings into the Version Resource Editor as you would with any text box.

In addition, version resources can work with several different languages, each of which has its own identifying number, as shown in Table 9.3.

TABLE 9.3

Windows ID	Language
0x0401	Arabic
0x0402	Bulgarian
0x0403	Catalan
0x0404	Traditional Chinese
0x0405	Czech
0x0406	Danish
0x0407	German
0x0408	Greek
0x0409	U.S. English
0x040A	Castillian Spanish
0x040B	Finnish
0x040C	French
0x040D	Hebrew
0x040E	Hungarian
0x040F	Icelandic
0x0410	Italian
0x0411	Japanese
0x0412	Korean
0x0413	Dutch
0x0414	Norwegian (Bokml)
0x0810	Swiss Italian
0x0813	Belgian Dutch
0x0814	Norwegian (Nynorsk)
0x0415	Polish
0x0416	Brazilian Portuguese
0x0417	Rhaeto-Romanic
0x0418	Romanian
0x0419	Russian

TABLE **9.3** CONTINUED

0x041A	Croato-Serbian (Latin)
0x041B	Slovak
0x041C	Albanian
0x041D	Swedish
0x041E	Thai
0x041F	Turkish
0x0420	Urdu
0x0421	Bahasa
0x0804	Simplified Chinese
0x0807	Swiss German
0x0809	U.K. English
0x080A	Mexican Spanish
0x080C	Belgian French
0x0C0C	Canadian French
0x100C	Swiss French
0x0816	Portuguese
0x081A	Serbo-Croatian (Cyrillic)

We might want to add text in another language to our version resource in case our program is used in another country. We select the Insert menu's **New Version Info Block** item, opening the Block Header Properties page. Select **German (Standard)** in the Language ID dropdown list box and close the property dialog box, creating a new German version block as shown in Figure 9.3. We also add some text to that version block, as shown.

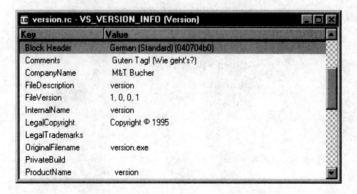

FIGURE **9.3** WE ADD A GERMAN VERSION TO OUR PROGRAM.

Save the resource file, **VERSION.RC**. If we take a look inside **VERSION.RC** now, we'll find the Version block, which looks like this:

```
///////////////////////////////////////////////////////////////////////
//
// Version
//

VS_VERSION_INFO VERSIONINFO
 FILEVERSION 1,0,0,1
 PRODUCTVERSION 1,0,0,1
 FILEFLAGSMASK 0x3fL
#ifdef _DEBUG
 FILEFLAGS 0x1L
#else
 FILEFLAGS 0x0L
#endif
 FILEOS 0x4L
 FILETYPE 0x1L
 FILESUBTYPE 0x0L
BEGIN
    BLOCK "StringFileInfo"
    BEGIN
        BLOCK "040704b0"
        BEGIN
            VALUE "Comments", " Guten Tag! (Wie geht's?)\0"
            VALUE "CompanyName", " M&T Bucher\0"
            VALUE "FileDescription", "version\0"
            VALUE "FileVersion", "1, 0, 0, 1\0"
            VALUE "InternalName", "version\0"
            VALUE "LegalCopyright", "Copyright 1995\0"
            VALUE "OriginalFilename", "version.exe\0"
            VALUE "ProductName", " version\0"
            VALUE "ProductVersion", "1, 0, 0, 1\0"
        END
        BLOCK "040904b0"
        BEGIN
            VALUE "Comments", "This is our version example.\0"
            VALUE "CompanyName", "M&T Books\0"
            VALUE "FileDescription", "VERSION MFC Application\0"
```

```
        VALUE "FileVersion", "1, 0, 0, 1\0"
        VALUE "InternalName", "VERSION\0"
        VALUE "LegalCopyright", "Copyright 1995\0"
        VALUE "OriginalFilename", "VERSION.EXE\0"
        VALUE "ProductName", "VERSION Application\0"
        VALUE "ProductVersion", "1, 0, 0, 1\0"
    END
END
BLOCK "VarFileInfo"
BEGIN
    VALUE "Translation", 0x407, 1200, 0x409, 1200
END
END
```

The various settings for our version resource are all here, ready to be used. Create **VERSION.EXE** to see how this works. Because this program has a complete VERSIONINFO resource, we can use the Windows Explorer to get version information directly. Find **VERSION.EXE** in the Explorer and click the right mouse button, selecting **Properties** from the popup menu that appears. Take a look at the **Version** tab in the Properties box, as shown in Figure 9.4.

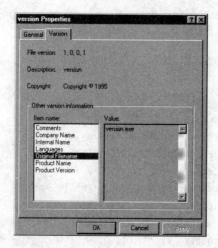

FIGURE 9.4 VERSION.EXE's PROPERTIES PAGE.

A user can examine the properties we set in our VERSIONINFO resource in this way, reading the settings and strings we have placed there.

We can also gain access to that information in our programs, which means that we can make sure that the user has installed the most recent version of our software. To see how this works, add to VERSION's dialog box a button (IDC_BUTTON1) with the caption **Get version info** and a multiline text box (IDC_EDIT1):

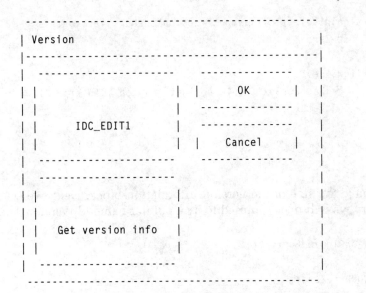

```
-------------------------------------------------
| Version                                       |
|-----------------------------------------------|
|    ----------------------    ---------------   |
|  | |                     |  | |     OK     |  | |
|  | |                     |  |  -------------- |
|  | |      IDC_EDIT1       |  |  -------------- |
|  | |                     |  | |   Cancel   |  | |
|  |  ---------------------   |  -------------- |
|    ---------------------                      |
|  | |                      |                   |
|  | |                      |                   |
|  | |  Get version info    |                   |
|  | |                      |                   |
|    ---------------------                      |
-------------------------------------------------
```

When the user clicks the **Get version info** button, VERSION can read information from its own VERSIONINFO resource (and can easily be adapted to read that resource from other files). Connect a function, OnButton1(), to IDC_BUTTON1:

```
void CVersionDlg::OnButton1()
{

}
```

When the user clicks this button, we will read the VERSIONINFO resource and store it in memory. We begin that process by determining the amount of memory we will need. We pass the GetFileVersionInfoSize() function the name of the file we are interested in and the address of a reserved DWORD (the DWORD is always set to 0). This function returns the amount of memory we will need for the version information, and we store that as dwSize:

```
void CVersionDlg::OnButton1()
{
-->    DWORD dwZero;
-->    DWORD dwSize;
-->    dwSize =
-->
GetFileVersionInfoSize("c:\\avcpp\\version\\debug\\version.exe",
-->        &dwZero);

-->    if(!dwSize){
-->            MessageBox("Could not get version info size.");
-->            return;
-->    }
                .
                .
                .
```

Now we have the size of the version information block. Next, we set aside the memory we will need, pointed to by a pointer named lpVersionData:

```
void CVersionDlg::OnButton1()
{
       DWORD dwZero;
       DWORD dwSize;
       dwSize =

GetFileVersionInfoSize("c:\\avcpp\\version\\debug\\version.exe",
           &dwZero);

       if(!dwSize){
               MessageBox("Could not get version info size.");
               return;
       }

-->    LPVOID lpVersionData = new char[dwSize];
                .
                .
                .
```

To read in the VERSIONINFO resource block, we use the GetFileVersionInfo() function, which we call with these parameters:

```
BOOL GetFileVersionInfo(
    LPTSTR lptstrFilename,      // pointer to filename string
    DWORD  dwHandle,     // ignored
    DWORD  dwLen,        // size of buffer
    LPVOID lpData        // pointer to buffer to get file-version info.
    )
```

Here, we pass the name of the file we want information about, the size of the buffer we have set aside to receive that information, and a pointer to that buffer:

```
void CVersionDlg::OnButton1()
{
    DWORD dwZero;
    DWORD dwSize;
    dwSize =

GetFileVersionInfoSize("c:\\avcpp\\version\\debug\\version.exe",
        &dwZero);

    if(!dwSize){
        MessageBox("Could not get version info size.");
        return;
    }

    LPVOID lpVersionData = new char[dwSize];
-->    if(!GetFileVersionInfo("c:\\avcpp\\version\\debug\\version.exe",
-->        dwZero, dwSize, lpVersionData)){
-->        MessageBox("Could not get version info.");
-->        return;
-->    }                          .
                                   .
                                   .
```

Now that we've read in the version information, we examine its contents. We use the VerQueryValue() function, which we call with these parameters:

```
BOOL VerQueryValue(
    const LPVOID  pBlock,     // address of buffer for version resource
    LPTSTR  lpSubBlock,       // address of value to retrieve
    LPVOID * lplpBuffer,      // address of buffer for version pointer
    PUINT   puLen             // address of version-value length buffer
    );
```

Here, pBlock points to the buffer containing the version resource we got from GetFileVersionInfo(), and lpSubBlock points to a string indicating which version resource value to retrieve. This string is made up of names separated by backslashes (\), and it can take one of the following forms:

- \VerQueryValue(): retrieves a pointer to a VS_FIXEDFILEINFO structure for the version resource.
- \VarFileInfo\Translation: gets the translation table, an array of language and character-set identifiers.
- \StringFileInfo\lang-charset\string-name: gets a value from the version resource.

The lplpBuffer parameter points to a buffer that receives a pointer to the version resource value we selected. The puLen parameter points to a buffer that receives the length of the version resource value. If it is successful, VerQueryValue() returns TRUE; if it was not successful, it returns FALSE.

If we want to retrieve a particular string from the version resource, we specify it in our call to VerQueryValue(): "\StringFileInfo\lang-charset\string-name." Here, string_name is the name of the string we want to read, and lang-charset is the hex numerical value for that language block in the version resource (from **VERSION.RC**); in our case, we work with the U.S. English block:

```
BLOCK "StringFileInfo"
BEGIN
    BLOCK "040704b0"
    BEGIN
        VALUE "Comments", " Guten Tag! (Wie geht's?)\0"
        VALUE "CompanyName", " M&T Bucher\0"
```

```
            VALUE "FileDescription", "version\0"
            VALUE "FileVersion", "1, 0, 0, 1\0"
            VALUE "InternalName", "version\0"
            VALUE "LegalCopyright", "Copyright 1995\0"
            VALUE "OriginalFilename", "version.exe\0"
            VALUE "ProductName", " version\0"
            VALUE "ProductVersion", "1, 0, 0, 1\0"
        END
-->     BLOCK "040904b0"
        BEGIN
            VALUE "Comments", "This is our version example.\0"
            VALUE "CompanyName", "M&T Books\0"
            VALUE "FileDescription", "VERSION MFC Application\0"
            VALUE "FileVersion", "1, 0, 0, 1\0"
            VALUE "InternalName", "VERSION\0"
            VALUE "LegalCopyright", "Copyright 1995\0"
            VALUE "OriginalFilename", "VERSION.EXE\0"
            VALUE "ProductName", "VERSION Application\0"
            VALUE "ProductVersion", "1, 0, 0, 1\0"
        END
    END
```

For instance, we can use VerQueryValue() to read the company name from the CompanyName value in VERSION's version resource. We add the company name to a CString object named out_string:

```
void CVersionDlg::OnButton1()
{
        DWORD dwZero;
        DWORD dwSize;
        dwSize =

GetFileVersionInfoSize("c:\\avcpp\\version\\debug\\version.exe",
        &dwZero);

        if(!dwSize){
                MessageBox("Could not get version info size.");
                return;
        }
```

```
        LPVOID lpVersionData = new char[dwSize];
        if(!GetFileVersionInfo("c:\\avcpp\\version\\debug\\version.exe",
            dwZero, dwSize, lpVersionData)){
                MessageBox("Could not get version info.");
                return;
        }
```

```
-->    LPVOID pText;
-->    UINT uTextSize = 0;
-->    if(!VerQueryValue(lpVersionData,
-->        "\\StringFileInfo\\040904b0\\CompanyName", &pText,
&uTextSize)){
-->            MessageBox("Could not get version value.");
-->            return;
-->    }
-->    CString out_string = "Company Name = ";
-->    out_string += (char *) pText;
-->    out_string += "\r\n";
                .
                .
                .
```

On the other hand, we can also pass a backslash (\) to VerQueryValue() to make it fill a standard structure of type VS_FIXEDFILEINFO:

```
        typedef struct _VS_FIXEDFILEINFO {
            DWORD dwSignature;
            DWORD dwStrucVersion;
            DWORD dwFileVersionMS;
            DWORD dwFileVersionLS;
            DWORD dwProductVersionMS;
            DWORD dwProductVersionLS;
            DWORD dwFileFlagsMask;
            DWORD dwFileFlags;
            DWORD dwFileOS;
            DWORD dwFileType;
            DWORD dwFileSubtype;
            DWORD dwFileDateMS;
            DWORD dwFileDateLS;
        } VS_FIXEDFILEINFO;
```

The individual entries here can take the values we saw when we examined the version resource editor; for example, the dwFileOS entry can take these values:

531

- VOS_UNKNOWN: unknown operating system
- VOS_DOS: designed for MS-DOS
- VOS_NT: designed for Windows NT
- VOS_WINDOWS16: designed for Windows version 3.0 or higher
- VOS_WINDOWS32: designed for 32-bit Windows
- VOS_DOS_WINDOWS16: designed for Windows version 3.0 or higher running with MS-DOS
- VOS_DOS_WINDOWS32: designed for 32-bit Windows running with MS-DOS
- VOS_NT_WINDOWS32: designed for 32-bit Windows with Windows NT

Let's examine the dwFileOS entry and indicate whether the file is designed for Win32. We do that by adding text to the CString out_string:

```
void CVersionDlg::OnButton1()
{
        DWORD dwZero;
        DWORD dwSize;
        dwSize =

GetFileVersionInfoSize("c:\\avcpp\\version\\debug\\version.exe",
                &dwZero);

        if(!dwSize){
                MessageBox("Could not get version info size.");
                return;
        }


        LPVOID lpVersionData = new char[dwSize];
        if(!GetFileVersionInfo("c:\\avcpp\\version\\debug\\version.exe",
                dwZero, dwSize, lpVersionData)){
                MessageBox("Could not get version info.");
                return;
```

```
        }              .
                       .
                       .
-->     VS_FIXEDFILEINFO *VersionStruct;
-->     if(!VerQueryValue(lpVersionData, "\\", (VOID **) &VersionStruct,
-->         &uTextSize)){
-->             MessageBox("Could not get version data.");
-->             return;
-->     }

-->     if(VersionStruct->dwFileOS == VOS_WINDOWS32){
-->             out_string += "File OS version = Win32\r\n";
-->     }
```

If this file was designed for Win32, we will see the text "File OS version = Win32" in the text box when the program runs. In this way, we can check any of the VERSIONINFO values from inside our program.

Let's add one more embellishment. We now know which operating system the file was designed for; but which operating system are we working under? Because this chapter is about handling Windows professionally, that is certainly a topic we can profitably examine. To determine the version of Windows we are working with, we call the GetVersionEx() function, passing it the address of a structure of type OSVERSIONINFO:

```
typedef struct _OSVERSIONINFO{
    DWORD dwOSVersionInfoSize;
    DWORD dwMajorVersion;
    DWORD dwMinorVersion;
    DWORD dwBuildNumber;
    DWORD dwPlatformId;
    TCHAR szCSDVersion[ 128 ];
} OSVERSIONINFO;
```

This means that the version of Windows is returned in the dwMajorVersion and dwMinorVersion members of the OSVERSIONINFO structure. Windows 4.0, for example, would have dwMajorVersion = 4 and dwMinorVersion = 0. We add the Windows version to the CString object out_string in OnButton1():

```
void CVersionDlg::OnButton1()
{
        DWORD dwZero;
        DWORD dwSize;
        dwSize =

GetFileVersionInfoSize("c:\\avcpp\\version\\debug\\version.exe",
        &dwZero);

        if(!dwSize){
                MessageBox("Could not get version info size.");
                return;
        }    .
                     .
                     .
-->     OSVERSIONINFO OSvi;
-->     OSvi.dwOSVersionInfoSize = sizeof(OSvi);

-->     if(GetVersionEx(&OSvi)){
-->             char szText[40];
-->             wsprintf(szText, "Current OS = Windows %d.%d",
-->                     OSvi.dwMajorVersion, OSvi.dwMinorVersion);
-->             out_string += szText;
-->     }

-->     SetDlgItemText(IDC_EDIT1, out_string);
}
```

Also note that at the end of the program we placed the CString out_string into the multiline text box IDC_EDIT1 so that we could see the results.

Before creating this program's EXE file, there is another step we must take: we include the file **WINVER.H** at the beginning of **VERSIONDLG.CPP** to pass the version functions' prototypes to Visual C++. We also link in **VERSION.LIB**, the library that holds the version routines we are using. Link in **VERSION.LIB** in the same way that we linked in the LIB version of our dynamic link libraries—by using the **Build | Settings** menu item and selecting the **Link** tab—and create **VERSION.EXE**.

Run the program now and click **Get version info** as shown in Figure 9.5. The program retrieves its own version resource; our program is a success. Now we can set and retrieve version information in an EXE file. The support files for this program appear in Listing 9.2.

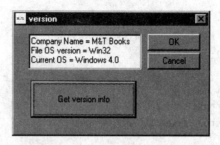

FIGURE 9.5 OUR VERSION PROGRAM READS ITS OWN VERSION INFORMATION.

LISTING 9.2 VERSIONDLG.H AND VERSIONDLG.CPP

```cpp
// versionDlg.h : header file
//


/////////////////////////////////////////////////////////////////////////////
// CVersionDlg dialog

class CVersionDlg : public CDialog
{
// Construction
public:
        CVersionDlg(CWnd* pParent = NULL);          // standard constructor

// Dialog Data
        //{{AFX_DATA(CVersionDlg)
        enum { IDD = IDD_VERSION_DIALOG };
                // NOTE: the ClassWizard will add data members here
        //}}AFX_DATA

        // ClassWizard generated virtual function overrides
        //{{AFX_VIRTUAL(CVersionDlg)
        protected:
```

```
        virtual void DoDataExchange(CDataExchange* pDX);
        //}}AFX_VIRTUAL

// Implementation
protected:
        HICON m_hIcon;

        // Generated message map functions
        //{{AFX_MSG(CVersionDlg)
        virtual BOOL OnInitDialog();
        afx_msg void OnSysCommand(UINT nID, LPARAM lParam);
        afx_msg void OnPaint();
        afx_msg HCURSOR OnQueryDragIcon();
        afx_msg void OnButton1();
        //}}AFX_MSG
        DECLARE_MESSAGE_MAP()
};

// versionDlg.cpp : implementation file
//

#include "stdafx.h"
#include "version.h"
#include "versionDlg.h"
#include "winver.h"

#ifdef _DEBUG
#define new DEBUG_NEW
#undef THIS_FILE
static char THIS_FILE[] = __FILE__;
#endif

#define VOS_WINDOWS32 0x4L


/////////////////////////////////////////////////////////////////////////
// CAboutDlg dialog used for App About

class CAboutDlg : public CDialog
```

```
{
public:
        CAboutDlg();

// Dialog Data
        //{{AFX_DATA(CAboutDlg)
        enum { IDD = IDD_ABOUTBOX };
        //}}AFX_DATA

        // ClassWizard generated virtual function overrides
        //{{AFX_VIRTUAL(CAboutDlg)
        protected:
        virtual void DoDataExchange(CDataExchange* pDX);     // DDX/DDV support
        //}}AFX_VIRTUAL

// Implementation
protected:
        //{{AFX_MSG(CAboutDlg)
        //}}AFX_MSG
        DECLARE_MESSAGE_MAP()
};

CAboutDlg::CAboutDlg() : CDialog(CAboutDlg::IDD)
{
        //{{AFX_DATA_INIT(CAboutDlg)
        //}}AFX_DATA_INIT
}

void CAboutDlg::DoDataExchange(CDataExchange* pDX)
{
        CDialog::DoDataExchange(pDX);
        //{{AFX_DATA_MAP(CAboutDlg)
        //}}AFX_DATA_MAP
}

BEGIN_MESSAGE_MAP(CAboutDlg, CDialog)
        //{{AFX_MSG_MAP(CAboutDlg)
                // No message handlers
        //}}AFX_MSG_MAP
```

```
END_MESSAGE_MAP()

/////////////////////////////////////////////////////////////////////////
// CVersionDlg dialog

CVersionDlg::CVersionDlg(CWnd* pParent /*=NULL*/)
        : CDialog(CVersionDlg::IDD, pParent)
{
        //{{AFX_DATA_INIT(CVersionDlg)
                // NOTE: the ClassWizard will add member initialization here
        //}}AFX_DATA_INIT
        // Note LoadIcon does not require a subsequent DestroyIcon in Win32
        m_hIcon = AfxGetApp()->LoadIcon(IDR_MAINFRAME);
}


void CVersionDlg::DoDataExchange(CDataExchange* pDX)
{
        CDialog::DoDataExchange(pDX);
        //{{AFX_DATA_MAP(CVersionDlg)
                // NOTE: the ClassWizard will add DDX and DDV calls here
        //}}AFX_DATA_MAP
}


BEGIN_MESSAGE_MAP(CVersionDlg, CDialog)
        //{{AFX_MSG_MAP(CVersionDlg)
        ON_WM_SYSCOMMAND()
        ON_WM_PAINT()
        ON_WM_QUERYDRAGICON()
        ON_BN_CLICKED(IDC_BUTTON1, OnButton1)
        //}}AFX_MSG_MAP
END_MESSAGE_MAP()

/////////////////////////////////////////////////////////////////////////
// CVersionDlg message handlers

BOOL CVersionDlg::OnInitDialog()
{
        CDialog::OnInitDialog();
```

```
        // Add "About..." menu item to system menu.

        // IDM_ABOUTBOX must be in the system command range.
        ASSERT((IDM_ABOUTBOX & 0xFFF0) == IDM_ABOUTBOX);
        ASSERT(IDM_ABOUTBOX < 0xF000);

        CMenu* pSysMenu = GetSystemMenu(FALSE);
        CString strAboutMenu;
        strAboutMenu.LoadString(IDS_ABOUTBOX);
        if (!strAboutMenu.IsEmpty())
        {
                pSysMenu->AppendMenu(MF_SEPARATOR);
                pSysMenu->AppendMenu(MF_STRING, IDM_ABOUTBOX, strAboutMenu);
        }

        // Set icon for this dialog.  The framework does this automatically
        //  when the application's main window is not a dialog
        SetIcon(m_hIcon, TRUE);                         // Set big icon
        SetIcon(m_hIcon, FALSE);                // Set small icon

        // TODO: Add extra initialization here

        return TRUE;  // return TRUE  unless you set the focus to a control
}

void CVersionDlg::OnSysCommand(UINT nID, LPARAM lParam)
{
        if ((nID & 0xFFF0) == IDM_ABOUTBOX)
        {
                CAboutDlg dlgAbout;
                dlgAbout.DoModal();
        }
        else
        {
                CDialog::OnSysCommand(nID, lParam);
        }
}
```

```
// If you add a minimize button to your dialog, you will need the code below
//  to draw the icon.  For MFC applications using the document/view model,
//  this is automatically done for you by the framework.

void CVersionDlg::OnPaint()
{
        if (IsIconic())
        {
                CPaintDC dc(this); // device context for painting

                SendMessage(WM_ICONERASEBKGND, (WPARAM) dc.GetSafeHdc(), 0);

                // Center icon in client rectangle
                int cxIcon = GetSystemMetrics(SM_CXICON);
                int cyIcon = GetSystemMetrics(SM_CYICON);
                CRect rect;
                GetClientRect(&rect);
                int x = (rect.Width() - cxIcon + 1) / 2;
                int y = (rect.Height() - cyIcon + 1) / 2;

                // Draw the icon
                dc.DrawIcon(x, y, m_hIcon);
        }
        else
        {
                CDialog::OnPaint();
        }
}

// The system calls this to obtain the cursor to display while the user drags
//  the minimized window.
HCURSOR CVersionDlg::OnQueryDragIcon()
{
        return (HCURSOR) m_hIcon;
}

void CVersionDlg::OnButton1()
{
        DWORD dwZero;
```

```
DWORD dwSize;
dwSize =
    GetFileVersionInfoSize("c:\\avcpp\\version\\debug\\version.exe",
    &dwZero);

if(!dwSize){
        MessageBox("Could not get version info size.");
        return;
}


LPVOID lpVersionData = new char[dwSize];
if(!GetFileVersionInfo("c:\\avcpp\\version\\debug\\version.exe",
    dwZero, dwSize, lpVersionData)){
        MessageBox("Could not get version info.");
        return;
}


LPVOID pText;
UINT uTextSize = 0;
if(!VerQueryValue(lpVersionData,
    "\\StringFileInfo\\040904b0\\CompanyName", &pText, &uTextSize)){
        MessageBox("Could not get version value.");
        return;
}
CString out_string = "Company Name = ";
out_string += (char *) pText;
out_string += "\r\n";
VS_FIXEDFILEINFO *VersionStruct;
if(!VerQueryValue(lpVersionData, "\\", (VOID **) &VersionStruct,
    &uTextSize)){
        MessageBox("Could not get version data.");
        return;
}
if(VersionStruct->dwFileOS == VOS_WINDOWS32){
        out_string += "File OS version = Win32\r\n";
}


OSVERSIONINFO OSvi;
OSvi.dwOSVersionInfoSize = sizeof(OSvi);
```

```
if(GetVersionEx(&OSvi)){
    char szText[40];
    wsprintf(szText, "Current OS = Windows %d.%d",
        OSvi.dwMajorVersion, OSvi.dwMinorVersion);
    out_string += szText;
}


SetDlgItemText(IDC_EDIT1, out_string);
}
```

While we are on the topic of changing the version resource, let's take a quick look at the process of editing a program's icon.

Editing an Icon Resource

We've looked at all the other Visual C++ resource editors; editing an icon is all that's left, and we'll examine that process now. Open the **Resource** folder's **Icon** folder and double-click **IDR_MAINFRAME** to open our program's icon, as shown in Figure 9.6.

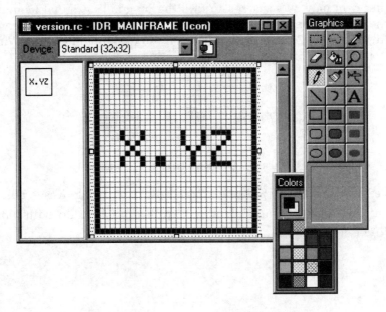

FIGURE 9.6 EDITING OUR PROGRAM'S MAIN ICON.

The IDR_MAINFRAME icon is loaded in our dialog box's constructor:

```
CVersionDlg::CVersionDlg(CWnd* pParent /*=NULL*/)
        : CDialog(CVersionDlg::IDD, pParent)
{
        //{{AFX_DATA_INIT(CVersionDlg)
                // NOTE: the ClassWizard will add member initialization
here
        //}}AFX_DATA_INIT
        // Note LoadIcon does not require a subsequent DestroyIcon in
Win32
  -->   m_hIcon = AfxGetApp()->LoadIcon(IDR_MAINFRAME);
}
```

We will use the editing tools provided in the icon resource editor to make VERSION's icon show the text X.YZ as in Figure 9.6, indicating that this program has something to do with version numbers. The only trick is to make sure we change both the large and the small icons associated with **VERSION.EXE**. A 16 x 16 pixel icon and a 32 x 32 pixel icon are associated with our program, and we have to change both. (If you change one but not the other, you may be surprised to find the program's original icon appearing when the unchanged icon is displayed.) After we edit both icons and rebuild **VERSION.EXE**, its icon will be on the desktop and in the Windows Explorer, as shown in Figure 9.7.

FIGURE 9.7 OUR NEW ICON ON THE DESKTOP.

It was easy to change our program's icon—all we had to do was to edit it.

Our next topic—using Unicode—also has much to do with handling Windows professionally.

Unicode

Although Windows 95 doesn't offer much Unicode support, Windows NT is Unicode-based and Unicode is definitely coming to Windows. How can we handle Unicode? How can we write code that uses Unicode when it should and ANSI otherwise? We'll take a look at these questions now.

Unicode is a 16-bit character set, also called a *wide character* set. Because there are 65,536 possibilities when using 16 bits, it is clear that we can have many more characters than the 256 allowed in eight-bit character sets such as ANSI. Windows 95 is written to use ANSI characters, but we can still work with Unicode. Before calling most Windows 95 system functions, we must translate our text from Unicode to ANSI.

You may have noticed that in Windows 95, most functions have two forms. For example, GetMessage() is really two functions: GetMessageA() and GetMessageW(). GetMessageA() is used in ANSI-based programs, and GetMessageW() is used in Unicode-based ones; when we compile and link a program with the symbol UNICODE defined, we automatically use GetMessageW() (the *W* stands for wide). Otherwise, we use GetMessageA(). GetMessage() itself is a macro set up in **WINUSER.H**:

```
#ifdef UNICODE
#define GetMessage   GetMessageW
#else
#define GetMessage   GetMessageA
#endif // !UNICODE
```

Under Windows 95, the "W" functions, such as GetMessageW(), either do nothing or are simply stub functions, translating UNICODE strings into ANSI and calling the corresponding "A" function, such as GetMessageA(). However, it is possible to use Unicode in Windows 95. Let's take a look now at a program that explicitly uses Unicode and manipulates Unicode strings.

Using Unicode

Create a new dialog-based EXE project named UNICODE. Add a button (IDC_BUTTON1) to the dialog box. When the user clicks this button, we'll translate a Unicode string to ANSI and display the result in a text box (IDC_EDIT1). Give the button the caption **Translate Unicode to ANSI**:

```
---------------------------------------------------
| Unicode                                         |
|-------------------------------------------------|
|   ---------------------     ---------------      |
| |                       | |       OK      | |    |
| |                       | |---------------| |    |
| |     IDC_EDIT1         | |---------------- |    |
| |                       | |     Cancel    | |    |
|   ---------------------     ---------------      |
|   ---------------------------                    |
| |                           |                    |
| |                           |                    |
| | Translate Unicode to ANSI |                    |
| |                           |                    |
|   ---------------------------                    |
---------------------------------------------------
```

Connect a function, OnButton1(), to IDC_BUTTON1 and open that function:

```
void CUnicodeDlg::OnButton1()
{


}
```

We begin by declaring two Unicode strings. We use the Unicode wchar_t type and not the ANSI char type:

```
void CUnicodeDlg::OnButton1()
{
-->     wchar_t wString1[50];
-->     wchar_t wString2[50];
```

Our Unicode strings, of type wchar_t*, are now ready. Next, we place the text "Hello " in the first string and "world." in the other using the function wcscpy(). (Note: we use wcscpy() and not strcpy().)

```
void CUnicodeDlg::OnButton1()
{
        wchar_t wString1[50];
        wchar_t wString2[50];

  -->   wcscpy(wString1, L"Hello ");
  -->   wcscpy(wString2, L"world.");
```

There are one or two things to notice here. First, to make sure that the Visual C++ compiler stores our literal strings "Hello " and "world." as Unicode, we place the letter *L* in front of them. In addition, we note that wcscpy() is the Unicode version of the familiar strcpy() function. All string-manipulation routines have ANSI, MBCS, and Unicode versions, as shown in Table 9.4. (Multiple-byte character sets—MBCS—in which some characters have two or more bytes and others have just one byte, was mostly a stop-gap solution between ANSI and Unicode.)

TABLE 9.4 ANSI, UNICODE, AND ANSI/UNICODE STRING ROUTINES.

Generic Routine Name	Text _MBCS Not Defined	SBCS (_UNICODE, _MBCS Defined)	_UNICODE Defined
_fgettc	fgetc	fgetc	fgetwc
_fgettchar	fgetchar	fgetchar	_fgetwchar
_fgetts	fgets	fgets	fgetws
_fputtc	fputc	fputc	fputwc
_fputtchar	fputchar	fputchar	_fputwchar
_fputts	fputs	fputs	fputws

_ftprintf	fprintf	fprintf	fwprintf
_ftscanf	fscanf	fscanf	fwscanf
_gettc	getc	getc	getwc
_gettchar	getchar	getchar	getwchar
_getts	gets	gets	getws
_istalnum	isalnum	_ismbcalnum	iswalnum
_istalpha	isalpha	_ismbcalpha	iswalpha
_istascii	__isascii	__isascii	iswascii
_istcntrl	iscntrl	iscntrl	iswcntrl
_istdigit	isdigit	_ismbcdigit	iswdigit
_istgraph	isgraph	_ismbcgraph	iswgraph
_istlower	islower	_ismbclower	iswlower
_istprint	isprint	_ismbcprint	iswprint
_istpunct	ispunct	_ismbcpunct	iswpunct
_istspace	isspace	_ismbcspace	iswspace
_istupper	isupper	_ismbcupper	iswupper
_istxdigit	isxdigit	isxdigit	iswxdigit
_itot	_itoa	_itoa	_itow
_ltot	_ltoa	_ltoa	_ltow
_puttc	putc	putc	putwc
_puttchar	putchar	putchar	putwchar
_putts	puts	puts	putws
_tmain	main	main	wmain
_sntprintf	_snprintf	_snprintf	_snwprintf
_stprintf	sprintf	sprintf	swprintf
_stscanf	sscanf	sscanf	swscanf
_taccess	_access	_access	_waccess
_tasctime	asctime	asctime	_wasctime
_tchdir	_chdir	_chdir	_wchdir
_tchmod	_chmod	_chmod	_wchmod
_tcreat	_creat	_creat	_wcreat
_tcscat	strcat	_mbscat	wcscat
_tcschr	strchr	_mbschr	wcschr
_tcsclen	strlen	_mbslen	wcslen
_tcscmp	strcmp	_mbscmp	wcscmp
_tcscoll	strcoll	_mbscoll	wcscoll

_tcscpy	strcpy	_mbscpy	wcscpy
_tcscspn	strcspn	_mbscspn	wcscspn
_tcsdec	_strdec	_mbsdec	_wcsdec
_tcsdup	_strdup	_mbsdup	_wcsdup
_tcsftime	strftime	strftime	wcsftime
_tcsicmp	_stricmp	_mbsicmp	_wcsicmp
_tcsicoll	_stricoll	_stricoll	_wcsicoll
_tcsinc	_strinc	_mbsinc	_wcsinc
_tcslen	strlen	_mbslen	wcslen
_tcslwr	_strlwr	_mbslwr	_wcslwr
_tcsnbcnt	_strncnt	_mbsnbcnt	_wcnscnt
_tcsncat	strncat	_mbsnbcat	wcsncat
_tcsnccat	strncat	_mbsncat	wcsncat
_tcsncmp	strncmp	_mbsnbcmp	wcsncmp
_tcsnccmp	strncmp	_mbsncmp	wcsncmp
_tcsnccnt	_strncnt	_mbsnccnt	_wcsncnt
_tcsnccpy	strncpy	_mbsncpy	wcsncpy
_tcsncicmp	_strnicmp	_mbsnicmp	_wcsnicmp
_tcsncpy	strncpy	_mbsnbcpy	wcsncpy
_tcsncset	_strnset	_mbsnset	_wcsnset
_tcsnextc	_strnextc	_mbsnextc	_wcsnextc
_tcsnicmp	_strnicmp	_mbsnicmp	_wcsnicmp
_tcsnicoll	_strnicoll	_strnicoll	_wcsnicoll
_tcsninc	_strninc	_mbsninc	_wcsninc
_tcsnccnt	_strncnt	_mbsnccnt	_wcsncnt
_tcsnset	_strnset	_mbsnbset	_wcsnset
_tcspbrk	strpbrk	_mbspbrk	wcspbrk
_tcsspnp	_strspnp	_mbsspnp	_wcsspnp
_tcsrchr	strrchr	_mbsrchr	wcsrchr
_tcsrev	_strrev	_mbsrev	_wcsrev
_tcsset	_strset	_mbsset	_wcsset
_tcsspn	strspn	_mbsspn	wcsspn
_tcsstr	strstr	_mbsstr	wcsstr
_tcstod	strtod	strtod	wcstod
_tcstok	strtok	_mbstok	wcstok
_tcstol	strtol	strtol	wcstol

_tcstoul	strtoul	strtoul	wcstoul
_tcsupr	_strupr	_mbsupr	_wcsupr
_tcsxfrm	strxfrm	strxfrm	wcsxfrm
_tctime	ctime	ctime	_wctime
_texecl	_execl	_execl	_wexecl
_texecle	_execle	_execle	_wexecle
_texeclp	_execlp	_execlp	_wexeclp
_texeclpe	_execlpe	_execlpe	_wexeclpe
_texecv	_execv	_execv	_wexecv
_texecve	_execve	_execve	_wexecve
_texecvp	_execvp	_execvp	_wexecvp
_texecvpe	_execvpe	_execvpe	_wexecvpe
_tfdopen	_fdopen	_fdopen	_wfdopen
_tfindfirst	_findfirst	_findfirst	_wfindfirst
_tfindnext	_findnext	_findnext	_wfindnext
_tfopen	fopen	fopen	_wfopen
_tfreopen	freopen	freopen	_wfreopen
_tfsopen	_fsopen	_fsopen	_wfsopen
tfullpath	_fullpath	_fullpath	_wfullpath
_tgetcwd	_getcwd	_getcwd	_wgetcwd
_tgetenv	getenv	getenv	_wgetenv
_tmain	main	main	wmain
_tmakepath	_makepath	_makepath	_wmakepath
_tmkdir	_mkdir	_mkdir	_wmkdir
_tmktemp	_mktemp	_mktemp	_wmktemp
_tperror	perror	perror	_wperror
_topen	_open	_open	_wopen
_totlower	tolower	_mbctolower	towlower
_totupper	toupper	_mbctoupper	towupper
_tpopen	_popen	_popen	_wpopen
_tprintf	printf	printf	wprintf
_tremove	remove	remove	_wremove
_trename	rename	rename	_wrename
_trmdir	_rmdir	_rmdir	_wrmdir
_tsearchenv	_searchenv	_searchenv	_wsearchenv
_tscanf	scanf	scanf	wscanf

_tsetlocale	setlocale	setlocale	_wsetlocale
_tsopen	_sopen	_sopen	_wsopen
_tspawnl	_spawnl	_spawnl	_wspawnl
_tspawnle	_spawnle	_spawnle	_wspawnle
_tspawnlp	_spawnlp	_spawnlp	_wspawnlp
_tspawnlpe	_spawnlpe	_spawnlpe	_wspawnlpe
_tspawnv	_spawnv	_spawnv	_wspawnv
_tspawnve	_spawnve	_spawnve	_wspawnve
_tspawnvp	_spawnvp	_spawnvp	_tspawnvp
_tspawnvpe	_spawnvpe	_spawnvpe	_tspawnvpe
_tsplitpath	_splitpath	_splitpath	_wsplitpath
_tstat	_stat	_stat	_wstat
_tstrdate	_strdate	_strdate	_wstrdate
_tstrtime	_strtime	_strtime	_wstrtime
_tsystem	system	system	_wsystem
_ttempnam	_tempnam	_tempnam	_wtempnam
_ttmpnam	tmpnam	tmpnam	_wtmpnam
_ttoi	atoi	atoi	wtoi
_ttol	atol	atol	_wtol
_tutime	_utime	_utime	_wutime
_tWinMain	WinMain	WinMain	wWinMain
_ultot	_ultoa	_ultoa	_ultow
_ungettc	ungetc	ungetc	ungetwc
_vftprintf	vfprintf	vfprintf	vfwprintf
_vsntprintf	_vsnprintf	_vsnprintf	_vsnwprintf
_vstprintf	vsprintf	vsprintf	vswprintf
_vtprintf	vprintf	vprintf	vwprintf

Next, we concatenate the explicitly Unicode strings together using wcscat(),
naming the result wOutString (which will hold "Hello world."):

```
void CUnicodeDlg::OnButton1()
{
        wchar_t wString1[50];
        wchar_t wString2[50];
```

```
        wcscpy(wString1, L"Hello ");
        wcscpy(wString2, L"world.");

-->     wchar_t* wOutString = wcscat(wString1, wString2);
            .
            .
            .
```

We also find the length of the final Unicode string using the string function wcslen():

```
void CUnicodeDlg::OnButton1()
{
        wchar_t wString1[50];
        wchar_t wString2[50];

        wcscpy(wString1, L"Hello ");
        wcscpy(wString2, L"world.");

        wchar_t* wOutString = wcscat(wString1, wString2);

-->     int nwOutStringLen = wcslen(wOutString);
            .
            .
            .
```

When it comes time to display the Unicode text string in IDC_EDIT1, we translate it into ANSI first.

Converting Unicode to ANSI

To convert Unicode to ANSI, we use the WideCharToMultiByte() function, whose parameters are shown next. (To go the other way, we would use the MultiByteToWideChar() function.)

```
int WideCharToMultiByte(
    UINT CodePage,              // code page
    DWORD dwFlags,              // performance and mapping flags
    LPCWSTR lpWideCharStr,      // address of wide-character string
```

```
int  cchWideChar,           // number of characters in string
LPSTR  lpMultiByteStr,      // address of buffer for new string
int  cchMultiByte,          // size of buffer
LPCSTR  lpDefaultChar,      // default for unmappable characters
LPBOOL  lpUsedDefaultChar   // set flag when default char used
);
```

In WideCharToMultiByte(), the CodePage parameter indicates the code page used to perform the conversion. We can use any installed code page or one of these default system code pages (we will use CP_ACP):

- CP_ACP: ANSI code page
- CP_MACCP: Macintosh code page
- CP_OEMCP: OEM code page

The dwFlags parameter holds flags that specify how to handle unmapped characters; the following constants may be used here:

- WC_COMPOSITECHECK: convert composite characters to precom-posed characters.
- WC_DISCARDNS: discard nonspacing characters in conversion.
- WC_SEPCHARS: generate separate characters during conversion (default).
- WC_DEFAULTCHAR: replace exceptions with default character dur-ing conversion.

The lpWideCharStr parameter holds a pointer that points to the Unicode string to be converted, and the cchWideChar parameter indicates the num-ber of characters in the string pointed to by lpWideCharStr. If the cchWideChar value is –1, it indicates that the lpWideCharStr string is null-terminated and its length is calculated automatically by WideCharToMultiByte().

The lpMultiByteStr parameter holds a pointer that points to the buffer to receive the translated string, and the cchMultiByte parameter indicates the size (in characters) of the buffer pointed to by the lpMultiByteStr para-meter. If this value is zero, the function returns the number of bytes required for the buffer instead of performing a translation.

The lpDefaultChar parameter holds a pointer that points to the default character that WideCharToMultiByte() will use if a Unicode character cannot be represented in ANSI; if this parameter is NULL, the system default value will be used. The lpUsedDefaultChar parameter holds a pointer pointing to a flag that will indicate whether a default character was used; this flag is set to TRUE if one or more wide characters from the source string could not be translated into ANSI.

In our case, we want to convert the Unicode string wOutString to an ANSI string, which we'll name cOutString. We use WideCharToMultiByte() to do that in OnButton1():

```
void CUnicodeDlg::OnButton1()
{
        wchar_t wString1[50];
        wchar_t wString2[50];

        wcscpy(wString1, L"Hello ");
        wcscpy(wString2, L"world.");

        wchar_t* wOutString = wcscat(wString1, wString2);

        int nwOutStringLen = wcslen(wOutString);

-->     char cOutString[50];

-->     int nChars = WideCharToMultiByte(CP_ACP, 0, wOutString,
            nwOutStringLen, cOutString, sizeof(cOutString), NULL, NULL);
            .
            .
            .
```

Finally, we terminate the newly created ANSI string cOutString with a zero and display it in the text box IDC_EDIT1:

```
void CUnicodeDlg::OnButton1()
{
        wchar_t wString1[50];
        wchar_t wString2[50];
```

```
        wcscpy(wString1, L"Hello ");
        wcscpy(wString2, L"world.");

        wchar_t* wOutString = wcscat(wString1, wString2);

        int nwOutStringLen = wcslen(wOutString);

        char cOutString[50];

        int nChars = WideCharToMultiByte(CP_ACP, 0, wOutString,
            nwOutStringLen, cOutString, sizeof(cOutString), NULL, NULL);

-->     cOutString[nChars] = 0;

-->     SetDlgItemText(IDC_EDIT1, cOutString);

            .
            .
            .
```

Our program is almost ready. To use Unicode functions, we include the file
WINNLS.H at the beginning of **UNICODEDLG.CPP**. And that's it—now
we've used explicitly Unicode text strings, manipulated them, and dis-
played the results, as shown in Figure 9.8. Our program is a success so far.

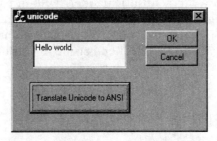

FIGURE 9.8 OUR UNICODE TEXT STRING PROGRAM.

However, writing our code purely for Unicode strings is as bad as writing it
purely for ANSI strings. We should write our code to compile with Unicode
functions if appropriate or ANSI functions if that is appropriate. To do that,
we check whether or not the keyword UNICODE is defined.

Using ANSI or Unicode As Required

Microsoft has gone to considerable lengths to let us write programs that are independent of either ANSI or Unicode, and this flexibility give us one less thing to worry about. When we write a program in an ANSI/Unicode–independent way and compile it with UNICODE defined, the program will use Unicode strings and string functions. We can use ANSI strings and string functions. That allows us to use the same code whether or not Windows is using Unicode.

Here are the specific steps to take. Instead of using char or wchar_t to declare characters, use TCHAR. The keyword TCHAR is translated into wchar_t if UNICODE is defined, and char otherwise. In addition, use the _txxx string functions shown in Table 9.4 and not ANSI- or Unicode-specific functions. For example, instead of using strcpy() or wcscpy(), use _tcscpy(), because _tcscpy() will be translated into wcscpy() if UNICODE is defined, and to strcpy() otherwise. In addition, we have to place an *L* in front of literal text strings to make them Unicode, and we do that using the _TEXT() macro (another name for this macro is _T()). If UNICODE is defined, _TEXT() places an *L* in front of a text string and does nothing otherwise. We'll see how to use _TEXT() in a minute. Also, we convert pointers from types LPSTR and LPCSTR to LPTSTR and LPCTSTR; these types are translated correctly depending on whether UNICODE is defined. Finally, if you want to set up a set of bytes in memory, use "new BYTE[100]" and not "new char[100]."

Let's see how to write a little Unicode/ANSI–independent code. Let's place the text "Unicode/ANSI text." in a message box and handle this string in a Unicode/ANSI–independent way. We declare an array of type TCHAR and use the _TEXT() macro for our literal string in OnButton1():

```
void CUnicodeDlg::OnButton1()
{
        wchar_t wString1[50];
        wchar_t wString2[50];

        wcscpy(wString1, L"Hello ");
        wcscpy(wString2, L"world.");

        wchar_t* wOutString = wcscat(wString1, wString2);

        int nwOutStringLen = wcslen(wOutString);
```

```
        char cOutString[50];

        int nChars = WideCharToMultiByte(CP_ACP, 0, wOutString,
            nwOutStringLen, cOutString, sizeof(cOutString), NULL, NULL);
        cOutString[nChars] = 0;

        SetDlgItemText(IDC_EDIT1, cOutString);

        // Unicode/ANSI code -- automatically converts
-->     TCHAR szText[] = _TEXT("Unicode/ANSI text.");
                          .
                          .
                          .

}
```

If we wanted to get a pointer to the text string, we could create a pointer of type LPTSTR and display the string in a message box this way:

```
void CUnicodeDlg::OnButton1()
{
        wchar_t wString1[50];
        wchar_t wString2[50];

        wcscpy(wString1, L"Hello ");
        wcscpy(wString2, L"world.");

        wchar_t* wOutString = wcscat(wString1, wString2);

        int nwOutStringLen = wcslen(wOutString);

        char cOutString[50];

        int nChars = WideCharToMultiByte(CP_ACP, 0, wOutString,
            nwOutStringLen, cOutString, sizeof(cOutString), NULL, NULL);
        cOutString[nChars] = 0;

        SetDlgItemText(IDC_EDIT1, cOutString);

        // Unicode/ANSI code -- automatically converts
```

555

```
        TCHAR szText[] = _TEXT("Unicode/ANSI text.");
-->     LPTSTR lpText = szText;
-->     MessageBox(lpText);
                    .
                    .
                    .

}
```

The CString class takes care of all these considerations for us. This class is built on the TCHAR type and not on the char or wchar_t type. This means that if you limit all your string manipulations to CString operations, you'll be fine under both ANSI and Unicode. For example, this code will work whether or not UNICODE is defined:

```
void CUnicodeDlg::OnButton1()
{
        wchar_t wString1[50];
        wchar_t wString2[50];

        wcscpy(wString1, L"Hello ");
        wcscpy(wString2, L"world.");

        wchar_t* wOutString = wcscat(wString1, wString2);

        int nwOutStringLen = wcslen(wOutString);

        char cOutString[50];

        int nChars = WideCharToMultiByte(CP_ACP, 0, wOutString,
            nwOutStringLen, cOutString, sizeof(cOutString), NULL, NULL);
        cOutString[nChars] = 0;

        SetDlgItemText(IDC_EDIT1, cOutString);

        // Unicode/ANSI code -- automatically converts
        TCHAR szText[] = _TEXT("Unicode/ANSI text.");
        LPTSTR lpText = szText;
        MessageBox(lpText);
-->     CString CStringText("Also Unicode/ANSI text.");
```

```
-->    MessageBox(CStringText);
}
```

In this program, we've seen how to work with straight Unicode as well as how to work in a Unicode/ANSI–independent way. Our program is a success. The support files for this program appear in Listing 9.3.

LISTING 9.3 UNICODEDLG.H AND UNICODEDLG.CPP

```cpp
// unicodeDlg.h : header file
//


/////////////////////////////////////////////////////////////////////////
// CUnicodeDlg dialog

class CUnicodeDlg : public CDialog
{
// Construction
public:
        CUnicodeDlg(CWnd* pParent = NULL);          // standard constructor

// Dialog Data
        //{{AFX_DATA(CUnicodeDlg)
        enum { IDD = IDD_UNICODE_DIALOG };
                // NOTE: the ClassWizard will add data members here
        //}}AFX_DATA

        // ClassWizard generated virtual function overrides
        //{{AFX_VIRTUAL(CUnicodeDlg)
        protected:
        virtual void DoDataExchange(CDataExchange* pDX);
        //}}AFX_VIRTUAL

// Implementation
protected:
        HICON m_hIcon;

        // Generated message map functions
        //{{AFX_MSG(CUnicodeDlg)
```

```
        virtual BOOL OnInitDialog();
        afx_msg void OnSysCommand(UINT nID, LPARAM lParam);
        afx_msg void OnPaint();
        afx_msg HCURSOR OnQueryDragIcon();
        afx_msg void OnButton1();
        //}}AFX_MSG
        DECLARE_MESSAGE_MAP()
};


// unicodeDlg.cpp : implementation file
//

#include "stdafx.h"
#include "unicode.h"
#include "unicodeDlg.h"
#include "winnls.h"

#ifdef _DEBUG
#define new DEBUG_NEW
#undef THIS_FILE
static char THIS_FILE[] = __FILE__;
#endif

/////////////////////////////////////////////////////////////////////////////
// CAboutDlg dialog used for App About

class CAboutDlg : public CDialog
{
public:
        CAboutDlg();

// Dialog Data
        //{{AFX_DATA(CAboutDlg)
        enum { IDD = IDD_ABOUTBOX };
        //}}AFX_DATA

        // ClassWizard generated virtual function overrides
        //{{AFX_VIRTUAL(CAboutDlg)
```

```
        protected:
        virtual void DoDataExchange(CDataExchange* pDX);    // DDX/DDV support
        //}}AFX_VIRTUAL

// Implementation
protected:
        //{{AFX_MSG(CAboutDlg)
        //}}AFX_MSG
        DECLARE_MESSAGE_MAP()
};


CAboutDlg::CAboutDlg() : CDialog(CAboutDlg::IDD)
{
        //{{AFX_DATA_INIT(CAboutDlg)
        //}}AFX_DATA_INIT
}


void CAboutDlg::DoDataExchange(CDataExchange* pDX)
{
        CDialog::DoDataExchange(pDX);
        //{{AFX_DATA_MAP(CAboutDlg)
        //}}AFX_DATA_MAP
}


BEGIN_MESSAGE_MAP(CAboutDlg, CDialog)
        //{{AFX_MSG_MAP(CAboutDlg)
                // No message handlers
        //}}AFX_MSG_MAP
END_MESSAGE_MAP()


/////////////////////////////////////////////////////////////////////////////
// CUnicodeDlg dialog

CUnicodeDlg::CUnicodeDlg(CWnd* pParent /*=NULL*/)
        : CDialog(CUnicodeDlg::IDD, pParent)
{
        //{{AFX_DATA_INIT(CUnicodeDlg)
                // NOTE: the ClassWizard will add member initialization here
        //}}AFX_DATA_INIT
```

```
        // Note LoadIcon does not require a subsequent DestroyIcon in Win32
        m_hIcon = AfxGetApp()->LoadIcon(IDR_MAINFRAME);
}

void CUnicodeDlg::DoDataExchange(CDataExchange* pDX)
{
        CDialog::DoDataExchange(pDX);
        //{{AFX_DATA_MAP(CUnicodeDlg)
                // NOTE: the ClassWizard will add DDX and DDV calls here
        //}}AFX_DATA_MAP
}


BEGIN_MESSAGE_MAP(CUnicodeDlg, CDialog)
        //{{AFX_MSG_MAP(CUnicodeDlg)
        ON_WM_SYSCOMMAND()
        ON_WM_PAINT()
        ON_WM_QUERYDRAGICON()
        ON_BN_CLICKED(IDC_BUTTON1, OnButton1)
        //}}AFX_MSG_MAP
END_MESSAGE_MAP()

/////////////////////////////////////////////////////////////////////////
// CUnicodeDlg message handlers

BOOL CUnicodeDlg::OnInitDialog()
{
        CDialog::OnInitDialog();

        // Add "About..." menu item to system menu.

        // IDM_ABOUTBOX must be in the system command range.
        ASSERT((IDM_ABOUTBOX & 0xFFF0) == IDM_ABOUTBOX);
        ASSERT(IDM_ABOUTBOX < 0xF000);

        CMenu* pSysMenu = GetSystemMenu(FALSE);
        CString strAboutMenu;
        strAboutMenu.LoadString(IDS_ABOUTBOX);
        if (!strAboutMenu.IsEmpty())
```

```
        {
                pSysMenu->AppendMenu(MF_SEPARATOR);
                pSysMenu->AppendMenu(MF_STRING, IDM_ABOUTBOX, strAboutMenu);
        }

        // Set icon for this dialog.  The framework does this automatically
        //  when the application's main window is not a dialog
        SetIcon(m_hIcon, TRUE);                        // Set big icon
        SetIcon(m_hIcon, FALSE);                  // Set small icon

        // TODO: Add extra initialization here

        return TRUE;  // return TRUE  unless you set the focus to a control
}

void CUnicodeDlg::OnSysCommand(UINT nID, LPARAM lParam)
{
        if ((nID & 0xFFF0) == IDM_ABOUTBOX)
        {
                CAboutDlg dlgAbout;
                dlgAbout.DoModal();
        }
        else
        {
                CDialog::OnSysCommand(nID, lParam);
        }
}


// If you add a minimize button to your dialog, you will need the code below
//  to draw the icon.  For MFC applications using the document/view model,
//  this is automatically done for you by the framework.

void CUnicodeDlg::OnPaint()
{
        if (IsIconic())
        {
                CPaintDC dc(this); // device context for painting
```

```
                SendMessage(WM_ICONERASEBKGND, (WPARAM) dc.GetSafeHdc(), 0);

                // Center icon in client rectangle
                int cxIcon = GetSystemMetrics(SM_CXICON);
                int cyIcon = GetSystemMetrics(SM_CYICON);
                CRect rect;
                GetClientRect(&rect);
                int x = (rect.Width() - cxIcon + 1) / 2;
                int y = (rect.Height() - cyIcon + 1) / 2;

                // Draw the icon
                dc.DrawIcon(x, y, m_hIcon);
        }
        else
        {
                CDialog::OnPaint();
        }
}


// The system calls this to obtain the cursor to display while the user drags
//   the minimized window.
HCURSOR CUnicodeDlg::OnQueryDragIcon()
{
        return (HCURSOR) m_hIcon;
}


void CUnicodeDlg::OnButton1()
{
        wchar_t wString1[50];
        wchar_t wString2[50];

        wcscpy(wString1, L"Hello ");
        wcscpy(wString2, L"world.");

        wchar_t* wOutString = wcscat(wString1, wString2);
```

```
    int nwOutStringLen = wcslen(wOutString);

    char cOutString[50];

    int nChars = WideCharToMultiByte(CP_ACP, 0, wOutString,
        nwOutStringLen, cOutString, sizeof(cOutString), NULL, NULL);
    cOutString[nChars] = 0;

    SetDlgItemText(IDC_EDIT1, cOutString);

    // Unicode/ANSI code -- automatically converts
    TCHAR szText[] = _TEXT("Unicode/ANSI text.");
    LPTSTR lpText = szText;
    MessageBox(lpText);
    CString CStringText("Also Unicode/ANSI text.");
    MessageBox(CStringText);
}
```

The final topic for this chapter on working with Windows professionally will be an investigation of the Windows registry; let's turn to that now.

Using the System Registry

In early versions of Windows, a program would store all its options and settings in an INI file, perhaps even editing **WIN.INI** or **SYSTEM.INI** directly. Today, programs are supposed to store their options and settings in the system registry, which Windows has more control over. This process is not as hard as it might seem; let's take a look. Create a new dialog-based EXE project named REGISTER. Add a text box (IDC_EDIT1) and a button (IDC_BUTTON1). When the user clicks the button, we'll store a value in the Windows registry and then read it back and display it in the text box. Give the button the caption **Store value in Registry**:

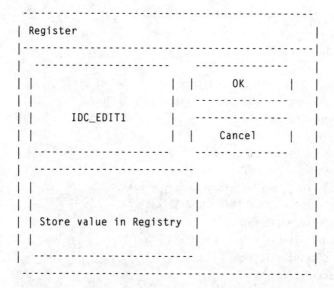

Now we're ready to write the code. The first step is to set up a location for the program in the Windows registry using the CWinApp function SetRegistryKey(). Calling this function allows us to set up space in the system registry for our program's settings and options; that space will be marked with the *key* we pass. A key is a text string that we specify. SetRegistryKey() is a protected member function of the CWinApp class, so we call it in our application object's InitInstance() function. We find that function in **REGISTER.CPP** and add the following code, where we create a new location in the Windows registry for our program using the sample key "SteveCo":

```
BOOL CRegisterApp::InitInstance()
{
        // Standard initialization
        // If you are not using these features and wish to reduce the size
        // of your final executable, you should remove from the following
        // the specific initialization routines you do not need.


#ifdef _AFXDLL
        Enable3dControls();          // Call this when using MFC in a shared DLL
#else
        Enable3dControlsStatic(); // Call this when linking to MFC statically
```

```
#endif

-->    SetRegistryKey("SteveCo");
           .
           .
           .
```

Now we have a location in the registry for our program's settings. We store either integers or strings in the registry using the functions WriteProfileInt() and WriteProfileString(), which are called this way:

```
BOOL WriteProfileInt(LPCTSTR lpszSection, LPCTSTR lpszEntry,
    int nValue);

BOOL WriteProfileString(LPCTSTR lpszSection, LPCTSTR
    lpszEntry, LPCTSTR lpszValue);
```

We must pass to these functions the name of a *section* in the registry. For example, we can set aside a section of our location in the registry for initialization by calling that section "Initialization"; if that section did not exist before, it is created when we use WriteProfileInt() or WriteProfileString(). In addition, we also pass the name of an *entry* in the section to write to—that is, the name of the string or integer we are storing. We'll call our entry in the initialization section "FileNumber" and store integers in it.

To read integers or strings from the Windows registry, we use GetProfileInt() or GetProfileString():

```
UINT GetProfileInt(LPCTSTR lpszSection, LPCTSTR lpszEntry,
int nDefault);

CString GetProfileString(LPCTSTR lpszSection, LPCTSTR
lpszEntry, LPCTSTR lpszDefault = NULL);
```

Here we pass the section and entry names of the integer or string we wish to retrieve, as well as a default value that the function can return if it was unsuccessful in finding the integer or string. These functions return the string or integer value we are looking for. Let's put this technique to use by writing a value to the registry and then reading it back.

Connect a function, OnButton1(), to the button (IDC_BUTTON1) whose caption is **Store value in Registry**:

```
void CRegisterDlg::OnButton1()
{


}
```

When the user clicks this button, we create an Initialization section in the registry and place an entry named FileNumber in it, giving it the value 5. (Note that because WriteProfileInt() is a CWinApp member function, we must get a pointer to the application object first.)

```
void CRegisterDlg::OnButton1()
{
-->   AfxGetApp()->WriteProfileInt("Initialization", "FileNumber", 5);
          .
          .
          .
}
```

Now we've written data to the system registry. We retrieve that value and store it in a UINT named nData:

```
void CRegisterDlg::OnButton1()
{
        AfxGetApp()->WriteProfileInt("Initialization", "FileNumber", 5);
-->   UINT nData = AfxGetApp()->GetProfileInt("Initialization",
          "FileNumber", 0);
          .

          .

          .
}
```

Finally, we display the value we have set and retrieved from the Windows registry:

```
void CRegisterDlg::OnButton1()
{
```

```
      AfxGetApp()->WriteProfileInt("Initialization", "FileNumber", 5);
      UINT nData = AfxGetApp()->GetProfileInt("Initialization",
         "FileNumber", 0);
-->   char szText[40];
-->   wsprintf(szText, "Initialization file number = %d", nData);
-->   SetDlgItemText(IDC_EDIT1, szText);
}
```

Now run the program and click **Store value in Registry**. When you do, it creates a location in the Windows registry, adds the Initialization section, and places the FileNumber entry in it. To see this, use the Windows utility REGEDIT, as shown in Figure 9.9. This utility allows us to examine and modify entries in the Windows registry. As you can see, the FileNumber entry in the registry holds the value 5.

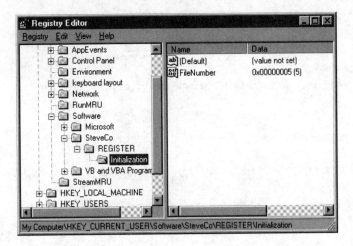

FIGURE 9.9 OUR REGISTRATION APPEARS IN THE REGISTRY EDITOR.

(Parenthetically, utilities such as REGEDIT can be useful to the programmer, and Visual C++ comes with a number of them. DUMPBIN, for example, allows you to examine a DLL file to see what functions it exports or an EXE file to see what DLLs it requires. Taking a look at the utilities Microsoft provides can be rewarding.)

In addition, we are able to retrieve the FileNumber value from the Windows registry and display it in the text box, as shown in Figure 9.10. Our Windows registry program is a success.

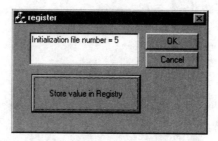

FIGURE 9.10 WE RETRIEVE A VALUE FROM THE REGISTRY.

The support files for this program appear in Listings 9.4.

LISTING 9.4 REGISTER.H AND REGISTER.CPP

```
// register.h : main header file for the REGISTER application
//

#ifndef __AFXWIN_H__
        #error include 'stdafx.h' before including this file for PCH
#endif

#include "resource.h"                      // main symbols


/////////////////////////////////////////////////////////////////////////////
// CRegisterApp:
// See register.cpp for the implementation of this class
//

class CRegisterApp : public CWinApp
{
public:
        CRegisterApp();

// Overrides
        // ClassWizard generated virtual function overrides
        //{{AFX_VIRTUAL(CRegisterApp)
        public:
        virtual BOOL InitInstance();
```

```
        //}}AFX_VIRTUAL

// Implementation

        //{{AFX_MSG(CRegisterApp)
        // NOTE - the ClassWizard will add and remove member functions here.
        //    DO NOT EDIT what you see in these blocks of generated code !
        //}}AFX_MSG
        DECLARE_MESSAGE_MAP()
};


//////////////////////////////////////////////////////////////////////////



// register.cpp : Defines the class behaviors for the application.
//

#include "stdafx.h"
#include "register.h"
#include "registerDlg.h"

#ifdef _DEBUG
#define new DEBUG_NEW
#undef THIS_FILE
static char THIS_FILE[] = __FILE__;
#endif

//////////////////////////////////////////////////////////////////////////
// CRegisterApp

BEGIN_MESSAGE_MAP(CRegisterApp, CWinApp)
        //{{AFX_MSG_MAP(CRegisterApp)
        // NOTE - the ClassWizard will add and remove mapping macros here.
        //    DO NOT EDIT what you see in these blocks of generated code!
        //}}AFX_MSG
        ON_COMMAND(ID_HELP, CWinApp::OnHelp)
END_MESSAGE_MAP()
```

```
/////////////////////////////////////////////////////////////////////////////
// CRegisterApp construction

CRegisterApp::CRegisterApp()
{
        // TODO: add construction code here,
        // Place all significant initialization in InitInstance
}


/////////////////////////////////////////////////////////////////////////////
// The one and only CRegisterApp object

CRegisterApp theApp;


/////////////////////////////////////////////////////////////////////////////
// CRegisterApp initialization

BOOL CRegisterApp::InitInstance()
{
        // Standard initialization
        // If you are not using these features and wish to reduce the size
        //  of your final executable, you should remove from the following
        //  the specific initialization routines you do not need.

#ifdef _AFXDLL
        Enable3dControls();          // Call this when using MFC in a shared DLL
#else
        Enable3dControlsStatic(); // Call this when linking to MFC statically
#endif

        SetRegistryKey("SteveCo");

        CRegisterDlg dlg;
        m_pMainWnd = &dlg;
        int nResponse = dlg.DoModal();
        if (nResponse == IDOK)
        {
                // TODO: Place code here to handle when the dialog is
                //  dismissed with OK
```

```
        }
        else if (nResponse == IDCANCEL)
        {
                // TODO: Place code here to handle when the dialog is
                //  dismissed with Cancel
        }

        // Since the dialog has been closed, return FALSE so that we exit the
        //  application, rather than start the application's message pump.
        return FALSE;
}
```

LISTING 9.5 REGISTERDLG.H AND REGISTERDLG.CPP

```
// registerDlg.h : header file
//

/////////////////////////////////////////////////////////////////////////////
// CRegisterDlg dialog

class CRegisterDlg : public CDialog
{
// Construction
public:
        CRegisterDlg(CWnd* pParent = NULL);        // standard constructor

// Dialog Data
        //{{AFX_DATA(CRegisterDlg)
        enum { IDD = IDD_REGISTER_DIALOG };
                // NOTE: the ClassWizard will add data members here
        //}}AFX_DATA

        // ClassWizard generated virtual function overrides
        //{{AFX_VIRTUAL(CRegisterDlg)
        protected:
        virtual void DoDataExchange(CDataExchange* pDX);
        //}}AFX_VIRTUAL
```

```
// Implementation
protected:
        HICON m_hIcon;

        // Generated message map functions
        //{{AFX_MSG(CRegisterDlg)
        virtual BOOL OnInitDialog();
        afx_msg void OnSysCommand(UINT nID, LPARAM lParam);
        afx_msg void OnPaint();
        afx_msg HCURSOR OnQueryDragIcon();
        afx_msg void OnButton1();
        //}}AFX_MSG
        DECLARE_MESSAGE_MAP()
};


// registerDlg.cpp : implementation file
//

#include "stdafx.h"
#include "register.h"
#include "registerDlg.h"

#ifdef _DEBUG
#define new DEBUG_NEW
#undef THIS_FILE
static char THIS_FILE[] = __FILE__;
#endif

/////////////////////////////////////////////////////////////////////////////
// CAboutDlg dialog used for App About

class CAboutDlg : public CDialog
{
public:
        CAboutDlg();

// Dialog Data
```

```
        //{{AFX_DATA(CAboutDlg)
        enum { IDD = IDD_ABOUTBOX };
        //}}AFX_DATA


        // ClassWizard generated virtual function overrides
        //{{AFX_VIRTUAL(CAboutDlg)
        protected:
        virtual void DoDataExchange(CDataExchange* pDX);    // DDX/DDV support
        //}}AFX_VIRTUAL

// Implementation
protected:
        //{{AFX_MSG(CAboutDlg)
        //}}AFX_MSG
        DECLARE_MESSAGE_MAP()
};

CAboutDlg::CAboutDlg() : CDialog(CAboutDlg::IDD)
{
        //{{AFX_DATA_INIT(CAboutDlg)
        //}}AFX_DATA_INIT
}


void CAboutDlg::DoDataExchange(CDataExchange* pDX)
{
        CDialog::DoDataExchange(pDX);
        //{{AFX_DATA_MAP(CAboutDlg)
        //}}AFX_DATA_MAP
}


BEGIN_MESSAGE_MAP(CAboutDlg, CDialog)
        //{{AFX_MSG_MAP(CAboutDlg)
                // No message handlers
        //}}AFX_MSG_MAP
END_MESSAGE_MAP()


/////////////////////////////////////////////////////////////////////////////
// CRegisterDlg dialog
```

```
CRegisterDlg::CRegisterDlg(CWnd* pParent /*=NULL*/)
        : CDialog(CRegisterDlg::IDD, pParent)
{
        //{{AFX_DATA_INIT(CRegisterDlg)
                // NOTE: the ClassWizard will add member initialization here
        //}}AFX_DATA_INIT
        // Note LoadIcon does not require a subsequent DestroyIcon in Win32
        m_hIcon = AfxGetApp()->LoadIcon(IDR_MAINFRAME);
}


void CRegisterDlg::DoDataExchange(CDataExchange* pDX)
{
        CDialog::DoDataExchange(pDX);
        //{{AFX_DATA_MAP(CRegisterDlg)
                // NOTE: the ClassWizard will add DDX and DDV calls here
        //}}AFX_DATA_MAP
}


BEGIN_MESSAGE_MAP(CRegisterDlg, CDialog)
        //{{AFX_MSG_MAP(CRegisterDlg)
        ON_WM_SYSCOMMAND()
        ON_WM_PAINT()
        ON_WM_QUERYDRAGICON()
        ON_BN_CLICKED(IDC_BUTTON1, OnButton1)
        //}}AFX_MSG_MAP
END_MESSAGE_MAP()

/////////////////////////////////////////////////////////////////////////////
// CRegisterDlg message handlers

BOOL CRegisterDlg::OnInitDialog()
{
        CDialog::OnInitDialog();

        // Add "About..." menu item to system menu.

        // IDM_ABOUTBOX must be in the system command range.
        ASSERT((IDM_ABOUTBOX & 0xFFF0) == IDM_ABOUTBOX);
```

```
        ASSERT(IDM_ABOUTBOX < 0xF000);

        CMenu* pSysMenu = GetSystemMenu(FALSE);
        CString strAboutMenu;
        strAboutMenu.LoadString(IDS_ABOUTBOX);
        if (!strAboutMenu.IsEmpty())
        {
                pSysMenu->AppendMenu(MF_SEPARATOR);
                pSysMenu->AppendMenu(MF_STRING, IDM_ABOUTBOX, strAboutMenu);
        }


        // Set icon for this dialog.  The framework does this automatically
        //  when the application's main window is not a dialog
        SetIcon(m_hIcon, TRUE);                         // Set big icon
        SetIcon(m_hIcon, FALSE);                    // Set small icon

        // TODO: Add extra initialization here

        return TRUE;  // return TRUE  unless you set the focus to a control
}

void CRegisterDlg::OnSysCommand(UINT nID, LPARAM lParam)
{
        if ((nID & 0xFFF0) == IDM_ABOUTBOX)
        {
                CAboutDlg dlgAbout;
                dlgAbout.DoModal();
        }
        else
        {
                CDialog::OnSysCommand(nID, lParam);
        }
}

// If you add a minimize button to your dialog, you will need the code below
//  to draw the icon.  For MFC applications using the document/view model,
//  this is automatically done for you by the framework.
```

```
void CRegisterDlg::OnPaint()
{
        if (IsIconic())
        {
                CPaintDC dc(this); // device context for painting

                SendMessage(WM_ICONERASEBKGND, (WPARAM) dc.GetSafeHdc(), 0);

                // Center icon in client rectangle
                int cxIcon = GetSystemMetrics(SM_CXICON);
                int cyIcon = GetSystemMetrics(SM_CYICON);
                CRect rect;
                GetClientRect(&rect);
                int x = (rect.Width() - cxIcon + 1) / 2;
                int y = (rect.Height() - cyIcon + 1) / 2;

                // Draw the icon
                dc.DrawIcon(x, y, m_hIcon);
        }
        else
        {
                CDialog::OnPaint();
        }
}


// The system calls this to obtain the cursor to display while the user drags
//  the minimized window.
HCURSOR CRegisterDlg::OnQueryDragIcon()
{
        return (HCURSOR) m_hIcon;
}


void CRegisterDlg::OnButton1()
{
        AfxGetApp()->WriteProfileInt("Initialization", "FileNumber", 5);
        UINT nData = AfxGetApp()->GetProfileInt("Initialization",
            "FileNumber", 0);
        char szText[40];
        wsprintf(szText, "Initialization file number = %d", nData);
```

```
    SetDlgItemText(IDC_EDIT1, szText);
}
```

That's it for our survey of handling Windows professionally. We've come far in this chapter, from examining the Windows environment to seeing some powerful functions at work; from working with version resources to editing our program's icon; from working with Unicode to using the Windows registry. In the next chapter, we'll continue our survey of advanced Visual C++ when we see how to create our own OCX controls and put them to work.

577

CHAPTER 10

Building OLE Custom (OCX) Controls

In this chapter, we'll see how to create OLE custom controls (OCXs), the descendants of VBX controls. Using Visual C++, you can design and implement your own customized controls using ControlWizard, which comes with Visual C++. For example, if you want a control that displays the date, you can make one using Visual C++. Then you can install this control in Visual C++ programs as easily as other controls such as buttons or list boxes.

As you can imagine, this is a powerful technique. Some of the custom controls that come with Visual C++, for example, let you draw graphs automatically when you pass them data. Other controls support gauges (those colored bars that can grow or shrink as you install a program) or draw spreadsheet-like grids full of data cells. The potential (and after-market) for new controls is endless. Using the techniques developed in this chapter, you will be able to create and implement your own custom controls.

Now let's take a look at the process of creating our own controls.

LISTER.OCX: A List Box–Based OLE Custom Control

Our first example custom OLE control is a customized list box control. In all ways, this control acts as a list box—except when the user clicks it. After being clicked, our customized list box will display the text "Hello world.":

```
----------------------
| Container           |
|--------------------|
|      ------------   |
|     |Hello, world|  |
|     |            | |
|     |            | |
|     |            | |
|      ------------   |
|                     |
----------------------
```

We will place the support for this custom control in a file named
LISTER.OCX. (OCX is the usual extension for OLE custom controls.) In a
programming environment such as Visual C++, it is easy to add OCX con-
trols to a program by simply selecting them in the *component gallery*, as we
will see. When we do so, the LISTER control will be added as a new tool in
the Dialog Editor's tool box. To place a LISTER control in a dialog-based
EXE project, you simply draw it as required (following the standard dialog-
editing technique) in the window you want it in.

Visual C++ also provides an excellent tool for testing OCX controls. In
the Visual C++ Tools menu, you will find the menu item **OLE Control Test
Container**. Clicking that tool opens the Visual C++ test container, and the
Edit menu of that container program has an item named **Insert OLE Control**:

```
----------------------
| Container           |
|--------------------|
| File Edit           |
|-----|--------------------
|     |Insert Ole Control...|
|     |                     |
|      ---------------------
|             |
|             |
|             |
----------------------
```

When you select that item, the Insert OLE Control box opens, displaying all
the custom controls available, including the LISTER control:

```
-----------------------
| Container            |
|---------------------|
|           --------------------------------
|          |Insert OLE Control   --------  |
|          |                    |  OK  | |
|           |Object Type         --------  |
|          | ---------------      --------  |
|          ||Lister Control |    | Cancel | |
--------||               |     --------  |
|          | ---------------              |
           --------------------------------
```

Here, you see the entry **Lister Control** in the Object Type box. We assume
that we have already registered the OCX control with Windows, and now
Windows is informing us that it is available. When we select **Lister Control**
and then click **OK**, a new LISTER control appears in the test container. (It is
just an empty list box at this point.)

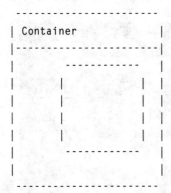

This control is a normal list box except that when the user clicks it, it dis-
plays the text "Hello, world.":

```
-------------------------
| Container              |
|-----------------------|
|     -----------        |
|    |Hello, world|      |
|    |             |  |  |
|    |             |  |  |
|    |             |  |  |
|     -----------        |
|                        |
-------------------------
```

That's how **LISTER.OCX** will function. Now we know what we are aiming for—creating our first OLE custom control: **LISTER.OCX**. Let's get started.

Using ControlWizard to Create Custom Control Code

The first step in creating the LISTER OCX control is to use Visual C++'s ControlWizard to create a skeleton version of all the support files we'll need, just as AppWizard creates skeletal support files for EXE programs. To create LISTER, select the **OLE ControlWizard** option instead of the AppWizard option when creating this new project, as shown in Figure 10.1.

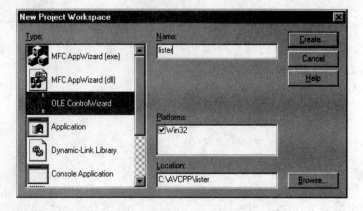

FIGURE 10.1 VISUAL C++'S CONTROLWIZARD.

We will base our LISTER control on the standard List Box control so that we'll have all the functionality of a list box. (Note that it is not necessary to base your OLE custom control on any preexisting control type.) Select **LIST-**

BOX as the type of control our OLE control should subclass in ClassWizard's step 2 box, as shown in Figure 10.2.

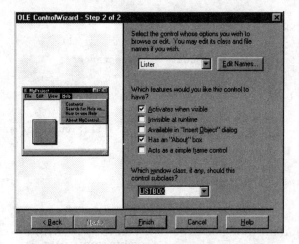

FIGURE 10.2 CONTROLWIZARD'S CONTROL OPTIONS BOX.

This selection indicates to ControlWizard that we want to base our new control on the list box type. Now click **OK** in the Control Options box and **Finish** in ControlWizard to create the support files we'll need.

At this point, ControlWizard creates the new project, including these important files:

- **LISTER.MAK**: the project file
- **LISTER.CPP**: OLE DLL initialization, termination, other bookkeeping
- **LISTERCTL.CPP**: main implementation file (CListerCtrl class)
- **LISTERPPG.CPP**: implementation of the CListerPropPage property page class
- **LISTER.ODL**: Object Description Language source code for the type library

Let's take a moment to examine some of the files created by ControlWizard.

Understanding a ControlWizard Program

The file **LISTER.CPP** serves the same purpose that the main application file has served in projects throughout this book: to initialize the program and connect it to Windows. **LISTER.CPP** (as written by ControlWizard) passes control back to the base class's InitInstance() function (do not add this code):

```
BOOL CListerApp::InitInstance()
{
    BOOL bInit = COleControlModule::InitInstance();

    if (bInit)
    {
        // TODO: Add your own module initialization code here.
    }

    return bInit;
}
```

It is also important to register the new control with Windows, and the program as it stands now does that in **LISTER.CPP**'s DllRegisterServer() function:

```
STDAPI DllRegisterServer(void)
{
    AFX_MANAGE_STATE(_afxModuleAddrThis);

    if (!AfxOleRegisterTypeLib(AfxGetInstanceHandle(), _tlid))
        return ResultFromScode(SELFREG_E_TYPELIB);

    if (!COleObjectFactoryEx::UpdateRegistryAll(TRUE))
        return ResultFromScode(SELFREG_E_CLASS);

    return NOERROR;
}
```

And that's almost all that happens in **LISTER.CPP**; not much is going on in the initialization section of our program.

The next file worth mentioning is **LISTER.ODL** (ODL stands for Object Description Language), which describes our control to Windows. For example, the line that gives an English name to our control looks like this in **LISTER.ODL**:

```
// Class information for CListerCtrl

[ uuid(1DD85028-3ADE-11CF-B01D-92668F0CF447), version(1.0),
    helpstring("lister OLE Control module"), control ]
```

This is the string, "List er Control," that we'll see when we install the **LIS-TER.OCX** control in Visual C++'s test container. When the program is built, the source code in **LISTER.ODL** is compiled into a type library file, **LIS-TER.TLB**, that holds information that Windows can read directly.

Until this point in the book, the DLG code file (e.g., **THEPROGDLG.CPP**) has been the file we've worked with most often. Now, however, we will work mostly with the custom control's code file, which is **LISTERCTL.CPP**. The real action in our program takes place there. Open that file and take a look at the OnDraw() function (add no code to OnDraw()):

```
void CListerCtrl::OnDraw(CDC* pdc,
        const CRect& rcBounds, const CRect& rcInvalid)
{
    DoSuperclassPaint(pdc, rcBounds);
}
```

This function works much like any other OnDraw() function; here, we simply draw the control. Note that we are passed a pointer to a device context (pdc) in which to draw, the bounding rectangle of the control we are supposed to draw (rcBounds), and the rectangle in our control that's been marked as invalid (rcInvalid)—that is, the part of the control that we are supposed to redraw.

If we wanted to draw our own control, we would do it here. For example, if we wanted to create a control that draws a picture of fish in an aquarium, we could draw that here. We can draw whatever we like to customize our control's appearance, even making it appear three-dimensional if we use the shading techniques used in Windows buttons.

Because we are basing our OCX control on list boxes, however, the program will take care of drawing it using a call to the function DoSuperclassPaint(). We will not have to worry about drawing LISTER at all—the program takes care of that, giving it the appearance of a normal list box.

Our goal is to display the words "Hello, world." when the user clicks the LISTER control. We do that by connecting a function to WM_LBUTTON-DOWN, as we have before in other programs. As before with other programs, we use ClassWizard to connect messages such as WM_LBUTTONDOWN to functions in **LISTERCTL.CPP**. Let's see how that works.

Reading Mouse Clicks in LISTER.OCX

Open ClassWizard now. Select the control class, **CListerCtrl**, in the Class Name box, and then select **WM_LBUTTONDOWN** in the Messages box. Connect the function OnLButtonDown() to the CListerCtrl class using the **Add Function** button, and open that function:

```
void CListerCtrl::OnLButtonDown(UINT nFlags, CPoint point)
{

    COleControl::OnLButtonDown(nFlags, point);

}
```

Our goal is to place a text string reading "Hello, world." in the list box when the user clicks it. We begin by setting up that text string:

```
void CListerCtrl::OnLButtonDown(UINT nFlags, CPoint point)
{
--> char out_string[] = "Hello, world.";
        .
        .
        .

    COleControl::OnLButtonDown(nFlags, point);

}
```

Note that for a standard OLE control, we could now set a flag and invalidate the control using Invalidate() so that OnDraw() would be called and the control would be redrawn with the string "Hello, world." in it (provided that we had added code to OnDraw() to draw our custom control the way we wanted it). Here, however, our control is built on a list box control, so we add our text string as an entry in the list box and let it handle its own redrawing. We send to our list box a control message, LB_INSERTSTRING, using the Windows SendMessage() function:

```
void CListerCtrl::OnLButtonDown(UINT nFlags, CPoint point)
{
    char out_string[] = "Hello, world.";
--> int nIndex = 0;

--> SendMessage(LB_INSERTSTRING, nIndex, (long) out_string);

    COleControl::OnLButtonDown(nFlags, point);
}
```

Here, we indicate that we want to add our new string as entry 0, the top entry, in the list box. We pass to SendMessage() a pointer to the text string, after converting that pointer to a long value. That's it for the code. Create **LIS-TER.OCX** now by selecting **Build lister.ocx** in the Visual C++ Build menu.

After **LISTER.OCX** is created, we register it with Windows so that we can use it in other programs. Select **Register Control** in Visual C++'s Tools menu. A box appears, indicating that the control was registered successfully with Windows. To test the new control, select **OLE Control Test Container** in the Visual C++ Tools menu, opening the Visual C++ test container, as shown in Figure 10.3. Now select **Insert OLE Control** in the test container's Edit menu, as shown.

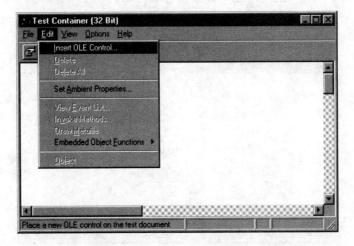

FIGURE 10.3 THE VISUAL C++ OLE CONTROL TEST CONTAINER.

This selection opens the Insert OLE Control box, as shown in Figure 10.4.

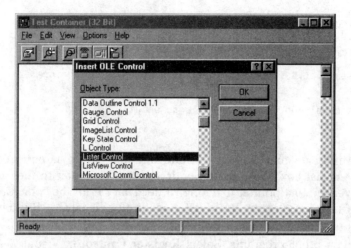

FIGURE 10.4 THE INSERT OLE CONTROL BOX.

Select **Lister Control** in the Object Type box and click **OK**. This action inserts a new LISTER control in the test container, as shown in Figure 10.5. Now click the LISTER control; the control displays "Hello, world." in the list box, as shown. Our simple OCX project, LISTER, is a success.

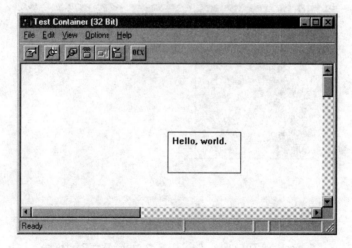

FIGURE 10.5 OUR LISTER OLE CUSTOM CONTROL.

Creating this custom OLE control was easy using Visual C++, because Visual C++ handles most of the details. The code for the LISTER project, our first OCX project, is in Listings 10.1, 10.2, and 10.3.

589

LISTING 10.1 LISTER.H AND LISTER.CPP

```
// lister.h : main header file for LISTER.DLL

#if !defined( __AFXCTL_H__ )
        #error include 'afxctl.h' before including this file
#endif

#include "resource.h"        // main symbols

/////////////////////////////////////////////////////////////////////////////
// CListerApp : See lister.cpp for implementation.

class CListerApp : public COleControlModule
{
public:
        BOOL InitInstance();
        int ExitInstance();
};

extern const GUID CDECL _tlid;
extern const WORD _wVerMajor;
extern const WORD _wVerMinor;




// lister.cpp : Implementation of CListerApp and DLL registration.

#include "stdafx.h"
#include "lister.h"
```

```
#ifdef _DEBUG
#define new DEBUG_NEW
#undef THIS_FILE
static char THIS_FILE[] = __FILE__;
#endif


CListerApp NEAR theApp;

const GUID CDECL BASED_CODE _tlid =
    { 0x1dd85028, 0x3ade, 0x11cf, { 0xb0, 0x1d, 0x92, 0x66,
        0x8f, 0xc, 0xf4, 0x47 } };
const WORD _wVerMajor = 1;
const WORD _wVerMinor = 0;


/////////////////////////////////////////////////////////////////////////////
// CListerApp::InitInstance - DLL initialization

BOOL CListerApp::InitInstance()
{
        BOOL bInit = COleControlModule::InitInstance();

        if (bInit)
        {
                // TODO: Add your own module initialization code here.
        }

        return bInit;
}



/////////////////////////////////////////////////////////////////////////////
// CListerApp::ExitInstance - DLL termination

int CListerApp::ExitInstance()
{
```

```
        // TODO: Add your own module termination code here.

        return COleControlModule::ExitInstance();
}
```

```
/////////////////////////////////////////////////////////////////////////////
// DllRegisterServer - Adds entries to the system registry

STDAPI DllRegisterServer(void)
{
        AFX_MANAGE_STATE(_afxModuleAddrThis);

        if (!AfxOleRegisterTypeLib(AfxGetInstanceHandle(), _tlid))
                return ResultFromScode(SELFREG_E_TYPELIB);

        if (!COleObjectFactoryEx::UpdateRegistryAll(TRUE))
                return ResultFromScode(SELFREG_E_CLASS);

        return NOERROR;
}


/////////////////////////////////////////////////////////////////////////////
// DllUnregisterServer - Removes entries from the system registry

STDAPI DllUnregisterServer(void)
{
        AFX_MANAGE_STATE(_afxModuleAddrThis);

        if (!AfxOleUnregisterTypeLib(_tlid))
                return ResultFromScode(SELFREG_E_TYPELIB);

        if (!COleObjectFactoryEx::UpdateRegistryAll(FALSE))
                return ResultFromScode(SELFREG_E_CLASS);

        return NOERROR;
}
```

LISTING 10.2 LISTERCTL.H AND LISTERCTL.CPP

```cpp
// ListerCtl.h : Declaration of the CListerCtrl OLE control class.

//////////////////////////////////////////////////////////////////////
// CListerCtrl : See ListerCtl.cpp for implementation.

class CListerCtrl : public COleControl
{
        DECLARE_DYNCREATE(CListerCtrl)

// Constructor
public:
        CListerCtrl();

// Overrides

        // Drawing function
        virtual void OnDraw(
            CDC* pdc, const CRect& rcBounds, const CRect& rcInvalid);

        // Persistence
        virtual void DoPropExchange(CPropExchange* pPX);

        // Reset control state
        virtual void OnResetState();

// Implementation
protected:
        ~CListerCtrl();

        DECLARE_OLECREATE_EX(CListerCtrl)    // Class factory and guid
        DECLARE_OLETYPELIB(CListerCtrl)      // GetTypeInfo
        DECLARE_PROPPAGEIDS(CListerCtrl)     // Property page IDs
        DECLARE_OLECTLTYPE(CListerCtrl)      // Type name and misc status

        // Subclassed control support
        BOOL PreCreateWindow(CREATESTRUCT& cs);
        BOOL IsSubclassedControl();
```

```
        LRESULT OnOcmCommand(WPARAM wParam, LPARAM lParam);

// Message maps
        //{{AFX_MSG(CListerCtrl)
        afx_msg void OnLButtonDown(UINT nFlags, CPoint point);
        //}}AFX_MSG
        DECLARE_MESSAGE_MAP()


// Dispatch maps
        //{{AFX_DISPATCH(CListerCtrl)
        // NOTE - ClassWizard will add and remove member functions here.
        //      DO NOT EDIT what you see in these blocks of generated code !
        //}}AFX_DISPATCH
        DECLARE_DISPATCH_MAP()

        afx_msg void AboutBox();

// Event maps
        //{{AFX_EVENT(CListerCtrl)
        // NOTE - ClassWizard will add and remove member functions here.
        //      DO NOT EDIT what you see in these blocks of generated code !
        //}}AFX_EVENT
        DECLARE_EVENT_MAP()


// Dispatch and event IDs
public:
        enum {
        //{{AFX_DISP_ID(CListerCtrl)
        // NOTE: ClassWizard will add and remove enumeration elements here.
        //      DO NOT EDIT what you see in these blocks of generated code !
        //}}AFX_DISP_ID
        };
};




// ListerCtl.cpp : Implementation of the CListerCtrl OLE control class.
```

```
#include "stdafx.h"
#include "lister.h"
#include "ListerCtl.h"
#include "ListerPpg.h"


#ifdef _DEBUG
#define new DEBUG_NEW
#undef THIS_FILE
static char THIS_FILE[] = __FILE__;
#endif


IMPLEMENT_DYNCREATE(CListerCtrl, COleControl)


/////////////////////////////////////////////////////////////////////////
// Message map

BEGIN_MESSAGE_MAP(CListerCtrl, COleControl)
        //{{AFX_MSG_MAP(CListerCtrl)
        ON_WM_LBUTTONDOWN()
        //}}AFX_MSG_MAP
        ON_MESSAGE(OCM_COMMAND, OnOcmCommand)
        ON_OLEVERB(AFX_IDS_VERB_PROPERTIES, OnProperties)
END_MESSAGE_MAP()


/////////////////////////////////////////////////////////////////////////
// Dispatch map

BEGIN_DISPATCH_MAP(CListerCtrl, COleControl)
        //{{AFX_DISPATCH_MAP(CListerCtrl)
        // NOTE - ClassWizard will add and remove dispatch map entries
        //    DO NOT EDIT what you see in these blocks of generated code !
        //}}AFX_DISPATCH_MAP
        DISP_FUNCTION_ID(CListerCtrl, "AboutBox", DISPID_ABOUTBOX,
            AboutBox, VT_EMPTY, VTS_NONE)
END_DISPATCH_MAP()
```

```
//////////////////////////////////////////////////////////////////////
// Event map

BEGIN_EVENT_MAP(CListerCtrl, COleControl)
        //{{AFX_EVENT_MAP(CListerCtrl)
        // NOTE - ClassWizard will add and remove event map entries
        //      DO NOT EDIT what you see in these blocks of generated code !
        //}}AFX_EVENT_MAP
END_EVENT_MAP()


//////////////////////////////////////////////////////////////////////
// Property pages

// TODO: Add more property pages as needed.  Remember to increase the count!
BEGIN_PROPPAGEIDS(CListerCtrl, 1)
        PROPPAGEID(CListerPropPage::guid)
END_PROPPAGEIDS(CListerCtrl)


//////////////////////////////////////////////////////////////////////
// Initialize class factory and guid

IMPLEMENT_OLECREATE_EX(CListerCtrl, "LISTER.ListerCtrl.1",
        0x14cf3a60, 0x92a, 0x101c, 0xba, 0xc7, 0x4, 0x2, 0x24, 0, 0x9c, 0x2)


//////////////////////////////////////////////////////////////////////
// Type library ID and version

IMPLEMENT_OLETYPELIB(CListerCtrl, _tlid, _wVerMajor, _wVerMinor)


//////////////////////////////////////////////////////////////////////
// Interface IDs

const IID BASED_CODE IID_DLister =
  { 0x1dd85029, 0x3ade, 0x11cf, { 0xb0, 0x1d, 0x92, 0x66, 0x8f,
        0xc, 0xf4, 0x47 } };
```

```
const IID BASED_CODE IID_DListerEvents =
  { 0x1dd8502a, 0x3ade, 0x11cf, { 0xb0, 0x1d, 0x92, 0x66, 0x8f,
      0xc, 0xf4, 0x47 } };


/////////////////////////////////////////////////////////////////////////
// Control type information

static const DWORD BASED_CODE _dwListerOleMisc =
        OLEMISC_ACTIVATEWHENVISIBLE |
        OLEMISC_SETCLIENTSITEFIRST |
        OLEMISC_INSIDEOUT |
        OLEMISC_CANTLINKINSIDE |
        OLEMISC_RECOMPOSEONRESIZE;


IMPLEMENT_OLECTLTYPE(CListerCtrl, IDS_LISTER, _dwListerOleMisc)


/////////////////////////////////////////////////////////////////////////
// CListerCtrl::CListerCtrlFactory::UpdateRegistry -
// Adds or removes system registry entries for CListerCtrl

BOOL CListerCtrl::CListerCtrlFactory::UpdateRegistry(BOOL bRegister)
{
        if (bRegister)
                return AfxOleRegisterControlClass(
                        AfxGetInstanceHandle(),
                        m_clsid,
                        m_lpszProgID,
                        IDS_LISTER,
                        IDB_LISTER,
                        FALSE,                          // Not insertable
                        _dwListerOleMisc,
                        _tlid,
                        _wVerMajor,
                        _wVerMinor);
        else
                return AfxOleUnregisterClass(m_clsid, m_lpszProgID);
}
```

```
/////////////////////////////////////////////////////////////////////////
// CListerCtrl::CListerCtrl - Constructor

CListerCtrl::CListerCtrl()
{
        InitializeIIDs(&IID_DLister, &IID_DListerEvents);

        // TODO: Initialize your control's instance data here.
}


/////////////////////////////////////////////////////////////////////////
// CListerCtrl::~CListerCtrl - Destructor

CListerCtrl::~CListerCtrl()
{
        // TODO: Clean up your control's instance data here.
}


/////////////////////////////////////////////////////////////////////////
// CListerCtrl::OnDraw - Drawing function

void CListerCtrl::OnDraw(
        CDC* pdc, const CRect& rcBounds, const CRect& rcInvalid)
{
        DoSuperclassPaint(pdc, rcBounds);
}


/////////////////////////////////////////////////////////////////////////
// CListerCtrl::DoPropExchange - Persistence support

void CListerCtrl::DoPropExchange(CPropExchange* pPX)
{
        ExchangeVersion(pPX, MAKELONG(_wVerMinor, _wVerMajor));
        COleControl::DoPropExchange(pPX);

        // TODO: Call PX_ functions for each persistent custom property.
```

}

```
//////////////////////////////////////////////////////////////////////////
// CListerCtrl::OnResetState - Reset control to default state

void CListerCtrl::OnResetState()
{
        COleControl::OnResetState();  // Resets defaults found in
DoPropExchange

        // TODO: Reset any other control state here.
}


//////////////////////////////////////////////////////////////////////////
// CListerCtrl::AboutBox - Display an "About" box to the user

void CListerCtrl::AboutBox()
{
        CDialog dlgAbout(IDD_ABOUTBOX_LISTER);
        dlgAbout.DoModal();
}


//////////////////////////////////////////////////////////////////////////
// CListerCtrl::PreCreateWindow - Modify parameters for CreateWindowEx

BOOL CListerCtrl::PreCreateWindow(CREATESTRUCT& cs)
{
        cs.lpszClass = _T("LISTBOX");
        return COleControl::PreCreateWindow(cs);
}


//////////////////////////////////////////////////////////////////////////
// CListerCtrl::IsSubclassedControl - This is a subclassed control
```

```
BOOL CListerCtrl::IsSubclassedControl()
{
        return TRUE;
}
```

```
//////////////////////////////////////////////////////////////////////////
// CListerCtrl::OnOcmCommand - Handle command messages

LRESULT CListerCtrl::OnOcmCommand(WPARAM wParam, LPARAM lParam)
{
#ifdef _WIN32
        WORD wNotifyCode = HIWORD(wParam);
#else
        WORD wNotifyCode = HIWORD(lParam);
#endif

        // TODO: Switch on wNotifyCode here.

        return 0;
}



//////////////////////////////////////////////////////////////////////////
// CListerCtrl message handlers

void CListerCtrl::OnLButtonDown(UINT nFlags, CPoint point)
{
        char out_string[] = "Hello, world.";
        int nIndex = 0;

        SendMessage(LB_INSERTSTRING, nIndex, (long) out_string);


        COleControl::OnLButtonDown(nFlags, point);
}
```

LISTING 10.3 LISTER.ODL

```
// lister.odl : type library source for OLE Control project.

// This file will be processed by the Make Type Library (mktyplib) tool to
// produce the type library (lister.tlb) that will become a resource in
// lister.ocx.

#include <olectl.h>

[ uuid(1DD85028-3ADE-11CF-B01D-92668F0CF447), version(1.0),
  helpstring("lister OLE Control module"), control ]
library LISTERLib
{
        importlib(STDOLE_TLB);
        importlib(STDTYPE_TLB);

        //  Primary dispatch interface for CListerCtrl

        [ uuid(1DD85029-3ADE-11CF-B01D-92668F0CF447),
          helpstring("Dispatch interface for Lister Control"), hidden ]
        dispinterface _DLister
        {
                properties:
                // NOTE - ClassWizard will maintain property information here.
                        //    Use extreme caution when editing this section.
                        //{{AFX_ODL_PROP(CListerCtrl)
                        //}}AFX_ODL_PROP

                methods:
                // NOTE - ClassWizard will maintain method information here.
                        //    Use extreme caution when editing this section.
                        //{{AFX_ODL_METHOD(CListerCtrl)
                        //}}AFX_ODL_METHOD

                        [id(DISPID_ABOUTBOX)] void AboutBox();
        };

        // Event dispatch interface for CListerCtrl
```

```
[ uuid(1DD8502A-3ADE-11CF-B01D-92668F0CF447),
  helpstring("Event interface for Lister Control") ]
dispinterface _DListerEvents
{
        properties:
                // Event interface has no properties

        methods:
        // NOTE - ClassWizard will maintain event information here.
                //     Use extreme caution when editing this section.
                //{{AFX_ODL_EVENT(CListerCtrl)
                //}}AFX_ODL_EVENT
};


// Class information for CListerCtrl

[ uuid(14CF3A60-092A-101C-BAC7-040224009C02),
  helpstring("Lister Control"), control ]
coclass Lister
{
        [default] dispinterface _DLister;
        [default, source] dispinterface _DListerEvents;
};


//{{AFX_APPEND_ODL}}
};
```

At this point, then, we've seen how to set up a rudimentary OCX control. Let's dig deeper now with our next control and see how to add an OCX to a Visual C++ program.

CONTROL.OCX: A Button-Based OLE Custom Control

Basing our OLE custom controls on preexisting control types is useful. The standard events—such as mouse button pushes and character entry—are already supported, and we can add event-handling functions (such as

OnLButtonDown()) by using ClassWizard. We can also handle the drawing of the control, even if we base our control on a standard Windows control.

For example, let's draw a button with a cloudy day image that changes to a sunny day when the button is pushed. Although this control is based on the Windows button type of control, we can make it look like and act like anything we want by drawing it ourselves. Let's call this new project CONTROL; when we insert a control of this type into a program, we'll be able to control its appearance when we draw it:

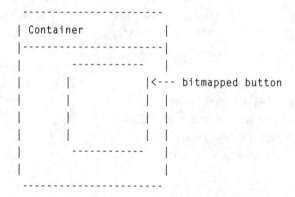

Using OLE ControlWizard, give this new project the name CONTROL and create it. In Step 2 of the OLE ControlWizard, select **BUTTON** as the type of control the OCX project should subclass (just as we selected **LISTBOX** in LISTER). Click **Finish** to allow ControlWizard to create this project.

As before, ControlWizard creates many files for us, including these important ones:

- **CONTROL.MAK**: the project file
- **CONTROL.CPP**: OLE DLL initialization, termination, other book-keeping
- **CONTROLCTL.CPP**: main implementation file (CControlCtrl class)
- **CONTROLPPG.CPP**: implementation of the CControlPropPage property page class
- **CONTROL.ODL**: Object Description Language source code for the type library

Creating Bitmaps for Our OCX Control

We want our control to display a cloudy day before it is pushed (when the button is up), and a sunny day when it is pushed (when the button is down). We'll create the customized button bitmaps IDB_UPBITMAP (cloudy day) and IDB_DOWNBITMAP (sunny day). Select the Visual C++ **Insert | Resource** menu item, and select **Bitmap** in the Insert Resource box. This selection opens the Bitmap Editor, as shown in Figure 10.6.

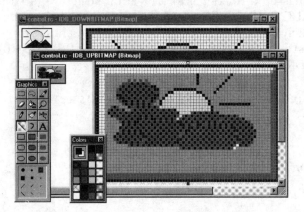

FIGURE 10.6 WE DESIGN A CUSTOM BITMAP.

This new bitmap has the default ID IDB_BITMAP1. Change that to IDB_UPBITMAP using the bitmap's property page. Open that page by selecting **Properties** in the Visual C++ Edit menu. Next, draw a representation of a cloudy day in the IDB_UPBITMAP bitmap, as shown in Figure 10.6. Similarly, we also create a new bitmap with the ID IDB_DOWNBITMAP and draw a sunny day in it.

Our customized images for CONTROL are ready. Using these bitmaps, we'll see how to change the control's appearance. We will also have access to all the events a button normally has, such as click events, in ClassWizard. We'll see how to add customized events, properties, and methods to **CONTROL.OCX**, and how to install our new control in a Visual C++ program.

As before, the control support file, **CONTROLCTL.CPP**, will be the most important. Here is how our control is created, based on the Windows button control (from **CONTROLCTL.CPP**). Note that the program derives this control from the Windows button type:

```
BOOL CControlCtrl::PreCreateWindow(CREATESTRUCT& cs)
{
    cs.lpszClass = _T("BUTTON");
    return COleControl::PreCreateWindow(cs);
}
```

We want to draw the button ourselves, so we will modify this code a little. The function PreCreateWindow() is called when our control is first created, and we are passed a reference to a creation structure (a structure of type CREATESTRUCT). One of the members of this creation structure is the style member, which holds the style of the control we are creating. We will OR the button style with two new button styles: BS_PUSHBUTTON and BS_OWNERDRAW:

```
BOOL CControlCtrl::PreCreateWindow(CREATESTRUCT& cs)
{
    cs.lpszClass = _T("BUTTON");
--> cs.style |= BS_PUSHBUTTON | BS_OWNERDRAW;
    return COleControl::PreCreateWindow(cs);
}
```

Using BS_OWNERDRAW means that we are now responsible for drawing the button. If we wanted to draw an unchanging control, we would place code in the OnDraw() function, and whatever we drew there would appear in our OLE control. However, we want to draw the button in both its pressed and unpressed states. This means that we will have to intercept the message sent to the button control telling it when to show itself as pressed and when as released, which OnDraw() alone will not do. We'll need to use a more advanced technique.

To draw an active button, we intercept the OCM_DRAWITEM message. (The prefix OCM stands for OLE control message.) These are the messages that OLE custom controls receive (in addition to Windows messages starting with the WM_ prefix). When we receive OCM_DRAWITEM, in addition to simply drawing our button we will get information such as whether the button is supposed to be up or down. This information will enable us to draw the button with the correct bitmap (sunny day or cloudy day).

To attach a function to the OCM_DRAWITEM message, we edit the message map in **CONTROLCTL.CPP** directly. (ClassWizard will not work with OCM messages.) Find the message map now in **CONTROLCTL.CPP**:

```
// ControlCtl.cpp : Implementation of the CControlCtrl OLE control class.
#include "stdafx.h"
#include "control.h"
              .
              .
              .

BEGIN_MESSAGE_MAP(CControlCtrl, COleControl)
    //{{AFX_MSG_MAP(CControlCtrl)
    ON_MESSAGE(OCM_COMMAND, OnOcmCommand)
    //}}AFX_MSG_MAP
END_MESSAGE_MAP()
              .
              .
              .
```

We intercept the OCM_DRAWITEM message by connecting it to the function OnOcmDrawItem() (add this line of code):

```
// ControlCtl.cpp : Implementation of the CControlCtrl OLE control class.
#include "stdafx.h"
#include "control.h"
              .
              .
              .

BEGIN_MESSAGE_MAP(CControlCtrl, COleControl)
    //{{AFX_MSG_MAP(CControlCtrl)
    ON_MESSAGE(OCM_COMMAND, OnOcmCommand)
--> ON_MESSAGE(OCM_DRAWITEM, OnOcmDrawItem)
    //}}AFX_MSG_MAP
END_MESSAGE_MAP()
              .
              .
              .
```

In addition, we add the prototype of OnOcmDrawItem() to **CONTROLCTL.H**. (Note that this function returns an argument of type LRESULT.)

```
// ControlCtl.h : Declaration of the CControlCtrl OLE control class.
///////////////////////////////////////////////////////////////////////////////
        .
        .
        .
    DECLARE_OLECREATE_EX(CControlCtrl)      // Class factory and guid
    DECLARE_OLETYPELIB(CControlCtrl)        // GetTypeInfo
    DECLARE_PROPPAGEIDS(CControlCtrl)       // Property page IDs
    DECLARE_OLECTLTYPE(CControlCtrl)         // Type name and misc status

    // Subclassed control support
    BOOL PreCreateWindow(CREATESTRUCT& cs);
    WNDPROC* GetSuperWndProcAddr(void);
    LRESULT OnOcmCommand(WPARAM wParam, LPARAM lParam);
--> LRESULT OnOcmDrawItem(WPARAM wParam, LPARAM lParam);
        .
        .
        .
```

Now create the OnOcmDrawItem() function in **CONTROLCTL.CPP** by typing it in:

```
LRESULT CControlCtrl::OnOcmDrawItem(WPARAM wParam, LPARAM lParam)
{


}
```

As with most direct Windows message handlers, we are passed two parameters here: wParam and lParam, the standard low-level parameters that accompany Windows messages. Here, lParam is a long pointer to a structure of type LPDRAWITEMSTRUCT. Because this structure contains additional information about what we're supposed to be drawing, it will allow us to draw the button in both the pressed and the released state. For example, we can get a pointer to the device context we're supposed to draw in from the hDC member of the LPDRAWITEMSTRUCT structure. The hDC member, a handle to a device context, is simply a numerical index standing for that device context as far as Windows is concerned. We create a pointer to the device context from hDC using the MFC CDC function FromHandle():

```
LRESULT CControlCtrl::OnOcmDrawItem(WPARAM wParam, LPARAM lParam)
{
--> CDC *pdc;

--> pdc = CDC::FromHandle(((LPDRAWITEMSTRUCT)lParam)->hDC);
      .
      .
      .

}
```

Now that we have a pointer to the device context we want to draw in, the next step is to load the bitmap from the disk. We use the two bitmaps we created: IDB_DOWNBITMAP for the button-down bitmap and IDB_UPBITMAP for the button-up bitmap; we will load the appropriate bitmap depending on the button's state. To determine whether the button is up or down, we check the itemState member of the DRAWITEMSTRUCT structure that we were passed a pointer to. If the ODS_SELECTED bit in itemState is set, we should draw the button as pressed; otherwise, we should draw it as released. Based on itemState, then, we load the correct bitmap into an object of class CBitmap named bmpObj:

```
LRESULT CControlCtrl::OnOcmDrawItem(WPARAM wParam, LPARAM lParam)
{
    CDC *pdc;
--> CBitmap bmpObj;

    pdc = CDC::FromHandle(((LPDRAWITEMSTRUCT)lParam)->hDC);

--> bmpObj.LoadBitmap((((LPDRAWITEMSTRUCT)lParam)->itemState &
        ODS_SELECTED) ? IDB_DOWNBITMAP : IDB_UPBITMAP);
      .
      .
      .

```

At this point, then, we have loaded the bitmap into a bitmap object of MFC class CBitmap. The next step is to display that bitmap. We get the dimensions of the bitmap by filling a structure of type BITMAP:

```
typedef struct tagBITMAP {
    int     bmType;
    int     bmWidth;
    int     bmHeight;
    int     bmWidthBytes;
    BYTE    bmPlanes;
    BYTE    bmBitsPixel;
    LPVOID  bmBits;
} BITMAP;
```

We'll fill our BITMAP structure, named bmp, using the CBitmap member function GetObject():

```
LRESULT CControlCtrl::OnOcmDrawItem(WPARAM wParam, LPARAM lParam)
{
    CDC *pdc;
    CBitmap bmpObj;
--> BITMAP  bmp;

    pdc = CDC::FromHandle(((LPDRAWITEMSTRUCT)lParam)->hDC);

    bmpObj.LoadBitmap(((((LPDRAWITEMSTRUCT)lParam)->itemState &
        ODS_SELECTED) ? IDB_DOWNBITMAP : IDB_UPBITMAP);

--> bmpObj.GetObject(sizeof(BITMAP), &bmp);
    .
    .
    .
```

To determine the actual dimensions of the bitmap, we use the BITMAP members bmWidth and bmHeight to fill a CRect object named rect:

```
LRESULT CControlCtrl::OnOcmDrawItem(WPARAM wParam, LPARAM lParam)
{
    CDC *pdc;
    CBitmap bmpObj;
    BITMAP  bmp;
--> CRect rect;
```

```
    pdc = CDC::FromHandle(((LPDRAWITEMSTRUCT)lParam)->hDC);

    bmpObj.LoadBitmap(((((LPDRAWITEMSTRUCT)lParam)->itemState &
        ODS_SELECTED) ? IDB_DOWNBITMAP : IDB_UPBITMAP);
    bmpObj.GetObject(sizeof(BITMAP), &bmp);
--> rect.right = bmp.bmWidth;
--> rect.bottom = bmp.bmHeight;
                  .
                  .
                  .
}
```

Now we have the bitmap and its size, so all that's left is to draw it. We'll use a shortcut method. Visual C++ supports a special class named CPictureHolder, which we'll use to draw our custom control. A popular property for OCX controls is the Picture property, which holds the image of the control. Reloading the Picture property with a new bitmap changes the appearance of the control. We won't support the picture property here, but we will use the CPictureHolder class, because it is designed to hold a control's bitmap (its graphical representation) and display it easily. Because the CPictureHolder class is specially made to work with the image of our control, we will create a CPictureHolder object and load our bitmap into it:

```
LRESULT CControlCtrl::OnOcmDrawItem(WPARAM wParam, LPARAM lParam)
{
    CDC *pdc;
    CBitmap bmpObj;
    BITMAP  bmp;
--> CPictureHolder picHolderObj;
    CRect rect;

    pdc = CDC::FromHandle(((LPDRAWITEMSTRUCT)lParam)->hDC);

    bmpObj.LoadBitmap(((((LPDRAWITEMSTRUCT)lParam)->itemState &
        ODS_SELECTED) ? IDB_DOWNBITMAP : IDB_UPBITMAP);
    bmpObj.GetObject(sizeof(BITMAP), &bmp);
    rect.right = bmp.bmWidth;
    rect.bottom = bmp.bmHeight;
```

```
--> picHolderObj.CreateFromBitmap((HBITMAP)bmpObj.m_hObject, NULL, FALSE);
        .
        .
        .
}
```

To draw the item, we need only call the CPictureHolder member function Render(), passing it the size of the control's bounding rectangle (which we get as rcItem in the DRAWITEMSTRUCT structure passed to us) and the bounding rectangle of the bitmap we want to draw. Finally, we return a value of 1 from OnOcmDrawItem(), indicating success:

```
LRESULT CControlCtrl::OnOcmDrawItem(WPARAM wParam, LPARAM lParam)
{
    CDC *pdc;
    CBitmap bmpObj;
    BITMAP  bmp;
    CPictureHolder picHolderObj;
    CRect rect;

    pdc = CDC::FromHandle(((LPDRAWITEMSTRUCT)lParam)->hDC);

    bmpObj.LoadBitmap(((((LPDRAWITEMSTRUCT)lParam)->itemState &
        ODS_SELECTED) ? IDB_DOWNBITMAP : IDB_UPBITMAP);
    bmpObj.GetObject(sizeof(BITMAP), &bmp);
    rect.right = bmp.bmWidth;
    rect.bottom = bmp.bmHeight;

    picHolderObj.CreateFromBitmap((HBITMAP)bmpObj.m_hObject, NULL, FALSE);
--> picHolderObj.Render(pdc, ((LPDRAWITEMSTRUCT)lParam)->rcItem, rect);

--> return 1;
}
```

That's it—we can create and support **CONTROL.OCX**. Select **Build control.ocx** in the Visual C++ Project menu, followed by **Register Control** in the Tools menu.

Now let's see our control in action. Open the test container from the Tools menu and insert a control of our new type, CONTROL, as shown in Figure 10.7.

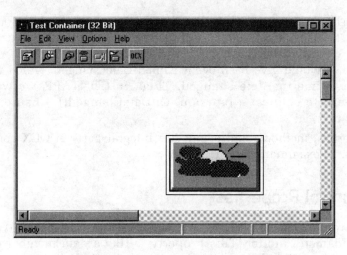

FIGURE 10.7 OUR CONTROL.OCX CONTROL.

When you click this **CONTROL** button, the image displayed turns from the cloudy day to the sunny one and back again. Even though we've subclassed our control from an existing Windows control (a command button), we now know how to draw it ourselves. So far, then, **CONTROL.OCX** is a success.

There is far more to learn about OCX controls. For example, OCX controls can support properties, methods, and custom events. After we add our custom control to a Visual C++ program named CONTAPP, we can use ClassWizard in CONTAPP to connect functions to our custom events, just as we would for the events of any other control. However, properties and methods work through OLE automation and will take a little more work to use from CONTAPP, as we'll see soon.

Properties are useful: for example, if you had a custom control that displayed text, you might set the text simply by setting the control's Text property. Methods are also useful: if you had a custom control that displayed data in a graph, you might pass it the data to graph in a method named SetData().

We will also support custom events in our OCX control. Our control will support a custom event named posEvent, which we'll *fire* (firing an event causes its event-handing function to be called) when the mouse button is pushed. We'll place our custom control in the standard Visual C++ program CONTAPP (we will see how to place OCX controls into a Visual C++ program soon), and the control will display its cloudy or sunny day images as required. In addition, we'll use ClassWizard to set up an event-handling function named OnposEvent() in CONTAPP to handle our control's event, just as it handles a button control's click event with a function named

OnButton1(). In this way, as far as CONTAPP is concerned, our new OCX control acts just like any other control (such as a button or text box). (As another example, if we had a custom control named DATE that displayed the date, we would give it an event named DateChanged, which would be fired every time the date changed. Then, in CONTAPP, we would use ClassWizard to connect a function, OnDateChanged(), to an embedded DATE control.)

Properties, methods, and events are integral parts of OCX controls, so let's begin an examination of them now.

OCX Control Properties

Adding properties to **CONTROL.OCX** is easy with ClassWizard. We'll add a property named Counter. This property is like a data member of a C++ object; Counter will hold a short value that we can initialize to zero and that we can increment as we like (we will count the number of times the button is clicked).

To add Counter to the custom control, open ClassWizard and select the **OLE Automation** tab. Make sure that the control's class, **CControlCtrl**, is selected in the Class Name box, as shown in Figure 10.8. Click **Add Property**, opening the Add Property box, as shown.

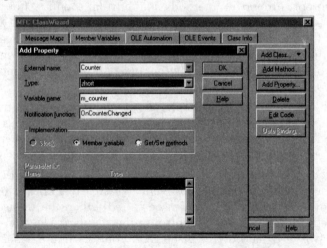

FIGURE 10.8 USING CLASSWIZARD, WE ADD A PROPERTY TO **CONTROL**.

Type the name of the new property, **Counter**, in the External Name box and select type **short** in the Type box, making Counter a short value. Click **OK** to create the new property.

Now our OCX control has a new property named Counter. When controls of type CONTROL are inserted in other Visual C++ programs, we can reach this new property, Counter, through OLE automation, as we'll see later.

Inside our CONTROL project, our new property will be stored in the short variable m_counter (declared by ClassWizard in **CONTROLCTL.H**). If you want to set the initial value of m_counter to something other than 0, you would look for this line in **CONTROLCTL.CPP** (do not add this code):

```
/////////////////////////////////////////////////////////////////////////////
// CControlCtrl::DoPropExchange - Persistence support

void CControlCtrl::DoPropExchange(CPropExchange* pPX)
{
    ExchangeVersion(pPX, MAKELONG(_wVerMinor, _wVerMajor));
    COleControl::DoPropExchange(pPX);
--> PX_Short(pPX, _T("Counter"), m_counter, 0);
    // TODO: Call PX_ functions for each persistent custom property.


}
```

Here, the program sets up our Counter property; the PX_Short() function is used to initialize short properties. The arguments the program passes to PX_Short() are as follows: pPX is a pointer to the program's internal CPropertyExchange object (maintained by our program automatically), followed by the name of the property (Counter), followed by the name of the internal variable that holds the properties value (m_counter), and its initial value, here set to 0. That's fine—that is exactly how a counter should start, at 0. We'll leave this line unchanged.

In addition to the new internal variable m_counter, ClassWizard has written a new function, OnCounterChanged() (from **CONTROLCTL.CPP**):

```
void CControlCtrl::OnCounterChanged()
{
    // TODO: Add notification handler code
    SetModifiedFlag();
}
```

The program calls this function when the Counter property is changed, and this function is handy for that reason. For example, if changing this property is supposed to change other properties, we can make those changes in this function. Say that a control displays text and that the control's Text property (assuming the control has such a property) was changed. In this case, the program would call OnTextChanged(), allowing the control to update its display.

To test our new Counter property, create **CONTROL.OCX** using the **Build control.ocx** item in the Visual C++ Project menu and open the control test container using **OLE Control Test Container** in the Tools menu. Insert a new control of type COUNTER in the test container and select **Properties** in the test container's View menu, opening the Properties box, as shown in Figure 10.9.

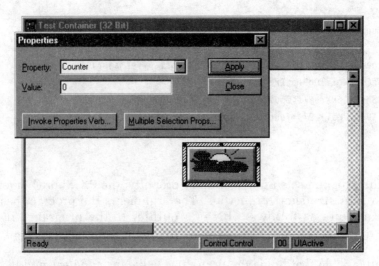

FIGURE 10.9 SETTING OUR OCX CONTROL'S COUNTER PROPERTY.

Select **Counter** in the dropdown list box labeled **Property**. The Counter property is set to 0, as shown.

We increment the Counter property each time the user clicks the control. Return to Visual C++ and use ClassWizard to add a WM_LBUTTON-DOWN message handler to the CControlCtrl class. Open that function (from **CONTROLCTL.CPP**):

```
void CControlCtrl::OnLButtonDown(UINT nFlags, CPoint point)
{
    // TODO: Add your message handler code here and/or call default
    COleControl::OnLButtonDown(nFlags, point);
}
```

This function will be called when the user clicks our custom button. We increment the Counter property every time by incrementing the internal variable m_counter:

```
void CControlCtrl::OnLButtonDown(UINT nFlags, CPoint point)
{
    // TODO: Add your message handler code here and/or call default
    COleControl::OnLButtonDown(nFlags, point);

--> m_counter++;
}
```

That's all there is to it. Every time the user clicks our button, we increment the Counter property. In Figure 10.10, we've incremented Counter to a value of 5.

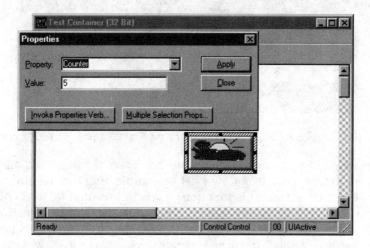

FIGURE 10.10 WE INCREMENT OUR COUNTER PROPERTY EACH TIME OUR OCX CONTROL IS CLICKED.

It was easy to add properties to our OCX control. We'll soon see how to reach the properties of an OCX control from Visual C++ programs in which they are embedded. Before we do, however, let's take a look at how to add a method to our OCX control.

OCX Control Methods

OLE automation methods are like member functions of C++ objects. For example, we'll add a method named Beep() to our CONTROL project that will make the computer beep. Using ClassWizard, methods are as easy to add to our OCX control as properties were. To add the Beep() method, open ClassWizard and select the **OLE Automation** tab. Make sure that the control class, **CControlCtrl**, is selected in the Class Name box, and click **Add Method**, opening the Add Method box, as shown in Figure 10.11.

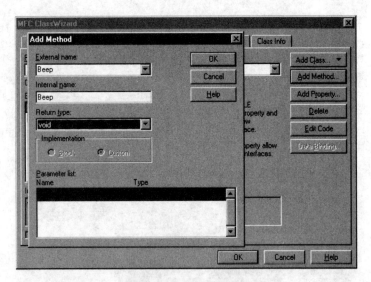

FIGURE 10.11 USING THE ADD METHOD BOX, WE ADD THE BEEP() METHOD TO OUR OCX CONTROL.

Type the name of this method, **Beep**, in the External Name box, and select **void** in the Return Type dropdown list box, indicating that we do not want to return any values from this function. If we had wanted to, we could have had our method return values such as long, short, or float by selecting them in this box. In addition, our method will not have any parameters passed to it, but if we had wanted to receive parameters, we could have typed their names in the Name column of the Parameter List box (see Figure 10.11) and then selected the parameter type in the dropdown list box that appears in the Type column of the Parameter List box (we'll see how this works when we add a custom event next). Now click **OK** in the Add Method box, adding the Beep() method to CONTROL. Next, click **Edit Code** in ClassWizard, opening the new Beep() method:

```
void CControlCtrl::Beep()
{

}
```

We'll have the computer beep when this method is invoked, so we add this line of code:

```
void CControlCtrl::Beep()
{
--> MessageBeep(MB_OK);
}
```

Now we've added a new method to our OCX control. We can test this new method by inserting a control of the CONTROL type in the OLE control test container and selecting **Invoke Methods** in the test container's Edit menu, opening the Invoke Control Method box as shown in Figure 10.12.

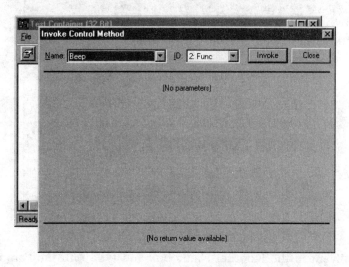

FIGURE 10.12 INVOKING OUR OCX CONTROL'S NEW METHOD.

Our Beep() method is available for use; clicking the button named **Invoke** calls the Beep() method and makes the computer beep.

The next step is to see how to support custom events, and we'll take a look at that now.

OCX Control Custom Events

To use CONTROL's properties and methods from a standard Visual C++ program such as CONTAPP, we must take additional steps to handle the OLE automation involved. On the other hand, when we are working with custom events, we use ClassWizard to connect events from our OCX controls to functions in CONTAPP, making it an easy process.

The custom event we add to **CONTROL.OCX** will be called posEvent, and we will fire this event (make the program call its event-handling function) when the mouse button goes down, passing the location of the mouse button to the handling function. (posEvent stands for position event.)

We use ClassWizard to add the posEvent event to the CONTROL project. Open ClassWizard and select the **OLE Events** tab. Make sure that the control class, **CControlCtrl**, is selected in the Class Name box, and click **Add Event**, opening the Add Event box as shown in Figure 10.13.

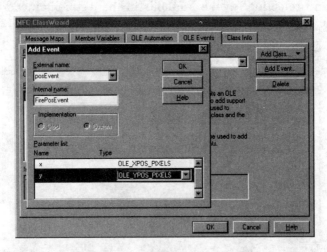

FIGURE 10.13 WE ADD A CUSTOM EVENT TO OUR OCX CONTROL.

Type **posEvent** in the External Name box and type **x** in the Parameter List box, as shown. A dropdown list box appears on the right of the Parameter List box; select **OLE_XPOS_PIXELS** as the x parameter's type. Now enter a new parameter in the Parameter List box named **y** and select the **OLE_YPOS_PIXELS** type for it. The result appears in Figure 10.13. Close the Add Event box by clicking **OK**, adding the new posEvent event to the OCX control. Click **OK** in ClassWizard.

ClassWizard has connected the posEvent event to a function, FirePosEvent(), that we use to fire that event. This function is set up in **CONTROLCTL.CPP**:

```
// Event maps
    //{{AFX_EVENT(CControlCtrl)
    void FirePosEvent(OLE_XPOS_PIXELS x, OLE_YPOS_PIXELS y)
        {FireEvent(eventidPosEvent,EVENT_PARAM(VTS_XPOS_PIXELS
            VTS_YPOS_PIXELS), x, y);}
    //}}AFX_EVENT
    DECLARE_EVENT_MAP()
```

To fire this event, then, we call FirePosEvent(). In the example program, we will fire the new event each time the mouse button is pressed. We call FirePosEvent() in the OnLButtonDown() function we already have (from **CONTROLCTL.CPP**) by adding this code:

```
void CControlCtrl::OnLButtonDown(UINT nFlags, CPoint point)
{
    // TODO: Add your message handler code here and/or call default
    COleControl::OnLButtonDown(nFlags, point);

    m_counter++;

--> FirePosEvent(point.x, point.y);
}
```

We fire a posEvent event every time there is a mouse click, and we pass the mouse position to this event. In the CONTAPP program (which has embedded a custom control of the CONTROL type), we connect the custom control's posEvent event to a function, OnPosEvent(), which is called each time we fire a position event in CONTROL (much like connecting a button click to a function named OnButton1()).

To test this event in the test container, we watch as our custom events are fired. Create **CONTROL.OCX** and insert a control of that type into the test container. Next, select **Event Log** in the test container's View menu, opening the event log as shown in Figure 10.14.

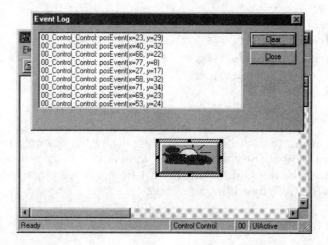

FIGURE 10.14 WE SEE OUR CUSTOM EVENT FIRED IN **CONTROL.OCX**.

When you click the **CONTROL** button, the program fires a posEvent event and the results appear in the event log, as shown. The x and y mouse location inside the OCX control (measured in pixels) is also passed to this event handler.

As you see in the OLE control test container, the OCX control is ready to go. The next step is to place it into a Visual C++ program, CONTAPP, and use it. We'll do that next. The files **CONTROL.H** and **CONTROL.CPP** can found in Listing 10.4, and the files **CONTROLCTL.H** and **CONTROLCTL.CPP** are in Listing 10.5.

LISTING 10.4 CONTROL.H AND CONTROL.CPP

```
// control.h : main header file for CONTROL.DLL

#if !defined( __AFXCTL_H__ )
        #error include 'afxctl.h' before including this file
#endif

#include "resource.h"       // main symbols
```

```
///////////////////////////////////////////////////////////////////////////
// CControlApp : See control.cpp for implementation.

class CControlApp : public COleControlModule
{
public:
        BOOL InitInstance();
        int ExitInstance();
};


extern const GUID CDECL _tlid;
extern const WORD _wVerMajor;
extern const WORD _wVerMinor;




// control.cpp : Implementation of CControlApp and DLL registration.

#include "stdafx.h"
#include "control.h"

#ifdef _DEBUG
#define new DEBUG_NEW
#undef THIS_FILE
static char THIS_FILE[] = __FILE__;
#endif



CControlApp NEAR theApp;

const GUID CDECL BASED_CODE _tlid =
                { 0x1dd8502f, 0x3ade, 0x11cf, { 0xb0, 0x1d, 0x92, 0x66,
        0x8f, 0xc, 0xf4, 0x47 } };
const WORD _wVerMajor = 1;
const WORD _wVerMinor = 0;



///////////////////////////////////////////////////////////////////////////
// CControlApp::InitInstance - DLL initialization
```

```
BOOL CControlApp::InitInstance()
{
        BOOL bInit = COleControlModule::InitInstance();

        if (bInit)
        {
                // TODO: Add your own module initialization code here.
        }

        return bInit;
}


///////////////////////////////////////////////////////////////////////
// CControlApp::ExitInstance - DLL termination

int CControlApp::ExitInstance()
{
        // TODO: Add your own module termination code here.

        return COleControlModule::ExitInstance();
}


///////////////////////////////////////////////////////////////////////
// DllRegisterServer - Adds entries to the system registry

STDAPI DllRegisterServer(void)
{
        AFX_MANAGE_STATE(_afxModuleAddrThis);

        if (!AfxOleRegisterTypeLib(AfxGetInstanceHandle(), _tlid))
                return ResultFromScode(SELFREG_E_TYPELIB);

        if (!COleObjectFactoryEx::UpdateRegistryAll(TRUE))
                return ResultFromScode(SELFREG_E_CLASS);

        return NOERROR;
}
```

```
/////////////////////////////////////////////////////////////////////////////
// DllUnregisterServer - Removes entries from the system registry

STDAPI DllUnregisterServer(void)
{
        AFX_MANAGE_STATE(_afxModuleAddrThis);

        if (!AfxOleUnregisterTypeLib(_tlid))
                return ResultFromScode(SELFREG_E_TYPELIB);

        if (!COleObjectFactoryEx::UpdateRegistryAll(FALSE))
                return ResultFromScode(SELFREG_E_CLASS);

        return NOERROR;
}
```

LISTING 10.5 CONTROLCTL.H AND CONTROLCTL.CPP

```
// ControlCtl.h : Declaration of the CControlCtrl OLE control class.


/////////////////////////////////////////////////////////////////////////////
// CControlCtrl : See ControlCtl.cpp for implementation.

class CControlCtrl : public COleControl
{
        DECLARE_DYNCREATE(CControlCtrl)

// Constructor
public:
        CControlCtrl();

// Overrides

        // Drawing function
        virtual void OnDraw(
                CDC* pdc, const CRect& rcBounds, const CRect& rcInvalid);

        // Persistence
```

```
        virtual void DoPropExchange(CPropExchange* pPX);

        // Reset control state
        virtual void OnResetState();

// Implementation
protected:
        ~CControlCtrl();

        DECLARE_OLECREATE_EX(CControlCtrl)    // Class factory and guid
        DECLARE_OLETYPELIB(CControlCtrl)      // GetTypeInfo
        DECLARE_PROPPAGEIDS(CControlCtrl)     // Property page IDs
        DECLARE_OLECTLTYPE(CControlCtrl)      // Type name and misc status

        // Subclassed control support
        BOOL PreCreateWindow(CREATESTRUCT& cs);
        BOOL IsSubclassedControl();
        LRESULT OnOcmCommand(WPARAM wParam, LPARAM lParam);
        LRESULT OnOcmDrawItem(WPARAM wParam, LPARAM lParam);

// Message maps
        //{{AFX_MSG(CControlCtrl)
        afx_msg void OnLButtonDown(UINT nFlags, CPoint point);
        //}}AFX_MSG
        DECLARE_MESSAGE_MAP()

// Dispatch maps
        //{{AFX_DISPATCH(CControlCtrl)
        short m_counter;
        afx_msg void OnCounterChanged();
        afx_msg void Beep();
        //}}AFX_DISPATCH
        DECLARE_DISPATCH_MAP()

        afx_msg void AboutBox();

// Event maps
        //{{AFX_EVENT(CControlCtrl)
        void FirePosEvent(OLE_XPOS_PIXELS x, OLE_YPOS_PIXELS y)
```

```
                {FireEvent(eventidPosEvent,EVENT_PARAM(VTS_XPOS_PIXELS
            VTS_YPOS_PIXELS), x, y);}
        //}}AFX_EVENT
        DECLARE_EVENT_MAP()

// Dispatch and event IDs
public:
        enum {
        //{{AFX_DISP_ID(CControlCtrl)
        dispidCounter = 1L,
        dispidBeep = 2L,
        eventidPosEvent = 1L,
        //}}AFX_DISP_ID
        };
};




// ControlCtl.cpp : Implementation of the CControlCtrl OLE control class.

#include "stdafx.h"
#include "control.h"
#include "ControlCtl.h"
#include "ControlPpg.h"



#ifdef _DEBUG
#define new DEBUG_NEW
#undef THIS_FILE
static char THIS_FILE[] = __FILE__;
#endif



IMPLEMENT_DYNCREATE(CControlCtrl, COleControl)


/////////////////////////////////////////////////////////////////////////////
// Message map
```

```
BEGIN_MESSAGE_MAP(CControlCtrl, COleControl)
        //{{AFX_MSG_MAP(CControlCtrl)
        ON_WM_LBUTTONDOWN()
        //}}AFX_MSG_MAP
        ON_MESSAGE(OCM_COMMAND, OnOcmCommand)
        ON_MESSAGE(OCM_DRAWITEM, OnOcmDrawItem)
        ON_OLEVERB(AFX_IDS_VERB_PROPERTIES, OnProperties)
END_MESSAGE_MAP()


/////////////////////////////////////////////////////////////////////////
// Dispatch map

BEGIN_DISPATCH_MAP(CControlCtrl, COleControl)
        //{{AFX_DISPATCH_MAP(CControlCtrl)
        DISP_PROPERTY_NOTIFY(CControlCtrl, "Counter", m_counter,
            OnCounterChanged, VT_I2)
        DISP_FUNCTION(CControlCtrl, "Beep", Beep, VT_EMPTY, VTS_NONE)
        //}}AFX_DISPATCH_MAP
        DISP_FUNCTION_ID(CControlCtrl, "AboutBox", DISPID_ABOUTBOX,
            AboutBox, VT_EMPTY, VTS_NONE)
END_DISPATCH_MAP()


/////////////////////////////////////////////////////////////////////////
// Event map

BEGIN_EVENT_MAP(CControlCtrl, COleControl)
    //{{AFX_EVENT_MAP(CControlCtrl)
    EVENT_CUSTOM("posEvent", FirePosEvent, VTS_XPOS_PIXELS  VTS_YPOS_PIXELS)
    //}}AFX_EVENT_MAP
END_EVENT_MAP()


/////////////////////////////////////////////////////////////////////////
// Property pages

// TODO: Add more property pages as needed.  Remember to increase the count!
BEGIN_PROPPAGEIDS(CControlCtrl, 1)
```

```
        PROPPAGEID(CControlPropPage::guid)
END_PROPPAGEIDS(CControlCtrl)
```

```
//////////////////////////////////////////////////////////////////////////
// Initialize class factory and guid

IMPLEMENT_OLECREATE_EX(CControlCtrl, "CONTROL.ControlCtrl.1",
        0xd96fbcc1, 0x90a, 0x101c, 0xba, 0xc7, 0x4, 0x2, 0x24, 0, 0x9c, 0x2)


//////////////////////////////////////////////////////////////////////////
// Type library ID and version

IMPLEMENT_OLETYPELIB(CControlCtrl, _tlid, _wVerMajor, _wVerMinor)


//////////////////////////////////////////////////////////////////////////
// Interface IDs

const IID BASED_CODE IID_DControl =
                { 0x1dd85030, 0x3ade, 0x11cf, { 0xb0, 0x1d, 0x92, 0x66,
        0x8f, 0xc, 0xf4, 0x47 } };
const IID BASED_CODE IID_DControlEvents =
                { 0x1dd85031, 0x3ade, 0x11cf, { 0xb0, 0x1d, 0x92, 0x66,
        0x8f, 0xc, 0xf4, 0x47 } };


//////////////////////////////////////////////////////////////////////////
// Control type information

static const DWORD BASED_CODE _dwControlOleMisc =
        OLEMISC_ACTIVATEWHENVISIBLE |
        OLEMISC_SETCLIENTSITEFIRST |
        OLEMISC_INSIDEOUT |
        OLEMISC_CANTLINKINSIDE |
        OLEMISC_RECOMPOSEONRESIZE;

IMPLEMENT_OLECTLTYPE(CControlCtrl, IDS_CONTROL, _dwControlOleMisc)
```

```
//////////////////////////////////////////////////////////////////////
// CControlCtrl::CControlCtrlFactory::UpdateRegistry -
// Adds or removes system registry entries for CControlCtrl

BOOL CControlCtrl::CControlCtrlFactory::UpdateRegistry(BOOL bRegister)
{
        if (bRegister)
                return AfxOleRegisterControlClass(
                        AfxGetInstanceHandle(),
                        m_clsid,
                        m_lpszProgID,
                        IDS_CONTROL,
                        IDB_CONTROL,
                        FALSE,                          // Not insertable
                        _dwControlOleMisc,
                        _tlid,
                        _wVerMajor,
                        _wVerMinor);
        else
                return AfxOleUnregisterClass(m_clsid, m_lpszProgID);
}


//////////////////////////////////////////////////////////////////////
// CControlCtrl::CControlCtrl - Constructor

CControlCtrl::CControlCtrl()
{
        InitializeIIDs(&IID_DControl, &IID_DControlEvents);

        // TODO: Initialize your control's instance data here.
}


//////////////////////////////////////////////////////////////////////
// CControlCtrl::~CControlCtrl - Destructor

CControlCtrl::~CControlCtrl()
{
```

```
            // TODO: Cleanup your control's instance data here.
}



/////////////////////////////////////////////////////////////////////////////
// CControlCtrl::OnDraw - Drawing function

void CControlCtrl::OnDraw(
            CDC* pdc, const CRect& rcBounds, const CRect& rcInvalid)
{
        DoSuperclassPaint(pdc, rcBounds);
}



/////////////////////////////////////////////////////////////////////////////
// CControlCtrl::DoPropExchange - Persistence support

void CControlCtrl::DoPropExchange(CPropExchange* pPX)
{
        ExchangeVersion(pPX, MAKELONG(_wVerMinor, _wVerMajor));
        COleControl::DoPropExchange(pPX);
        PX_Short(pPX, _T("Counter"), m_counter, 0);

        // TODO: Call PX_ functions for each persistent custom property.

}



/////////////////////////////////////////////////////////////////////////////
// CControlCtrl::OnResetState - Reset control to default state

void CControlCtrl::OnResetState()
{
        COleControl::OnResetState();  // Resets defaults in DoPropExchange

        // TODO: Reset any other control state here.
}
```

```
///////////////////////////////////////////////////////////////////////////
// CControlCtrl::AboutBox - Display an "About" box to the user

void CControlCtrl::AboutBox()
{
        CDialog dlgAbout(IDD_ABOUTBOX_CONTROL);
        dlgAbout.DoModal();
}


///////////////////////////////////////////////////////////////////////////
// CControlCtrl::PreCreateWindow - Modify parameters for CreateWindowEx

BOOL CControlCtrl::PreCreateWindow(CREATESTRUCT& cs)
{
        cs.lpszClass = _T("BUTTON");
        cs.style |= BS_PUSHBUTTON | BS_OWNERDRAW;
        return COleControl::PreCreateWindow(cs);
}



///////////////////////////////////////////////////////////////////////////
// CControlCtrl::IsSubclassedControl - This is a subclassed control

BOOL CControlCtrl::IsSubclassedControl()
{
        return TRUE;
}



///////////////////////////////////////////////////////////////////////////
// CControlCtrl::OnOcmCommand - Handle command messages

LRESULT CControlCtrl::OnOcmCommand(WPARAM wParam, LPARAM lParam)
{
#ifdef _WIN32
        WORD wNotifyCode = HIWORD(wParam);
#else
        WORD wNotifyCode = HIWORD(lParam);
```

```
#endif

        // TODO: Switch on wNotifyCode here.

        return 0;
}


//////////////////////////////////////////////////////////////////////////
// CControlCtrl message handlers

LRESULT CControlCtrl::OnOcmDrawItem(WPARAM wParam, LPARAM lParam)
{
    CDC *pdc;
    CBitmap bmpObj;
    BITMAP  bmp;
    CPictureHolder picHolderObj;
    CRect rect;

    pdc = CDC::FromHandle(((LPDRAWITEMSTRUCT)lParam)->hDC);

    bmpObj.LoadBitmap(((((LPDRAWITEMSTRUCT)lParam)->itemState &
        ODS_SELECTED) ? IDB_DOWNBITMAP : IDB_UPBITMAP);
    bmpObj.GetObject(sizeof(BITMAP), &bmp);
    rect.right = bmp.bmWidth;
    rect.bottom = bmp.bmHeight;

    picHolderObj.CreateFromBitmap((HBITMAP)bmpObj.m_hObject, NULL, FALSE);
        picHolderObj.Render(pdc, ((LPDRAWITEMSTRUCT)lParam)->rcItem, rect);

        return 1;
}

void CControlCtrl::OnCounterChanged()
{
        // TODO: Add notification handler code

        SetModifiedFlag();
}
```

```
void CControlCtrl::OnLButtonDown(UINT nFlags, CPoint point)
{
        m_counter++;

        FirePosEvent(point.x, point.y);

        COleControl::OnLButtonDown(nFlags, point);
}

void CControlCtrl::Beep()
{
        MessageBeep(MB_OK);
}
```

CONTROL.OCX is now ready to be integrated into a Visual C++ program, so let's do that now.

Using Our OCX Control in a Visual C++ Program

To put **CONTROL.OCX** to work in a Visual C++ program, create the dialog-based EXE project CONTAPP now. In Step 2 of AppWizard, AppWizard asks, "What OLE support would you like to include?" Click the option button marked **OLE controls**, which will let us use OLE controls in our program. Next, open the main dialog window in the Dialog Editor by clicking the ID **IDD_CONTAPP_DIALOG** in the **Dialog resource** folder. The next step is to add **CONTROL.OCX** to the Controls tool box in the Dialog Editor so that we can add a CONTROL control to the dialog window. Select **Component** in Visual C++'s Insert menu to open the component gallery, as shown in Figure 10.15.

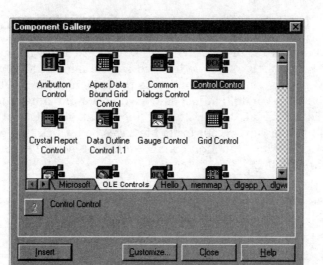

FIGURE 10.15 OUR OCX CONTROL IN THE COMPONENT GALLERY.

Next, select the new OCX control, CONTROL, in the component gallery and click **Insert**. This selection adds the OCX control to the Dialog Editor Controls tool box—just like any other control such as text boxes or list boxes—as shown in Figure 10.16. Our control appears as a simple box containing the letters OCX. (You can change the OCX control's appearance in the Controls tool box by editing the IDB_CONTROL bitmap in the CONTROL project.).

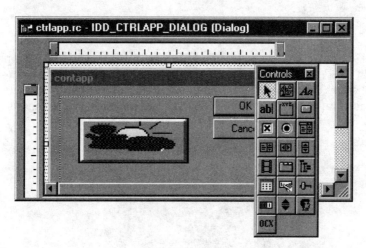

FIGURE 10.16 WE ADD OUR OCX CONTROL TO A VISUAL C++ PROGRAM.

Using CONTROL.OCX's Events in CONTAPP.EXE

We now add a control of type CONTROL to CONTAPP's main window, as shown in Figure 10.16. After we have added the new OCX control, we can use ClassWizard to connect a function to the posEvent (fired when the user clicks our button). We do that just as we would for any other control: Select **IDC_CONTROLCTLR1**, the ID for the new control in ClassWizard, and ClassWizard displays posEvent in its Messages box. Click that entry and let ClassWizard add a new function connected to that event, OnposEvent. Now open that function:

```
void CCtrlappDlg::OnposEvent(long x, long y)
{

}
```

This function is called when a posEvent is fired by the OCX control (we fire the posEvent event when a mouse down event occurs in the OCX control). Note that, as we specified, this function receives two parameters, x and y, which hold the mouse location in the control. Now let's make the computer beep when a posEvent is fired:

```
void CCtrlappDlg::OnposEvent(long x, long y)
{
        Beep(0, 0);
}
```

That's it—now we've integrated the OCX control into a Visual C++ program. Run CONTAPP, as shown in Figure 10.17. When we click the cloudy sky button, it changes momentarily to a sunny day and fires the posEvent, which causes the computer to beep. Our OCX control program is a success so far.

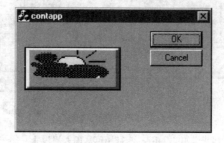

FIGURE 10.17 OUR OCX CONTROL IN A RUNNING PROGRAM.

The next step is to see how to reach the properties and methods in **CONTROL.OCX** from CONTAPP.

Using CONTROL.OCX's Properties and Methods in CONTAPP.EXE

When we added a control of type CONTROL to the CONTAPP project, Visual C++ automatically created a new class, CControl, whose support files are **CONTROL.H** and **CONTROL.CPP**. Visual C++ will do this each time you add a new OCX control to your project; if we added a Lister control to CONTAPP, Visual C++ would create a new CLister class with the support files **LISTER.H** and **LISTER.CPP**. This saves us the work of having to support OLE automation ourselves, because Visual C++ has determined the properties and methods of **CONTROL.OCX** and has added them to the CControl class. To reach the **CONTROL.OCX** Counter property, we call the new CControl functions GetCounter() and SetCounter() as now defined in the CControl class:

```
class CControl : public CWnd
{
protected:
        DECLARE_DYNCREATE(CControl)
                .

                .

                .

// Attributes
public:
  -->    short GetCounter();
  -->    void SetCounter(short);
```

To invoke the **CONTROL.OCX** Beep() method, we need only call it, because it is also a member of the CControl class:

```
class CControl : public CWnd
{
protected:
        DECLARE_DYNCREATE(CControl)
                .

                .

                .
```

```
// Attributes
public:
        short GetCounter();
        void SetCounter(short);

// Operations
public:
  -->   void Beep();
```

How do we connect this new CControl class to the control we have placed in our dialog box? That control is supported by **CONTROL.OCX** and has been given the dialog item ID IDC_CONTROLCTRL1 by the Dialog Editor. To reach the GetCounter(), SetCounter(), and Beep() functions, we create an object of class CControl and connect it to that dialog item.

We begin by creating an object of class CControl in **CONTAPPDLG.H**, where we include **CONTROL.H** and declare a new object, m_control, of class CControl:

```
// contappDlg.h : header file
//

///////////////////////////////////////////////////////////////////////////
// CContappDlg dialog

#include "control.h"     <--

class CContappDlg : public CDialog
        .
        .

        .
// Implementation
protected:
        HICON m_hIcon;
  -->   CControl m_control;
        .
        .

        .
```

Next, we use m_control's Create() function to connect this object with the dialog item IDC_CONTROLCTRL1. We pass that function these parameters:

```
virtual BOOL Create(
        LPCTSTR lpszClassName,
        LPCTSTR lpszWindowName,
        DWORD dwStyle,
        const RECT& rect,
        CWnd* pParentWnd,
        UINT nID
    )
```

We use NULL for the first three parameters. In addition, we find the bounding rectangle of the dialog item IDC_CONTROLCTRL1 in our dialog box and pass that value as the rect parameter. The pParentWnd parameter is a pointer to the parent window of the control, which is CONTAPP's dialog window itself. Finally, nID is the dialog item ID of the control, which is IDC_CONTROLCTRL1. With that preparation, then, we call m_control.Create() in CONTAPP's OnInitDialog() function:

```
BOOL CContappDlg::OnInitDialog()
{
        CDialog::OnInitDialog();

        .

        .

        .

        // TODO: Add extra initialization here
-->    CRect rectControl;
-->    GetDlgItem(IDC_CONTROLCTRL1)->GetWindowRect(&rectControl);
-->    if(!m_control.Create(NULL, NULL, NULL, rectControl, this,
-->        IDC_CONTROLCTRL1)){
-->            MessageBox("Could not create control object.");
-->    }

        return TRUE;  // return TRUE  unless you set the focus to a control
}
```

Now we can use m_control's GetCounter() and SetCounter() functions in CONTAPP to reach **COUNTER.OCX**'s Counter property, and m_control's Beep() function to reach **COUNTER.OCX**'s Beep() method. For example, add a new button (IDC_BUTTON1) to CONTAPP with the caption **Invoke Beep() method**, as shown in Figure 10.18.

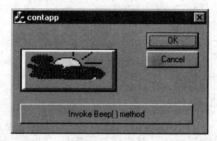

FIGURE 10.18 WE REACH OUR CUSTOM OCX METHOD USING A NEW BUTTON.

Next, use ClassWizard to connect a function, OnButton1(), to the button:

```
void CContappDlg::OnButton1()
{

}
```

When the user clicks this button, we invoke **CONTROL.OCX**'s Beep() method:

```
void CContappDlg::OnButton1()
{
  -->    m_control.Beep();
}
```

That's all there is to it. As you can see, Visual C++ has made it easy to reach our control's properties and methods. Our **CONTROL.OCX** program is a success. The files **CONTROL.H** and **CONTROL.CPP** appear in Listing 10.6, and the files **CONTAPPDLG.H** and **CONTAPPDLG.CPP** appear in Listing 10.7.

LISTING **10.6** CONTROL.H AND **CONTROL.CPP**

```
#ifndef __CONTROL_H__
#define __CONTROL_H__
```

```
// Machine generated IDispatch wrapper class(es) by Microsoft Visual C++

// NOTE: Do not modify the contents of this file.  If this class
// is regenerated by
//  Microsoft Visual C++, your modifications will be overwritten.


/////////////////////////////////////////////////////////////////////////////
// CControl wrapper class

class CControl : public CWnd
{
protected:
        DECLARE_DYNCREATE(CControl)
public:
        CLSID const& GetClsid()
        {
                static CLSID const clsid
                        = { 0xd96fbcc1, 0x90a, 0x101c, { 0xba, 0xc7, 0x4,
                                0x2, 0x24, 0x0, 0x9c, 0x2 } };
                return clsid;
        }
        virtual BOOL Create(LPCTSTR lpszClassName,
                LPCTSTR lpszWindowName, DWORD dwStyle,
                const RECT& rect,
                CWnd* pParentWnd, UINT nID,
                CCreateContext* pContext = NULL)
        { return CreateControl(GetClsid(), lpszWindowName, dwStyle, rect,
                pParentWnd, nID); }

    BOOL Create(LPCTSTR lpszWindowName, DWORD dwStyle,
```

```
                const RECT& rect, CWnd* pParentWnd, UINT nID,
                CFile* pPersist = NULL, BOOL bStorage = FALSE,
                BSTR bstrLicKey = NULL)
        { return CreateControl(GetClsid(), lpszWindowName, dwStyle, rect,
          pParentWnd, nID,
                pPersist, bStorage, bstrLicKey); }


// Attributes
public:
        short GetCounter();
        void SetCounter(short);

// Operations
public:
        void Beep();
        void AboutBox();
};


#endif // __CONTROL_H__




// Machine generated IDispatch wrapper class(es) by Microsoft Visual C++

// NOTE: Do not modify the contents of this file.  If this class
//   is regenerated by
//   Microsoft Visual C++, your modifications will be overwritten.



#include "stdafx.h"
#include "control.h"


/////////////////////////////////////////////////////////////////////////////
// CControl

IMPLEMENT_DYNCREATE(CControl, CWnd)


/////////////////////////////////////////////////////////////////////////////
```

```
// CControl properties

short CControl::GetCounter()
{
        short result;
        GetProperty(0x1, VT_I2, (void*)&result);
        return result;
}


void CControl::SetCounter(short propVal)
{
        SetProperty(0x1, VT_I2, propVal);
}


//////////////////////////////////////////////////////////////////////////
// CControl operations

void CControl::Beep()
{
        InvokeHelper(0x2, DISPATCH_METHOD, VT_EMPTY, NULL, NULL);
}


void CControl::AboutBox()
{
        InvokeHelper(0xfffffdd8, DISPATCH_METHOD, VT_EMPTY, NULL, NULL);
}
```

LISTING 10.7 CONTAPPDLG.H AND CONTAPPDLG.CPP

```
// contappDlg.h : header file
//


//////////////////////////////////////////////////////////////////////////
// CContappDlg dialog
#include "control.h"

class CContappDlg : public CDialog
{
```

```
// Construction
public:
        CContappDlg(CWnd* pParent = NULL);           // standard constructor

// Dialog Data
        //{{AFX_DATA(CContappDlg)
        enum { IDD = IDD_CONTAPP_DIALOG };
                // NOTE: the ClassWizard will add data members here
        //}}AFX_DATA

        // ClassWizard generated virtual function overrides
        //{{AFX_VIRTUAL(CContappDlg)
        protected:
        virtual void DoDataExchange(CDataExchange* pDX);
        //}}AFX_VIRTUAL

// Implementation
protected:
        HICON m_hIcon;
        CControl m_control;

        // Generated message map functions
        //{{AFX_MSG(CContappDlg)
        virtual BOOL OnInitDialog();
        afx_msg void OnSysCommand(UINT nID, LPARAM lParam);
        afx_msg void OnPaint();
        afx_msg HCURSOR OnQueryDragIcon();
        afx_msg void OnButton1();
        afx_msg void OnposEventControlctrl1(long x, long y);
        DECLARE_EVENTSINK_MAP()
        //}}AFX_MSG
        DECLARE_MESSAGE_MAP()
};


// contappDlg.cpp : implementation file
//
```

```
#include "stdafx.h"
#include "contapp.h"
#include "contappDlg.h"

#ifdef _DEBUG
#define new DEBUG_NEW
#undef THIS_FILE
static char THIS_FILE[] = __FILE__;
#endif

/////////////////////////////////////////////////////////////////////////
// CAboutDlg dialog used for App About

class CAboutDlg : public CDialog
{
public:
        CAboutDlg();

// Dialog Data
        //{{AFX_DATA(CAboutDlg)
        enum { IDD = IDD_ABOUTBOX };
        //}}AFX_DATA

        // ClassWizard generated virtual function overrides
        //{{AFX_VIRTUAL(CAboutDlg)
        protected:
        virtual void DoDataExchange(CDataExchange* pDX);    // DDX/DDV support
        //}}AFX_VIRTUAL

// Implementation
protected:
        //{{AFX_MSG(CAboutDlg)
        //}}AFX_MSG
        DECLARE_MESSAGE_MAP()
};

CAboutDlg::CAboutDlg() : CDialog(CAboutDlg::IDD)
{
        //{{AFX_DATA_INIT(CAboutDlg)
```

```
                //}}AFX_DATA_INIT
        }


        void CAboutDlg::DoDataExchange(CDataExchange* pDX)
        {
                CDialog::DoDataExchange(pDX);
                //{{AFX_DATA_MAP(CAboutDlg)
                //}}AFX_DATA_MAP
        }


        BEGIN_MESSAGE_MAP(CAboutDlg, CDialog)
                //{{AFX_MSG_MAP(CAboutDlg)
                        // No message handlers
                //}}AFX_MSG_MAP
        END_MESSAGE_MAP()


        /////////////////////////////////////////////////////////////////////
        // CContappDlg dialog

        CContappDlg::CContappDlg(CWnd* pParent /*=NULL*/)
                : CDialog(CContappDlg::IDD, pParent)
        {
                //{{AFX_DATA_INIT(CContappDlg)
                        // NOTE: the ClassWizard will add member initialization here
                //}}AFX_DATA_INIT
                // Note LoadIcon does not require a subsequent DestroyIcon in Win32
                m_hIcon = AfxGetApp()->LoadIcon(IDR_MAINFRAME);
        }


        void CContappDlg::DoDataExchange(CDataExchange* pDX)
        {
                CDialog::DoDataExchange(pDX);
                //{{AFX_DATA_MAP(CContappDlg)
                        // NOTE: the ClassWizard will add DDX and DDV calls here
                //}}AFX_DATA_MAP
        }


        BEGIN_MESSAGE_MAP(CContappDlg, CDialog)
                //{{AFX_MSG_MAP(CContappDlg)
```

```
        ON_WM_SYSCOMMAND()
        ON_WM_PAINT()
        ON_WM_QUERYDRAGICON()
        ON_BN_CLICKED(IDC_BUTTON1, OnButton1)
        //}}AFX_MSG_MAP
END_MESSAGE_MAP()


/////////////////////////////////////////////////////////////////////////
// CContappDlg message handlers

BOOL CContappDlg::OnInitDialog()
{
        CDialog::OnInitDialog();

        // Add "About..." menu item to system menu.

        // IDM_ABOUTBOX must be in the system command range.
        ASSERT((IDM_ABOUTBOX & 0xFFF0) == IDM_ABOUTBOX);
        ASSERT(IDM_ABOUTBOX < 0xF000);

        CMenu* pSysMenu = GetSystemMenu(FALSE);
        CString strAboutMenu;
        strAboutMenu.LoadString(IDS_ABOUTBOX);
        if (!strAboutMenu.IsEmpty())
        {
                pSysMenu->AppendMenu(MF_SEPARATOR);
                pSysMenu->AppendMenu(MF_STRING, IDM_ABOUTBOX, strAboutMenu);
        }

        // Set icon for this dialog.  The framework does this automatically
        //  when the application's main window is not a dialog
        SetIcon(m_hIcon, TRUE);                      // Set big icon
        SetIcon(m_hIcon, FALSE);            // Set small icon

        // TODO: Add extra initialization here
        CRect rectControl;
        GetDlgItem(IDC_CONTROLCTRL1)->GetWindowRect(&rectControl);
        if(!m_control.Create(NULL, NULL, NULL, rectControl, this,
            IDC_CONTROLCTRL1)){
```

```
                    MessageBox("Could not create control object.");
        }

        return TRUE;  // return TRUE  unless you set the focus to a control
}

void CContappDlg::OnSysCommand(UINT nID, LPARAM lParam)
{
        if ((nID & 0xFFF0) == IDM_ABOUTBOX)
        {
                CAboutDlg dlgAbout;
                dlgAbout.DoModal();
        }
        else
        {
                CDialog::OnSysCommand(nID, lParam);
        }
}


// If you add a minimize button to your dialog, you will need the code below
//  to draw the icon.  For MFC applications using the document/view model,
//  this is automatically done for you by the framework.

void CContappDlg::OnPaint()
{
        if (IsIconic())
        {
                CPaintDC dc(this); // device context for painting

                SendMessage(WM_ICONERASEBKGND, (WPARAM) dc.GetSafeHdc(), 0);

                // Center icon in client rectangle
                int cxIcon = GetSystemMetrics(SM_CXICON);
                int cyIcon = GetSystemMetrics(SM_CYICON);
                CRect rect;
                GetClientRect(&rect);
                int x = (rect.Width() - cxIcon + 1) / 2;
                int y = (rect.Height() - cyIcon + 1) / 2;
```

```
                // Draw the icon
                dc.DrawIcon(x, y, m_hIcon);
        }
        else
        {
                CDialog::OnPaint();
        }
}


// The system calls this to obtain the cursor to display while the user drags
//  the minimized window.
HCURSOR CContappDlg::OnQueryDragIcon()
{
        return (HCURSOR) m_hIcon;
}


void CContappDlg::OnButton1()
{
        m_control.Beep();
}


BEGIN_EVENTSINK_MAP(CContappDlg, CDialog)
    //{{AFX_EVENTSINK_MAP(CContappDlg)
    ON_EVENT(CContappDlg, IDC_CONTROLCTRL1, 1 /* posEvent */,
        OnposEventControlctrl1, VTS_I4 VTS_I4)
    //}}AFX_EVENTSINK_MAP
END_EVENTSINK_MAP()


void CContappDlg::OnposEventControlctrl1(long x, long y)
{
        Beep(0, 0);
}
```

That's it for our survey of OLE custom controls, and that's it for our survey of advanced Visual C++. We've come far in this book, exploring such topics as splitter windows, customizing the toolbar by adding a dropdown combo box, status bar prompts, status bar indicators, and tooltips. We've gone from capturing the mouse to registering new window classes, from subclassing a window to using dialog boxes as main windows, from creating topmost windows to expanding dialog boxes on the fly, from implementing screen capture to creating owner-drawn list boxes filled with graphics, from using metafiles for automatic window refreshing to drawing anywhere on the screen. We've explored Win32 memory handling, how to allocate large amounts of memory, how to allocate virtual and physical memory, how to scan through memory to locate programs and modules, how to use memory-mapped files to pass data between processes, and how to take advantage of custom 32-bit heaps for C++ objects. We've also learned how to work with dynamic link libraries, how to read Windows messages from a DLL, how to share memory between DLLs, and how to export an entire class from a DLL to extend the MFC library. In addition, we've taken a look at Windows hooks, from an overview of the kinds of hooks available to using a journal hook, from using a keyboard hook to make a hotkey program to using a hook procedure to send messages to a main window when certain events take place anywhere in Windows. We've looked at multithreaded multitasking programs, including coordination between threads and using synchronization techniques as we launch background tasks. We've gone from working with Unicode to using the Windows registry. Now we've also seen how to create our own OCX controls and put them to work in Visual C++ programs, as well as how to support custom OCX control properties, methods, and events.

All that remains now is to put all this Visual C++ technology to work for yourself. Happy programming.

About the Disk

Here is an overview of the projects that accompany the book:

ALERT
A Windows hook example showing how a hook function can send messages to a window. Create and link in ALERTDLL.LIB to this project first (use the Build menu's Settings... item, and the Link tab; copy ALERT.LIB to the ALERT directory). Place ALERTDLL.DLL in the WINDOWS\SYSTEM directory. In ALERT.EXE, Click the button marked Watch for character "a." Whenever that character is typed in Windows, the hook in ALERTDLL will notify ALERT.EXE and you will see that notification in ALERT's text box.

ALERTDLL
This Windows DLL provides the support for ALERT. Build this project to create ALERTDLL.LIB and ALERTDLL.DLL, needed for the ALERT project.

BOXER
Example showing how to add a combo box to a toolbar, as well as how to add a button to the toolbar, and how to support status bar prompts. Run the program, select a drawing color from the combo box in the toolbar, click the box-drawing button in the toolbar (the button with a small box inside it), and draw boxes in that color.

CONTAPP
A Visual C++ program that uses the CONTROL.OCX control from the CONTROL project. Run this program, click the bitmap button showing a cloudy day to see it display a sunny day bitmap. When you do, the OCX control fires the posEvent event, intercepted in OnposEvent() in CTRLAPP, causing the computer to beep. Also, click the Invoke Beep() method button to invoke CONTROL's Beep() method. Make sure the CONTROL type of control has been registered with Windows first.

CONTROL
A custom OCX control example. This example creates an OCX control that displays a bitmap of a cloudy day; when clicked, it displays a sunny day. In addition, it supports a custom event,

posEvent, fired when the user clicks the OCX control. Build CONTROL.OCX with this project and register the control with the Register Control item in the Visual C++ Tools menu. Then use the CTRLAPP project to see this control at work.

DLGWND — How to use a dialog box as a program's main window, also how to make a window "topmost" and how to expand a dialog box on the fly, exposing more controls. Run the program and click the Make topmost button to make the dialog window stay on top of all other windows. Also, when you click the button, the dialog window is expanded to reveal more controls (OK and Cancel in this case), and the dialog box is repositioned to be fully on the screen.

DLLBASIC — A basic dynamic link library application. Build DLLBASIC.LIB and DLLBASIC.DLL with this project, copy DLLBASIC.LIB to the DLLBAPP directory to link it into that project, and DLLBASIC.DLL to WINDOWS\SYSTEM.

DLLBAPP — A Visual C++ program that calls the functions in DLLBASIC.DLL. After creating and installing DLLBASIC.LIB and DLLBASIC.DLL as discussed in the DLLBASIC project, click the button marked Call Dllbasic functions in the DLLBAPP program to call the three functions (taking and returning various parameters) in DLLBASIC.DLL.

DLLCAPP — A Visual C++ program that uses the DLLCLASS.LIB and DLL-CLASS.DLL files from the DLLCLASS project. The DLLCLASS dynamic link library exports the CPointer class, which is based on the MFC CPoint class. Link in DLLCLASS.LIB and run DLL-CAP.EXE and click the button with the caption Create CPointer object. As it indicates, the program creates an object of the new CPointer class, which was exported from DLLCLASS.DLL.

DLLCLASS — Example showing how to export an entire C++ class from a dynamic link library, extending the MFC library. Build DLL-CLASS.LIB and DLLCLASS.DLL; place DLLCLASS.LIB in the DLLCAP directory and place DLLLCLASS.DLL in WINDOWS\SYSTEM before building and running DLLCAP.EXE.

DLLEVAPP — This program uses the DLLEVENT.LIB and DLLEVENT.DLL files from the DLLEVENT project, and shows how to read keystrokes in a DLL function. Link in DLLEVENT.LIB and build the program. Run the program and type a few letters. You see those characters displayed in a message box, indicating that we've been able to read keystrokes from a DLL function. Type 'e' to end the program.

651

DLLEVENT   Example showing how to set up a message loop in a DLL func-
               tion and read keystrokes; to be used with DLLEVAPP. This DLL
               shows how to read windows events—keystrokes here—from a
               function inside a dynamic link library function. Build
               DLLEVENT.LIB and DLLEVENT.DLL with this project; copy
               DLLEVENT.LIB to the DLLEVAPP directory and DLLEVENT.DLL
               to WINDOWS\SYSTEM before building DLLEVAPP.EXE.

DRAWLIST   An example showing how to subclass a Windows control. In
               this case, we subclass a listbox and draw graphics in it, filling it
               with colored ellipses. Click an ellipse and the program will
               indicate which one you clicked. Also allows you to select
               ellipses by highlighting an ellipse you click.

EDITWND   Example showing how to use the MFC CEditView class. This
               class lets us cover our client area with a text box, making our
               window ready to accept text. Run the program and type some
               text to see it appear in the client area. The Edit menu's Cut and
               Paste items will also work. CEditView is ideal for text entry.

HOTDLL   The Windows hook DLL for the HOTKEY program. Create HOT-
               DLL.LIB and HOTDLL.DLL with this project. Link HOTDLL.LIB
               into the HOTKEY project to create HOTKEY.EXE. Place HOT-
               DLL.DLL into WINDOWS\SYSTEM.

HOTKEY   A hotkey example, using a keyboard hook. This example uses
               control keys you can press while in any other program to launch
               various Windows utilities. After placing HOTDLL.LIB in the
               HOTKEY directory so it can be linked in and placing HOT-
               DLL.DLL in WINDOWS\SYSTEM, build HOTKEY.EXE. Run
               HOTKEY.EXE and click the button with the caption: Click to
               toggle hotkey on or off. That installs the hotkey hook, allowing
               you to start some other program, start working in that program,
               and then press ^D to start the Windows calculator program from
               our hook. Pressing ^B starts the Windows notepad program. To
               de-install the hotkey hook, press ^E.

JHOOK   Example showing how to record and play back keystrokes with
               a journal hook. Click the Record button and type some key-
               strokes, which will be echoed in the text box. Next, make sure
               the program SHOWKEYS (see the SHOWKEYS project) is run-
               ning and click the Play button to see your keystrokes typed to
               the SHOWKEYS program. Note that JHOOK expects
               SHOWKEYS.EXE to be running already.

LISTER   A simple OCX control example. This example creates an OCX
               control based on a list box. Build LISTER.OCX and register it

with Windows using the Tools menu Register Control menu item. To test the control, select the OLE Control Test Container menu item in the Visual C++ Tools menu. Now select the Insert OLE Control... menu item in the test container's Edit menu. This opens the Insert OLE Control box; select the entry Lister Control in the Object Type box, and click OK. This inserts a new LISTER control in the test container. Next, click the LISTER control itself; when you do so, the control displays "Hello, world." in the list box.

LISTWNDS   A program that lets us examine the Windows environment. Run the program and click the List windows button to see a list of all current windows appear in the text box.

MEMNEW   An example that shows how a C++ object can allocate space for itself on its own local 32-bit heap (using its own heap allows better and more efficient memory management). Run the program and click the object allocation button. The program indicates that allocating the new object was successful, using its own local 32-bit heap. When you click the deallocation button, the program indicates that that operation—deallocating the new object—was also successful.

MEMMAP   Example showing how to share data in memory between two process using memory mapped files. Create MEMMAP.EXE and run it twice. Now click the first button, labelled Create mem mapped file. This creates a memory mapped file named MemMap, and places a text string in it. Go to the second instance of the program and click the second button, labelled Read data from mem file, now. When you do, the MemMap file is opened and we read the data in it, displaying that data. In this way, we can transfer data from one process to another through memory.

PERSIST   Example showing how to use metafiles to redraw a window's display if it needs to be redrawn. This solves a perennial programmer's problem—writing code to redraw a window that's been covered and then uncovered or re-opened. Run the program. It will draw a grid of lines in the view and in a metafile. When you minimize or cover and then uncover this window, it redraws the grid of lines simply by playing the metafile.

REGISTER   Example showing how to use the Windows registry, where programs are supposed to keep initialization data and options settings. This program creates a new part of the Windows registry, adding a section named Initialization with an entry named FileNumber in it. Run the program and click the button marked Store value in Registry. When you do, the program writes the value 5 to the FileNumber entry in the registry and reads it back, displaying the result.

SCANMEM   A program that lets us examine the DLLs and various modules installed in memory by scanning through all of memory and reporting what modules it finds. When you run this program and click the Scan memory button, you'll see the modules installed as displayed in the text box.

SCROLLER   This example shows how to use scrolling, and it is a CScrollView example—type something in a view (no backspace keys, but you can use <Enter>), then scroll that view using the scroll bars on the side.

SHAREAPP   Example showing how to share memory between dynamic link libraries in two different processes. From the SHARED project, link in SHARED.LIB, and copy SHARED.DLL to WINDOWS\SYSTEM, then build SHAREAPP.EXE and start two instances of it (i.e., two different processes). When you click either window, the total number of mouse clicks (counting clicks occurring in either window) is incremented and displayed. The DLLs in the two processes share an internal variable, nClicks, which is incremented no matter which of the two instances of this program you click.

SHARED   Example showing how to share memory between DLLs in two processes. Build SHARED.LIB and SHARED.DLL; copy SHARED.LIB to the SHAREAPP directory and SHARED.DLL to WINDOWS\SYSTEM. Then continue with the SHAREAPP program.

SHOWKEYS   An elementary program showing how to read keystrokes, used as a review of Visual C++. Run the program and type a few keystrokes to see them echoed.

SUBCLASS   Example showing how to subclass a Windows control—in this case, a text box—to change its behavior. Build the program, run it and click the button marked Subclass text box. When you type any character but a 'x', that character appears in the subclassed text box —but when you type an 'x', the text box just beeps.

UNICODE   Example showing how to use Unicode strings in Windows. Creates two Unicode strings and concatenates them. Click the button marked Translate Unicode to ANSI, and the program will concatenate the Unicode strings "Hello " and "world.", displaying the result after translating it to ANSI. Also shows how to use Unicode or ANSI automatically in a program depending on how Windows is set up, and displays text that can be either Unicode or ANSI in message boxes.

UPCURSOR	Example showing how to use the PreCreateWindow() function to change a window's class before it appears on the screen. In this case, we change the MDI child windows in this project so that they use an up arrow as their cursor whenever the mouse cursor moves over them.
VERSION	Example program using the new version resource. Run the program and click the button marked Get version info. When you do, the program will read its own version resource, retrieving the company name and the target operating system it was designed for, displaying this information in a text box. Also displays the current operating system version in the text box.
VIRTMEM	A program that shows how to use virtual memory. Run the program, click the Reserve 1 MB of memory button, followed by the Commit first page of reserved memory button to reserve and commit memory. To free the memory, click the Free reserved and committed memory button.
WNDCAP	Example showing how to perform screen capture, draw anywhere on the screen, and how to copy bitmaps to the clipboard. Using WNDCAP, you can capture rectangles on the screen using the mouse. Press the left mouse button in WNDCAP's MDI child window to start mouse capture, move the mouse (while holding the left button down) to the beginning of the rectangle you want to capture on the screen, and press the right mouse button, stretching a rectangle that appears. When you release the right mouse button, the program captures the region you've outlined, showing it in the MDI child window and also placing it in the Windows clipboard, where you can paste it into a paint-type program.
WNDINFO	When you run WNDINFO, click the Select window button and then click any window. When you do, you see information about that window in WNDINFO's text box.
WORKER	A multi-thread example. Select the Threads | Start Demo menu item. This creates the worker thread and passes the math problem 1 + 2 = ? to it. The worker thread does the calculation and signals the main thread, which displays the result and terminates the worker thread.
WORKER2	A multi-thread example using Windows events to signal between threads. This program is the same as WORKER, except that after the worker thread is created, it waits for an event to beset before continuing and the main thread popsa message box on the screen—when you click OK in the message box, the main thread sets the event and the worker thread completes the calculation, signaling the main thread that it has done so.

Also included on the disk are a number of OCX controls from Tom Armstrong's book, *Designing and Using OLE Custom Controls* also published by M&T Books. For information on how to incorporate OCX controls in your applications, please refer to the documentation that comes with Visual C++.

655

INDEX

T

Z